भर्तृहरिकृत

श्रृंगार-शतक

बाबू हरिदास वैध

GYAN

Published by

GYAN

Gyan Publishing House
5, Ansari Road
Daryaganj, New Delhi-110002
Phone: 011-47034999, 9811692060
E-mail: books@gyanbooks.com

Distribution Network
gyanbooks.com
India, USA, Canada, UK, Australia

ISBN: 978-93-6280-604-8 (PB)
First Published, 1925

2nd Impression 2024

Printed at: Gyan Press, Delhi.

भर्तृहरिकृत श्रृंगार-शतक

अनुवादक (Translator): बाबू हरिदास वैध

भर्तृहरिकृत

श्रृंगार-शतक

Owing to the antiquity and rarity of this book, certain pages are regrettably absent, and readability is compromised due to the blurring of the original text. If you possess any insights regarding the availability of these missing sections, kindly inform us. Your assistance is crucial in ensuring the completion of this significant work for the benefit of future generations.

सचित्र

भर्तृहरिकृत

शृङ्गार-शतक

अनुवादक

स्वास्थ्यरक्षा, चिकित्सा-चन्द्रोदय, हिन्दी-अँगरेज़ी
शिक्षावली, बंगला-हिन्दी शिक्षावली
प्रभृति ग्रन्थों के लेखक

और

गुलिस्ताँ, अक्लमन्दी का ख़ज़ाना, वैराग्य-शतक,
नीति शतक प्रभृति ग्रन्थों के अनुवादक

बाबू हरिदास वैद्य

निवेदन

करुणामय कृष्ण की कृपा का ही यह फल है कि मेरे जैसे साधारण लेखक का अनुवाद किया हुआ 'शृङ्गार-शतक' पाठकों को इतना प्रिय हुआ कि आज इसका चौथा संस्करण हो रहा रहा है। युद्ध-जनित परिस्थितियों के कारण काग़ज़ तथा छपाई के अन्य सामानों की क़ीमत दसगुनी-बीसगुनी बढ़ गई हैं। चोर बाज़ार में मुँहमाँगा दाम देने पर भी सब सामान का मिलना कठिन हो रहा है। मैं लगभग एक साल से एक अजीब हठीली बीमारी के पाले पड़ा हूँ। ऐसी विषम स्थिति में पुस्तक छपाने की हिम्मत करना नादानी समझी जानी चाहिये। मगर क़दरदाँ पब्लिक के तक़ाज़ों में भी एक ज़ोर होता है; और उसी ज़ोर का सबूत शृङ्गार-शतक का वर्तमान संस्करण है।

पुस्तक की छपाई आरम्भ हो जाने के बाद ही मेरी बीमारी ने रुख़ पलटा; और हालत ऐसी हो गई कि सभी मेरे जीवन से निराश हो गये। कुछ लोगों के यहाँ तो घी के चिराग़ जलाने की तैयारियाँ होने लगीं; पर मेरे सुख-दुख की प्रतिध्वनि ही जिसके जीवन के सुख-दुख हैं, वह—मेरी प्राणाधिक प्रिय पुत्री चमेली देवी—पस्तहिम्मत नहीं हुई। उसके ही धैर्य और कठोर परिश्रम का परिणाम है कि आज मैं शय्या पर पड़े-पड़े ये

पंक्तियाँ लिख रहा हूँ, वर्ना अब तक यह काया मिट्टी में मिल चुकी होती। यह पुस्तक भी, मेरी अस्वस्थता के कारण, चमेली देवी की ही देख-रेख में तैयार हुई है, और चूँकि पहले पहल, और वह भी ऐसे मुश्किल वक्त में, उसे यह काम सँभालना पड़ा है, संभव है, इसमें त्रुटियाँ रह गई हों। पाठकों से इसके लिये मैं क्षमा चाहता हूँ। अब तो भविष्य में मेरी तमाम पुस्तकों के प्रकाशन आदि का काम चमेली देवी ही सँभालेगी; अतएव मैं अपने समस्त प्रेमियों और हमदर्दों से यह इल्तिजा करता हूँ कि वे इस लड़की के साथ वही सद्भाव और सहयोग रखेंगे जो मेरे साथ रखते आये हैं; और उसकी भूलों की ओर समय पर संकेत कर देंगे, ताकि वह उन्हें फिर न दुहराये।

दीपोत्सव, | विनम्र सेवक,
मथुरा | हरिदास

——०——

चित्र-सूची

शम्भुस्वयंभुहरयो हरिणेक्षणानां ।
येनाक्रियन्त सततं गृहकर्मदासाः ॥
वाचामगोचरचरित्रविचित्रिताय ।
तस्मै नमो भगवते कुसुमायुधाय ॥१॥

जिन्होंने ब्रह्मा, विष्णु और महेशको, मृगनयनी कामिनियोंके घरका काम-धन्धा करनेके लिये, दास बना रक्खा है, जिनके विचित्र चरित्रोंका वर्णन वाणीसे किया नहीं जा सकता,—उन पुष्पायुध भगवान कामदेवको हमारा नमस्कार है ॥१॥

भगवान कामदेव की विचित्र महिमाका पार नहीं। आपके अजीब-अजीब कामोंका वखान जबानसे कौन कर सकता है? यद्यपि आपका शस्त्र फूलोंका धनुर्बाण है; तथापि आपने अपने

इसी हथियारसे त्रिलोकीको अपने अधीन कर रक्खा है। औरों की क्या चलाई, स्वयं जगतके रचनेवाले ब्रह्मा, पालनेवाले विष्णु और संहार करनेवाले शिवजी तकको आपने बाक़ी नहीं छोड़ा। इन तीनों देवताओंको भी आपने, घरका काम-धन्धा करनेके लिये, कुरङ्गनयनी सुन्दरी कामिनियोंका गुलाम बना दिया है। यद्यपि भगवान कामदेव भगवान विष्णु के पुत्र हैं, पर आप अपने पिता से भी बढ़ गये। "गुरु गुड़ रहे और चेला चीनी हो गये" वाली कहावत आपने चरितार्थ की। आपने स्वयं अपने पिता पर ही हाथ साफ़ किये। उन्हें ही अनेक कुएँ झँकवाये। अपने पितासे लक्ष्मी और रुक्मिणी प्रभृतिकी गुलामी करवा कर ही आपको सन्तोष नहीं हुआ। आपने उन्हें परनारी व्रजबालाओं तककी मुहब्बतमें पागल-सा कर दिया। यहां तक कि, उनसे मालिन और मनिहारिन तकके स्वांग भरवाये। एक बार बेचारोंको जलन्धर-पत्नी वृन्दाके यहां भेष बदलकर जाने तक पर मजबूर किया और शेषमें उनका फ़जीता करवाया।

पूर्ण योगी, श्मशान-वासी शिवजी तकको आपने नहीं छोड़ा। बेचारोंको शैलसुताका क्रीत-दास बना दिया, यहाँ तक तो खैर थी। आपने एक बार उनकी सारी सुध-बुध हर ली और मोहिनी के पीछे इस बुरी तरह से दौड़ाया कि, हमसे तो लिखा तक नहीं जाता। एक और मौके पर शिवजी समाधिमें लीन थे। वहीं वन में मृत्युलोक-वासिनी चन्द मृगलोचनी परम सुन्दरी युवतियाँ, अपनी रूपच्छटा से वनको प्रकाशमान करती हुई, क्रीड़ा कर रही

थीं। उनके अपूर्व रूप-लावण्यको देख कर, शिवजी का शान्त मन अशान्त हो गया—उनके भोगनेके लिये मचल पड़ा। शिवजी, सारा शम-दम भूल, कामके वश हो, उनके पीछे दौड़े। आप अपनी शक्तिसे उन्हें आकाश में ले गये और उनसे भोग-विलास करने लगे। पीछे गिरिजा महारानीको जब आपकी करतूत मालूम हुई, तो उन्होंने क्रोधमें भर स्त्रियोंको तो नीचे पटका और भोले भण्डारीको डाँट-डपटकर कैलाशमें लाईं और ऊँच-नीच समझाकर फिर समाधिमें लगाया।

कई वार आपने चार मुँहवाले, सृष्टिके रचयिता, ब्रह्माको भी अपने जालमें फँसा लिया। सुनते हैं, विधाताने एक वार तो अपनी निज पुत्री तकके पीछे दौड़कर अपनी घोर बदनामी कराई। इसके सिवा, एक वार ब्रह्माजी शान्तनु नामक ऋषिके पास किसी कामसे गये। उन ऋषिकी स्त्री अमोघा अनुपम सुन्दरी थी; पर थी पतिव्रता। उस समय ऋषि घर पर न थे। अमोघाने आपके बैठने के लिए एक आसन बिछा दिया और पूछा—"भगवन्, आप किस लिये पधारे हैं?" विधाताने कहा—"कुछ जरूरी काम है, पर उन्हींसे कहूँगा।" ये बातें करते-करते ही आपका मन अमोघा पर मचल गया। आपको कामदेव ने ऐसा व्याकुल किया कि, आपका......वहीं आसन पर निकल गया। आप शर्मिन्दा होकर चुपचाप चले आये। जरा देर बाद ही शान्तनु ऋषि भी आ गये। उन्होंने आसनको देखकर सारा हाल पूछा। अमोघाने सारा वृत्तान्त ज्योंका त्यों निवेदन कर दिया।

सुनते ही ऋषि बोले—"धन्य कामदेव ! तुम्हारी शक्ति-सामर्थ्य की सीमा नहीं, जो तुमने जगत के रचयिता ब्रह्माजी को भी मोहित कर दिया।"

सुरपति और गौतम-नारी अहिल्याकी बातको कौन नहीं जानता ? अहिल्या परम सुन्दरी थी। देवराजका मन उस पर चल गया। आपने उससे मिलनेके बहुत कुछ दाँव-पेच लगाये, पर वह हाथ न आयी। तब आपने एक दिन तीन चार बजे रात को वहां जानेका विचार स्थिर किया; क्योंकि उस समय ऋषि गङ्गास्नानको चले जाते थे। आपने चन्द्रमाको साथ लिया; अतः चन्द्रमाने मुर्गा बनकर द्वार पर कुकड़ूँ कूँ कुकड़ूँ कूँ करना आरम्भ किया। ऋषि समझे कि, अब रातका अवसान हो चला। वे उठ-कर नहाने चले गये। देवराज उनका रूप धर घरमें घुस गये और बातें बनाकर मनमानी की। इतनेमें ऋषि भी स्नान करके आ गये। उन्होंने इन्हें और अहिल्या दोनोंको शाप दिया। अहिल्या पत्थर की हो गई और इन्द्र के शरीरमें भग-ही-भग हो गई।

पुराणोंमें ऐसी-ऐसी अनेक कथायें भरी पड़ी हैं। हमने नमूने के तोर पर, तीन-चार यहाँ लिख दी हैं। किसीने ठीक ही कहा है:—

> कामेन विजितो ब्रह्मा, कामेन विजितो हरिः।
> कामेन विजितः शम्भु, शक्रः कामेन निर्जितः॥

अर्थात् कामदेव ने ब्रह्मा, विष्णु, महेश और सुरेश—इन चारोंको जीत लिया। जब भगवान कामदेव ने ऐसों-ऐसों को

ही अपने वशमें करके, मनमाने नाच नचाये, तब और किस की कही जाय ? सारांश यह, भगवान् कामदेव सबसे अधिक बलवान हैं; इसीसे कवि महोदय, सब देवताओं को छोड़ भगवान कामदेव को ही नमस्कार करते हैं।

पाश्चात्य विद्वानों में से एक गोथे नामक महापुरुष कहते हैं:—"Cupid is even a rogue, and whoever trusts him is deceived" कामदेव सदा छल करता है, जो उसका विश्वास करता है, वह धोखा खाता है। कोई कुछ कहे, हम तो यही कहेंगे कि, खूबसूरती में बड़ी क्षमता है। खूबसूरती पुरुष को अपनी ओर उसी तरह खींचती है, जिस तरह चुम्बक पत्थर लोहे को खींचता है। पोप महोदय ने कहा भी है—" Beauty draws us with a single hair." सुन्दरता एक बालके द्वारा भी हमको अपनी ओर खींच सकती है। चैनिंग महोदय भी कहते हैं—"Beauty is an all-pervading presence." सौन्दर्य की सर्वत्र सत्ता है। मतलब यह है, कि पुरुष सौन्दर्य का दास है। जिसमें भी, बक़ौल लावेल महाशय के "Earth's noblest thing, a women perfected." साध्वी स्त्री संसार का सर्व्वोत्तम पदार्थ है ; अत: ऐसे सर्व्वोत्तम पदार्थसे प्रेम करना और प्रेमवश उसकी गुलामी करना, कोई बुरी बात भी नहीं है। हाँ, प्रेम-क्षेत्रके बाहर की गुलामी बेशक बुरी है; क्योंकि जे० जी० हालैण्ड महोदय कहते हैं :—'Duty, especially out of the domain of love, is the veriest slavery in the world.'

प्रेम-क्षेत्र के बाहर जो कर्त्तव्य किये जाते हैं, वे घृणितसे भी घृणित गुलामी से भी बुरे हैं। तात्पर्य यह है कि, अपनी सती-साध्वी स्त्री या माशूक़ा की गुलामीमें दोष नहीं; वशर्त्ते कि वह सच्ची पतिव्रता हो। सती स्त्री अपने पति का आज्ञापालन करके, उसे हर तरह से सन्तुष्ट करके, उस पर अपना प्रभाव—रोब जमा लेती है। लेवर महोदय कहते हैं—"A chaste wife acquires an influence over her husband by obeying him." साध्वी स्त्री अपने पतिका आज्ञापालन कर, उस पर अपना प्रभाव जमा लेती है। जब एक दूसरेकी हर तरहसे ख़ातिर करता है; उसको प्यार की नज़रसे देखता हुआ, उसके लिए अपना तन-मन न्यौछावर करता है; तो दूसरा ऐसा कौन होगा, जो बदला चुकानेमें घाटा रक्खेगा? बस, हमारे विष्णु-भगवान, जो लक्ष्मीके घरका काम-धन्धा करते हैं और शिवजी गिरिजा-रानीकी सेवकाई करते हैं, उसमें दोष ही क्या है? क्योंकि लक्ष्मी और पार्वती दोनों ही रूप, यौवन और लावण्य की खान, प्रथम श्रेणीकी पतिपरायणा और तन-मनसे पतिसेवा करनेवाली हैं। अब रही उनकी बात; जो पराई ख़ूबसूरत रमणियोंका दासत्व स्वीकार करते हैं। उनके दासत्वमें सच्चा प्रेम और पवित्रता नहीं, केवल सौंदर्यका प्रभाव है। सौन्दर्य अपने दर्शकोंको मदिराकी तरह मतवाला कर देता है और वे उसी नशे के वश हो, अपने होश-हवास खो, अपनी माशूक़ाओंकी गुलामी करने लगते हैं। कामदेव स्त्रियों का चाकर हैं, वह जिसे अपना शिकार चुनती हैं,

जिसे अपने अधीन करनेकी आज्ञा देती हैं, वह उसीको अपने पुष्पायुधसे क़ाबूमें करके, अपनी स्वामिनियोंके हवाले कर देता है। कामदेव ही नहीं, स्वयं परमात्मा स्त्रियों के इच्छानुसार चलता है। अँगरेज़ीमें एक कहावत हैं :—"What woman wills, God wills." जो स्त्री चाहती है, वही परमात्मा चाहता है। स्त्री और परमात्मा की एक ही इच्छा है।

दोहा

विधि हरि हरहु करत हैं, मृगनैनी को सेव।
वचन अगोचर चरित गति, नमो कुसुमसर देव ॥१॥

सार—कामदेवने त्रिलोकीको स्त्रियोंका गुलाम बना रक्खा है।

1. I bow to that Lord Kamdeva (Cupid) who has flowers for his weapon, whose wonderful actions are beyond the power of speech and by whom Shambhu, the Self-born (Brahma) and Hari have been rendered constant servants of the deer-eyed women to discharge their house-hold duties.

स्मितेन भावेन च लज्जया भिया।
पराङ्मुखैरर्द्ध कटाक्षवीक्षणैः।
वचोभिरीर्ष्याकलहेन लीलया।
समस्तभावैः खलु बन्धनं स्त्रियः ॥२॥

मन्द-मन्द मुस्कराना, लजाना, भयभीत होना, मुँह फेर लेना, तिरछी नज़रसे देखना, मीठी-मीठी बातें करना, ईर्षा करना, कलह करना और अनेक तरहके हाव-भाव दिखाना,—ये सब स्त्रियोंमें पुरुषोंके बन्धनमें फँसानेके लिये ही होते हैं, इसमें सन्देह नहीं ॥२॥

स्त्रियों में हाव-भाव या नाज़-नखरे स्वभावसे ही पैदा हो जाते हैं। ये हाव-भाव या नाज़-नखरे पुरुषोंके मोहित करने या बन्धन-में बाँधने के लिये उनके ब्रह्मास्त्र हैं। पुरुष उनकी रूपच्छटाकी अपेक्षा उनके हाव-भावों पर जल्दी मुग्ध होता है। उनके हाव-भाव उसके दिल पर नक़्श हो जाते हैं। उन्हें वह दिन-रात याद किया करता है। पुरुषोंको वशीभूत करने के लिये, स्त्रियाँ उसको देखकर, होठोंमें हँसती या मुस्कराती हैं; कभी परले सिरेकी लाज करती हैं और कभी बेहयाई; कभी किसीसे डरनेका-सा नाट्य करती है; कभी उसकी ओर नज़र भर देखती हैं और कभी देख-कर मुँह फेर लेती हैं; कभी तिरछी नज़रसे देखती हैं और कभी उसको अच्छी तरहसे देख या घूरकर झट से घूँघट कर लेती हैं; कभी किसी बहानेसे घूँघटको हटाकर अपना चन्द्रानन उसे फिर दिखा देती हैं और फिर शीघ्र ही घूँघट कर लेती हैं; कभी चलती-चलती राहमें ठहर कर अपने पैरका जेवर बिछुआ प्रभृति ठीक करने लगती हैं। कभी कहती हैं—"तुम उस स्त्रीके यहाँ क्यों गये? मैं तुमसे न बोलूँगी।" पुरुष बोलना चाहता है तो कहती

हैं—"वहीं जाओ, मुझसे क्या काम है? वह बड़ी सुन्दरी है, मैं उसके मुक़ाबलेमें किस कामकी हूं?" इत्यादि। पुरुष यदि चूमना चाहता है, तो एक अजीब आन-बान और अदाके साथ उसके मुँहके पाससे अपना मुँह हटा लेती हैं। अगर वह स्तनों पर हाथ डालता है, तो एक अजीब अदासे उसके हाथको झटक देती हैं, जिससे बुरा भी न मालूम हो और पुरुष उल्टा मर मिटे। अगर पुरुष किसी दूसरी के यहाँ चला जाता है या उससे और कोई अपराध हो जाता है, तो झट आँखोंमें आँसू भर लाती हैं। उन आँसुओं में कामियोंको जो मज़ा आता है,❀ उसे लिखकर बता नहीं सकते। बातें करती हैं, निहायत मीठी-मीठी और ऐसी रस-घुली कि, पुरुष उनकी बातों पर ही क़ुर्बान हो जाता है। कहाँ तक लिखें, स्त्रियोंमें जवानीके समय अनन्त हाव-भाव आप ही पैदा हो जाते हैं। ये उन्हें कोई सिखाने नहीं जाता। जेवर स्त्रियों के रूपको हज़ार गुणा बढ़ा देते हैं, तो नख़रे लाख गुणा बढ़ा देते हैं।

एक बार इतिहास-प्रसिद्ध लोक-विमोहिनी ✱ नूरजहाँ, बचपन में, अपनी मां के साथ, बादशाही महलों में गई। उस समय

❀"Beauty's tears are lovelier than her smiles"—Campbell. सुन्दरी के आंसू उसकी मुसक्यान की अपेक्षा प्यारे लगते हैं।

✱ नूरजहाँ—संसारको प्रकाशित करने वाली ज्योति। मुग़ल-सम्राट जहाँगीरकी मशहूर बेगमका नाम है।

नूरजहाँ को मेहरुन्निसा कहते थे। जहाँगीर * भी लड़का ही था। उसे उन दिनों सलीम कहते थे। सलीमको कबूतर उड़ानेका शौक़ था। शाहज़ादे के हाथ में दो कबूतर थे। वह उन्हें किसी को पकड़ा, और कबूतर दरबे से निकालना चाहता था। पास ही मेहर खड़ी थी। शाहज़ादेने कहा—"मेहर! ज़रा हमारे कबूतरोंको तो अपने हाथोंमें पकड़े रहो।" मेहरने कहा—"बहुत अच्छा, लाइये।" शाहज़ादेने मेहरको कबूतर थमा दिये और आप आगे दरबे की ओर चला गया। इतनेमें एक कबूतर किसी तरह मेहरुन्निसाके हाथसे उड़ गया। शाहज़ादेने आकर पूछा—"हमारा एक कबूतर कहाँ?" मेहरने कहा—"वह तो उड़ गया।" शाहज़ादे ने पूछा—"कैसे उड़ गया?" मेहरने उस समय भोली-भाली, पर एक अजीब अदाके साथ हाथका दूसरा कबूतर भी छोड़ते हुए कहा—"शाहज़ादे, ऐसे उड़ गया!" शाहज़ादेका दिल आजके पहले मेहरुन्निसा पर नहीं था; पर इस वक़्तकी एक अदाने शाहज़ादेको मेहरुन्निसा का गुलाम बना दिया। आगे पीछे वह मेहरको जन्म-भर न भूला। उसने मेहरुन्निसाको अपनी बीबी बनानेके लिये बड़ी कोशिशें कीं, पर उसे कामयाबी न हुई; क्योंकि बादशाह एक मामूली सरदार की लड़की से हिन्दुस्तान के शाहज़ादे की शादी करना उचित न समझते थे। उन्होंने झगड़ा मिटानेको मेहर की शादी शेर अफ़ग़ान के साथ कर दी। सलीम का वश न चला; पर वह मेहर को भूला नहीं। जब वह तख़्तेशाही

* जहाँगीर = विश्वविजयी; भारतका एक सम्राट।

पर बैठा, उसने मेहर को बंगाल से मँगवा कर, उसके कोमल क़दमोंमें अपनी ताजशाही रख दी और सदाको उसका गुलाम होना क़बूल किया। देखा पाठक ! स्त्रीके एक नख़रेने क्या काम किया ?

हम स्त्रियोंके हाव-भाव और नाज़ो-अदाओं पर मर मिटने वालोंके चन्द नमूने नीचे देते हैं। एक साहब फरमाते हैं:—

मैं तो उसी झिचक पै फिदा हूँ, कि कानको।
अब क्या हटा लिया, मेरे लाकर दहनके पास ॥ज़ौक़॥

मुझे उनका वह हाव कितना अच्छा मालूम हुआ कि, उन्होंने अपने कान को मेरे मुँह के पास लाकर हटा लिया। इस अदा पर मैं फ़िदा हो गया।

और भी:—

ऐ ज़ौक़, मैं तो बैठ गया, दिलको थाम कर।
इस नाज़से खड़े थे वह, रक्खे कमर पै हाथ ॥ज़ौक़॥

जिस अन्दाज़से वह कमर पर हाथ रक्खे खड़े थे—ज़ौक़ ! मैं तो उन्हें देखकर दिल थामकर बैठ गया; नहीं तो दिल चला ही था।

महाकवि नजीरने नाज़नियों की चुलबुलाहटका सीधी-सादी भाषा में कैसा चटकीला चित्र खींचा है। ज़रा उसकी भी चाशनी देखिये:—

ये राह चलने की चुलबुलाहट,
कि दिल कहीं है, नज़र कहीं है।

कहाँ का ऊँचा, कहाँ का नीचा,
ख़याल किसको, क़दम की जाका।
लड़ायें आँखें, वो वेहिजाबी,
कि फिर पलकसे पलक न मारे।
नज़र जो नीचे करे तो गोया,
खुला सरापा चमन हया का।
ये चञ्चलाहट, ये चुलबुलाहट,
ख़बर न सरकी, न तनकी सुध-बुध।
जो चीरा बिखरा, बलासे बिखरा,
न बन्द बाँधा, कभू क़बाका।

मैंने एक छोटी उम्रकी नाज़नी देखी, वह अपनी राह-राह चली जाती थी; पर उसके चलनेमें ग़ज़बकी चुलबुलाहट थी। उसका दिल कहीं था और उसकी आँखें कहीं थीं। उसे ऊँचे-नीचे स्थानों तक का ख़याल न था। यह भी ध्यान नहीं था कि, पैर कहाँ पड़ते हैं।

वह वेहया जब आँखें लड़ाती थी, तो इस तरह लड़ाती थी कि, पलक-से-पलक न लगाती थी और अगर नज़र को नीची करती थी, तो ऐसा मालूम होता था, मानो हया और शर्मका चमन ही खुल गया है।

उसमें ऐसी चञ्चलाहट और चुलबुलाहट थी, कि न उसे अपने सर की ख़बर थी और न शरीर की सुध-बुध थी। सिर

से ओढ़नी उतर गई है तो उतर गई, परवा नहीं। कुरती का बन्द खुला पड़ा है, तो खुला ही पड़ा है। ❀

दोहा

रसमें त्योंही रोषमें, दरशत सहज अनूप।
बोलनि चलनि चितौनिमें, वनिता बन्धन रूप ॥२॥

सार—स्त्री हर हालत में मर्द को प्यारी लगती है। उसका बोलना चालना और देखना प्रभृति प्रत्येक काम पुरुषको बन्धन में बांधता है।

2. Gentle smile, emotions, bashfulness, timidity, the turning of face, the side-long casting of glances, speech, jealousy, quarrel and gesture (—these) are the various qualities by which the women become the chains for men.

❀ यों तो चञ्चलता और चुलबुलाहट उठती जवानी की सभी स्त्रियों में होती है; पर ऐसी चुलबुलाहट, जिसका मजेदार चित्र मियाँ नजीरने खींचा है, कुल-वधुओं में नहीं देखी जाती और वह भी राह में। हाँ, ऐसी चुलबुलाहट कुल-वधुओंमें भी देखी जाती है, पर शादी हो जाने के दो-चार बरस बाद और अपने घरमें—अपने पतिके सामने; जब कि उनकी लज्जा-शर्म और सकोच-भय प्रभृति दूर हो जाते हैं। हमारी समझमें, यह चित्र किसी कमसिन वाराङ्गनाका है।

भ्रूचातुर्यात्कुञ्चिताक्षाः कटाक्षाः ।
स्निग्धा वाचो लज्जिताश्चैव हासाः ॥
लीलामन्दं च स्थितं प्रस्थितं च ।
स्त्रीणामेतद् भूषणं चायुधं च ॥३॥

चतुराईसे भौंहें फेरना, आधी आँखसे कटाक्ष करना, मधु जैसी मीठी-मीठी बातें करना, लज्जाके साथ मुस्कराना, लीलासे मन्द-मन्द चलना और फिर ठहर जाना प्रभृति भाव स्त्रियोंके आभूषण और शस्त्र हैं ॥३॥

स्त्रियाँ कभी अपनी कमान-सी भौंहों को टेढ़ी करती हैं, कभी आँखें चलाती हैं, कभी लज्जा का भाव दिखाती हुई मन्द-मन्द मुस्कराती हैं, कभी शरीर तोड़ती हैं, कभी अँगड़ाई लेती हैं, कभी उँगलियाँ चटखाती हैं, कभी उझक-उझक कर देखती हैं, और कभी मुँह फेरकर दूसरी ओर देखने लगती हैं, जिससे पुरुष समझे कि यह मेरी ओर नहीं देखती; कभी घूँघट मार लेती हैं और कभी उसे खोल देती हैं—ये सब स्त्रियाँ क्यों करती हैं? केवल अपना सौन्दर्य्य बढ़ाने और पुरुषों को अपने ऊपर फिदा करके, उनसे मनमाने नाच नचवाने के लिए। पुरुषोंको अपने अधीन करने के लिए, अबलाओं के पास तलवार, बन्दूक़ या बाण नहीं होते। उनको ईश्वर ने ये ही अमोघ अस्त्र दिये हैं। बन्दूक़, तलवार और मैशीनगन जो काम नहीं कर सकतीं, वह

काम ये अस्त्र करते हैं। किसी से भी पराजित न होनेवाले और बड़े-बड़े शूरवीर योद्धाओंको बात-की-बातमें धराशायी करनेवाले बहादुर स्त्रियोंके अस्त्रोंकी मारसे, अपने होश-हवास खोकर, इनके दास बन जाते हैं।

छप्पय

करत चातुरी भौंह, नयनहू नचत चितैबो।
प्रगटत चितको चाव, चावसों मृदु मुसकैबो।
दुरत मुरत सकुचात, गात अरसात जम्हावत।
उझकत इत उत देख, चलत ठिठकत छविछावत।
ए आभूषण तियनके, अंगमाहिं शोभा धरन।
अरु ये ही शस्त्र-समान हैं, पुरुष-मन-मृग बस करन॥३॥

सार—स्त्रियों के हाव-भाव पुरुषों के मारने के लिए अस्त्र और उनका सौन्दर्य्य बढ़ानेके लिए आभूषण हैं।

3. The skilfulness in turning the brows, the casting of oblique glances, sweet talk, smiling with shyness, walking slowly by gestures and stopping at intervals (these) are the ornaments as well as the weapons for women.

क्वचित्सुभ्रूभंगैः क्वचिदपि च लज्जापरिणतैः
क्वचिद्भीतित्रस्तैः क्वचिदपि च लीलाविलसितैः ॥
नवोढानामेभिर्वदनकमलैर्नेत्रचलितैः
स्फुरन्नीलाब्जानां प्रकरपरिपूर्णा इव दिशः ॥४॥

कामी पुरुषोंको, कभी सुन्दर भौंहोंसे कटाक्ष करने वाली, कभी शर्मसे सिर नीचा कर लेने वाली, कभी भयसे भीत होने वाली, कभी लीलामय विलास करने वाली, नवीन व्याही हुई कामिनियोंके मुखकमलोंकी खूबसूरती बढ़ाने वाले नीलकमलोंके समान चञ्चल नेत्रोंसे दशों दिशाएँ पूर्ण दीखती हैं ॥४॥

हालकी व्याही हुई नववधुओंमें कमान सी भौंहों से कटाक्ष करना, कभी लाज के मारे सिर नीचा कर लेना, कभी भयसे भीत होना, कभी अन्य प्रकारके नखरे करना—ये सब स्वभाव से ही होते हैं। प्रथम तो इस उम्र में सुन्दरता आप ही बढ़ जाती है; फिर उनके नखरे और नीलकमलसे चञ्चल नेत्र उनकी खूबसूरतीको और भी बढ़ा देते हैं। कामी पुरुषोंको, जिनके मनमें इनके चञ्चल नेत्र अपना घर कर लेते हैं—हर ओर, इनके चञ्चल नेत्र ही नेत्र दिखाई देते हैं; अर्थात् उनका मन इनके नीलकमलवत् सुन्दर नेत्रोंमें ही जा बसता है। जिसमें जिसका दिल जा बसता है, उसे वही-वह दीखता है। चूँकि कामियों की आँखोंमें कमसिन अल्पवयस्का नवविवाहिता कामिनियाँ समा जाती हैं,

अतः उन्हें हर ओर, जहाँ तक उनकी दृष्टि जाती है, वही-वह दिखाई देती हैं।

किसी ऐसी ही उठती जवानीकी कम-उम्र परीकी खूबसूरती का चित्र महाकवि नज़ीरने क्या ही कारीगरीसे खींचा है:—

पलकों की झपक, पुतली की फिरत, सुरमे की लगावट वैसी ही।
ऐ यार नज़र, मक्कार अदा, त्योरी की चढ़ावट वैसी ही ॥१॥
वह अँखियाँ मस्त नशीली सीं, कुछ काली सीं, कुछ पीली सीं।
चितवन की दगा, नज़रों की कपट, सीनों की लड़ावट वैसी ही ॥२
वह रात अँधेरी वालों सी, वह माँग चमकती बिजली सी।
जुल्फ़ों की खुलत, पट्टी की जमत, चोटी की गुंधावट वैसी ही ॥३
वह छोटी-छोटी सख्त कुचैं, वह कच्चे-कच्चे सेव गज़ब।
अँगिया की भड़क, गोटों की चमक, बन्दों की कसावट वैसी ही ॥४॥
वह चञ्चल चाल जवानी की, ऊँची ऐड़ी नीचे पंजे।
कफ्शों की खटक, दामनकी झटक, ठोकरकी लगावट वैसी ही ॥५॥
कुछ हाथ हिलें, कुछ पाँव हिलें, फड़कें बाजू थिरकै सब तन।
गाली वो बला, ताली वो सितम, उँगली की नचावट वैसी ही ॥६॥
चञ्चल अचपल, मटके चटके, सर खोले ढाँके हँस-हँस के।
क़ह क़ह की हँसावट और ग़ज़ब, ठट्ठों की उड़ावट वैसी ही ॥७॥
हर वक़्त फ़बन हर आन सजै, दम-दम में बदलें लाख सजैं।
बाहों की झपक, घूँघट की अदा, जोबनकी दिखावट वैसी ही ॥८॥

पाठक! मनचले पाठक! आप ही विचारिये, इस आनवान और खूबसूरती वालीको कौन भूल सकता है? जो इन स्त्री-रत्नों

की कद्र जाननेवाले हैं, उनकी नज़रों से इनके नीलकमल की आभा रखनेवाले नीलमसे नेत्र कभी उतर ही नहीं सकते। उन्हें तो हर ओर नीलम या नील-कमल ही नील-कमल फूले दीखते हैं और वे मन-ही-मन उनकी अनुपम छटाको याद कर-करके प्रसन्न होते हैं।

छप्पय

कबहुँ भौंहको भंग, कबहुँ लज्जायुत दरसत।
कबहुँक ससकत संकि, कबहुँ लीलारस बरसत।
कबहुँक मुख मृदुहास, कबहुँ हित बचन उचारत।
कबहुँक लोचन फेर, चपल चहुँ ओर निहारत।
छिन-छिन सुचरित्र विचित्र करि, भरे कमल जिमि दशहुँ दिशि।
ऐसी अनूप नारी निरख, हरषत रहिये दिवस-निशि॥४॥

सार—जिस तरह ब्रह्मज्ञानियोंको हर ओर ब्रह्म ही ब्रह्म दीखता है, उसी तरह कामियों को हर ओर नव-वधुओं के नीलकमलके समान चंचल नेत्र ही नेत्र दीखते हैं। जिसकी आंखों में जो समा जाता है, उसे वही वह दीखता है।

4. What with the turning of her beautiful brows, what with her gentle bashfulness, what

with her fearfulness and what with her playful gestures, the face of a young woman, having moving eyes with all the above qualifications, appears like a lotus (with black bees having on it).

वक्त्रं चन्द्रविकासि पङ्कजपरीहासक्षमे लोचने
वर्णः स्वर्णमपाकरिष्णुरलिनीजिष्णुः कचानाञ्चयः ॥
वक्षोजाविभकुम्भसंभ्रमहरौ गुर्वी नितम्बस्थली
वाचो हारि च मार्दवं युवतिषु स्वाभाविकं मंडनम् ॥५॥

चन्द्रमाके समान प्रकाशमान मुख, कमलकी मसख़री करनेवाले दोनों नेत्र, सुवर्णकी दमकको फीका करनेवाली शरीरकी कान्ति, भौंरोंके पुञ्जको जीतनेवाले केश, गजराजके गण्डस्थलकी शोभाका अपमान करनेवाली दोनों छातियाँ, विशाल नितम्ब—चूतड़, मनोहर वाणी और कोमलता—नज़ाकत—ये सब स्त्रियों के स्वाभाविक भूषण हैं ॥५॥

खुलासा—चन्द्रमाके समान मुख, कमलको लजाने वाले नेत्र, कनक की आभाको मलीन करने वाली देहकी कान्ति, भौंरों की पंक्तियों को पराजित करने वाली अलकें, गजराजके गण्डस्थलोंको लजाने वाले स्तनद्वय, फूलोंकी कोमलताको मात करने वाली नज़ाकत, मृगमदको नीचा दिखाने वाली मुख की सुवास—ये सब स्त्रियोंके स्वाभाविक आभूषण या कुदरती जेवर हैं। तात्पर्य

यह है, स्त्रियां स्वभाव से ही बड़ी सुन्दरी होती हैं। इनकी असाधारण सुन्दरता और अनूप रूप पर किसका मन लहालोट नहीं हो जाता? इनकी सुन्दरता पर मुग्ध होकर ही लोग इनके क्रीत-दास हो जाते और दुःख-सुखकी परवा न कर, दिन-रात इनके लिए परिश्रम करते हैं।

छप्पय

करत चन्द्र इव विशद बदन, अद्भुत छवि छाजत।
कमलन विहँसित नैन, रैन दिन प्रफुलित राजत।
करत कनक द्युतिहीन, अंग-आभा अति उमगत।
अलकन जीते भौंर, कुचन करि-कुम्भ किये हत।
मृदुता मरोर मारे सुमन, मुख-सुवास मृगमद कदन।
ऐसो अनूप तिय रूप लखि, छाँहधूप नहिं गिनत मन॥५॥

सार—नाना प्रकारके हाव-भाव स्त्रियोंके नाना प्रकारके अस्त्र हैं। इनसे ही वे पुरुषों को अपने वशमें करतीं और अपना गुलाम बनाती हैं।

5, The natural ornaments of a woman are her face which puts to shame even the moon, her eyes which laugh at the lotuses, the colour of her body which dims even the lustre of gold, her hair which surpasses in beauty the swarm of bees, her breast that outstrips the beauty of the forehead of an elephant, the two big hips and the sweet voice which attracts the mind.

स्मितं किञ्चिद्वक्त्रे सरलतरलो दृष्टिविभवः
परिष्यन्दो वाचामभिदवविलासोक्तिसरसः ॥
गतीनामारम्भः किसलयितलीलापरिकरः
स्पृशंत्यास्तारुण्यं किमिह नहि रम्यं मृगदृशः ॥६॥

उटती जवानीकी मृगनयनी सुन्दरियोंके कौन काम मनोमुग्धकर नहीं होते ? उनका मन्द-मन्द मुस्कराना, स्वाभाविक चञ्चल कटाक्ष, नवीन भोग-विलासकी उक्तिसे रसीली बातें करना और नख़रेके साथ मन्द-मन्द चलना—ये सभी हाव-भाव कामियोंके मनको शीघ्र ही वशमें कर लेते हैं ॥६॥

जवानीमें क़दम रखने वाली, उठती जवानीकी मृगनयनी सुन्दरियों का धीरे-धीरे हँसना, स्वभावसे चञ्चल नेत्र चलाना, मीठी-मीठी रसीली बातें करना और नख़रे एवं अजीव नाज़ो-अदा के साथ धीरे-धीरे क़दम रखकर चलना—ये हाव-भाव कामी पुरुषोंके होशहवास ख़ता कर, उनको इनका गुलाम बना देते हैं ; अर्थात् कामी पुरुष स्त्रियोंके इन हाव-भाव और नाज़ो-अदाओंको देख-देखकर, अपनी सुध-बुध खो, पागलसे हो जाते और इनकी इन अदाओं पर न्यौछावर होकर सदाको इनके क्रीत-दास हो जाते हैं ।

दोहा

मन्द हसन तीखे नयन, सरस बचन सविलास ।
गजगमनी रमणी निरख, को न करे अभिलाष ? ।।६।।

सार—नवीना युवतियोंके हृदयहारी हाव-भावों पर न मर मिटनेवाला पुरुष कोई विरली ही महतारी जनती है ।

6 Is not everything charming in a lotus-eyed woman just verging on her youth ? Say the gentle smile on her face, the casting of her restless eyes, talking sweetly in different new charming modes, walking by gestures and with slow steps like that of new leaves.

द्रष्टव्येषु किमुत्तमं मृगदृशां प्रेमप्रसन्नं मुखं
घ्रातव्येष्वपि किं तदास्यपवनः श्राव्येषु किं तद्वचः ।।
किं स्वाद्येषु तदोष्ठपल्लवरसः स्पृश्येषु किं तत्तनु-
र्ध्येयं किं नवयौवनं सुहृदयैः सर्वत्र तद्विभ्रमः ।।७।।

रसिकोंके देखने-योग्य क्या है ? मृगनयनी कामिनियोंका प्रेमपूर्ण प्रसन्न मुख । सूँघने-योग्य क्या है? उनके मुँहकी भाफ । सुनने-योग्य क्या है ? उनके वचन । स्वादिष्ट पदार्थ क्या है ? उनके ओष्ठपल्लवका रस । छूने-योग्य क्या है ? उनका कोमल शरीर । ध्यान करने योग्य क्या है ? उनका नवयौवन और विलास ।।७।।

मनुष्यके पाँच इन्द्रियाँ होती हैं:—(१) आँख, (२) नाक,

(३) कान, (४) जीभ, और (५) त्वचा। आँखका काम देखना, सूँघना, कानका सुनना, जीभका चखना और त्वचाका स्पर्श करना है। आँख रूप देखना चाहती है, नाक सुगन्धित पदार्थ सूँघना, कान रसीली बातें सुनना, जीभ सुस्वादु पदार्थ चखना और त्वचा कोमल वस्तु छूना चाहती है। कामी पुरुषोंकी पाँचों इन्द्रियोंकी सन्तुष्टिके लिये, भगवान ने एक सुन्दरी नारी ही पैदा कर दी है। मतलब यह कि, रसिकोंकी पाँचों ज्ञानेन्द्रियोंकी सन्तुष्टिके सामान एक कामिनीमें ही मौजूद हैं। मृगनयनियोंके सुन्दर मुख आँखों के देखनेके लिये हैं। उनके मुँहकी सुगन्धित भाफ नाकके सूँघने के लिये है। उनके मिश्रीसे भी मीठे और मधुर वचन कानोंके सुननेके लिये हैं। उनके निचले होठका अमृत-समान स्वादिष्ट रस जीभके चखनेके लिये है और चमड़ेको छूकर सुखी होनेके लिये उनका मखमलसे भी कोमल शरीर या उनके पैरोंके तलवे हैं; तथा ध्यान करनेके लिये उनकी नयी जवानी और उनकी नाज़ो-अदा हैं। सारांश यह कि, सारे सुख एक सुन्दरी ही में मौजूद हैं।

अगर कोई यह कहे कि, नहीं जी, यह सब कवियोंकी लीला—उनके वढ़ावे हैं; तो हम यही कहेंगे कि, आप उनसे पूछिये, जिन्होंने इन सबका आनन्द अनुभव किया या इनका मज़ा उठाया है। जिसने उनका चन्द्रमाके समान प्रेमरससे पूर्ण मुख देखा है, वही कह सकता है कि, उनका मुख देखनेसे रूप देखनेकी इच्छुक नेत्र-इन्द्रियकी तृप्ति होती है या नहीं। जिसने मृगमद—कस्तूरीको भी मात करनेवाली उनके मुखकी सुगन्धका

मजा लिया है, वही कह सकता है कि, उस सुगन्ध से बढ़कर और भी कोई सुगन्ध नासिका की तृप्ति करनेवाली है या नहीं। जिसने उनके मखमलकी भी नरमीको मात करनेवाले शरीर या पैरोंके तलवों पर हाथ फेरे हैं, वही कह सकता है कि, यह बात कहाँ तक सच है। जिसने उनकी मधुर और रसीली एवं कानोंमें अमृत ढालनेवाली बातें सुनी हैं, वही कह सकता है कि, उनकी मीठी-मीठी बातोंमें क्या मजा है। जिसने उनके रूप, यौवन और हाव-भाव तथा विलासोंका ध्यान किया है, वही कह सकता है कि, उनके ध्यानमें कैसा आनन्द है। जिसने ब्रह्मका ध्यान किया है, वही कह सकता है कि ब्रह्मके ध्यानमें वह आनन्द है, जिसकी समता त्रिलोकीके किसी आनन्दमें नहीं है। जिसने ब्रह्मका ध्यान ही नहीं किया, वह ब्रह्मानन्दके वर्णनातीत आनन्दकी बातको क्या जाने? जिसने अनुपम सुन्दरी मृगनयनीके होठोंसे होठ लगाकर अमृत पिया है, वही कह सकता है कि, सुन्दरीके निचले होठमें अमृत है या नहीं। महाकवि नज़ीर कहते हैं और ठीक ही कहते हैं:—

साग़िरके लबसे पूछिये, इस लब की लज्ज़तें।
किस वास्ते, कि खूब समझता है लब की लब॥

उसके ओठोंका स्वाद प्यालेके ओठों से पूछिये; क्योंकि ओठों की बात ओठ ही समझता है।

छप्पय

कहा देखिबे योग्य ? प्रियाको अति प्रसन्न मुख।
कहा सूंघिये सोधि ? श्वास सौगन्धि हरत दुख।
कहा दीजिये कान ? प्राणप्यारी की बातन।
कहा लीजिये स्वाद ? अधरके अमृत अघातन।
परसिये कहा ? ताको सुवपु, ध्यान कहा ? जोवन सुछवि।
सब भाँति सफल सुखको सदन, ज़ान सुयश गावत सुकवि ॥७॥

सार—एक सुन्दरी कामिनीमें पुरुषकी सारी इन्द्रियों की तृप्तिका मसाला है।

7. For lovers what is the best sight worth seeing? The lovely and beautiful face of a lotus-eyed woman. What is the best thing worth smelling ? The vapour of her mouth. Waht is the best thing for hearing ? Her sweet voice. What object has the best taste ? The enjoyment of her leaf-like lips. What is best among the objects of touch ? Her body. And what is the best thing for meditation ? Her youth and the pleasure arising from it.

एताः स्खलद्वलयसंहतिमेखलोत्थ-
झंकारनूपुररवात्हृतराजहंस्यः ॥
कुर्वन्ति कस्य न मनो विवशं तरुण्यो
वित्रस्तमुग्धहरिणीसदृशैः कटाक्षैः ॥८॥

चञ्चल कङ्कन, ढीली कौंधनी और पायज़ेबोंके घुंघरुओंकी मधुर झङ्कारसे राजहंसोंको शरमानेवाली नवयुवती सुन्दरियाँ, भयभीत हिरनीके समान कटाक्ष करके किसके मनको विवश नहीं कर देतीं ? ॥८॥

कर्धनी और पायज़ेब प्रभृति अलङ्कारोंके मधुर-मधुर शब्दोंसे राजहंसनियोंका निरादर करनेवाली नवयुवतियाँ, जब भड़की हुई भोली हिरनीकी तरह अपनी तीखी नज़रका तीर चलाती हैं, तब बड़े-बड़े बहादुर उनके वशीभूत होकर उनकी गुलामी करने लगते हैं। मनुष्य तो कौन चीज़ है, देवता तक ऐसी कामिनियोंके कटाक्ष-बाणोंसे पराजित हो जाते हैं। अब इनकी निगाहके तेज़ तीरसे जो परास्त न हो, अपनी रक्षा कर ले, उसे हम क्या कहें, सो हमारी समझमें नहीं आता। भोले-भाले पाठक ! इनके कटाक्षों की मारको मामूली मार न समझें। महाकवि दाग़ कहते हैं और ठीक ही कहते हैं:—

तीर तेरा मिज़गाँसे बढ़कर नहीं।
कुछ खटकते हैं, इसी नश्तरसे हम ॥

तेरी भौंहों में जो काट है, वह तेरे तीरमें नहीं। इसीलिये मुझे तीरसे तेरे भौंह रूप नश्तरका हर समय खटका लगा रहता है। मतलब यह कि, तीरकी मारका इलाज है; पर कामिनीके कटाक्ष-बाणका इलाज नहीं।

जिसके गोरे स्तनों पर मोतियों के हार झूल रहे हैं ; नूपुर-रूपी हंस जिसके चरण-कमलोंमें मधुर-मधुर शब्द कर रहे हैं—ऐसी मनोमोहिनी काम-मद से मतवाली नारी किसका मन वश में नहीं कर लेती ? [पृष्ठ २७]

दोहा

नूपुर किंकिन किंकिणी , बोलत अमृत बैन।
काको मन नहिं बस करत, मृगनैनिनके नैन ? ॥८॥

सार—नाज़नियोंके निगाहे तीरसे न घायल होनेवाला करोड़ोंमें कोई एक होता हो, तो होता हो !

8. Which mind is there that does not go out of control by the casting of the eyes like that of a frightened hind of the young woman, the sounds of whose restless bracelets and the waist-chain and the tinklings of whose anklets defeat the sweet sound of swans even.

कुंकुमपंककलंकितदेहा गौरपयोधरकम्पितहारा ।
नूपुरहंसरणत्पदपद्मा कं न वशीकुरुते भुवि रामा ॥९॥

जिसकी देह पर केसर लगी है, जिसके गोरे-गोरे स्तनों पर हार झूल रहा है और नूपुररूपी हंस जिसके चरणकमलोंमें मधुर-मधुर शब्द कर रहे हैं,—ऐसी सुन्दरी इस पृथ्वी पर किसके मनको वशमें नहीं कर लेती ? ॥९॥

खुलासा—जिसकी देह पर केसर लगी है, जिसके सघन पीन पयोधरों पर मोतियोंका हार धीरे-धीरे हिल रहा है, जिसके कमल-जैसे चरणोंसे बाजेकी मधुर-मधुर झंकार निकल रही है, वह सुन्दरी इस जगतमें किसीको भी अपने अधीन किये बिना

नहीं छोड़ती; जो उसकी नजरों तले आता है, वही उसका गुलाम हो जाता है। परन्तु पुरुष जो ऐसी मनोमोहिनी नारीके वशमें नहीं होता, उसके रूप-लावण्य और नाजो-अदा पर नहीं मर मिटता, वह सच्चा शूरवीर और मोक्षका अधिकारी है।

दोहा

हार हलें कुचकनक लग, केशर रञ्जित देह
नूपुरध्वनि पदकमलकी, केहि न करें वस येह ? ॥९॥

सार—जिनके गोरे-गोरे बदन पर केसर लगी है, जिनकी नारंगियों-सी सुगोल छातियों पर मोतियोंके हार हिल रहे हैं और जिनके चरणकमलोंकी पायजेबोंसे छमा-छमकी मीठी मनोहारिणी आवाजें आती हैं, वे मृग-नयनी किसे अपने वशमें नहीं कर लेतीं ?

9. Whose minds are not overpowered on this earth by such beautiful women whose body is decorated by saffron and sandal and on whose white breasts garlands are hung and in whose lotus-like feet anklets sound like swans ?

नूनं हि ते कविवरा विपरीतबोधा
ये नित्यमाहुरबला इति कामिनीनाम् ॥
याभिर्विलोलतरतारकदृष्टिपातैः
शक्रादयोऽपि विजितास्त्वबलाः कथं ताः ॥१०॥

स्त्रियोंको "अबला" कहनेवाले श्रेष्ठ कवियोंकी बुद्धि निश्चय ही उल्टी है। भला, जो अपने नेत्रोंके चञ्चल कटाक्षोंसे महाबली इन्द्रादिक देवताओंको भी मार लेती हैं, वे "अबला" किस तरह हो सकती हैं ? ॥१०॥

जो कोमलाङ्गी कामिनियाँ, बिना अस्त्र-शस्त्रों के, अपनी दृष्टिमात्रसे, जगत्-विजयी योद्धाओंकी तो बात ही क्या है, त्रिलोकीका पलक मारते संहार कर डालनेकी शक्ति रखने वाले शङ्कर और महाबली इन्द्रादिक देवताओंको भी अपने वशमें करके, मनमाने नाच नचानेकी शक्ति रखती हैं, और उन्हें अपने इशारों पर नचाती हैं, उन्हें "अबला" कहनेवाले कवि निश्चय ही पागल हैं—उनकी मति मारी गई है। सबलाओंको अबला कहने वाले यदि मूर्ख नहीं, तो क्या अक्लमन्द हैं ?

दोहा

कामिनिको अबला कहत, ते नर मूढ़ अचेत।
इन्द्रादिक जीते दृगन, सो अबला किहि हेत ? ॥१०॥

सार—स्त्रियां अपनी एक नज़रसे भूतलके ज़बर्दस्त-से-ज़बर्दस्त योद्धाको पराजित कर सकती हैं, इसलिये उन्हें अबला कहना भूल है।

10. Those great poets, who have called women powerless,have surely thought just in the opposite way. How can they be said to be so

whose casting of the moving eye-lids subdues even Indra and others.

नूनमाज्ञाकरस्तस्याः सुभ्रुवो मकरध्वजः ।
यतस्तन्नेत्रसंचारसूचितेषु प्रवर्तते ॥१३॥

कामदेव निश्चय ही सुन्दर भौंहवाली स्त्रियोंका आज्ञापालन करनेवाला चाकर है, क्योंकि जिनपर उनके कटाक्ष पड़ते हैं, उन्हींको वह जा दबाता है ॥११॥

खुलासा—निस्सन्देह, कामदेव सुन्दर भौंहवाली स्त्रियोंकी आज्ञाके वशवर्त्ती होकर चलने वाला सेवक है। वह उनके इशारों पर चलता है। जिसकी ओर वे सैन कर देती हैं, वह उन्हींको जा मारता है। अव्वल तो स्त्रियाँ स्वयं ही बलवती होती हैं। अपने ही कटाक्षोंसे बड़े-बड़े शूरवीरोंके छक्के छुड़ा सकती हैं, फिर कामदेव उनके हुक्म में है, यह और भी ग़ज़बकी बात है। ऐसी स्त्रियोंसे कौन अपनी रक्षा कर सकता है ? केवल वही उनसे बच कर रह सकता है, जो उनके दृष्टिपथ में न आवे। शायद इसीलिये, मोक्ष-कामी पुरुष मनुष्यों की बस्तियाँ छोड़ कर, निर्जन वनोंमें जाकर, आत्मोद्धारकी चेष्टा करते हैं; क्योंकि वन में न कामिनी होंगी और न वे अपने सेवक कामदेवको पञ्चशर चलाकर अपना शिकार मारनेका हुक्म देंगी।

दोहा

कामिनि हुक्मी काम यह, नैन सैन प्रगटात।
तीन लोक जीत्यौ मदन, ताहि करत निज हात ॥११॥

सार—कामदेव स्त्रियोंका सेवक है।

11. Surely Kamdev (Cupid) is the obedient servant of women, because he, at once overpwers that man who is made their mark.

केशा संयमिनः श्रुतेरपि परं पारंगते लोचने
चान्तर्वक्त्रमपि स्वभावशुचिभिः कीर्णं द्विजानां गणैः॥
मुक्तानां सतताधिवासरुचिरं वक्षोजकुम्भद्वयं-
चेत्थं तन्वि वपुः प्रशांतमपि ते क्षोभं करोत्येव नः॥१२॥

ऐ कृशाङ्गि! हे नाज़नी! तेरे वाल साफ-सुथरे और संवारे हुए हैं, तेरी आँखें वड़ी-वड़ी और कानोंतक हैं, तेरा मुख स्वभाव से ही स्वच्छ और सफेद दन्तपंक्तिसे शोभायमान है, तेरे कुचोंपर मोतियोंके हार झूल रहे हैं; पर तेरा ऐसा शीतल और शान्तिमय शरीर भी मेरे मनमें तो विकार ही उत्पन्न करता है, यह अचम्भे की वात है! ॥१२॥

नोट—इस श्लोकमें जो 'संयमिन, श्रुतेरपि, द्विजानां और मुक्तानां' शब्द आये हैं, उनके दो-दो अर्थ हैं। उनके इस्तेमालसे कवि महोदयने अपूर्व चमत्कार दिखाया है। इसीसे इस श्लोकके दो अर्थ हो गये हैं।

एक अर्थ ऊपर लिखा ही है, और दूसरा नीचे लिखते हैं, पर पहले उन शब्दों के दो-दो अर्थ बता देना उचित समझते हैं:—संयमिन = संवारे हुए और जितेन्द्रिय। श्रुतेरपि = कानों तक पहुंचे हुए और वेदशास्त्र पारङ्गत, काननचारी और वनचारी। द्विजानां = दाँत, ब्राह्मण। मुक्ताना = मोती और मुक्त पुरुष।

दूसरा अर्थ।

हे कृशाङ्गि ! ऐ नाज़नी ! तेरे बाल जितेन्द्रिय हैं, तेरे नेत्र वेदशास्त्र-पारङ्गत और काननचारी हैं, तेरा मुख पवित्र है और उसमें ब्राह्मणों का निवास है, तेरी छातियों पर मुक्त पुरुषों का निवास है; इसलिये तेरा शरीर सतोगुणका धाम है; अत: उसे शीतल और शान्तिमय होना चाहिये; पर, है उल्टी बात ! तेरे सतोगुणी शरीरसे मुझे शान्ति मिलनी चाहिये; पर उससे मेरे मनमें उल्टी अशान्ति या क्षोभ अथवा अनुराग उत्पन्न होता है, यह आश्चर्य की बात है !

छप्पय

संयम राखत केश, नयनहूँ काननचारी।
मुख माँहि पवित्र रहत, द्विजगन सुखकारी।
उस पर मुक्ताहार, रहत निशिदिन छवि छायो।
आनन चन्द-उजास, रूप उज्ज्वल दरसायो।
तेरो तन तरुणी ! मृदुल अति, चलत चाल धीरज-सहित।
सब भाँति सतोगुणको सदन, तऊ करत अनुराग चित ॥१२॥

नोट—इस कवितासे भी दूसरा अर्थ साफ समझमें आता है। तेरे बाल संयमी हैं, नेत्र कानन‌चारी हैं, मुखमें पवित्र सुखकारी ब्राह्मणों का निवास है, छातियों पर मुक्त पुरुषों का हार है, मुख चन्द्रमा के समान है, शरीर नाजुक है, तू धीमी-धीमी चाल चलती है,—इन सब लक्षणोंसे तेरा शरीर सतोगुणका घर है। सतोगुणी शरीरसे विकार या क्षोभ उत्पन्न हो नहीं सकता ; फिर भी तेरा शरीर अनुराग पैदा करता है, यह अचम्भे की ही बात है।

सार—स्त्रीका शरीर, सब तरह से सतोगुणी, शीतल और शान्तिमय होनेपर भी, पुरुष के मनमें क्षोभ ही करता है।

12 O women, of slender constitution, (you) whose hair is well controlled, whose eyes are outstretched up to ears, whose mouth is filled with naturally clean teeth and on whose breasts pearls are always shining, though your this frame is full of calmness yet it disturbs us. ❁

❁ The reference in this shloka have double meanings. Sanyami—means controlled as well as bound ; Shruti—means Vedas as well as ears ; Dwija—means Brahmins as also teeth ; Mukta—means liberated souls as well as pearls. In the body of a beautiful girl we find the hairs well bound up—this is control ; eyes stretched up to ears—and the other meaning is it goes beyond the knowledge of Vedas ; mouth full of beautiful teeth—the other meaning is that venerable Brahmins are connected with it ; breast adorned by pearls—the other meaning is even the liberated souls are connected with it. Hence taking one side of the meaning—we find that woman,

मुग्धे धानुष्कता केयम पूर्वा त्वयि दृश्यते ।
यथा हरसि चेतांसि गुणैरेव न सायकैः ॥१३॥

हे मुग्धे सुन्दरी ! धनुर्विद्यामें ऐसी असाधारण कुशलता तुझमें कहाँ से आई कि, बाण छोड़े बिना, केवल गुण ❀ से ही, तू पुरुषके हृदयको वेध देती है ? ॥१३॥

हे कमसिन भोली-भाली नाज़नी ! तैंने ऐसी ग़ज़बकी तीरन्दाज़ी किससे सीखी, जो विना तीर चलाये ही, केवल कमानकी डोरी छूकर ही, तू मर्द के दिल को छेद देती है ?

उस्ताद ज़ौक़ ने कहा है—

तुफंगा तीर तो ज़ाहिर, न था कुछ पास क़ातिलके ।
इलाही फिर जो दिल पर, ताकके मारा तो क्या मारा ?॥

बड़ा आश्चर्य है, उसके पास न तीर था, न पिस्तौल। पर हे परमेश्वर, उसने मेरे दिल पर फिर क्या चीज ताककर मारी, जो मैं लोट-पोट हो गया ?

मौलाना हाली कहते हैं :—

था कुछ न कुछ, कि फांस सी इक दिल में चुभ गई ।
माना कि उसके हाथमें, तीरो सनां न था ॥

---

whose body is thus full of signs of calmness, is also very attractive and disturbing to us.

❀ गुण=(१) चतुराई, (२) रस्सी, जिससे धनुषके दोनों कोटि बांधे जाते हैं ।

महाकवि ग़ालिब कहते हैं :—

इस सादगी पै कौन न मर जाये ऐ खुदा !
लड़ते हैं और हाथ में तलवार भी नहीं ॥

दोहा

अति अद्भुत कमनैत तिय, करमें बाण न लेत।
देखो यह विपरीत गति, गुण ते बाँधे देत ॥१३॥

सार—स्त्रियों के पास कोई अस्त्र-शस्त्र नहीं रहता, वे केवल अपनी चतुराई से ही पुरुषोंको वशमें कर लेती हैं, यह अचम्भेकी बात है ।

13,- O beautiful girl, how nice is your skilfulness in the use of the bow, because you do not pierce the heart of men by arrows but by only bending the bow (in other words, by your charms only).

सति प्रदीपे सत्यग्नौ सत्सु ताराखीन्दुषु ।
विना मे मृगशावाक्ष्या तमोभूतमिदं जगत् ॥१४॥

यद्यपि दीपक, अग्नि, तारे, सूर्य और चन्द्रमा सभी प्रकाशमान पदार्थ मौजूद हैं, पर मुझे एक मृगनयनी सुन्दरी विना सारा जगत् अन्धकारपूर्ण दीखता है ॥१४॥

खुलासा—यद्यपि दीपक—चिराग़, आग, सितारे, सूरज और चाँद जैसे सदा थे, वैसे ही अब भी हैं ; ये जिस तरह पहले

अन्धकार नाश करके उजियाला करते थे, उसी तरह अब भी कर रहे हैं; परन्तु मुझे तो एक मृगनयनी प्यारी बिना सर्वत्र अँधेरा-ही-अँधेरा नज़र आता है। तात्पर्य्य यह है कि, घरमें सब कुछ होने पर भी, एक स्त्री बिना घर शून्य निर्जन वन-सा मालूम होता है।

पण्डितेन्द्र महाराज जगन्नाथ अपने "भामिनी-विलास" में कहते हैं:—

हरिणीप्रेक्षणा यत्र गृहिणी न विलोक्यते।
सेवितं सर्व सम्पद्भिरपि तद्भवनं वनम्॥

जिस घरमें मृगनयनी गृहिणी नहीं दीखती, वह घर—सर्व सम्पत्तिसम्पन्न होने पर भी—वन है।

सच है, घरमें चाहे पुत्र हों, पुत्र-वधुएँ हों, नौकर-चाकर और दास-दासी हों, हाथी-घोड़े और रथ-पालकी प्रभृति सभी ऐश्वर्य्यके सामान हों; पर एक हिरनीके-से नेत्रों वाली प्यारी न हो तो वह घर, सर्व सम्पदायें होने पर भी, निर्जन वनकी तरह शून्य है। संसारमें घर-गृहस्थीका सच्चा आनन्द सुन्दरी प्राण-प्यारीसे ही है। महाकवि नज़ीर कहते हैं:—

मै भी है मीना भी है, साग़िर भी है साक़ी नहीं।
दिलमें आता है, लगा दें आग मैख़ानेको हम॥

इस समय सारे कामोद्दीपन करनेवाले ऐश-आरामके सामान—सुरा-सुराही आदि मौजूद हैं; पर है क्या नहीं?

केवल वही, जिसके लिये इन सब वस्तुओंकी आवश्यकता हुई। इससे अब हौली ऐसी बुरी जान पड़ती है कि, जी चाहता है कि, उसमें आग लगा दूँ; अर्थात् सब कुछ मौजूद है, पर एक नाज़नी नहीं है; इससे मुझे सब बुरे लगते हैं। स्त्री बिना सारे आनन्द फीके हैं।

जिन्होंने स्त्रीका सुख नहीं भोगा है, जिन्हें स्त्री रत्नकी क़ीमत नहीं मालूम, जो नारी-रहस्यको नहीं जानते, जो स्त्रीको पैरकी जूती-मात्र समझते हैं, वे हमारी इन बातों को पढ़कर हँसेंगे—हमें स्त्री-दास या स्त्रैण कहेंगे। जो जिसकी क़ीमत जानता है, वही उसकी क़दर करता है; मोती बहुमूल्य होता है, पर भीलनी उसे पाकर फेंक देती है और जौहरी उसे हृदय से लगा लेता है। जो जिसके रहस्यको जानता है, वही उसके सम्बन्धमें कुछ कह सकता है। मौलाना हाली ठीक ही कहते हैं:—

हक़ीक़त महरमे असरार से पूछ।
मज़ा अंगूर का मैख्वार से पूछ॥
दिले महजूर से सुन लज्ज़ते वस्ल।
निशाते आफ़ियत बीमार से पूछ॥

जो सब तरह की बातें जानता है, तत्त्वज्ञ या रहस्यज्ञ है, उसीसे तत्त्वकी बात पूछनी चाहिये। अंगूरमें क्या मज़ा है, यह अंगूरी शराब पीने वालेसे पूछना चाहिये। वही उस विषयमें कह सकता है।

जिस दिलने माशूक़ासे मिलनेके लिए अनेक तरहकी तकलीफें

उठाई हैं, उसीसे वस्लका मज़ा या मिलनेके आनन्दकी बात पूछनी चाहिये। जिस रोगीने अनेक तरहके कष्ट उठाकर आरोग्य लाभ किया है, वही तन्दुरुस्तीकी क़ीमत जानता है।

हमें भी स्त्रियोंके सम्बन्धमें थोड़ा-बहुत अनुभव है, हमने उनके संयोग और वियोग दोनों ही देखे हैं, उनकी सेवा-शुश्रूषाओं से सुखी और उनकी मंत्रणाओंसे लाभान्वित हुए हैं, अत: हम भी ज़ोरके साथ कहते हैं—निश्चय ही स्त्री-बिना संसारके सभी सुखैश्वर्य्य अलोने—फीके और बेमज़े हैं। स्त्री ईश्वरके संसार रूपी बग़ीचेका सर्वोत्तम फूल है। उसीसे ईश्वरकी सृष्टिकी शोभा है। अगर स्त्री न होती, तो यह जगत अन्धकारपूर्ण, निर्जन और भयानक होता। जिस करोड़पतिके घरमें सती स्त्री नहीं है, उसका घर साक्षात् श्मशान है और जिस दरिद्रीके घरमें पतिव्रता, लज्जा-वती और मधुरभाषिणी स्त्री है, उसका घर नन्दन कानन है। देखिये, संसार के प्राचीन और अर्वाचीन विद्वानों और महा-पुरुषोंने नारी-जातिके सम्बन्धमें क्या कहा है :—

स्त्री-महीमा

हे स्त्री! स्वर्गमें क्या है, जो तुझ में नहीं? अद्भुत ज्योति, सत्य, अनन्त सुख और अनादि प्रेम—सभी तुझ में हैं।—आट् वे

स्त्री इस संसारका रमणीक प्रदेश है। इस प्रदेशमें विश्वास-तरु लहलहा रहे हैं; आनन्दके फूल खिल रहे हैं, हर्ष-विहग

कलरव कर रहे हैं तथा निवृत्ति और विश्वासकी नदियाँ वह रही हैं। यहाँ शोरोगुलका नाम भी नहीं है। —लार्ड बैरन

स्त्री पुरुषका आधा श्रेष्ठ भाग है*। पुरुष जबतक शादी नहीं करता, अधूरा रहता है। स्त्री एक तरहका तीर्थ है। विधाता हमें उसकी यात्राको भेजता है। स्त्री पुण्यात्माके लिए स्वर्ग है और दुष्टके लिए स्वर्ग-सोपानका पहला पद। स्त्री एक ख़ज़ाना है। जिस पुरुषके पास यह ख़ज़ाना नहीं, वह अपने क़र्ज़को अदा कर नहीं सकता, यानी अपने पितरोंका ऋण चुका नहीं सकता। —शर्ले

---

* हमारे भगवान् मनु ने भी यही बात कही है। उन्होंने कहा है कि, विधाता ब्रह्माने अपने शरीरके दो भागकर, आधे अंशसे पुरुष और आधेसे स्त्रीको पैदा किया।

पुरुषका नाम मनु और स्त्रीका नाम शतरूपा हुआ। अँगरेजों और मुसलमानोंके यहाँ भी लिखा है कि पहले आदम पैदा हुआ और फिर हव्वा (Adam and Eve)। मनुसे मनुष्य शब्द और आदमसे आदमी शब्द बना। संसारका पहला पुरुष मनु या आदम था और पहली स्त्री शतरूपा या हव्वा थी। इन्हींसे जगत की उत्पत्ति हुई। जबतक आदमको हव्वा न मिली, तब तक उसे बाग़े अदन या नन्दनकानन उजाड़से भी बुरा मालूम होता था।

व्यास-संहितामें लिखा है—जब तक विवाह नहीं होता, तबतक पुरुष अर्द्ध देह रहता है। विवाह होनेके बाद पुरुष पूर्णदेह होता है।

हे स्त्री ! तू रातका तारा और प्रात:कालका हीरा है। तू ओसका क़तरा है, जिससे काँटेका मुँह भी मोतियोंसे भर जाता है। वह रात अँधेरी और वह दिन फीका मालूम होता है, जबकि तेरी आँखोंकी रोशनी दिलको ठण्डा नहीं करती। हृदय का घाव बिना तेरे मधुर ओठोंके अच्छा हो नहीं सकता। विपत्तिमें तू सहायक होती है।

हे अबला ! तेरे शरीर और आत्मामें एक जादू है। जिधर हम जाते हैं उधर तेरी ज्योति हमें राह दिखाती है। चाहे गरम-से-गरम देश हो और चाहे शीतल-से-शीतल देश हो, अगर तू वहाँ मौजूद है, तो वहाँ भी आनन्द ही है। —*टामस मोर*

सलाह या मशवरा करनेके लिए स्त्री पुरुषसे अच्छी है। जब कभी किसी मामूली-सी बातसे मेरा दिल घबरा उठता है, तब स्त्रीकी मदद मिलनेसे मुझे ऐसा मालूम होता है, मानो यह बात ऐसी नहीं है जिससे मुझे दुखी होना पड़े। (स्त्री सलाह देनेमें इतनी होशियार क्यों ?) पुरुषको हर चीज़से काम पड़ता है, उसे बहुतसे झंझटोंका सामना करना पड़ता है, इसलिए वह छोटी-छोटी बातोंसे घबरा उठता है; लेकिन स्त्री इतने झंझटों से सम्बन्ध नहीं रखती, वह तटस्थ पुरुषकी तरह हरेक बातको बाहरसे देखती रहती और उनके यथार्थ मूल्यको जानती है; इसीसे वह उलझनको सहजमें सुलझा सकती है। शास्त्रोंके पढ़नेमें वह मर्दों से कम हो तो हो, पर उसकी नैसर्गिक प्रज्ञा—स्वाभाविक बुद्धि अत्यन्त सूक्ष्म होती है। —*जेम्स नार्थ कोट*।

पतिव्रता स्त्री ईश्वरकी सृष्टिकी उत्तम-से-उत्तम औषधियोंमें सर्वश्रेष्ठ है। वह पतिके लिए देवता और सारे गुणोंकी मूर्त्ति है। वह पतिका बहुमूल्य हीरा और जवाहिरातका ख़ज़ाना है। उसकी आवाज़में मधुरता और उसके मुस्करानेमें आनन्द है। उसकी भुजा उसकी शरण और उसकी तन्दुरुस्तीकी दवा है। उसकी मिहनत उसकी दौलत और उसकी किफ़ायतशारी उसका लायक़ मुन्तज़िम है। उसके होंठ उसके मंत्री और उसकी प्रार्थना उसकी सर्वोत्तम सहायिका है। —*जरमी टेलर*

तुमने कई बार देखा होगा कि, जिस सवालको तुम घण्टोंमें भी हल नहीं कर सकते, उसे औरतें क्षणभरमें हल कर देती हैं और उनका जवाब निहायत दुरुस्त और सही होता है।

निस्सन्देह सारे संसारका आनन्द भार्या शब्दमें है। दिनभरके काम-धन्धों और झगड़ोंसे निपटकर जब मर्द रातको घरमें आता है, तब उस थके हुएको आग जलती हुई मिलती है, खाना तैयार रहता है और प्रेममयी पत्नी हँसती हुई उसका स्वागत या इस्तक़बाल करती है। घरमें आनन्दकी ज्योति फैल जाती है।

—*नौवेलिस*

हे स्त्री! दिलकी बेहोशीको रोकना तेरा ही काम है। जब आश्वासनकी ज़रा भी उम्मीद नहीं रहती, तब दुःखको बँटाना तेरा ही काम है। संसारकी शोभा और ज़िन्दगीका मज़ा तुझमें ही है। संसारकी भलाई ही तेरा काम है और उसी परोपकारमें तुझे प्रसन्नता है। —*ग्रहम*

स्त्रीकी दृष्टिमें ईश्वरीय प्रकाश है। वह एक मीठी नदी है। उसीमें पति अपनी प्यास बुझा सकता और अपने शोक-दुःखोंसे छुटकारा पा सकता है। पतिके दुःखमें स्त्री ही एकमात्र शरण और आनन्दका स्थान है। —*जर्मि टेलर*

पुरुषके जीवनका सोता स्त्रीकी छाती है। वही उसे बात करना सिखाती और वही उसके आँसू पोंछती है। बुरे समय में जब सब उसे छोड़कर अलग हट जाते हैं, तब वही उसकी खबर लेती और गरम निःश्वासोंको शीतल करती है।

—*लार्ड बैरन*

पतिके लिए स्त्रीके सच्चे प्रेमसे जियादा कुछ भी प्यारा नहीं है। पृथ्वी पर स्त्रीके सच्चे और दृढ़ प्रेमसे बढ़कर सुखदायी चीज़ नहीं। ईश्वरको भी मधुरभाषिणी और पवित्र स्त्रीसे अधिक कोई चीज़ प्यारी नहीं। —*राबर्ट दब्रून*।

प्रिये! आओ। मेरे पास बैठ जाओ, क्योंकि प्रातःकालीन प्रकाशसे ईश्वरीय ज्योति निकल रही है। प्रार्थना करनेका समय है, पर तुम बिना मुझसे प्रार्थना नहीं होती। आओ, दोनों मिलकर प्रार्थना करें। तुम ईश्वरसे मेरा हाल कहना और मैं तुम्हारा कहूँगा। —*एलिन कनिंघम*

ईश्वर न करे, उसके पतिकी हार हो अथवा वह बीमार हो जावे। पराजित पतिको वह धीरज देगी और रोगार्त्त की सेवा-शुश्रूषा करेगी। अगर पति नाराज़ हो जायगा, तो वह नाराज़

न होगी; उल्टे उसका हँसता हुआ चेहरा उसके शोकको हरेगा। वह ज़िन्दगी-भर उसकी ख़िदमत करेगी। अगर वह पहले मर जायगा, तो वह उसके कुटुम्बकी ख़बर लेगी, उसके मानको स्थिर और इज्ज़तको क़ायम रखेगी। उसके चेहरेसे बुद्धि बरसती है और उसकी जीभसे मिहरबानी टपकती है। —बिशप हारन

हे स्त्री! तू धन्य है! तेरा करुणामय हाथ विपद्के भयानक वनमें भी आनन्दके बाग़ लगाता है। जो नीच तुझे केवल क्षण-भर दिल खुश करनेका खिलौना समझता है, उसका दिल मैला है—वह तेरे गुणोंको नहीं जानता। —ब्रैसफर्ड

संसार-वाटिकामें स्त्री सबसे अच्छा फूल है। उसका लालित्य, उसकी सुगन्ध और मनोहरता विचित्र है। —थैकरे

समुद्रके भीतरका ख़ज़ाना इतना महँगा नहीं, जितना कि वह आनन्द, जो स्त्रीसे पुरुषको मिलता है। —मिल्टन

सुशीला स्त्री पतिका परम स्नेही मित्र है। उसकी सचाई ईश्वरीय नियमकी तरह अटल है। उसकी पवित्रता दैवी प्रकाश की भाँति निर्दोष है। पति मौजूद रहे या नामौजूद रहे, उसे अपनी स्त्री पर पूरा भरोसा रहता है कि, उसकी प्यारी चीज़ोंको, ख़ासकर उसकी सबसे प्यारी चीज़ अपने तईं, वह रक्षित रखेगी —जाने न देगी। वह अपने ऐसे विश्वासी मंत्रीके भरोसे बेफ़िक्र और निर्भय होकर काम पर जाता है। वह अपने शृङ्गार में फिजूलखर्ची नहीं करती—सभी कामोंमें किफ़ायतसे काम लेती

है। पतिको जिस चीजकी जरूरत होती है, उसे ही लाकर हाज़िर कर देती है। सदा उसका भला चाहती है। उसका रत्ती-भर नुक़सान होने नहीं देती। कभी भी उसे शोकार्त्त या रञ्जीदा होने नहीं देती। अगर पतिको शोक होता है तो हर लेती है और अपना विश्वास बढ़ाती रहती है। —*विशप हारन।*

संसारमें कोई भी चीज़ सुन्दरी, पवित्रात्मा, विनोदशीला और नारीसे अधिक मनोहर नहीं। —*हएट*

स्त्रीकी आँखोंमें ईश्वरने दीपक जला रखे हैं, ताकि भूले-भटके पुरुषोंको उन चिराग़ोंकी रोशनीमें स्वर्गकी राह दीख जावे।

—*विल्लिस*

मामूली नौजवानोंको स्त्रियोंमें कोई गुण न दीखता हो तो न दीखता हो, पर मेरी नज़रमें तो वह देवीसे कम नहीं।

—*वाशिङ्गटन आयर्विंग*

जब तक पुरुष पर आफ़त नहीं आती, तब तक उसे अपनी स्त्रीके गुणोंका पता नहीं लगता। विपद् आने पर उसे मालूम हो जाता है कि, उसकी स्त्री सच्ची देवी है। —*बेलवर*

कण्टकपूर्ण शाखाको फूल सुन्दर बना देते हैं और ग़रीब-से-ग़रीब घरको लज्जावती युवती स्वर्ग बना देती है।

—*गोल्डस्मिथ*

प्रियदर्शनता, विनोदशीलता, प्रज्ञा और प्रभामें पुरुष स्त्रीकी बराबरी नहीं कर सकता। वह विपद्में पड़े हुए पतिकी उदासी

को दूर करती, थके हुए की थकान दूर करती और अपने मुस्कराते मुँहसे सारे घरमें आनन्दके फूल बरसाती है। —गिज़बोर्न

जब तक आदमकी शादी नहीं हुई, स्वर्ग उसके लिए काँटों का घर था। देवताओंका गाना, पक्षियोंका चहचहाना, फूलोंका हँसना और सवेरेकी सुहावनी हवाके झोंके उसे वेमज़े मालूम होते थे। वह उदास फिरा करता था। ज्योंही हव्वा आई, उसका सारा दुःख दूर हो गया और नन्दन कानन आनन्द-भवन हो गया। —कैम्बैल

अगर संसारमें स्त्री न हो, तो संसार इस तरह सूना और भयानक दीखने लगे जिस तरह वह मेला, जिसमें न तो ख़रीद-फ़रोख़्त—क्रय-विक्रय और लेन-देन होता है और न कोई दिल-बहलानेका सामान होता है। स्त्रीकी मुस्कराहट के बिना सृष्टि उसी तरह निष्फल और व्यर्थ हो जावे, जिस तरह जीव बिना देह, फल-फूल बिना वृक्ष, क़िलेदार बिना क़िला, नींव बिना महल और पतवार बिना नाव। अगर स्त्री नहीं तो प्रेम नहीं और प्रेम नहीं तो आनन्द नहीं। संसारमें जो सुख है वह स्त्रियोंके ही प्रताप से है। अगर संसारमें कोई प्रकाशकी रेखा है, तो वह इन्हींसे है।

कुत्ता नमकहलाल होता है, स्त्री उससे भी जियादा नमक-हलाल होती है। वह नावकी पतवारसे जियादा पक्की और महल के सितून या खंभेसे भी अधिक मजबूत है। डूबती नावके यात्रियों को किनारा जैसा प्यारा होता है, पुरुषके लिए स्त्री वैसी ही प्यारी है। वह सन्तानसे भी जियादा प्यारी और रातके बाद होनेवाले

प्रभातसे भी अधिक प्रकाशमान है। रेगिस्तान या रेतीले जंगलों में सफर करनेवाले प्यासोंको पानी जैसा प्यारा और मीठा लगता है, पुरुषके लिए स्त्री उससे भी अधिक मीठी और आनन्ददायिनी है। —*यंग*

स्त्रियाँ संसारमें देवताओंकी तरह घूमती हैं। स्वार्थपरता या ख़ुदग़र्ज़ी का तो उनमें नाम भी नहीं। प्रत्युपकारका उन्हें ध्यान भी नहीं। स्त्री पर चाहे जितना भार डालो, हैरान करो, अत्याचार करो, वह न बोलेगी। ऊँट तो ज़ियादा बोझ होनेसे चीखता और बलबलाता है, पर स्त्री चूँ नहीं करती। हे ईश्वर! तूने स्त्री को पुरुषका योग्य साथी बनाया। सच पूछो, तो ईश्वर की सृष्टिमें स्त्री ही सर्वश्रेष्ठ है। उसके चेहरेसे गौरव टपकता एवं सम्मान और स्नेह उसके शासनमें चलते हैं। तूने अपनी अद्भुत शक्तिसे उसे पुरुषोंके दिल कोमल करनेको बनाया, ताकि पुरुषोंके दिल उसे देखकर तेरे भक्तिभावसे पूर्ण हो जावें। —*मिस बैनट*

विपद्की चोटोंसे जब हम बेबस हो जाते हैं और हमारे बन्धु-बान्धव हमें त्याग देते हैं, तब स्त्री ही हमारे दुःखका कारण खोजती है। उसकी मुस्कराहटसे हृदय शीतल हो जाता है। उसकी मीठी आवाज़ हृदयके तापको मिटा देती और सूखे हृदय को फिर से हराभरा और तरोताज़ा कर देती है। ——*गैली नाइट*

स्त्रीकी मर्य्यादा उसके अपरिचित रहनेमें, उसकी प्रभा उसके पतिके सम्मानमें और उसका सुख उसके कुटुम्बके मङ्गल या कल्याणमें है। —*रूसो*

देखा गया है कि, प्रकृतिने नारियोंको स्वयं चिन्ता और क्लेश भोगनेको पैदा नहीं किया। उसने उन्हें हमारी चिन्ताओंके कम करनेको बनाया है। ——गोल्डस्मिथ

स्त्रियाँ, जिन्होंने अपना विश्वास खो दिया है, उन फ़रिश्तोंके समान हैं जिन्होंने अपने पंख गँवा दिये हैं।

—डाक्टर वाल्टर स्मिथ

जाय नामक एक पाश्चात्य विद्वान् कहते हैं:—"But for women, our life would be without help at the outset, without pleasure in its course and without consolation at the end" अगर स्त्रियाँ न हों, तो पुरुष की बाल्यावस्था असहाय और यौवन आनन्द-विहीन हो जाय तथा बुढ़ापेमें कोई आश्वासन देनेवाला न हो। मतलब यह है कि, पुरुषको हर अवस्था में स्त्रीकी जरूरत है। ठीक है, जिसके एक सती साध्वी नारी हो, और चाहे कुछ भी न हो, वह परम सुखी है।

गोथे महोदय कहते हैं—"A hearth of one's own and a good wife are worth gold and pearls." निजका घर और साध्वी स्त्री सोने और मोतियोंके बराबर हैं।

बेकन महोदय भी कहते है:—"Wives are young mens mistresses, companion for middle age, and old men's nurses" स्त्रियाँ युवावस्थामें पत्नियोंका, मध्यावस्था में सहचारिणियोंका और बुढ़ापेमें धायोंका काम देती हैं।

स्पेनवालोंमें एक कहावत है—"To him who has a good wife, no evil can come which he cannot bear." जिस पुरुषके भली स्त्री है, उस पर ऐसी कोई विपत्ति नहीं आ सकती, जिसे वह सह न सके।

बहुत से अनजान कहेंगे 'कि, यूरोपियन लोग तो स्त्रियोंके गुलाम होते ही हैं।। उनकी गाई स्त्री-महिमा हमारे किस मसरफ की? ऐसोंके सन्तोष के लिए, हम अपने हिन्दू-शास्त्रों से ही चन्द श्लोक उद्धृत करते हैं। वे आँखें खोलकर देखें, हमारे यहाँ ही नारी जातिकी कैसी महिमा गाई गई है:—

महाभारतके आदि पर्वमें लिखा है:—

> अर्द्धं भार्या मनुष्यस्य, भार्या श्रेष्ठतमः सखा।
> भार्या मूलं त्रिवर्गस्य, भार्या मूलं तरिष्यतः॥
> सखायः प्रविविक्तेषु, भवन्त्येताः प्रियम्बदाः।
> पितरो धर्मकार्येषु, भवन्त्यार्त्तस्य मातरः॥
> भार्यावन्तः क्रियावन्तः, सभार्या गृहमेधिनः।
> भार्यावन्तः प्रमोदन्ते, भार्यावन्तः श्रियान्विताः॥
> कान्तोरष्वपि विश्रामो, जनस्याध्वनिकस्यवै।
> यः सदारः स विश्वास्यस्तस्माद्दाराः परागतिः॥
> संसरन्तमपि प्रेतं विषमेष्वेकपातिनं।
> भार्यैवान्वेति भर्त्तारं सततं या पतिव्रता॥
> प्रथमं संस्थिता भार्या पतिं प्रेत्य प्रतीक्षते।
> पूर्वं मृतं च भर्तारं पश्चात्साध्व्यनुगच्छति॥

दह्यमाना मनोदुःखैर्व्याधिभिश्चातुरा नराः ।
आह्लादन्ते स्वेषु दारेषु धर्मार्तो सलिलेष्विव ॥

स्त्री पुरुषकी अर्द्धाङ्गी है। स्त्री पुरुषका सर्वोत्तम मित्र है। स्त्री धर्म, अर्थ और काम की जड़ है। स्त्री भवसागरसे पार होनेवाले मुमुक्षुओंकी मूल है।

यह मधुरभाषिणी आफ़तकी जगह मित्र, धर्मके कामोंमें पिता और दुःख आपड़ने पर माँ बन जाती है।

जिसके स्त्री है वही क्रियावान् है, जिसके स्त्री है वही गृहस्थ है, जिसके स्त्री है वही सुख पाता है और जिसके स्त्री है वही लक्ष्मीवान् है।

वनभूमि में स्त्री विश्राम या आरामकी जगह है; जिसके स्त्री है वही विश्वासयोग्य है; इसलिये स्त्री परम गति है।

चाहे पति आवागमन या जन्ममरण के चक्रमें फँसा हो, चाहे मर गया हो और चाहे किसी दुर्गम स्थान में पड़ा हो, स्त्री ही है जो उसके पीछे-पीछे चलती है।

पतिपरायणा स्त्री अगर पहले मर जाती है, तो (स्वर्गमें जाकर) पतिकी राह देखती है। अगर पति पहले मर जाता है, तो सती उसके पीछे-पीछे जाती है।

मानसिक क्लेशोंसे जलते हुए और रोग-पीड़ित पुरुष अपनी स्त्रियोंसे उतने ही सुखी होते हैं, जितना कि सूरज की किरणोंसे तपा हुआ पुरुष पानी पीनेसे आनन्दित होता है।

स्त्री पुरुषका आधा अङ्ग है; उसके बिना पुरुष अधूरा है। इस विषयमें "मनु-संहिता" में लिखा है:—

द्विधा कृत्वात्मनो देहम्, अर्द्धेन पुरुषोऽभवत्।
अर्द्धेन नारी तस्यांश, विराजमसृजत् प्रभुः ॥

ब्रह्माने अपने शरीरके दो हिस्से करके, आधेसे पुरुष और आधेसे स्त्री पैदा की।

"व्यास-संहिता" में भी लिखा है:—

पाटितोऽयं द्विधाः पूर्वम्, एक देहः स्वयम्भुवा।
पतयोऽर्द्धेन चार्द्धेन, पातन्योऽभुवान्निति श्रुतिः।
यावन्न विन्दते जाया, तावदर्द्धं भवेत्पुमान् ॥

ब्रह्माने एक देहके दो टुकड़े करके, आधे भागसे पति और दूसरे आधेसे पत्नियाँ पैदा कीं। इसका प्रमाण वेदमें है। जब तक विवाह नहीं होता, तबतक पुरुष 'अर्द्ध देह' रहता है—शादी होने के बाद पुरुष 'पूर्णदेह' होता है।

"मनुस्मृति" में ही लिखा है:—

न निष्क्रय विसर्गाभ्याम् भर्तुर्भार्या विमुच्यते।
एवं धर्म्मं विजानीयः प्राक् प्रजापतिनिर्म्मितम् ॥

पति-पत्नीका सम्बन्ध दान, बिक्री या त्याग द्वारा भी नहीं टूट सकता। यह नियम पूर्वकालसे विधाताने चलाया है।

यदि रामा यदि चरमा, यदि तनयो विनयगुणोपतः।
तनयेतनयोत्पत्तिः, सुरवरनगरे किमधिकम् ? ॥

अगर स्त्री है, अगर लक्ष्मी है, अगर शीलवान पुत्र है और पुत्रके पुत्र हो गया है, तो फिर स्वर्गमें इससे अधिक क्या है?

नीतिकारोंने छः सुख प्रधान कहे हैं। उनमेंसे स्त्रीका सुख भी एक है। किसी विद्वान्‌ने कहा है:—

अर्थागमो नित्यमरोगिता च।
प्रिया च भार्य्या प्रियवादिनी च॥
वश्यश्च पुत्रो अर्थकरी च विद्या।
षट् जीवलोकस्य सुखानि राजन्!॥

हे राजन! धनकी आमद, सदा आरोग्य रहना, प्यारी और प्रियवादिनी स्त्री, वशमें रहनेवाला पुत्र और फल देनेवाली विद्या— ये छै संसारके सुख हैं।

स्त्रीका काम पुरुषके विना और पुरुषका काम स्त्रीके विना चल नहीं सकता। स्त्री और पुरुष एक दूसरे पर निर्भर करते हैं। एक दूसरेके विना अधूरा है। दोनोंका उद्देश्य एक ही है, इसलिए लक्ष्य तक पहुँचनेके लिए दोनोंका मिलकर काम करना जरूरी है। ये दोनों एक दूसरेके विरोधी और प्रतिकूल नहीं, किन्तु अनुकूल और अनुगामी हैं। एक दूसरेके सुख-दुःखमें हिस्सा बँटाने और संसारके कार-व्यवहार चलानेके लिए पैदा हुए हैं। स्त्री-पुरुषके विवाह-बन्धनमें बँधनेसे ही गृहस्थी कहलाती है। गृहस्थी एक गाड़ी है। स्त्री और पुरुष उस गाड़ीके दो पहिये हैं। जिस तरह गाड़ी एक पहियेसे नहीं चलती; उसी तरह स्त्री या पुरुष किसी एकसे गृहस्थी उत्तम रूपसे नहीं चलती; इसीलिए विवाह

किया जाता है। हिन्दू-विवाहका आधार उच्च, धार्मिक और गूढ़ वैज्ञानिक सत्य है। हिन्दू-विवाह किसी अभिप्राय या काम-वासना पूरी करनेके लिए नहीं किया जाता। विवाह-सम्बन्ध धर्म, अर्थ, काम और मोक्षकी प्राप्तिके लिए किया जाता है। गार्हस्थ्य जीवन-बिना इस लोक और परलोक दोनोंमें ही सुख नहीं है। शास्त्रमें लिखा है—

स सन्धार्य्यः प्रयत्नेन, स्वर्गमक्षयमिच्छता।
सुखञ्चे हेच्छतानित्यं, योऽधार्य्योदुर्बलेन्द्रियैः॥

जो मृत्युके बाद सदा स्वर्गमें रहना चाहता है और जो इस जीवनमें सुख भोगना चाहता है, उसे बड़ी होशियारीके साथ गार्हस्थ्य जीवन निर्वाह करना चाहिये। जिसकी इन्द्रियाँ वशमें नहीं हैं, जो अजितेन्द्रिय है, वह गृहस्थाश्रमके धर्मकार्य कर नहीं सकता।

नोट—इसका यह आशय है कि, हिन्दू-स्त्री हिन्दूके लिए सुख भोगने की चीज़ नहीं—उसके घरमें देवी है।

मनुने कहा है :—

देवदत्तां पतिभार्य्यां विन्दतेनेच्छयात्मनः।
तां साध्वीं विभृयान्नित्यं देवानाम् प्रियमाचरन्॥
प्रजानार्थं स्त्रियः सृष्टाः सन्तानार्थञ्चमानवाः।
तस्मात् साधारणो धर्मः श्रुतौषत्न्या सहोदितः॥

परमात्मासे पत्नी मिलती है। पुरुष अपने इच्छानुसार उसकी

प्राप्ति नहीं कर सकता। इसलिए पतिको अपनी साध्वी स्त्रीका सदा भरण-पोषण करना चाहिये। उसके इस कामसे देवता प्रसन्न होते हैं।

स्त्रियाँ सन्तान प्रसव करनेके लिए और पुरुष उनको उत्पादन करनेके लिए बनाये गये हैं; इसलिए भार्याके साथ रहना पुरुष का मुख्य धर्मकार्य है। पवित्र वेदोंकी ऐसी ही आज्ञा है।

हिन्दूके लिए विवाह धर्मका एक अंश या मुख्य भाग है। यह विशुद्ध वैध धर्म-कार्य है। यह स्वार्थसिद्धि, वखरादारी या शराकत (co-partnership) का काम नहीं है; इसीलिये गृहस्थाश्रम शेष सभी आश्रमोंसे ऊँचा समझा जाता है। गृहस्थ— ब्रह्मचारी, वानप्रस्थ या संन्यासी इन तीनोंसे ही श्रेष्ठ समझा जाता है। गृहस्थ अग्निमें हवन करता है, उससे मेह बरसता है; मेहसे अनाज पैदा होता है और अनाजसे प्राणियोंकी उत्पत्ति और पालन होता है; इस वास्ते गृहस्थ ही एक तरहसे समस्त प्राणियों का पैदा करनेवाला है। जिस तरह जगतके प्राणी श्वास-कार्यसे जीते हैं; उसी तरह ब्रह्मचारी, वानप्रस्थ और संन्यासी गृहस्थकी सहायतासे जीवन धारण करते हैं; इसीसे गृहस्थाश्रम सब आश्रमोंसे ऊँचा समझा जाता है। जिन्हें इस लोक और परलोकमें सुख भोगना हो, उन्हें गार्हस्थ्य जीवन निर्वाह करना चाहिये। मगर यज्ञादि धर्मकार्य पुरुष स्त्रीके बिना सम्पन्न कर नहीं सकता। अगर वह अकेला इन कर्मों को करता है, तो उसको इतना फल नहीं मिलता। यही वजह है कि सीताजीके वनमें रहनेके समय

जब रामचन्द्रजी अश्वमेध यज्ञ करने लगे, तब महर्षियोंने उन्हें सीता जीकी सोनेकी प्रतिमा बग़लमें रखकर यज्ञ करनेका आदेश किया। जिस समय अयोध्यापति महाराजा अजकी प्यारी रानी इन्दुमती ज़हरीली मालाके कारण स्वर्गको सिधार गईं, महाराज के शोकका पारावार न रहा; यद्यपि उस समय एक इन्दुमतीके सिवा, महाराजके पास सब-कुछ था। ससागरा पृथ्वीका राज्य था, अतुल धन-सम्पत्ति थी, अप्सराओंका भी मानमर्दन करने वाली हजारों वारांगनायें थीं, लाखों दास-दासी थे; तथापि महाराजको ज़रा भी सुख-सन्तोष न होता था। उन्हें यह जगत् अन्धकारपूर्ण प्रतीत होता था। वे अपनी प्यारी रानीको याद कर-करके ज़ार-ज़ार रोते और कलपते थे।

असल बात यह है, कि जो सुख पुरुषको अपनी स्त्री द्वारा मिलता है, वह और किसीसे भी मिल नहीं सकता। इस जगत्में उसका स्त्रीके समान सच्चा और चतुर सलाहकार कोई नहीं। जिस समय वह किसी झंझटमें फँसकर घबरा जाता है, उलझनको सुलझा नहीं सकता, उस समय उसकी सच्ची संगिनी—उसकी प्यारी पत्नी अपनी कुशाग्रबुद्धिसे फौरन मुश्किलको हल कर देती है। अनेक बार दिल्लीश्वर शाहन्शाह अकबर प्रसिद्ध हाज़िरजवाब राजा बीरबलसे अत्यन्त कठिन और टेढ़े सवाल कर बैठते थे। वह उनके सवालोंका जवाब फौरन ही दे देते थे, लेकिन कभी-कभी गाड़ी रुक भी जाती थी। ऐसे मौके पर बीरबल घबराकर औंधे मुँह पड़े रहते और शोकके मारे

पागल-से हो जाते थे। उस वक्त उनकी पत्नी या पुत्री ही, उनकी मुश्किलको हल करके, उनके शोक-सन्तापको दूर करती थीं। शारीरिक बलमें स्त्रियाँ चाहे पुरुषों की बराबरी न कर सकती हों, पर बुद्धिमें वे पुरुषोंसे कम नहीं। किसी-किसी बातमें तो उनकी सूझ पुरुषोंकी अपेक्षा गहरी होती है। पुरुष कहते हैं, कि स्त्रीकी बुद्धि प्रलयंकरी होती है, पर यह सभी हालतोंमें ठीक नहीं। यदि कहा जाय कि सभी स्त्रियाँ चतुरा नहीं होतीं, तो मानना पड़ेगा कि, मर्द भी सभी चालाक और होशियार नहीं होते। हमारी रायमें, अगर अपनी घरवाली निरी मूर्खा न हो, तो उससे सलाह अवश्य लेनी चाहिये। किसी अँगरेज विद्वान् ने कहा है—
"Woman's counsel is not worth much, yet he that despises it is no wiser than he should be." स्त्रीकी सम्मति अधिक मूल्यवान नहीं होती, तोभी जो उसकी सलाहको घृणाकी दृष्टिसे देखता है, बुद्धिमानी नहीं करता।

गोस्वामी जीने बहुत ही ठीक कहा है—"धीरज, धर्म, मित्र अरु नारी, आपद-काल परखिये चारी।" अर्थात् धीरज, धर्म, मित्र और स्त्रीकी परीक्षा विपद्‌में करनी चाहिये; क्योंकि उसी समय उनका खरा-खोटापन मालूम होता है। जब तक पुरुष पर आफ़त नहीं आती, उसे अपनी स्त्रीके गुणोंका पता नहीं लगता। जिस समय पुरुषपर चारों ओरसे विपद्‌की घनघोर घटायें छा जाती हैं, माता-पिता, भाई-बन्धु, मित्र और पुराने सेवक तक उससे आँख फेर लेते हैं, कोई उसकी बात नहीं पूछता; तब उस घोर दुःखमें

एक मात्र स्त्री ही उसकी शरणदाता और आनन्दका स्थान होती है, वहीं उसे शान्ति मिलती है। वही उसे ढाढ़स बँधाती और उसके शोकको हरती है। वही उसके दु:खके कारणको खोजती और वही उसकी औषधि सोचती है। वही अपनी मुस्कराहटसे उसके हृदयकी जलनको शान्त करती, अपने मधुर स्वरसे दिलकी मुरझाई हुई कलीको खिलाती और शुष्क हृदयको फिरसे तरोताज़ा करती है। विपद्में सभी नातेदार किनारा कर जाते हैं, पर वह अपने प्यारेको नहीं त्यागती। सच तो यह है, संसारमें, घोर विपद्के समय, एक मात्र जगदीश और अपनी साध्वी स्त्री ही पुरुषकी खबर लेते हैं। हम इस बातकी परीक्षा कर चुके हैं। हमने अपने जीवनमें जितनी विपदायें देखी हैं, बहुत कम लोगोंने उतनी देखी होंगी। सच तो यह है, हमारा जीवन ही विपद्मय है। ईश्वरने हमें दु:ख पानेके लिए ही पैदा किया है।

इतना सब लिखनेका सारांश या सार मर्म यही है, कि नारी पुरुषकी अर्द्धाङ्गिनी, सहधर्म्मिणी और उसकी अन्तरात्माकी छाया या प्रतिमा है। वही कालिदासकी तरह पुरुषको उत्थानका मार्ग दिखानेवाली और तुलसीदासकी तरह मोक्ष-पथ-प्रदर्शिका है। वही पुरुषके शोक-सन्तप्त हृदयको अपने सुधा-वारिसे सींच कर तरोताज़ा रखनेवाली और अपने शोकहरा नामको सार्थक करनेवाली है। पुरुषके घोर विपत्तिकालमें वही एकमात्र सच्चे मित्रका-सा बर्ताव करनेवाली, उसके दु:ख-शोकमें हिस्सा बंटानेवाली, उसके दु:खको अपना ही दु:ख समझनेवाली, उसके सुख

के लिए अपना सारा सुख-आनन्द त्याग देनेवाली और उसके दुःखनाशकी औषधि खोजनेवाली है। घोर मुसीबत में जब पुरुष के सारे नातेदार—माता-पिता, भाई-बहिन और दिली दोस्तीका दम भरनेवाले मित्र किनारा कर जाते हैं, पास नहीं आते, बातें करनेमें भी आना-कानी करते हैं; तब वही है जो उसका साथ नहीं छोड़ती, उसकी विपत्तिको अपनी ही विपत्ति समझती और तन-मन-धनसे उसकी सहायता करती है। वही है जो धर्मकार्यमें उसके साथ पिताका-सा व्यवहार करती, खिलाने-पिलानेमें माता-का-सा वर्ताव करती, सलाह-सूत देने और धीरज बँधानेमें मित्र-का-सा काम करती और रति-समय वेश्यावत् व्यवहार करती है। वही है जो उसके रोग-पीड़ित और निर्धन होने पर भी, उसका आदर नहीं करती। उसके घरको झाड़-बुहार कर साफ रखती, हरेक चीजको यथास्थान सजाकर रखती, सुन्दर सुस्वादु भोजन बनाकर रखती, घरमें चिराग़ जलाती और उसके घरमें घुसते ही मुस्कराते हुए चेहरेसे उसका स्वागत करती है। उसे दुःखी देखकर आप आनन्दके फूलोंकी वर्षा करती और तुतलाते हुए नन्हेसे बच्चेको उसके आगे कर देती है। वह इन मनोहर दृश्योंको देखकर अपने शोकको भूल जाता और प्रसन्न होकर खाना खाता है। स्त्री-बिना पुरुषकी यह ख़ातिर कौन कर सकता है? इसीसे कहते हैं कि, नारी गृहकी लक्ष्मी, और घरका कल्याण है। वह घरकी श्रीवृद्धि, ऐश्वर्य्य और सुख सभीका आधार है। वही पुरुष की सर्वस्व और उसकी अन्तरात्मा है।

उसकी जीवन-ज्योति उसीसे प्रज्वलित होती और प्रकाश पाती है। उस शक्तिरूपिणीसे ही उसे शक्ति मिलती है। विना गृहिणीके घर निर्जन कानन या भयंकर श्मशान है। उसके विना संसार सूना और जीवन वृथा है। वह पुरुषके लिए ईश्वरदत्त अनमोल हीरा है। उस कोहेनूरसे भी बेशक़ीमत हीरेके विना उसका घर— घर नहीं है। इस दशा में उसे वनमें जाकर भगवद्भजन करना ही उचित है। स्त्रीरत्नके सच्चे क़दरदाँ पण्डित जगन्नाथ महाराज अपने "भामिनी-विलास" में यही बात कहते हैं :—

> इदं लताभिः स्तबकानताभिर्मनोहरं हंत वनांतरालम्।
> सदैव सेव्यं स्तनभारवत्यो न चेद्युवत्यो हृदयं हरेयुः ॥

यदि स्तन-भारवती युवती चित्तको न हरे, तो भारसे झुकी हुई लतिकाओं से सुशोभित कानन—गुफाका मध्यभाग सेवन करना उचित है; यानी जङ्गलमें जाकर किसी गुफामें रहना मुनासिब है।

इसीको स्पष्ट शब्दोंमें यों कह सकते हैं—यदि भारी स्तनोंके बोझसे झुकी जानेवाली नाज़नी—कोमलाङ्गी पुरुषके चित्तको अपने नाज़-नखरों या हाव-भाव प्रभृतिसे प्रसन्न न करे, तो पत्र-पल्लवोंके भारी बोझसे झुकी हुई लताओंसे शोभायमान गुहा या वनके मध्य भागमें रहकर प्रभुकी आराधना करनी चाहिये। जब कभी पीनपयोधरा सुन्दरीकी याद आयेगी, तभी पत्रपल्लवोंके भार से नम्र हुई लताओंको देख, मनमें सन्तोष हो जायगा।

दोहा ।

अनल दीप रवि शशि नखत, यदपि करत उज्यार ।
मृगनैनी बिन मोहि यह, लागत जगत् अँध्यार ॥१५॥

सार—गृहस्थाश्रममें एक स्त्री बिना इन्द्र-तुल्य सम्पत्ति भी तुच्छ है ।

14. Though there are lamp, light, fire, stars, sun and moon yet to me the whole world is enveloped in darkness without a woman with eyes like that of a deer.

उद्वृत्तः स्तनभार एष तरले नेत्रे चले भ्रूलते
रागाधिष्ठितमो पल्लवमिदं कुर्वन्तु नाम व्यथाम ।
सौभाग्याक्षरपंक्तिरेव लिखिता पुष्पायुधेन स्वयं
मध्यस्थाऽपि करोति तापमधिकं रोमावली केनसा ॥१५॥

हे कामिनि ! तेरे गोल-गोल उठे हुए भारी कुच, चञ्चल नेत्र, चपल भ्रू-लता और रागपूर्ण नवीन पत्तोंके सदृश सुर्ख होंठ—अगर रसिकोंके शरीरमें वेदना करें तो कर सकते हैं, पर यह समझ में नहीं आता कि, कामदेवके निज हाथोंसे लिखी—सौभाग्यकी पंक्ति-सी—रोमावलि, मध्यस्थ होने पर भी, क्यों चित्तको सन्तप्त करती है ॥१५॥

खुलासा—सुन्दरीके गोल-गोल पुष्ट और उठे हुए कुचों, चञ्चल नेत्रों, चपल भौंहों और सुर्ख होठोंसे कामियोंको जो सन्ताप

होता है, उसका होना तो स्वाभाविक ही है, उसकी हमें कुछ शिकायत नहीं। शिकायत है हमें उस रोमावलीकी—बालोंकी क़तारकी, जो सुन्दरीके पेड़ू पर, नाभिसे ज़रा ऊपर, मध्यस्थ की तरह, बीचमें सुशोभित है और जो स्वयं पुष्पायुध कामदेवके करकमलों द्वारा, सौभाग्यके विशेष चिह्नकी तरह, लिखी गई है। शिकायत क्यों है? शिकायत इसलिए है कि, वह मध्यस्थ होकर भी चित्त को सन्ताप देती है। यह प्रसिद्ध बात है कि, मध्यस्थ सन्ताप का कारण नहीं होता।

दोहा

अरुण अधर कुच कठिन दृग, भौंह चपल दुख देत।
सुथिर रूप रोमावली, ताप करत किहि हेत? ॥१५॥

सार—स्त्रियोंका अङ्ग-प्रत्यङ्ग, यहां तक कि, एक-एक बाल पुरुषके मनमें सन्ताप पैदा करता है। विशेष क्या, "स्त्री" नाम ही सन्तापकारक है!

15. If high breasts, restless eyes, moving brows and the two lips like new leaves give pain to a lustful man, they are justified in doing so because (Cupid) Kamadev has marked the words "Good fortune" in the forehead of a woman; but it is incomprehensible why that line of hair passing through the middle of the belly aggravates the pain which, as an arbitrator, should abate it.

गुरुणा स्तनभारेण मुखचन्द्रेण भास्वता ।
शनैश्चराभ्यां पादाभ्यां रेजे ग्रहमयीव सा ॥१६॥

वह स्त्री गुरु स्तनोंके भारसे, भास्करके समान प्रकाशमान मुख-चन्द्रसे और शनैश्चरके सदृश मन्दगामी दोनों चरणोंसे ग्रहमयी-सी मालूम होती है ॥१६॥ ※

खुलासा—वह स्त्री अपने पूर्णोन्नत बृहस्पतिके समान दोनों कुचोंसे, सूर्य्यके समान प्रकाशमान मुखचन्द्रसे और मन्दगामी शनैश्चरके समान धीरे-धीरे चलनेवाले दोनों चरणकमलोंसे ग्रहपुञ्ज या रौशन मजमा-उल-नजूम-सी जान पड़ती है।

बृहस्पति, चन्द्रमा, सूरज और शनैश्चर—इन तेजस्वी ग्रहोंके चिह्न स्त्रीमें पाये जाते हैं। इसीसे कवि महोदय कहते हैं कि, वह नाज़नी ग्रहमयी-सी शोभित होती है। उसके स्तन-द्वय गुरु—भारी हैं, मुख सूरज और चाँद-सा है और चरण मन्दगामी शनैश्चरकी तरह मन्दगामी हैं। स्पष्ट है कि, उसके शरीरमें सभी तेजस्वी ग्रहोंका निवास है अथवा नवग्रह उसके सेवक हैं; अतएव स्त्रीके होते नवग्रहोंके पूजनकी जरूरत नहीं; क्योंकि एकमात्र उसकी पूजा-आराधनासे सभी फलोंकी प्राप्ति हो सकती है।

※ गुरु, भास्वान् प्रभृति शब्दोंके दो-दो अर्थ हैं। जैसे, गुरु = भारी और बृहस्पति। चन्द्रमा = चन्द्रवत् और चन्द्रमा। भास्वान् = प्रकाशमान और सूरज। शनैश्चर = मन्दगामी और शनैश्चर। सनीचर मन्दगामी प्रसिद्ध है।

मिष्टर हारग्रेव नामक एक पाश्चात्य विद्वान् भी स्त्रियोंको आकाशके सितारोंकी तरह पृथ्वीके सितारे कहते हैं। आप लिखते हैं:—"Women are poetry of the world in the same sense as the stars are the poetry of heaven. Clear, light-giving, harmonious, they are the terrestrial planets that rule the destinies of man-kind" जिस प्रकार नक्षत्र नभके आभूषण हैं, उसी प्रकार स्त्रियाँ पृथ्वीकी आभूषण हैं। वे स्वच्छ-निर्मल, प्रकाशमान और शान्ति-प्रद पार्थिव नक्षत्र हैं, जो मनुष्य-जातिके भाग्यका निपटारा करती हैं; अर्थात पुरुषोंके भाग्यका फैसला स्त्रियोंके हाथोंमें है।

महाराजा प्रतापसिंहजू अपनी नीचे लिखी कवितामें, स्त्रीके शरीरमें नवग्रहोंका निवास स्पष्ट रूप से दिखाते हैं— उसके बाल राहुके समान हैं, उसका मुँह चन्द्रमाके समान शोभित है, उसके दोनों नेत्र सूर्य हैं, अलकें केतु हैं, मन्द-मन्द हँसना शुक्र है, वाणी बुध है, दोनों स्तन वृहस्पति हैं, कान मङ्गल है और उसकी मन्दी-मन्दी चाल शनैश्चर है। ऐसी महामनोहर नवग्रहमयी युवतीकी सेवकाई स्वयं नवग्रह करते हैं; अतः उसके समान फलदायिनी और कौन है?

छप्पय

केश राहु सम जान, चन्द्र सौ सोहत आनन।
द्वादश में द्वै अर्क नैन, केतुहि अलकानन॥

हे मन ! उस कामिनी के पुष्ट स्तनों, मनोहर जाँघों और चन्द्रमुख को देखकर क्यों व्याकुल होते हो ? अगर तुम उसके कठोर कुचों और मनोहर जंघाओं वगैरः का आनन्द लेना चाहते हो, तो परोपकार-पुण्य सञ्चय करो ; अर्थात् सुन्दरी पुण्य-कर्म करनेसे मिलती है । [पृष्ठ १२]

मन्द हास है शुक्र, बुधै बानी कहि जानो।
सुरगुरु जान उरोज, कर्ण मङ्गलहि बखानो ॥
अति मन्द चाल सोई शनिश्चर, महामनोहर युवति यह ।
तेहि सम फलदायकको देखियत, जाको सेवत नवग्रह ॥१३॥

सार—मृगनयनी सुन्दरी नवयुवती प्रकाशमान ग्रह-पुञ्जके समान चित्ताकर्षक और मनोहर होती है। उसकी हृदयहारिणी छविका वर्णन करना कठिन है।

16. That woman bent under the load of heavy breasts, shining with moon-like face and walking with slow steps, looks like a planet. (Guru means heavy as well as Jupiter-planet. Sanaishchar means slow steps as well as Saturn—the poet takes these words in their duplicate meanings and says that she looks like planets.)

तस्याः स्तनौ यदि घनौ जघनं विहारि
वक्त्रं च चारु तव चित्त किमाकुलत्वम् ॥
पुण्यं कुरुष्व यदि तेषु तवास्ति वाञ्छा
पुण्यैर्विना न हि भवन्ति समीहितार्थाः ॥१७॥

हे चित्त! उस स्त्रीके पुष्ट स्तनों, मनोहर जाँघों और सुन्दर मुँहको देखकर, वृथा क्यों व्याकुल होते हो? यदि तुम उसके कठोर स्तनों प्रभृतिका आनन्द लेना ही चाहते हो, तो पुण्य करो; क्योंकि बिना पुण्य किये मनोरथ सिद्ध नहीं होते ॥१७॥

खुलासा—हे मन! उसके मोटे-मोटे और उठे हुए दोनों कुचों, चित्ताकर्षक नितम्बों और स्वर्गीय अप्सराओंके समान चन्द्रमुखको देखकर क्यों कुढ़ता है? पर-स्त्री पर मन चलाना उचित नहीं। अगर परमात्माने तुझे मनोमुग्धकर रूप, उठी हुई छातियों और पतली कमरवाली सुन्दरी दी है, तो जैसी दी है, उसी पर सन्तोष कर। कहा है—

देख पराई चूपड़ी, क्यों ललचावे जीव?।
रूखी-सूखी खायके, ठण्डा पानी पीव॥

हे मन! पराई चुपड़ी हुई रोटियों पर क्यों ललचाता है। ईश्वरने तुझे जैसी रूखी-सूखी दी है, उसे ही खाकर, शीतल जल क्यों नहीं पीता? अर्थात् पराई सुन्दरियों पर क्यों मन चलाता है, परमात्माने तुझे जैसी सुरूपा-कुरूपा दी है, उसी पर सन्तोष क्यों नहीं करता?

पर-स्त्रियों पर मन चलानेसे कोई लाभ नहीं, चाहनेसे वे अपनी हो नहीं जातीं। जो पुण्य करता है, ईश्वर उसे सुन्दरी स्त्री देता है; मनुष्य अपनी इच्छासे स्त्री नहीं पा सकता। कहा है—

देवदत्तां पतिभार्य्यां विन्दते नेच्छयात्मनः।

जब यही बात है, तब अपने बल और चालाकीसे पराई स्त्रीको अपनी करना, अपनी जान खतरेमें डालना है। कहा है—

उर्वशीसुरतचिन्तया ययौ संक्षयं किमु पुरूवा नृपः।
रक्षणाय निज जीवितस्य तत् संभजेत्परबधूम् न कामतः॥

महाराज पुरुरवा उर्वशीसे संभोगकी इच्छा करके नष्ट हो गये ; अतएव, अपनी जीवनरक्षाके लिये, पुरुषको पर-नारी पर दिल न चलाना चाहिये।

और भी कहा है—

लंकेश्वर जनकजा हरणेन बाली
तारापहारकतयाप्यथ कीचकाख्यः ॥
पाञ्चालिका ग्रहणतो निधनं जगाम
तच्चेत सापि परदाररतिं न कांक्षेत् ॥

लंकाधिपति रावण जानकीजी को हरकर ले जानेसे मारा गया, सुग्रीव-पत्नी ताराके हरणसे वाली और द्रौपदीकी इच्छा करनेसे कीचक मारा गया; इसलिए बुद्धिमानोंको पर-स्त्री पर भूल कर भी दिल न चलाना चाहिये।

हे मन ! अगर तू सेवोंके समान कठोर कुचोंवाली स्त्रियोंके साथ रमण करनेकी ही इच्छा रखता है, तो इस जन्ममें परोपकारपुण्य कर; पुण्यके प्रतापसे तुझे कमान-सी बाँकी भृकुटियों तथा स्थूल जाँघों और खञ्जन पक्षीके-से नेत्रोंवाली, जवानीके नशे में चूर और प्रेमसे प्रफुल्लित सुमुखी नारी अवश्य मिलेगी। धैर्य रख, अधीर मत हो। देख, पण्डितराज जगन्नाथ अपने "भामिन-विलास" में कहते हैं और विल्कुल ठीक कहते हैं :—

लभ्यन्ते पुण्यैर्गृहिणी मनोज्ञा तया सपुत्राः परितः पवित्राः।
स्फीतंयशस्तैः समुदेति नित्यं तेनास्य नित्यः खलु नाकलोकः ॥

पुण्यसे सुन्दर स्त्री मिलती है, स्त्रीसे सच्चरित्र सुपुत्र होते हैं,

सुपुत्रोंसे विमल यश दिनों-दिन फैलता है और यशसे यह लोक स्वर्गके समान हो जाता है।

कुण्डलिया

रे चित ! जो चाहे रमण, कुच कठोर नव नार।
तो तू कर कछु सुकृत अब, मिले जु वह सुकुमार ॥
मिले जु वह सुकुमार, बंक भौं जघन बिहारी।
सुन्दर मुख मृदु हास, कंजसी अँखियाँ कारी ॥
यौवन मद भरपूर, प्रेमसों सदा प्रफुल्लित।
मत अधीर धर धीर, मिले वह अवस, अरे चित ! ॥१७॥

सार—अगर उठती जवानीकी कमलनयनी सुन्दरी कामिनी पर मन चलता है, तो पुण्य संचय करो।

17. O my mind, why are you troubled at the sight of a woman whose breasts are firm and protuberent, whose thighs are fit for enjoying and whose face is lovely. If you have a desire for them, then practise virtue, because your wishes are not to be fulfilled without it.

मात्सर्यमुत्सार्य विचार्य कार्य-
मार्याः समर्यादमिदं वदन्तु ॥
सेव्या नितम्बाः किमु भूधराणा-
मुत स्मरस्मेरविलासिनिनाम् ॥१८॥

हे योग्यायोग्यके विचारमें निपुण श्रेष्ठ पुरुषो ! आप पक्षपात को छोड़, कर्त्तव्य-कर्मको विचार, और शास्त्रोंको देखकर यह बात कहिये कि, इस लोकमें जन्म लेकर मनुष्यको पर्वतोंके नितम्ब सेवन करने चाहियें अथवा कामदेवकी उमंगसे मन्द-मन्द मुस्कराती हुई विलासवती तरुणी स्त्रियोंके नितम्ब ॥१८॥

खुलासा—विद्वानो ! आप शास्त्रोंको विचार कर, साथ ही ईर्षा-द्वेष या पक्षपातको त्यागकर, इस वातका फैसला कीजिये, कि मनुष्यको इस दुनियामें आकर, स्त्रियोंके नितम्ब * सेवन करने चाहियें या पर्वतोंके नितम्ब ; अर्थात् उन्हें संसारमें आकर पर्वत-गुहामें वास करना चाहिये अथवा मोटी-मोटी जाँघों, कठोर कुचों और स्थूल नितम्बोंवाली स्त्रियोंके साथ भोग-विलास करना चाहिये।

स्त्री-भोग और हरि-भजन,—ये दोनों ही काम उत्तम हैं। संसारियोंके लिये पहला और संसारसे उदासीनोंके लिये दूसरा अच्छा है। जिन्हें नवयुवती स्त्रियोंका भोग-विलास पसन्द हो, वे धनार्ज्जन करें और उन्हें भोगें ; पर साथ ही पुण्य-सञ्चय भी करें ; ताकि उन्हें इस सफ़रके बाद, अगले मुक़ाम पर भी, यानी आगे होनेवाले जन्ममें भी, फिर मृगनयनी स्त्रियाँ और अन्यान्य सम्पदायें मिलें। पर इस भोग-विलासमें बारम्बार मरने और जन्म लेनेका घोर कष्ट है। अतः जो जन्म-मरणके कष्टोंसे

---

* नितम्बके दो अर्थ हैं :—(१) पर्वतका बीचका भाग, (२) कमरका पिछला हिस्सा यानी चूतड़।

वचना चाहें, अनन्तकालस्थायी सुख भोगना चाहें, वे सुन्दरी-से-सुन्दरी स्त्रीको पापोंकी खान, दुःखोंकी मूल और नरककी नसैनी समझ, निर्जन गहन वनमें जा, किसी पहाड़की गुफामें वस, सर्व मनोरथदाता पद्मपलाशलोचन हरिका एकाग्र चित्तसे ध्यान करें।

दोहा

नीच वचन सुन अनख तज, करहु काज लहि भेव।
कै तो सेवो गिरिवरन, कै कामिनि-कुच सेव ॥१८॥

सार—संसारियोंके लिये नवयुवतियोंको भोगना और विरक्तोंके लिये पर्वत-गुहाओंमें हरिभजन करना उचित है। जो इन दोनोंमेंसे एक भी काम नहीं करते, उनका जन्म लेना वृथा है।

18. O learned men, tell us without any jealousy and with fair consideration whether it is desirable to dwell on and enjoy the middle part of a mountain or to enjoy the hips or charming buttocks of an amorous woman smiling with the excess of passion.

संसारेऽस्मिन्नसारे परिणतितरले द्वे गती पण्डितानां
तत्वज्ञानामृताम्भः कृतललितधियां यातु कालः कदाचित्

नो चेन्मुग्धाङ्गनानां स्तनजघनभराभोगसंभोगिनानां
स्थूलोपस्थस्थलीषु स्थगितकरतलस्पर्शलोलोद्यतानाम् ॥१६॥

इस असार संसारमें, जिसकी अन्तिम अवस्था अतीव चञ्चल है, उन्हीं बुद्धिमानोंका समय अच्छी तरह कटता है, जिनकी बुद्धि तत्वज्ञान रूपी अमृत-सरोवरमें बारम्बार ग़ोते लगानेसे निर्मल हो गई है अथवा उन्हींका समय अच्छी तरह अतिवाहित होता है, जो नवयौवनाओंके कठोर स्थूल कुचों एवं सघन जङ्घाओंको सकाम स्पर्श कर, कामदेवका सुख उपभोग करते हैं ॥१८॥

खुलासा—इस मिथ्या और चञ्चल संसारमें या तो उन्हींके दिन अच्छी तरह व्यतीत होते हैं, जो ब्रह्म-विचारमें लीन रहते हैं अथवा उन्हींके दिन अच्छी तरह कटते हैं, जो सख़्त और मोटे कुचों तथा गुदगुदी जङ्घाओंवाली नवयुवतियोंको अपने शरीरसे चिपटाये, कामकी उमङ्गसे मस्त होकर, उनके भोग-विलासका आनन्द लूटते हैं।

जो मृगनयनी कामिनियोंको भोगते हैं, उनके दिन बड़े सुख से कटते हैं। उन्हें मालूम नहीं होता कि, कब दिन निकलता है और कब रात होती है; दिन-पर-दिन, पक्ष-पर-पक्ष, मास-पर-मास, और वर्ष-पर-वर्ष आते हैं और चले जाते हैं; किन्तु जो कामिनियोंके साथ रमण नहीं करते, उनके दिन बुरी तरहसे कटते हैं। उन्हें एक-एक क्षण एक-एक वर्ष मालूम होता और जीवन भारवत् प्रतीत होता है।

महाकवि नज़ीर कहते हैं :—

कल शबे-वस्लमें क्या जल्दी कटी थीं घड़ियाँ
आज क्या मर गये घड़ियाल बजाने वाले ?

कल भोग-विलासमें रात कैसी जल्दी कट गई ! आज तो रात बीतती ही नहीं ! क्या आज घण्टा बजानेवाले मर गये ?

और भी किसीने कहा है :—

अय्याम मुसीबतके तो काटे नहीं कटते ।
दिन ऐशकी घड़ियोंमें गुज़र जाते हैं कैसे ॥

दु:खके दिन तो काटे नहीं कटते ; पर ऐशके दिन सहजमें कट जाते हैं ।

मतलब यह है कि, कोमलाङ्गियोंके साथ समय हवा की तरह बीतता है ; पर जिनके माशूक़ाएँ नहीं हैं , उनके दिन पहाड़ हो जाते हैं । हाँ, उनके दिन भी परमानन्दमें हवाकी तेज़ीसे बीतते हैं, जो ब्रह्मानन्दमें लीन रहते हैं । लेकिन जो न तो ईश्वरका ध्यान करते हैं और न सुन्दरियोंका सुख लूटते हैं, उनके दिन काटे से भी नहीं कटते ।

वैराग्य-पक्ष

इस नापायेदार चन्दरोज़ा दुनियामें जन्म लेकर, विद्वानोंको दो राहोंमेंसे किसी एक पर चलना चाहिये :—(१) या तो ब्रह्म-विद्याका अमृत पीना चाहिये, अथवा (२) नवयुवती रमणियाके सुरतमें मग्न रहना चाहिये ।

रसिक कवि कहते हैं :--

त्याग लोक-सुख या रहैं, मत्त परात्मा ध्यान।
रमणी-रतिमें रत रहैं, अथवा रसिक सुजान॥

यद्यपि अपनी-अपनी रुचिके अनुसार दोनों राहें ही अच्छी हैं, पर पहली की होड़ दूसरी राह कर नहीं सकती। उसके सुखमें कमी-बेशी—क्षय और वृद्धि तथा अनस्थिरता नहीं। उसका सुख सच्चा और अनन्तकाल-स्थायी तथा अक्षय है। उसमेंसे सदा पीयूष-धारा गिरा करती है; पर दूसरीके सुखमें कमी-बेशी हुआ करती है। इसका सुख मिथ्या और क्षणस्थायी है। इसमेंसे जो अमृत-विन्दु टपकते हैं, वे वास्तवमें अमृत-विन्दु नहीं, किन्तु विष-विन्दु हैं, लेकिन मोह से अमृत-से जान पड़ते हैं। अब बुद्धिमान स्वयं विचार लें और जिस राहको अपने हक़में अच्छी समझें, उसे अख़्तयार करें।

छप्पय

अल्पसार संसार, तहाँ द्वै वात शिरोमनि।
ज्ञान अमृतके सिन्धु, मगन है रहै बुद्धि बनि॥
नित्य-अनित्य विचार, सहित सव साधन साधें।
की यह प्रौढ़ा नारि, धारि उर में आराधें॥
चैतन्य मदन-अंकुश परसि, सिसकत मसकत करत रिश।
रस मसत कसत विलसत हँसत, इह विधि वितवत दिवस निशि॥१६॥

सार—यदि सुखसे जीवन व्यतीत करना हो, तो दो

में से एक काम करो—या तो संसारसे मोह त्याग, एकाग्र चित्तसे, यशोदानन्दन कृष्णके कमल-चरणों की निष्काम भक्ति करो अथवा सुन्दरी रमणियोंको रति-केलि में मस्त रहो।

19. In this unsubstantial world, which has a very unsteady ending, there are only two courses for the wise. Either he spends his time by sharpening his intellect in nectar-like spiritual knowledge or he spends his time by laying his hands at and enjoying the body of a lovely and amorous woman having thick breasts.

मुखेन चन्द्रकान्तेन महानीलैः शिरोरुहैः ।
पाणिभ्यां पद्मरागाभ्यां रेजे रत्नमयीव सा ॥२०॥

चन्द्रकान्तसे मुख, महानील जैसे केश और पद्मरागके समान दोनों हाथोंसे वह स्त्री रत्नमयी-सी मालूम होती है ॥२०॥*

---

* यों भी कह सकते हैं कि वह नाज़नी अपने चन्द्रमाकी-सी कान्ति वाले मुख, घोर नीले रंगके बाल और कमलके समान लाल हाथोंसे अपूर्व सुन्दरी मालूम होती है। क्योंकि चन्द्रकान्त, महानील और पद्मराग शब्दों के दो-दो अर्थ हैं। जैसे, चन्द्रकान्त=(१) चन्द्रमाकी-सी कान्तिवाला, (२) चन्द्रकान्त मणि। महानील=(१) घोर नीला, (२) नीलमणि या नीलम। पद्मराग=(१) कमलके समान सुर्ख़, (२) पद्मरागमणि, लाल या माणिक।

खुलासा—उस स्त्रीका शरीर बहुमूल्य रत्नोंसे बना हुआ मालूम होता है; क्योंकि उसका चेहरा चन्द्रकान्त मणिके सदृश, उसके गहरे नीले बाल नीलमणिके समान और उसकी सुर्ख़ हथेलियाँ पद्मराग मणिके जैसी हैं।

उस स्त्रीके अंग-प्रत्यङ्ग रत्नोंके समान शोभायमान हैं। उसके चन्द्रसम मुखको देखकर चन्द्रकान्त मणिका, उसके नीले बालों को देखकर नीलमका और लाल कमल-सी हथेलियोंको देखकर लालों या पद्मराग मणिका धोखा होता है।

ग़ज़ब की खूबसूरती है! बलाका हुस्न है! अगर वह कामिनी कहीं जवाहिर-जड़े हुए ज़ेवर पहन ले, तब तो, बक़ौल महाकवि दाग़, और भी ग़ज़ब हो जाय:—

एक तो हुस्न बला का, उसपै बनावट आफ़त।
घर बिगाड़ेंगे हज़ारोंके, सँवरने वाले॥

एक तो परले सिरेकी खूबसूरती है ही और फिर उस पर सजावट है। ये सजने-सँवरने वाले हज़ारोंके घर बिगाड़ेंगे।

देखना ऐ ज़ौक़! होंगे आज फिर लाखों के खून।
फिर जमाया उसने, लाले लबपै लाखा पानका॥ ज़ौक़।

आज उन्होंने अपने लालकी तरह लाल ओठों पर पानका लाखा—रङ्ग—जमाया है। आज इस लाखेसे लाखों ही का ख़ून हो जायगा।

वराहमिहर महाशय महाराजा भर्तृहरिसे भी एक क़दम आगे बढ़ गये हैं। उनकी समझमें, महाकवि दाग़ वग़ैर: की तरह,

सजावटकी जरूरत ही नहीं। उनका ख़याल है कि, जिसे खूबी खुदाने दी, उसे ज़ेवरकी क्या ज़रूरत? वह कहते हैं, स्त्रियोंसे हीं रत्नोंकी शोभा है, न कि रत्नोंसे स्त्रियोंकी; क्योंकि स्त्रियाँ तो बिना रत्नोंके धारण किये ही पुरुषोंको अपने ऊपर लट्टू करके अपना गुलाम वना सकती हैं। क्या रत्न भी, बिना स्त्रियोंके सुन्दर शरीरोंका आश्रय लिये, पुरुषोंको अपने ऊपर मुग्ध करने की क्षमता रखते हैं? उनका कहा हुआ श्लोक हम नीचे देते हैं—

रत्नानि विभूषयन्ति योषा, भूषयन्ते वनिता न रत्नकान्त्या।
चेतो वनिता हरन्त्यरत्ना, नोरत्नानि बिनाऽङ्गनाऽङ्गसंगात्॥

विधाता की कारीगरीका ख़ातमा इन मनोहर कामिनियों की रचनामें ही हुआ है। सचमुच ही उसने फ़ुर्सतमें बैठ कर इनकी गढ़ाई की है। अजब खूबसूरती इन्हें दी है! ऐसा कौन है, जो इनको देखकर इनपर अपना तन-मन न वार दे?

वैराग्य पक्ष

विधाताने सुन्दरियोंके गढ़नेमें खूब कारीगरी दिखाई है। उन्हें सुन्दरता देनेमें जरा भी कसर नहीं रक्खी; तो भी तो लोग, उन्हें देख कर, उनके वनाने वालेको भूल जाते हैं। मन्दिरोंमें लोग भगवानके दर्शनोंको जाते हैं, पर उन्हें देखते ही भगवानको भूल उनके दर्शन करने लगते हैं। महाकवि दाग़ कहते हैं:—

कभी मसजिदमें जो वह शोख़ परीज़ाद आया।
फिर न अल्लाह के बन्दोंको खुदा याद आया॥

एक दिन शोख़ परीज़ाद मन्दिर में आ गया, तो ईश्वरके भक्तोंको फिर ईश्वर याद न आया। सब उसे देखकर ईश्वरको भूल गये! कारीगर की बनाई बढ़िया चीज़को देखकर लोग एकाग्र मनसे चीज़को देखने लगते हैं! किसने बनाई है, इसका ध्यान भी नहीं आता!

हिन्दुस्तानी औरतोंमें जो रूप, सौन्दर्य्य और लावण्य है, वह बर्फ़के समान गोरी मेमोंमें नहीं। पर जिनकी अक़्ल पर पर्दा पड़ा हुआ है, वे तो कञ्चनको त्याग कर काँच पर मन डुलाते हैं; इसी तरह जिनको ब्रह्म-ध्यान या जगदीशकी उपासनाका अवर्णनीय आनन्द नहीं मालूम, वे ही, सिरसे पैर तक गन्दगीसे भरी हुई, संसारी औरतोंको देखते ही ईश्वरको भूल जाते हैं। यद्यपि ऐसी हरकत विश्वामित्र और पराशर आदि महामुनियोंने भी की है, पर वह उनकी ग़लती ही कहलावेगी। ईश्वरसे प्रेम करनेसे अनन्त-कालस्थायी सुख मिलता है। जो लोग स्वर्ग चाहते हैं उन्हें स्वर्ग और स्वर्गकी अप्सरायें मिलती हैं; मुसल्मानी मतके अनुसार हूरो ग़िलमें मिलते हैं। संसारी औरतें क्या स्वर्गकी अप्सराओं या हूर और परियों की बराबरी कर सकती हैं? हरगिज़ नहीं। पर जिनकी बुद्धिमें भ्रम हो गया है, उन्हें स्त्रियोंकी मुहब्बतमें जो आनन्द आता है वह ईश्वर-प्रेममें नहीं आता, जिसकी नाम मात्र की कृपासे अप्सरायें और हूरें मिल जाती हैं।

महाकवि अकबर भी कुछ ऐसी ही बात कहते हैं:—

क्या शौक़े-इबादत हो उनको, जो मिसके लबोंके शैदा हैं।
हलुआये बिहिश्ती एक तरफ़, होटलकी मिठाई एक तरफ़ ॥

जो मिसके होठोंके प्रेमी हैं उनसे ईश्वरकी उपासना नहीं होती—उसमें उनका दिल नहीं लगता—ईश्वरके ध्यानसे स्वर्गमें जो हलवा मिलता है, उसमें वह मजा कहाँ, जो होटलमें मिसके साथ बैठकर खानेमें आता है ?

कामियोंको सुन्दरियाँ रूपकी साक्षात् मूर्त्ति और शोभाकी खान मालूम होती हैं; इसीसे वे दिवा-रात उन्हींके ध्यानमें समाधि लगाये रहते हैं; पर उनके बनानेवालेके ध्यानमें समाधि नहीं लगाते ! किन्तु वास्तव में, वे जैसी दीखती हैं, वैसी हैं नहीं। सब ऊपरकी ही तड़क-भड़क और सफाई है। भीतरसे देखो तो वे गन्दगीके पिटारे हैं, पर मोहान्ध कामी पुरुष इन गहरी बातों को नहीं समझते। समझते हैं केवल वे ज्ञानी, जिन्होंने उनकी असलियतका पता लगा लिया है। इसीसे वे उनके दिखावटी और मिथ्या रूप पर मोहित नहीं होते और उनका खयाल स्वप्नमें भी नहीं करते। वे अपना सारा समय जगदीशके ध्यान और आराधनामें ही व्यतीत करते हैं; क्योंकि कामिनियोंकी आराधना-उपासना करने से जो सुख मिलता है, वह क्षणस्थायी और झूठा है; पर ईश्वरकी उपासना-परिस्तिशसे जो सुख मिलता है, वह अनन्त कालस्थायी और सच्चा है।

दोहा

चन्द्रकान्त-सम मुख लसत, नीलम केशहि पास।
पद्मराग-सम कर लसै, नारी रत्न-प्रकाश ॥२०॥

सार—नारी रत्नों की खान है। उसमें नव रत्नों की शोभा मौजूद है।

20. That woman with her face like Chandrakanta jewel, her hair like that of Mahanil jewel and her two hands bearing the colour of Padmaraga jewel shines like a heap of jewels.

संमोहयन्ति मदयन्ति विडम्बयन्ति
निर्भर्त्सयन्ति रमयन्ति विषादयन्ति ॥
एताः प्रविश्य सदयं हृदयं नराणां
किं नाम वामनयना न समाचरन्ति ॥२१॥

चतुर मृगनयनी स्त्रियाँ पुरुषके हृदयमें एक बार दयासे घुसकर, उसे मोहित करतीं, मदोन्मत्त करतीं, तरसातीं, चिढ़ातीं, धमकातीं, रमण करतीं और विरहसे दुख देतीं हैं। ऐसा कौन-सा काम है, जिसे ये मृगलोचनी नहीं करतीं ? ॥२१॥

जिस पुरुष पर इन सुन्दरियों की निगाहका तेज तीर चल जाता है, वह लोट-पोट हो जाता है और उसके होश-हवास खता हो जाते हैं। अगर वह तीर मारने वाली, उस पर दयाभाव नहीं दिखाती, तो बेचारेका करम-कल्याण ही हो जाता है—जीवन के लाले पड़ जाते हैं।

महाकवि नज़ीर कहते हैं :—

इधर उसकी निगहका नाज़से आकर पलट जाना।
इधर मुड़ना, तड़पना, ग़शमें आना, दम उलट जाना ॥

इस पद्में कविने प्रेम-दृष्टि की चोटका जो करुणापूर्ण चित्र खींचा है, सो बिलकुल ठीक है। भुक्तभोगी जानते हैं; हमारे तशरीह करने की जरूरत नहीं।

स्त्रियाँ जैसी कोमलाङ्गी होती हैं, वैसी ही वज्रहृदया भी होती हैं। इन्हें अपने शिकारको तड़पते देखनेमें वड़ा मज़ा आता है। जब इनका शिकार इनके कटाक्ष-बाण की मारसे सन्निपात रोगी की तरह मोहित या वेहोश हो जाता है, उसे किसी तरहका ज्ञान नहीं रहता, शरावी की तरह मतवाला होकर प्रलाप करता है, तब ये बड़ी प्रसन्न होती हैं। उस समय ये दयासे काम न लेकर, उसे अपने हाव-भाव और नाज़ो-अदा दिखाकर और भी तरसातीं तथा अधमरा कर देती हैं। जब तक ये अपने आशिक़से नहीं मिलतीं, तब तक वह वेचारा रात-दिन ग़म खाता, घबराता, सिसकता और आहें भरता है। मनमें पछताता है कि हाय मैंने क्यों दिल देकर आफ़त मोल ली। पर मुहब्बतमें तो यह दशा होती ही है। किसी कविने कहा है:—

न था मालूम उलफ़तमें कि ग़म खाना भी होता है।
जिगरकी बेकली और दिलका घबड़ाना भी होता है ॥
सिसकना, आह भी करना, अश्क़ लाना भी होता है।
तड़पना, लोटना, बेताब हो जाना भी होता है।

फ़फ़े अफ़सोसको मल-मलके, पछताना भी होता है।
किये पर अपने फिर आप ही दुख पाना भी होता है॥

प्रेमी या आशिक़ हज़ारों तरहके दुःख और आफ़तें उठता है, पर अन्तमें यों कहकर सब्र करता है:—

हम तो हैं आशिक़ तेरे नाज़ उठानेवाले।
तुमसे कम देखे हैं महबूब, सताने वाले॥

शेषमें जब ये सुन्दरियाँ सब तरह से अपने चाहने वालेका इमतिहान ले लेती हैं, तब कहीं इनका पत्थर-हृदय पसीजता है। उस वक्त यह उसे अपनी सेवामें कुबूल करतीं और उसके दिलको ठण्डा करती हैं। इस समय इनका शिकार पूरे तौरसे इनके क़ाबूमें हो जाता है। जब ये उसे अपने अधीन पातीं और उसे हर तरहसे मुती और फ़रमाँबर्दार देखती हैं, तब उसे ज़रा-ज़रा सी चूकों या ग़लतियों पर धमकातीं और घुड़कती हैं। संशयका घर होने की वजहसे, इनमेंसे बाज-बाज तो उसे, ज़रा देरसे घर आने पर ही, खूब डाँटती-डपटती हैं। कोई-कोई अपने शिकार को नितान्त अज्ञानावस्थामें देखकर निपट निरंकुश हो जाती हैं और उससे ठीक ग़ुलाम की तरह काम लेती हैं। इतना ही नहीं, उसे इनकी फ़रमायशें भी पूरी करनी पड़ती हैं। उनके पूरा करनेमें उसे बड़ी-बड़ी जिल्लतें उठानी होती हैं। सामने रहने पर ये इस तरह नाच नचातीं और नाना प्रकारके कष्ट देती हैं। आँखोंकी ओझल रहने पर भी ख़ैर नहीं। इनकी जादू-भरी आँखोंसे उन्मत्त हुआ पुरुष, इनकी वियोगाग्निमें बुरी

तरह तड़प-तड़प कर भस्म होता है। बहुत लिखनेसे क्या—इनकी रसीली, मदमाती और नशीली आँखोंके मारे हुए को किसी अवस्थामें भी, सुख-शान्ति नहीं मिलती। कविने ठीक ही कहा है कि, इन नाज़नियोंके चञ्चल नेत्र जिसके हृदयमें प्रवेश कर जाते हैं, उसकी ख़ैर नहीं।

खूबसूरत औरतें जिन पर अपनी निगाहके तेज़ तीर चलाती या कटाक्ष-बाण मारती हैं, वे अपनी होशियारी और चतुराईको ताक पर रखकर पूरे पागल हो जाते हैं—कितनेही तो मजनू बनकर कपड़े फाड़ने लगते हैं। देखिये, एक आशिक़ किसी हसीनके नयनबाणसे घायल होकर क्या कहता है :—

दिलचस्प है, आफ़त है, क़यामत है, ग़ज़ब है।
बात उनकी, अदा उनकी, क़द उनकी, चाल उनकी ॥—अकबर

उनकी बातें दिलचस्प हैं, उनकी अदाएँ आफ़त हैं, उनका क़द क़यामत बर्पा करनेवाला और चाल ग़ज़ब ढाहनेवाली है। मतलब यह कि हम उनकी मीठी-मीठी बातों, अदाओं और चाल वगैरः पर मर मिटे।

कहते हैं जिसको जन्नत, वह इक झलक है तेरी।
सब वाइज़ोंकी बाक़ी रंगी बयानियाँ हैं ॥—हाली

जिसे स्वर्ग कहते हैं, वह तो मेरी प्यारीकी एक झलकमें है, बाक़ी सब तो उपदेशकजीकी रङ्गीन बातें हैं।

चुपचुपाते उसे दे आये दिल, एक बात पै हम।
माल महँगा नज़र आता, तो चुकाया जाता ॥—हाली

हमने तो न किसीसे कहा न सुना, उसकी एक बात पर चुप-चाप दिल दे आये। अगर माल महँगा नजर आता, तो मोल-तोल करते। दिल देकर ख़रीदनेमें हमें तो सौदा सस्ता ही जँचा।

ऐ ज़ौक़! आज सामने उस चश्म मस्तके।
बातिल सब अपने दाव-ये-दानिशवरी हुए॥—ज़ौक़

ऐ ज़ौक़! उस काम-मदसे मतवाली आँखके सामने आज हमारी बुद्धिमत्ता और योग्यता झूठी हो गई।

मस्जिदमें उसने हमको आँखें दिखाके मारा।
काफ़िरकी देखो शोख़ी, घरमें खुदाके मारा॥—ज़ौक़

उसने मन्दिरमें ही हमें अपने कटाक्ष-बाणसे मारा। उस काफ़िरकी शोखी देखिये, कि उसने हमें ईश्वरके घरमें ही मारा।

मालूम जो होता हमें अञ्जामे मुहब्बत।
लेते न कभी भूलके, हम नामे मुहब्बत॥—ज़ौक़

अगर हमें प्रेमका परिणाम मालूम होता, तो हम कभी भूल कर भी प्रेमका नाम न लेते।

बुरी है ऐ दाग़! राहे उल्फ़त,
खुदा न ले जाय ऐसे रस्ते।
जो तुम अपनी खैर चाहते हो,
तो भूलकर दिल्लगी न करना॥—दाग़

ऐ दाग़! प्रेमका पन्थ टेढ़ा है। परमेश्वर किसीको इस राह से न ले जाय। अगर तुम अपना भला चाहते हो, तो भूल कर भी इस राहमें क़दम न धरना।

देख ऐ दिल ! न छेड़ क़िस्स–ये ज़ुल्फ़ ।
कि ये हैं, पेचो ताबकी बातें ॥—ज़ौक़

ऐ दिल ! उसकी ज़ुल्फ़ोंके क़िस्से न छेड़, क्योंकि ये बातें बड़ी पेचीली हैं। इनमें पड़ना ठीक नहीं।

किताबे मुहब्बतमें ऐ हज़रते दिल !
बताओ कि तुम लेते कितना सबक़ हो ॥
कि जब आनकर तुमको देखा, तो वह ही।
लिये दस्ते अफ़सोसके दो वरक़ हो ॥—ज़ौक़

ऐ हज़रत दिल ! मुहब्बतकी किताबमें तुम कितना सबक़ लेते हो ? हमने तो तुमको जब आकर देखा, तभी तुम्हारे हाथमें शोक-दुःखके दो वरक़ देखे।

मुझे वह पर्दानशीं सामने कब आने दे।
जो ज़िक्र करने न दे अपने रूबरू मेरा ॥ ज़ौक़

वह पर्दानशीन माशूक़ा मुझे कब सामने आने देती है ? वह तो मेरा ज़िक्र भी अपने सामने नहीं होने देती।

कुछ तर्जे सितम भी है, कुछ अन्दाजे वफ़ा भी।
खुलता नहीं हाल, उनकी तबीयतका ज़रा भी ॥—अकबर

उसमें कुछ ज़ुल्मके भी ढंग हैं और कुछ वफ़ादारीके भी। उसके दिलमें क्या है, यह ज़रा भी समझमें नहीं आता।

यां लब पे लाख-लाख सखुन इज्तराब में।
वां एक ख़ामुशी तेरी, सबके जवाब में ॥

मैं तो उनके सामने हज़ारों बातें बनाता हूँ, पर वे मेरी सभी

वातोंके जवावमें एक चुप्पी साधे रहती हैं—मेरी वातोंका जवाव ही नहीं देतीं।

इससे तो और आग वह बेदर्द हो गया।
अब आह आतशींसे भी दिल सर्द हो गया ॥—ज़ौक़

मैंने समझा था कि मेरे रोने-धोनेसे उसका पत्थर-हृदय कुछ तो पसीजेगा—उसे मुझपर तरस आयेगा, पर हुआ इसका उल्टा। मेरी गरम आहोंने उसे और भी गरम कर दिया—भड़का दिया। मुझे अपनी गरम आहोंका वड़ा भरोसा था, उम्मीद थी, कि इनसे जरूर कामयावी होंगी, पर अव इस तरफसे भी मेरा दिल ठण्डा हो गया—मुर्झा गया। इस हथियारका भरोसा था, पर अव मालूम हो गया कि यह हथियार भी वेकाम सावित हुआ। (माशूक़ा जव संगदिली अख़त्यार कर लेती है, तव नहीं पसीजती, रहम नहीं करती)।

मुझको हर शब हिज्रकी, होने लगी जूँ रोज़ हश्र।
मुझसे यह किस दिनके वदले आस्माँ लेने लगा ॥—ज़ौक़

जुदाईकी हरेक रात मेरे लिये प्रलयके दिन-सी जान पड़ती है, काटेसे नहीं कटती ! आस्मान, तू मुझसे किस दिनके वदले ले रहा है ?

अजल आई न शबे हिज्रमें, और तूने फ़लक़ !
वे-अजल हमको तमन्नाए अजलमें मारा ॥—ज़ौक़

ऐ आस्मान ! जुदाईकी रातमें मौत न आई, पर तूने मौतकी चाहमें हमें वे-मौत ही रातभर मारा।

मौत हीसे कुछ इलाजे दर्दे फ़ुरक़त हो तो हो।
गुस्ल मैयत ही हमारा गुस्ले सेहत हो तो हो—ज़ौक़

जुदाईकी बीमारीका इलाज मौतसे ही हो, तो हो सकता है। मौतका स्नान ही हमारी आरोग्यताका स्नान हो सकता है।

अब आशिक़ अपनी माशूक़ासे मुख़ातिब होकर कहता है :—

तुझे ऐ संगेदिल! आरामे जाने मुब्तज़ा समझे।
पड़ें पत्थर समझ पर अपनी, हम समझे तो क्या समझे।

ऐ संगदिल—पत्थर-हृदय! तुझे हमने अपने सुख बढ़ानेवाली समझा। हमारी अक्लपर पत्थर पड़ें—हमने क्या का क्या समझ लिया।

फ़ुरक़तमें तेरी तारे नफ़स सीनेमें मेरे।
काँटा सा खटकता है, निकल जाय तो अच्छा॥—ज़ौक़

तेरी जुदाईमें मेरे प्राण मेरी छातीमें काँटेकी तरह खटकते हैं, किसी तरह यह काँटा निकल जाय तो अच्छा।

मैं जाता जहाँ से हूँ, तू आता नहीं याँ तक।
काफ़िर! तुझे कुछ ख़ौफ़ ख़ुदाका नहीं आता॥—ज़ौक़

मैं तो तेरी मुहब्बतमें इस दुनियासे ही जाता हूँ, पर तुझसे यहाँतक भी आया नहीं जाता! काफ़िर! क्या तू परमेश्वरसे भी नहीं डरती?

बाक़ी न रहा ख़ून भी, अब मेरे जिगरमें।
अफ़सोस! हुआ चाहती है तर्क ग़िज़ा भी॥

तेरे लिये रोते-रोते मेरे जिगरमें अब ख़ून भी नहीं रहा है।

अफ़सोस ! अब खाना-पीना भी छुटना चाहता है।

खूने दिल पीनेको, और लख्ते जिगर खानेको।
यह गिज़ा मिलती है जानाँ ! तेरे दीवानेको ॥

प्यारी ! तेरे पागलको पीनेके लिये ख़ून और खानेके लिए जिगरका टुकड़ा मिलता है, अब उसका यही आहार है।

जब कहा मैंने—तड़पता है बहुत अब दिल मेरा।
हँसके फरमाया—तड़पता होगा, सौदाई तो हो ॥—हाली

जब मैंने कहा कि मेरा दिल आपके लिए बहुत तड़फता है, तब उन्होंने हँसकर जवाब दिया—"तड़फता होगा, तुम पागल ही तो हो।" (बेरहमीकी हद हो गई)।

कहा उन्होंने शबे ग़मका माजरा सुनकर।
तेरे भिज़ाजकी शोख़ी थी, इज्तराब न था ॥—दाग़

उन्होंने जुदाईकी रातकी बातें सुनकर जवाब दिया—तुमने वृथा दुःख उठाया, मनकी ऐसी चञ्चलता ठीक नहीं। मतलब यह कि तुमने जो दुःख उठाया, वह अपनी चञ्चलताकी वजहसे उठाया, विरहके सन्तापसे नहीं।

भा गये हैं आपके अन्दाज़ो नाज़।
कीजिये अग़माज़ जितना चाहिये ॥

आपके नाज़ो अन्दाज़ मुझे पसन्द आ गये हैं। अब आपको अख़्तयार है, चाहे जितने नख़रे कीजिये—चाहे जितना सताइये और तरसाइये।

तेरे सहरे नज़रसे हुआ य जुनूँ ।
मेरे दिलकी तो इसमें ख़ता ही न थी ॥
तेरे कूचेमें आके बैठ गया ।
बजुज़ इसके कुछ और दवा ही न थी ॥—अकबर

तेरे कटाक्षके जादूसे ही मुझे यह उन्माद रोग हो गया है। इसमें मेरे दिलका क्या अपराध ? मैं तेरी गलीमें आकर बैठ गया, क्योंकि इसके सिवा इस उन्मादके दूर करनेका और उपाय ही न था।

न देख ली कैसी कैसी आफ़त ।
जहाँमें हमने तुम्हारे बाइस ॥
और आगे क्या-क्या ग़मो आलम ।
हम तुम्हारी दौलत न देख लेंगे ॥—ज़ौक़ ।

हमने दुनियामें तुम्हारी वजहसे कैसी-कैसी आफ़तें नहीं भोगी हैं। और आगे भी तुम्हारी बदौलत हमें क्या-क्या शोक न उठाने होंगे ?

महरबानीकी एक राह तो हो ।
गर सतानेके हैं हज़ार तरीक़ ॥—दाग़ ।

अगर तकलीफ या सतानेके हज़ार तरीक़े हैं, तो मिहरबानी का भी एकाध तरीक़ा होना चाहिये।

सेराब न हो जिससे, कोई तिशनये मक़सूद ।
ऐ ज़ौक ! वह आवे बका भी है तो क्या है ॥—ज़ौक़

जिससे किसी प्यासेकी प्यास न बुझे, वह अमृत भी है तो

किस कामका ? आप कितनी ही सुन्दर हैं, पर आपसे अगर मेरी प्यास न बुझी, तो आपकी सुन्दरतासे क्या ?

माशूक़ा शिकायतके तौर पर कहती है:—

नित नया ज़ायका चखनेका लपका है उनको।
दरबदर झांकते फिरनेसे उन्हें आर नहीं॥
दाव-ये इश्क़ो मुहब्बत पै न जाना उनके।
गुफ्तार ही गुफ्तार है, किरदार नहीं॥

आजकल हरेक आदमी आशिक़ बना हुआ है। जहाँ किसी खूबसूरत औरतको देखा कि, इश्क़का दम भरने लगे। ऐसे लोग नित नया स्वाद चखनेको दरदर मारे-मारे फिरते हैं।

ऐसे लोगोंकी प्रेम-प्रतिज्ञाओं पर भरोसा करना अक़्लमन्दी नहीं। वे जिसे देखते हैं उसीसे मुहब्बत करते फिरते हैं। उनमें बातोंके सिवा तत्त्व नहीं।

पाठक! आपने ऊपरकी कविताओंसे समझा होगा कि बेचारे आशिक़ कैसी-कैसी ख़ुशामदें करते हैं, जान देते हैं; पर बेरहम नाज़नियाँ उन्हें किस तरह मोहित करतीं और फिर किस तरह तरसातीं, धमकातीं और उनकी मुहब्बतको झूठी बताकर उन्हें निराश और दुःखी करती हैं। इस जगह इतनी कविताओं के देनेकी ज़रूरत न थी, पर हमने इतनी कवितायें इस ग़रज़से दी हैं, कि पाठक माशूक़ाओंकी आदतोंसे वाकिफ़ होनेके साथ-ही-साथ उर्दू शायरीका भी मज़ा लूटें।

वैराग्य पक्ष

सब तरह से दुःख देनेवाली, सन्निपात ज्वर की तरह मोह, प्रलाप, प्रमाद, मूर्च्छा और निर्लज्जता प्रभृति पैदा करनेवाली कामिनियोंको जो सुखवल्लरी समझते हैं, वे यदि बुद्धिमान हैं तो मूर्ख कौन हैं ? वे ठीक अपथ्य सेवन करके रोग मोल लेनेवालों की तरह हैं। हाँ, जो लोक-परलोक की परवा नहीं करते, जो इस जन्मके बाद और जन्म नहीं मानते, जो इस जगतमें आकर इस जगतके सुख भोगना ही अपने जीवनका लक्ष्य समझते हैं, उनके लिए ये सुन्दरियाँ, अनेक कष्ट देनेवाली होने पर भी, परमानन्द-दायिनी हैं; पर जिन्हें पुनर्जन्ममें विश्वास है, जिन्हें वारम्बार का जन्म-मरण बुरा मालूम होता है, जिन्हें सच्चे और नित्य सुखकी दरकार है, उन्हें इन मोहिनी—पर काली नागिनोंसे बचना चाहिये; क्योंकि इनके काटे हुए पुरुषको वारम्वार संसार-बन्धन में बँधना होता है। संसार-बन्धनमें बँधने या बारम्बार मरने और माँके पेटमें नौ महीने रहकर जन्म लेनेमें ऐसे घोर कष्ट हैं, जिन्हें हम बता नहीं सकते। आपको इस जन्म-मरणके भयका चित्र स्वामी शंकराचार्यजी के नीचेके श्लोकसे मालूम होगा:—

पुनरपि जननं पुनरपि मरणं पुनरपि जननीजठरे शयनम्।
इह संसारे भयदुस्तारे कृपयाऽपारे पाहि मुरारे!

फिर जन्म लेते हैं, और फिर माँके पेटमें सोते हैं! यह असार संसार बड़ा भयकारी है। हे मुरारि! कृपा कर मुझे इससे पार कीजिये।

हैं फिर-फिर लोग मरते जन्म लेते।
हैं फिर-फिर रहममें आ कष्ट देते।
विनय करते हैं, सुध अब नाथ! लीजे।
तनासुखके न फिर-फिर साज सज रे।
विमुख गोविन्द भज गोविन्द भज रे॥

बहुत क्या कहें, स्त्री ही संसार-बन्धन की जड़ है। बेटे-बेटी, नाती-पोते, दोहिते-दोहिती वगैरः उसके पत्ते और शाखें हैं। अगर आप लोग इस जड़को ही त्याग दें, तो संसार-बन्धन या बार-बार जनमने और मरनेके घोरातिघोर कष्टोंसे बच सकते हैं।

दुनियादारों को सलाह

यह सलाह हमने अधिकारियोंको दी है, अनधिकारियोंको नहीं। दुनियादारोंको जानना चाहिये कि, स्त्रियोंसे सुख और दुःख दोनों ही होते हैं। यदि उनकी वजहसे पुरुषको अनन्त दुःख उठाने पड़ते हैं, तो स्वर्गीय सुख भी उनसे ही मिलते हैं। फ्रैञ्चों में एक कहावत है—"Women, money and wine have their blessing and their bane." स्त्री,सम्पत्ति और सुरामें सुख और दुःख दोनों ही हैं। एमिएल महाशय कहते हैं—"Woman is at once the delight and terror of man." स्त्री, पुरुषके लिए हर्ष और भय दोनोंहीका हेतु है। संसारमें वैराग्यको छोड़कर और ऐसी कोई बात नहीं है जिसमें सुख-ही-सुख हो। अगर सभी पुरुष स्त्रियोंसे नाता न जोड़ें, शादी-विवाह न करें तो ईश्वर की सृष्टि ही लोप हो जाय, संसार

ही न रहे; इसलिये जिनसे पूर्ण वैराग्य न लिया जाय उन्हें घर-गृहस्थीमें रहना चाहिये, पर जलमें कमलकी तरह। गृहस्थके सारे काम करो, पर मनको उसी तरह ईश्वरमें रखो, जिस तरह पनिहारी सिर पर घड़े लिये हुए अपने यारसे भी बातें करती है और हँसती है, पर मनको घड़ेमें ही रखती है। अगर ऐसा न करे, तो घड़े गिर कर फूट जायँ।

सोरठा

मोह प्रलाप प्रमाद, ज्ञाननाश निर्लज्जता।
शोक कलेश विषाद, कहा न कर हिय घुस त्रिया? ॥२१॥

सार—स्त्रियां जिसके हृदयमें प्रवेश कर जाती हैं, उसकी अवस्था सन्निपात-रोगीकी-सी हो जाती है। ये अपने चाहनेवालेको मजनूँ की तरह खब्तुलहवास करके, क्या-क्या कष्ट नहीं देतीं? उसे जीतेजी मदारीके वन्दरकी तरह नचातीं और मरने पर नरकमें पहुंचाती हैं।

21. What could not the beautiful-eyed woman do, by piercing the frail heart of a man, that women who fascinates him, intoxicates him, vexes him, takes him to task, gives him the pleasures of enjoying her and puts him to sorrow by her separation.

—:o:—

वन के वृक्षों की छाया में विश्राम करती हुई विरहिणी स्त्री, अपने नाजुक शरीर की रक्षा के लिए, अपना आँचल हाथ में उठा, उससे चन्द्रमाकी किरणों को रोकती हुई वन में जा रही है। यह स्त्री अपने यार से मिलने जा रही है। [पृष्ठ ९१]

विश्रम्य विश्रम्य वनद्रुमाणां छायासु तन्वी-विचचार काचित् ।
स्तनोत्तरीयेण करोद्धृतेन निवारयन्ती शशिनो मयूखान ।२२।

वनके वृक्षोंकी छायामें बारम्बार विश्राम करती हुई, वह विरहिणी स्त्री, अपने कोमल शरीर की रक्षाके लिए, अपना आँचल हाथमें उठा, उससे चन्द्रमाकी किरणोंको रोकती हुई घूम रही है ।।२२।।

खुलासा—वह विरहिणी स्त्री इतनी नाज़ुक है, कि सूरज तो सूरज, चन्द्रमा की शीतल किरणों की रोशनीको भी बर्दाश्त नहीं कर सकती। चन्द्र-किरणोंसे उसके नाज़ुक और सुकुमार शरीरको कष्ट न हो, इसीलिये उसने अपना आँचल मुँहके सामने कर रक्खा है। नज़ाकतके मारे ही वह ज़रा चलती है और फिर वृक्षोंकी छायामें सुस्ताने लगती है। इस नज़ाकत का क्या ठिकाना है ?

कवियोंकी महिमा अपार है। वे लोग जिस-किसीकी तारीफ़ करने लगते हैं, उसे चरम को पहुँचा देते हैं। महाकवि मीर किसी नाज़नीकी नज़ाकत पर क्या खूब कहते हैं:—

लपेटे जो चोटी पै फूलोंके हार ।
नज़ाकतसे दोहरी कमर हो गई ॥

वह नाज़नी इतनी नाज़ुक थी, कि उसने अपनी चोटी पर जो फूलोंके हार लपेटे, तो मारे बोझके उसकी कमर बल खा गई।

महाराजा भर्तृहरि की विरहिणी नायिका तो चन्द्रमाकी शीतल किरणोंको नहीं सह सकती और महाकवि मीरकी नायिकाकी

कमर चोटीपर फूलोंके हार लपेटनेसे ही दोहरी हो गई। ग़जब की शायरी है। नज़ाकत और सुकुमारता की हद हो गयी !!

पण्डितेन्द्र जगन्नाथको तो अपनी नायिकाकी नज़ाकतकी तारीफ करनेके लिये कोई उपमा ही नहीं मिलती। आप कहते हैं:-

नितरां परुषा सरोजमाला न मृणालिनि विचार पेशलानि।
यदि कोमलता तवांगकानामथ का नाम कथापि पल्लवानाम् ॥

हे भामिनी ! हम तेरे शरीरकी कोमलताकी तुलना किस पदार्थसे करें, जबकि सरोज-माल भी तेरी कोमलताके आगे कठोर मालूम होती है ? कमलनालकी कोमलताका तो विचार करना ही फ़िजूल है। जब कमलके कोमल पुष्पोंकी यह हालत है, तब उसके पत्तोंका नाम लेनेसे क्या लाभ ? ये बेचारे तेरी कोमलता की क्या बराबरी करेंगे ? तेरी कोमलता की उपमा का मिलना ही असम्भव है।

महाकवि नज़ीरकी सुकुमार नायिकाके पैरोंके तलवोंकी नर्मी का भी हाल सुन लीजिये:—

वह कफे पा हमने सुहलाये हैं, नाजुक नर्म-नर्म।
क्या जताती है तू अपनी नर्मी, ऐ मख़मल ! हमें ॥

हमने प्यारीके कोमल-कोमल तलवे सुहलाये हैं; मख़मल ! तू अपनी कोमलता हमें क्या दिखाती है ? प्यारीके तलवोंकी नर्मीके सामने तेरी नर्मी कोई चीज़ नहीं।

हमारे मनचले पाठक, इतने से ही सन्तोष कर लें। कवियोंने स्त्रियोंकी तारीफ़में ज़मीन-आस्मानके कुलावे मिला दिये हैं।

दोहा

नारि विरहनी तरु तरे, बैठी शशि सों भाग।
चन्द्रकिरण को चीर सों, दूर करत दुखपाग ॥२२॥

सार—इस श्लोकमें वर्णित स्त्री अभिसारिका * और परले सिरेकी नाज़ुक-बदन है। उसके प्रत्येक कामसे उसकी नज़ाकत झलकती है।

22. A woman frequently resting under the shade of trees in the forest, roams about, raising with her hands the cloth covering her breast to prevent the rays of moon.

अदर्शने दर्शनमात्रकामा दृष्ट्वा परिष्वंगरसैकलोला।
आलिंगितायां पुनरायताक्ष्यामाशास्महे विग्रहयोरभेदम् ॥२३॥

जब तक हम विशाल-नयनी कामिनीको नहीं देखते, तब तक तो उसे देखने ही की इच्छा रहती है; दर्शन नसीब हो जाने पर, उसे आलिंगन करनेकी लालसा बलवती होती है। जब आलिङ्गन

---

* नियत समय पर अपने यार से मिलनेको जा रही हो, वह "अभिसारिका" कहलाती है। A woman who is going to meet her lover by appointment. इस श्लोकमें वर्णित स्त्री नियत समय पर अपने यारसे मिलने जा रही है; पर है ऐसी सुकुमार कि चन्द्रमाकी किरणोंकी शीतलताको भी बर्दाश्त कर नहीं सकती; इसीसे मुँहके सामने अपना आँचल कर रक्खा है और ज़रा-ज़रा दूर चलने से थक कर, छायामें विश्राम लेती और फिर चलती है।

भी हो जाता है, तब तो यह इच्छा होती है कि, यह कामिनी हमारे शरीर से अलग ही न हो—हमारा दोनोंका शरीर एक हो जाय।

खुलासा—प्राय: सभी जानते हैं कि एक बार किसी सुन्दरी को देख लेने या उसकी रूपमाधुरीकी चर्चा सुन लेने पर, तबियत यही चाहती है कि उसके दर्शन भर हो जायँ। जब सौभाग्य से उसके दर्शन हो जाते हैं, तब तृष्णा और भी बढ़ती है। दर्शन के बाद उसे शरीरसे चिपटानेकी लालसा होती है। ज्यों ही हम उसे अपने शरीरसे चिपटाते हैं, कि फिर उससे अलग होनेको मन नहीं चाहता—दिल कहता है कि, परमात्मा हमारे और इसके शरीरको कभी अलग न करें। हम दोनोंका शरीर एक हो जाय।

कामी पुरुष और धन-तृष्णाके फेरमें पड़े हुए मनुष्यकी हालत एक-सी होती है। जिस तरह कामी पुरुष पहले किसी सारङ्ग-लोचनाके दर्शन भर चाहता है, दर्शन हो जाने पर आलिङ्गनके लिए लालायित होता है और आलिङ्गन हो जाने पर चाहता है कि यह चन्द्रानना मेरे शरीरसे अलग ही न हो; उसी तरह तृष्णा के फेरमें पड़ा हुआ पहले सौ, फिर हजार, फिर लाख, फिर करोड़ और फिर भूमण्डलका राज्य चाहता है। सारी पृथ्वीका राज्य मिल जाने पर त्रिलोकीका आधिपत्य चाहता है। जब उसे त्रिभुवनका राज्य भी मिल जाता है, तब वह चाहता है कि मैं इसे सदा-सर्वदा भोगता रहूँ—यह मेरे हाथसे कभी न जाय।

जो मनुष्य धनको सदा तुच्छ मिट्टीके ढेलेके समान समझते

हैं, उसके नज़दीक नहीं जाते, कभी एक पैसा संग्रह नहीं करते, उन्हें धनकी तृष्णा नहीं होती। उन्हींकी तरह जो पुरुष मोहिनी कामिनियों से दूर रहते हैं, उनके नज़दीक नहीं जाते, उन्हें देखना भी नहीं चाहते, वे उन जादूगरनियोंके फन्देमें नहीं फँसते। ऐसा कौन पुरुष है, जो किसी चन्द्रानना कामिनीको देख कर अपने मनको क़ाबूमें रख सके ? जब तक कोई खूबसूरत बला नज़र नहीं आती, तभी तक ख़ैर है—तभी तक धर्म-ईमान और खराई-सचाई प्रभृतिकी रक्षा है। उस्ताद ज़ौक़ने बहुत ठीक कहा है :—

> शुक्र ! परदे ही में उस बुतको हयाने रखा।
> वर्ना ईमान गया ही था, खुदाने रखा॥

शर्मके मारे वह घरसे बाहर न निकली—पर्देमें रही आई, यह अच्छा ही हुआ। अगर वह घर छोड़कर बाहर आती और हम उसे देख लेते, तो फिर हमारे ईमानका रहना कठिन ही था।

खूबसूरती वह शै है, कि उसके आगे ईमान और धर्म कुछ नहीं रहते। कहा है:—Beauty is a witch, against whose charms faith melteth into blood. *Much ado, ii. I.* अर्थात् खूबसूरती वह जादूगरनी है, जिसके जादूसे ईमान का खून हो जाता है। महात्मा गोथेने भी एक जगह कहा है—Beauty is everywhere a right welcome guest. अर्थात् खूबसूरती हर कहीं लायक़ और दिलावेज़ मिहमान है, अथवा सौन्दर्य्यका एक योग्य अतिथिकी तरह सर्वत्र स्वागत

होता है—सौन्दर्य्यका सर्वत्र बोलबाला है—खूबसूरतीकी खातिर कहाँ नहीं होती ? खूबसूरतीका नशा शराबसे भी ज़बर्दस्त है। शराबके पीनेसे तो नशा आता और आदमी मतवाला होता है, पर सुन्दरी मृगनयनीसे आँखें मिलते ही नशा चढ़ आता है। परमात्माने इनकी आँखोंमें एक अजीब नशा भर दिया है। महाकवि अकबरने बहुत ही ठीक कहा है:—

करते वो निगाहोंसे अगर बादाफ़रोशी।
होता न गुज़र जानिबे-मैख़ाना किसीका ॥

अगर वे अपनी मदपूर्ण आंखोंसे मदिरा बेचतीं यानी अपनी मदभरी चितवन लोगों पर डालतीं, तो कोई भी शराबकी दूकान की तरफ न जाता। शराबका काम उनकी आँखोंसे ही हो जाता—उनसे चार नज़र होते ही नशा चढ़ आता।

हमारे एक हिन्दू कविने भी ऐसी ही बात कही है और बड़ी ही मज़ेदारीसे कही है:—

अमिय हलाहल मद भरे, श्वेतश्याम रतनार।
जियत मरत झुकि-झुकि परत, जेहि चितवत इकबार ॥

उसकी सफेद, श्याम और रतनारी आँखोंमें अमृत है, हलाहल विष है और मद है; तभी तो वह जिसकी तरफ एक बार देख लेती है,—वह जीता है, मरता है और झुक-झुक पड़ता है।

ऐमरसन महोदय कहते हैं—Beauty is the pilot of the young soul. अर्थात् सौन्दर्य नवयुवकोंका पथ-प्रदर्शक है। जहाजका माँझी जिस तरह जहाजको राह दिखाता है, जहाँ

चाहता है वहाँ ले जाता है, उसी तरह ख़ूबसूरती जवानोंको जहाँ चाहती है, ले जाती है। सारांश यह कि, उठती जवानीके पट्ठे सुन्दरियोंसे आँख मिलाते ही उनके ग़ुलाम हो जाते है। स्त्रियाँ जो चाहती हैं वही करते हैं, उनकी दिखाई राह पर चलते हैं और उनकी मरज़ीके ख़िलाफ़ कोई काम कर नहीं सकते। नौजवान दुनियादार इनके जालमें फँसते हैं, इसमें तो कोई अचम्भेकी बात ही नहीं। वे पहुँचे हुए वृद्ध तपस्वी, जो हवा और पानी मात्र पर ज़िन्दगी बसर करते हैं, हर क्षण जगदीशका नाम रटा करते है, ख़्वाबमें भी कामिनीका दर्शन नहीं करते और दर्शन करने पर भी उनके दाममें न फँसनेका पक्के-से-पक्का इरादा रखते हैं, उनको देखते ही, उनसे चार आँखें होते ही, उनके ग़ुलाम हो जाते और हो गये हैं। विश्वामित्र, पराशर और शृङ्गी ऋषिको इन शब्दोंमें न सही—दूसरे शब्दोंमें अपनी-अपनी माशूक़ाओंसे क़रीब-क़रीब यही कहना पड़ा होगा :—

खुदाके होते बुतोंको पूजूँ,
नहीं था मुतलक़ गुमान ऐसा।
मगर तुम्हें देखकर तो वल्लाह,
आगया मुझको ध्यान ऐसा॥—अकबर

संभावना नहीं थी कि मैं ईश्वरके होते हुए, तुम जैसी सौन्दर्य्यकी प्रतिमाओंकी पूजा करूँ, पर आज तुम्हें देखकर और ही बात हो गई। परमात्माकी क़सम खाकर कहता हूं, कि अब तुम्हारी खूबसूरती पर लट्टू होकर मैं ईश्वरको भूल जाऊँगा।

फिर आपलोगोंने अपनी पिछली और उस समयकी हालत का मुक़ाबला करते हुए कहा होगा—

जिस दिलको कैद हस्ति-ये दुनियासे नंग था।
वह दिल असीर हलक-ये जुल्फे बुतां है अब॥

एक वह दिन था कि हमारा दिल संसारके जञ्जालोंमें पड़ना शर्मकी बात समझता था और एक आज है कि माशूक़ाकी जुल्फ़ोंमें बेतरह उलझा पड़ा है। कैसा परिवर्त्तन है!

ऐ ज़ौक़! आज सामने उस चश्म मस्तके।
बातिल सब अपने दाव-ये दानिशवरी हुए॥

उसकी मदमस्त मनोहर आँखके सामने आज हमारी योग्यता, बुद्धिमत्ता और प्रतिष्ठाका अन्त हो गया।

वैराग्य पक्ष

विषयोंका यही हाल है। ज्यों-ज्यों हमारी इच्छायें पूरी होती हैं, त्यों-त्यों वे और बढ़ती हैं; इसलिये विषय-विषसे बचनेके लिये, मनुष्यको विषयोंका ध्यान ही न करना चाहिये। असल में, विषयोंका ध्यान ही सारे अनर्थोंका मूल है। अगर मन द्वारा विषयोंका ध्यान ही न किया जाय, तो विषयोंमें प्रीति ही क्यों हो? जब विषयोंसे प्रीति ही न होगी, तब कोई भी अनर्थ हो न सकेगा।

स्त्रीको एकबार देख लेने पर, उसे बार-बार देखनेको मन चाहता है। बस, यहींसे सिर पर भूत सवार हो जाता है। इस-

लिये, जिनको जन्म-मरणके जञ्जालसे बचना हो, जिनको दुर्लभ मोक्ष-पद लाभ करना हो, जिनको अक्षय सुख भोगना हो, वे ऐसे निर्जन वनमें जाकर रहें, जहाँ इन ललित ललनाओंके दर्शन ही न हों। जब ये मोहिनी दीखेंगी ही नहीं, तो मन कैसे चलेगा? न रहेगा बाँस, न बजेगी बाँसरी।

छप्पय

बिन देखे मन होय, वाय कैसे कर देखैं।
देखे तें चित होय, अंग आलिंगन सेषैं॥
आलिंगन तें होत, याहि तनमय कर राखैं।
जैसे जल अरु दूध, एक रस त्यों अभिलाषें॥
मिल रहे तऊ मिलवौ चहत, कहा नाम या विरह को ?।
बरन्यो न जात अद्भुत चरित, प्रेम-पाठकी गिरह को ॥२३॥

सार—नवयुवती कामिनीके बगलमें आने पर, उसे कोई भी कामी पुरुष, क्षणभरको भी छोड़ना नहीं चाहता; अथवा एक बार स्त्रियोंका चन्द्रानन देख लेने पर, उसके फन्देमें न फँसना असम्भव है।

23. So long as I do not see her I desire to see her, but having seen her, I long to embrace her and after having embraced her I desire that there may not be separation from her,

whose eyes become extended at the time of embraced union.

मालती शिरसि जृम्भणोन्मुखी चन्दनं वपुषि कुंकुमान्वितम्
वक्षसि प्रियतमा मनोहरा स्वर्ग एष परिशिष्ट आगतः ॥२४॥

अधखिले मालतीके सुगन्धित फूलोंकी माला गलेमें पड़ी हो, केशर-मिला चन्दन शरीरमें लगा हो और हृदयहारिणी प्राणप्यारी छातीसे चिपटी हो, तो समझ लो कि, स्वर्गका शेष सुख यहीं मिल गया।

खुलासा—गलेमें खिलने ही वाले मालतीके फूलोंकी माला पहनना, केशर और चन्दन शरीरमें लगाना और मनोहर प्यारी को छातीसे लगाना—स्वर्ग-सुख है। जिन्हें इस पाप-ताप-पूर्ण संसारमें यह सुख प्राप्त हो, उनके लिये यहीं स्वर्ग है। स्वर्गमें इससे अधिक और कुछ नहीं है। पण्डितराज जगन्नाथ महोदय कहते हैं:—

विधाय सा मद्वदनानुकूलं कपोलमूलं हृदये शयाना।
तन्वी तदानीमतुलां बलारेः साम्राज्यलक्ष्मीमधरीचकार ॥

मेरी छातीपर सोनेवाली नाजनीने जब अपना चिवुक—ठोड़ी मेरे मुँह पर, जहां वह रक्खी जानी चाहिये थी वहीं रक्खी, तब महेन्द्रकी अतुल राजलक्ष्मी का सुख भी मुझे तुच्छ प्रतीत होने लगा।

किसीने खूब और सच कहा है:—

संसारे तु धरासारं धरायां नगरं मतम्।
आगारं नगरे तत्र सारं सारंगलोचना॥
सारंगलोचनायाञ्च सुरतं सारमुच्यते।
नातः परतरं सारं विद्यते सुखदं नृणाम्॥
सारभूतन्तु सर्वेषां परमानन्द सोदरम्।
सुरतं ये न सेवन्ते तेषां जन्मैव निष्फलम्॥

संसारमें पृथ्वी सार है, पृथ्वी पर नगर सार है। नगरमें घर सार है और घरमें मृगनयनी कामिनी सार है। मृगनयनीमें सुरत※ सम्भोग सार है। 'इससे अधिक सुखदायी और सार वस्तु पुरुषोंके लिये और नहीं है। जो पुरुष-चोलेमें आकर समस्त पदार्थोंके सार, परमानन्दके सगे भाई सुरतको सेवन नहीं करते—सम्भोग-सुख नहीं भोगते, उनका इस दुनियामें जन्म लेना ही बेकार है।

निश्चय ही संसारियोंके लिये ऐश-आराम के ऐसे सामानोंका मयस्सर होना, स्वर्ग-सुख उपभोग करना है। इस बातकी सचाई को वे ही समझ सकते हैं, जो चतुर और कामशास्त्र–विशारद रसिक हैं। नपुंसकोंको इस आनन्द का हाल क्या मालूम?

※ सुरत=स्त्री-पुरुषका सम्भोग, रतिकर्म, मैथुन। इसे अँगरेज़ीमें copulation या coition कह सकते हैं; क्योंकि सुरतके समय स्त्री-पुरुष एक हो जाते या एक दूसरेमें मिल जाते हैं।'

वैराग्य पक्ष

अपनी-अपनी रुचि अलग-अलग है। सबकी इच्छायें एक दूसरेसे भिन्न हैं। एक जिस चीज़को अच्छी समझता है, दूसरा उसीको बुरी समझता है। जो चीज़ जिसको प्यारी न हो, वह कैसी ही सुन्दर और रसीली क्यों न हो, उसे अच्छी नहीं लगती।

अँगरेज़ीमें भी एक कहावत है—"Fair is not fair, but that which pleaseth." सुन्दर सुन्दर नहीं है; किन्तु वही सुन्दर है, जो अपने मनको भावे।

चन्द्रमा सबको प्यारा लगता है, पर कमलिनियों और विरही जनोंको अप्रिय लगता है। संसारका यही हाल है। रसिक पुरुष मालतीके फूलोंकी माला पहनने, केशर-चन्दनसे अङ्गराग करने और प्राणप्यारियोंको छातीसे लगानेको ही स्वर्ग-सुख समझते हैं। और कोई-कोई रसिक ऐसे भी हैं, जो इस सुखके आगे स्वर्गकी सारी सम्पदाको भी तुच्छ समझते हैं। एक ओर ऐसे लोग हैं, तो दूसरी ओर कुछ ऐसे भी हैं, जो इन सभी सुखोंको मिथ्या, अनित्य और परिणाममें शोक, मोह, रोग और नरकका दाता समझते हैं। जिन नवयौवनाओंको कामी अबला समझते हैं, उन्हें वे सबला समझते हैं। जिन्हें कामी कोमलाङ्गी कहते हैं, उन्हें वे वज्राङ्गी कहते हैं। जिन्हें कामी निर्मला और रूपमाधुरी की खान समझते हैं, उन्हें वे कुमला और घृणित गन्दी चीजोंका पिटारा समझते हैं। कामी पुरुष स्त्रियोंका ही ध्यान करना

पसन्द करते हैं, पर वे ब्रह्मका ध्यान करना ही अच्छा समझते हैं। उनका कहना है, कामियोंके भोग-विलासमें जो सुख है, वह अनित्य और परिणाममें घोर दुःखोंका देनेवाला है; पर ब्रह्म-विचार में लीन होनेका सुख नित्य और परिणाममें कल्याण करनेवाला है। तात्पर्य यह है कि कामियोंको ही सुन्दरियोंमें स्वर्ग-सुख प्रतीत होता है; विरागियोंको तो इनमें नरक-दुःख—किन्तु ब्रह्म-विचारमें वर्णनातीत परम सुख मालूम होता है।

दोहा

केसर सों अँगिया सनी, बनी नयन की नोक।
मिली प्राण-प्यारी मनों, घर आयो सुरलोक॥२४॥

सार—खूबरू और कमसिन नाज़नी को छातीसे लगानेमें जो मज़ा है, बहिश्तमें उससे बढ़कर मज़ा नहीं।

24. If there be on the head a garland of Malti flowers which are about to blossom, if sandal mixed with saffron is besmeared on the body and the beloved beautiful lady is embraced on the bosom, then I take this as the pleasure of heaven.

—❀—

प्राङ्मामेति मनागमानितगुणं जाताभिलापं ततः
सव्रीडं तदनु श्लथोद्यतमनुप्रत्यस्तधैर्यं पुनः॥

प्रेमार्द्रंस्पृहणीयनिर्भररहः　　　　क्रीडाप्रगल्भंततो
निःशंकांगविकर्षणादिकसुखं रम्यं कुलस्त्रीरतम् ॥२५॥

पहले-पहल तो "न न" कहती * है। इसके बाद थोड़ी-थोड़ी अभिलाषा करती है। इसके पीछे लजाती हुई अंगोंको ढीला कर देती है और फिर अधीर हो, प्रेमके रसमें शराबोर हो जाती है। इसके भी पीछे, एकान्त क्रीड़ाकी इच्छा करती है और भोग-विलास में तरह-तरहकी चातुरी दिखाती हुई, निःशंक होकर मर्दन चुम्बनादि से असाधारण सुख देती है। ये सब मनोहर गुण कुल-बालाओंमें ही होते हैं; इसलिए कुलकामिनियोंके साथ ही रमण करना चाहिये ॥२५॥

इस श्लोकमें, महाराजा भर्तृहरिने, नवोढ़ा—नई ब्याही हुई बहूसे लेकर, प्रौढ़ा—पूर्ण युवती और अधेड़ अवस्था तककी अपनी स्त्रीके हाव-भाव और भोग-विलासके सुखोंका वर्णन बड़ी ही खूबीसे किया है। उनके सुरतका चित्र ज्योंका त्यों खींच दिया है।

नई ब्याही हुई बहू पुरुषके साथ समागम होते समय भयके

---

* जीन पाल महोदय कहते हैं—Women are shy of nothing so much as the little word "Yes", at least they say it only after they have said "No." स्त्रियोंको "हाँ" कहनेमें जितनी लज्जा मालूम होती है, उतनी और किसी दूसरी बातमें नहीं। वे कम-से-कम "नहीं" कह चुकने पर ही "हाँ" कहती हैं।

मारे "न न" कहती है, अथवा अधिक सामर्थ्य न होनेके कारण, "अब नहीं,अब नहीं" कहती है। बुद्धिमान कामियोंको, इन "न न" या "नहीं नहीं" के शब्दोंमें विचित्र प्रकारका रस और मज़ा मालूम होता है। उस मजेकी बात भुक्तभोगी, जानते हुए भी, ज़बान या क़लमसे लिखकर बता नहीं सकते; क्योंकि उस मज़े का हाल दिल जानता है; पर दिलके ज़बान नहीं है और ज़बानके दिल नहीं। रसिक-शिरोमणि पण्डितराज जगन्नाथ कहते हैं—

श्रुतिशतमपि भूयः शीलितं भारतं वा।
विरचयति तथा नो हंत सन्तापशान्तिम्॥
अपि सपदि यथायं केलिविश्रान्तकान्ता।
वदनकमल वल्गत्कान्ति सान्द्रोनकारः॥

काम-क्रीड़ासे थकी हुई स्त्रीके मुखकमलसे निकला हुआ रसमय "नकार" "नहीं-नहीं" कहना,जिस तरह पुरुषके सन्ताप को शीघ्र ही हर लेता है; उस तरह सैकड़ों श्रुतियों और महा-भारत प्रभृति पुराणोंका अध्ययन और मनन भी नहीं कर सकता।

दूसरी अवस्थामें "न न" कहते-कहते, फिर कामिनीकी स्वयं इच्छा होती है। इच्छा होने पर वह लज्जाका भाव भी दिखाती है और अपने अङ्गोंको ढीला भी कर देती है।

तीसरी अवस्थामें जब वह पूर्ण युवती हो जाती है, उसकी उम्र कोई २५।३० साल या इससे अधिक हो जाती है; तब उसे कन्दर्प-सुखका अनुभव हो जाता है और साथ ही उसका डर भी जाता रहता है। उस वक्त वह प्रेम-रसमें शराबोर होकर अधीर

हो जाती है और एकान्त स्थलमें रति-केलि करनेकी इच्छा प्रकट करती है। उस समय, कामकलानिपुण अनुभवी और निर्भय होनेसे, वह निर्लज्ज होकर, नाना प्रकारके आसन-भेदों और चुम्बन आदिसे ऐसा सुख देती है कि उसे, गूँगेके सुपनेकी तरह, जबान या क़लमसें बताना कठिन है।

ऐसा अपूर्व स्वर्गीय सम्भोग-सुख सलज्ज कुलबालाओंसे ही मिल सकता है; वारवधुओंसे नहीं। निर्लज्ज और निर्भय वाराङ्गनाओंमें ये आनन्द कहाँ? क्योंकि कुलबालाओंमें लज्जा है, भय है और प्रेम है; पर वारवधुओंमें इन तीनोंमेंसे एक भी नहीं। कुलवधुएँ जिस आनन्द और मजेके साथ पुरुषकी काम-पीड़ा और सन्ताप को हर सकती हैं, उस तरह वारवधू नहीं।

छप्पय

ना ना कहि गुण प्रगट करति, अभिलाष लाज जुत।
शिथिल होय धर धीर, प्रेम की इच्छा करि उत॥
निर्भय रसको लेत, सेज–रण–खेतहि माँहीं।
क्रीड़ा माँहि प्रवीण, नारि सुखिया मन माँहीं।
यह सुरत माँझ अतिही सुरत, करत हरत चितगति करैं।
कुलवधू कामिनी केलि कर, कलह कामकी सब हरैं॥२५॥

25. A lady born of a noble family gives the best pleasures of sexual intercourse—Her qualification is that she at first refuses intercourse

and shortly afterwards becomes herself desirous of intercourse, then she shyly allows herslf to approach loosely, gradually she loses patience, and with eager and amorous looks, shows her cleverness in secret movements and then she freely gives the pleasure of allowing parts of her body to be pulled and enjoyed.

उरसि निपतितानां स्त्रस्तधम्मिल्लकानां
मुकुलितनयनानां किञ्चिदुन्मीलितानाम् ॥
सुरतजनितखेदस्विन्नगण्डस्थलीना—
मधरमधु वधूनां भाग्यवन्तः पिवन्ति ॥२६॥

छाती पर लेटी हुई हैं, वाल खुल रहे हैं, आधे नेत्र वन्द हो रहे हैं और मैथुनके परिश्रमसे आये हुए पसीने गालोंपर झलक रहे हैं,—ऐसी स्त्रियोंके अधरामृतको भाग्यवान् लोग ही पीते हैं ॥२६॥

खुलासा—स्त्री छाती पर पड़ी हो, उसके केश खुल रहे हों, आधी पलकें खुली हों और आधी वन्द हों, गुलावी गालोंपर रति-श्रमसे पैदा हुए पसीने आ रहे हों—इस दशामें कोई-कोई भाग्यशाली ही अपनी प्राणप्यारीके निचले ओठका रस पान करते हैं।

स्त्रीका अधरामृत पान करनेमें एक अजीव मजा है, तभी तो कविलोग उस मज़ेकी इतनी तारीफ़ करते हैं।

उस्ताद जौक़ भी फ़रमाते हैं—

तेरा ज़ुबाँसे मिलाना ज़ुबाँ जो याद आया।
न हाय हाय में, तालूसे फिर ज़ुबान लगी॥

तेरी जीभसे जीभ मिलाने ❀ या तेरे अधरामृत पान करनेका ध्यान जब मुझे आया, तब मैं घण्टों हाय-हाय करता रहा, इस लिए मेरी जीभ घण्टोंतक तालू से न लगी।

छप्पय

खुले केश चहुँ ओर, फैल फूलनकी बरसत।
सद मद छाके नैन, दुरत उघरतसे दरसत॥
सुरत खेदके स्वेद, कलित सुन्दर कपोल गहि।
करत अधर रस पान, परत अमृत समान लहि॥
ते धन्य धन्य सुकृती पुरुष, जे ऐसे उरझे रहत।
हित भरे रूप यौवन भरे, दम्पति सुख-सम्पति लहत॥२६॥

26. Fortunate must be the man who enjoys the honey of the lips of a lady who is lying on his bosom, whose scented hairs are unfastened, whose eyes are half-shut and whose cheeks shine with drops of perspiration after the exertion of sexual intercourse,

---

❀ संस्कृत काव्यमें ज़बान चूसनेके बजाय अधरामृत ही पान किया जाता है, यानी मुसल्मान कवि ज़बान चूसना लिखते हैं और संस्कृत कवि अधरामृत पीना।

आमीलितनयनानां यः सुरतरसोऽनुसंविदं कुरुते ॥
मिथनैर्मिथोवधारितमवितथमिदमेवकामनिर्वहणम् ॥२७॥

आलस्यपूर्ण नेत्रोंवाली स्त्रियोंकी कामसे तृप्ति करना, स्त्री-पुरुष दोनोंका परस्पर कामपूजन है, जिसको काम-क्रीड़ा करनेवाले दोनों स्त्री-पुरुष ही जानते हैं ॥२७॥

खुलासा—काम-मदकी अधिकताके कारण जिन स्त्रियोंकी आँखोंमें आलस्य भरा है, इसलिये वे ज़रा-ज़रा खुल रही हैं—ऐसी स्त्रीके साथ सम्भोग करनेमें जो सुख मिलता है, उस सुख की तुलना नहीं। उस सुखका हाल काम-क्रीड़ा करनेवाले दोनों स्त्री-पुरुष ही जानते हैं।

स्त्रीके नेत्रोंका भारी-सा हो जाना, आधे नेत्रोंका खुला रहना और आधे नेत्रोंका बन्द रहना—स्त्रीके पूर्णतया कामोन्मत्त होनेके चिह्न हैं। यह समय और अवस्था ही काम-क्रीड़ाके लिये उचित है। ऐसी कामोन्मत्त नारीको जो चतुर पुरुष भोगता और सन्तुष्ट करता है, वह भाग्यवान है और स्त्री भी ऐसे पुरुषकी दासी हो जाती है। अगर स्त्री अपने-आप ऐसी कामोन्मत्ता नहीं होती, तो कोक-कलाविद चतुर रसिक पुरुष चुम्बन-मर्दन आदि तरकीबों से उसे काम-मदसे मतवाली कर लेते हैं।

दोहा

मृगनैनी आलस भरी, सुरत सेज सुख साज।
पूजहिं दम्पति काम मिल, करहिं सुमंगल काज ॥२८॥

27. The pleasure arising out of sexual intercourse with a lady, with her eyes partly closed, is known to both man and woman as the result of mutual intercourse and is their duty.

—:—

इदमनुचितमक्रमश्च पुंसां
यदिह जरास्वपि मान्मथा विकाराः ॥
यदपि च न कृतं नितम्बिनीनां
स्तनपतनावधि जीवितं रतं वा ॥२८॥

विधाताने दो बातें बड़ी ही अनुचित की हैं:—(१) पुरुषोंमें, अत्यन्त बुढ़ापा होने पर भी, काम-विकारका होना; (२) स्त्रियोंका स्तन गिर जाने पर भी जीवित रहना और काम-चेष्टा करना। ॥२८॥

खुलासा—ब्रह्माको उचित था कि वह बूढ़ोंमें काम-विकार न प्रकट होने देता और स्त्रियोंको तभी तक जीवित रखता, जबतक कि उनके कुच-युगल सुन्दर, सघन और कठोर रहते। बुढ़ापे में काम-विकार का प्रकट होना और स्तनोंके सुकड़ जाने, गिर जाने अथवा थैलोंकी तरह लटक जाने पर भी स्त्रियोंका जिन्दा रहना और काम-चेष्टा करना—दोनोंही विडम्बनामात्र हैं। जवानी जाते ही पुरुषकी और स्तन गिरते ही स्त्रीकी काम-चेष्टा रसिकों के मनमें खटकती है।

जब तक स्त्रीके कुच छोटी-छोटी नारङ्गियों, अथवा अनारों या कच्चे-कच्चे सेवोंकी तरह रहते हैं, तभी तक स्त्री-भोगमें आनन्द

है; स्तन गिर जाने पर मजा नहीं। किसीने इन कई बातोंके लिये ब्रह्माको दोषी ठहराया है। कहा है:—

शशनि खलुकलंकः कण्टकं पद्मनाले।
युवतिकुचनिपातः पक्कता केशजाले॥
जलधिजलमपेयं पण्डिते निर्धनत्वं।
वयसि धनविवेको निर्विवेको विधाता॥

चन्द्रमामें कलंक, पद्मनालमें काँटे, युवतियोंके स्तनोंका गिरना, बालोंका पकना, समुद्रके जलका खारा होना, पण्डितोंका निर्धन होना और बुढ़ापेमें धन की चिन्ता—ये सब ब्रह्माकी मतिहीनता के परिचायक हैं।

दोहा

विधिना द्वै अनुचित करी, वृद्ध नरन तन काम।
कुच ढरकतहू जगतमें, जीवित राखी वाम॥२८॥

सार—स्त्री-सम्भोगका आनन्द पुरुषकी जवानीमें और स्त्रीके कुचोंके कठोर और सघन बने रहने तक ही है।

28. It is very improper and contradictory that males are subject to passions in old age and it is also very improper and contradictory that females were not made to live and to have sexual intecourse only up to the time when their breasts are protuberant.

—:—

एतत्कामफलं लोके यद्द्वयोरेकचित्तता ।
अन्यचित्तकृते कामे शवयोरिव संगमः ॥१६॥

समागमके समय स्त्री-पुरुषोंका एकचित्त हो जाना ही कामका फल है । यदि समागममें दोनोंका चित्त एक न हो, तो वह समागम-समागम नहीं; वह तो मृतकोंका-सा समागम है ॥२९॥

किसीने कहा है:—

सुरते च समाधौ च मनो यत्र न लीयते ।
ध्यानेनापि हि किं तेन किं तेन सुरतेन वा ॥

सुरतके समय सुरत में और समाधिके समय समाधि में यदि मन लीन न हो जाय, चित्त उन्हीं कामों में ग़र्क़ न हो जाय, तो उस सुरत और समाधिसे कोई लाभ नहीं । स्त्री-पुरुके समागम के समय, दोनोंका एक दिल हो जाना परमावश्यक है । दोनों का दिल एक हुए विना कुछ आनन्द नहीं । यदि एकका दिल कहीं और दूसरेका कहीं हो और सङ्गम किया जाय, तो उस सङ्गमको स्त्री-पुरुषोंका सङ्गम नहीं, बल्कि दो लाशोंका सङ्गम कह सकते हैं ।

समागमके समय यदि दोनोंमें से किसी का भी चित्त समागमके लिए उत्कण्ठित न हो, तो समागम न करना चाहिए । वैसे समागमसे आनन्द नहीं आता और वृथा बल क्षीण होता है । अगर एक का दिल हो और दूसरेका न हो, तो जिसका दिल हो उसे दूसरेका काम जगाना उचित है । जब दोनों ही कामो-

न्मत्त होंगे, तब अवश्य दोनों ही का दिल एक हो जायगा। अगर चित्त उद्विग्न हो, मन मलीन हो और उद्विग्नता या मलिनता दूर न हो सकती हो, तो समागम न करना ही अच्छा है।

बोसा या चूमा वह शै है, जिसमें, चूमनेवाले और चूमे जानेवाले दोनोंको ही आनन्द आता है। ऐसा हो नहीं सकता कि एक को आनन्द आवे और दूसरेको न आवे। कविने कहा है:—

मुँह पै मुँह रखके लिपट जाव तुम्हारे सिदक़े।
बोसा वह शै है जो दोनोंको मज़ा देता है॥

निश्चय ही, चुम्बनमें दोनोंको आनन्द आता है; लेकिन अगर एक का दिल हो और दूसरेका दिल न हो, एक की इच्छा न हो और दूसरा जबर्दस्ती करे तो किसीको भी आनन्द नहीं आने का। पुंश्चली या परपुरुषरता स्त्रियाँ अपने पतियोंको नहीं चाहतीं; पर उनके पति, कामशास्त्रके पण्डित न होनेकी वजह से, उनको नहीं पहचानते, उन्हें अपने से विरक्त और परपुरुषरता नहीं समझते। इसलिए जब वे उन्हें चूमते हैं, तब वे मन न होने पर भी इन्कार तो नहीं करतीं; पर गालको झट पोंछ डालती हैं। *

---

*नाभि पश्यति भर्तारं नोत्तरंसम्प्रतीच्छति।
वियोगे सुखमाप्नोति संयोगे चाति सीदति॥
शय्यामुपगता शेते वदनमार्ष्टि चुम्बने।
तन्मित्रं द्वेष्टि मानञ्च विरक्तानाभिवांछति॥

जो स्त्री अपने पतिके सामने नहीं देखती, उससे आँखें नहीं मिलाती, उसकी पूछी हुई बातका जवाब नहीं देती, पति जबतक घरमें

इस तरह पुरुष और स्त्री किसीको भी चुम्बनका आनन्द नहीं आता।

महाकवि अकबर कहते हैं:—

> ख़ैर चुप रहिये, मज़ा ही न मिला बोसेका।
> मैं भी बे-लुत्फ़ हुआ, आपके झुंझलाने से॥

आपके झुँझलानेसे, आपके बेमन होनेसे, चुम्बनका मजा न मुझे आया, न आपको। अब खामोश रहिये, और झुँझलानेसे क्या फ़ायदा? आपने झुँझलाकर, एक दिल न होकर, चुंम्बनका सारा मजा मिट्टी कर दिया।

सारांश—जिस तरह चुम्बनके समय एक दिल न होनेसे चुम्बनका आनन्द नहीं आता; उसी तरह एक दिल हुए बिना समागम करनेसे समागमका कुछ भी आनन्द नहीं आता। वैसा समागम समागम नहीं—दो लाशोंका मिलना (Contract of two corpses) है।

रहता है दुखी रहती और भुनभुनाती फिरती है, जब पति घरसे बाहर चला जाता है, तब खुश होकर उछलती-कूदती फिरती है; अव्वल तो पतिके साथ एक पलंग पर नहीं सोती, अगर मजबूरीसे सो भी जाती है, तो करवट ले जाती है और पतिके चूमने पर गाल पोंछ डालती है, पतिके मित्रसे द्वेष रखती है और पतिके दिलसे चाहने पर भी उससे नाराज़ ही रहती है—उसे "पतिघ्नुक या पतिद्रुहा" कहते हैं। ये पतिको न चाहनेवाली—उससे बैर-विरोध रखनेवाली स्त्रियोंके लक्षण हैं।

समागमके समय दोनोंके दिलोंका एक होना बहुत ज़रूरी है ; इसी ग़रज़से रतिशास्त्रके ज्ञाताओंने स्त्री-पुरुषोंके परस्पर काम जगानेकी अनेकों तरकीबें लिखी हैं; क्योंकि बिना परस्पर काम जगाये कोई लाभ नहीं। स्त्रीके किस अङ्गमें किस दिन काम रहता है, अथवा स्त्री काममदसे किस वक्त या किस ऋतुमें मतवाली होती है और वह काम किस तरह जगाया जाता है,—ये बातें चतुर पुरुषोंको जाननी चाहियें। काम जगानेकी सबसे अच्छी विधि चुम्बन करना अथवा स्तनोंके अगले भागों—बीठनियों, काली-काली घुण्डियोंको धीरे-धीरे मलना है। चुम्बन करते ही और बीठनियोंके धीरे-धीरे मलते ही, स्त्रीके नेत्र लाल हो जाते हैं, साँस गरम होकर बड़े ज़ोरसे चलने लगती है और स्त्री सिसकियाँ भरने लगती है। जब स्त्री सिसकियाँ भरने लगे और शर्म छोड़कर पुरुषसे छेड़-छाड़ करे, तब समझना चाहिये कि काम चैतन्य हो गया। वही समय सुरत या मैथुनके लिए उत्तम है और वैसे समय में ही गर्भ रह सकता है। जो पुरुष इस तरह काम चैतन्य करके काम-क्रीड़ा करता है, स्त्री उसकी क्रीत-दासी या ज़रख़रीद ग़ुलाम हो जाती है। देखते हैं, बैल, ऊँट, घोड़े और गधे प्रभृति पशु भी पहले चाट-चूमकर सम्भोग करते हैं, तब मनुष्योंमें तो उनसे कुछ विशेषता होनी ही चाहिए। परमात्माने उन्हें बुद्धि दी है और अनुभवी पुरुषोंने इस विषय पर "अनङ्ग-रङ्ग" "पञ्चशायक" "कोकशास्त्र" "लज्जतुल-निशा" प्रभृति अनेक ग्रन्थ लिखे हैं। सन्तरेको बन्दर बिना छीले खाता

है और चतुर मनुष्य उसे छील कर और उसका ज़ीरा निकाल कर खाता है। प्रत्येक कामके करनेकी कुछ ख़ास-ख़ास तरकीबें हैं। तरकीबोंके साथ जो आनन्द आता है, वह विना तरकीबोंके नहीं आता। ❀

हमें फिर कहना पड़ता है कि, विना तरकीब जाने जो भी काम किये जाते हैं, उनमें सफलता नहीं होती। चतुरा और फूहड़ दोनों ही तरहकी स्त्रियाँ खाना पका लेती हैं, पर चतुराका बनाया हुआ खाना जैसा स्वादिष्ट और मज़ेदार होता है; वैसा फूहड़का नहीं होता। हाँ, पेट दोनों ही तरहके भोजनोंसे भर जाता है। चतुरा के बनाये भोजनसे तबीयत जैसी ख़ुश होती है, गँवारीके बनाये हुए से वैसी ख़ुश नहीं होती। कामशास्त्रका अभ्यासी जिस तरह संभोग करता है, गँवार उस तरह कर नहीं सकता। हाँ, सन्तान दोनोंके ही हो जाती है। चतुराके बनाये हुए भोजन खानेसे रस ठीक बनता है और किसी तरहका रोग नहीं होता; क्योंकि वह आसानीसे पच जाता है। पर गँवारीकी मोटी-मोटी, कच्ची या जली हुई रोटियोंसे अजीर्ण होता, पेटमें पीड़ा होती और पाक ठीक न होनेसे रस भी ठीक तौर से नहीं बनता, इसलिए बल बढ़नेके बजाय उल्टा घटता है। कामशास्त्रका अभ्यासी जो संभोग करता है, उससे स्त्री-पुरुष दोनोंको परमानन्दकी प्राप्ति होती है; बल घटने नहीं पाता और रोग पास फटकनेकी हिम्मत नहीं

❀ ये सब कोक-सम्बन्धी विषय अगर देखनेका शौक़ है, तो आप हमारी लिखी "स्वास्थ्यरक्षा" देखें। मूल्य ३), सजिल्द का ३॥)

करते। सन्तान भी सुन्दर, रूपवान, बलवान और विद्वान तथा बुद्धिमान होती है। किन्तु गँवार, अनजान होनेकी वजहसे, संभोगमें ऐसे काम कर बैठता है, कि जिनसे दिनरात उसका बल क्षीण होता, प्रमेह, सोजाक, नपुन्सकता और उपदंश आदि रोग पैदा हो जाते; तथा जो औलाद पैदा होती है, वह भी गँवार, मूर्ख, माता-पिताकी आज्ञा न माननेवाली, कुरूप और असमयमें ही मर जानेवाली पैदा होती है। इसलिए विना कामशास्त्रका अभ्यास किये स्त्री-भोग करना, अपने जीवनको खराब करना और मृत्युको न्यौता देकर बुलाना है। किसी कविने कहा है :—

दाम्पत्यसुखसिद्ध्यर्थं कामशास्त्रं समभ्यसेत्।
तदभ्यासादनिर्वाच्यममन्दानन्दमश्नुते।
कामशास्त्रविहीनानां रतिः पाशविकी मता।
तदभ्यासान्न सौख्यंस्यात् केवलं दुःखमाप्नुयात्॥

अर्थात् स्त्री-पुरुषका सुख भोगनेके लिए कामशास्त्रका अभ्यास करना जरूरी है। कामशास्त्रके अभ्याससे ही अनिर्वचनीय उत्तम आनन्द मिलता है। कामशास्त्रके बिना जाने-पढ़े जो भोग किया जाता है, वह तो पशुओंका-सा सम्भोग है। वैसे संभोगसे सुखके बजाय दुःख ही होता है; यानी सुख नहीं होता, केवल दुःख होता है।

और भी कहा है:—

रतिशास्त्रपरिज्ञान विमूढ़ा ये नराधमाः।
रतिं स्वरतिहीनायां विधित्सन्ति गतायुषः॥

अवश्यं मरणं तेषां भवेदिति विनिश्चितम् ।
अतोऽपि रतिशास्त्रस्यज्ञानमावश्यकं मतम् ॥

जो गतायु नीच नराधम, कामशास्त्र न जाननेकी वजहसे, अपने तईं न चाहनेवाली स्त्रीसे सम्भोग करते या करना चाहते हैं, उनकी उम्र कम हो जाती है यानी वे निश्चय ही असमयमें इस दुनियासे कूच कर जाते हैं, मर जाते हैं ; इसलिये रतिशास्त्र का ज्ञान होना परमावश्यक है ।

कामशास्त्रसे किन-किन बातोंका ज्ञान होता है ?

किं दाम्पत्यसुखं लोके कानि तत्साधनानिच
कुमारी परिणीता तु कीदृशी सुखदा भवेत् ॥

के च विस्त्रम्भणोपायास्तासामिह सुखावहाः,
प्रमदानां कथञ्चाऽपि मदविद्रावणं भवेत् ।
कथं नष्टोऽनुरागश्च प्रत्यानेयोमनीषिभिः ॥

बन्ध्यायां मृत्वत्सायां वात्मजाप्तिः कथं भवेत्
सतीनां वनितानाञ्च लक्षणानीह कानि च ।
पुंश्चलीनान्तु नारीणां परिज्ञानं कथं भवेत् ॥

तासां विचेष्टितेभ्यश्च ह्यात्मानं रक्षयेत् कथम्
कथं शरीरं सुरतायासितन्तु विलासिनाम् ।
नवयौवनकालीन-सुरतक्षमतां व्रजेत् ॥

प्रेक्षावद्भिर्भिषग्वर्यैः प्रत्यहं सुपरीक्षिताः ।
गर्भसन्धारणोपायः के भवेयुः सुखप्रदाः ॥

इत्येवमादयोऽवश्यं ज्ञातव्या विषयाश्रये ।
तानविज्ञाय मूढात्मा कथं रतिसुखं लभेत् ॥

रति-शास्त्रसे नीचे लिखी हुई बातोंका ज्ञान होता है :—

(१) स्त्री पुरुषका सुख कैसा होता है, और उस सुखके भोगनेके क्या-क्या उपाय या तरीक़े हैं।

(२) कैसी कन्यासे शादी करनी चाहिये, जिससे सच्चा दाम्पत्य-सुख मिले।

(३) विवाह करके लाई हुई स्त्रीमें कैसे विश्वास उत्पादन करना चाहिये, ताकि संसारमें सुख मिले।

(४) स्त्रियोंका मद कैसे उतारा जाता है अथवा उनका मद-भञ्जन करनेके क्या उपाय हैं। वे कैसे द्रवित की जा सकती हैं।

(५) रूठी हुई स्त्री किस तरह मनानी चाहिये; यानी मानिनीके मान-मोचनके क्या तरीक़े हैं।

(६) जिसके सन्तान नहीं होती या हो-होकर मर जाती है, उसके औलाद कैसे हो सकती है।

(७) सती या पतिव्रता स्त्रियोंके क्या लक्षण हैं, अर्थात् पतिव्रताओंकी क्या पहचान है।

(८) पुंश्चली या व्यभिचारिणी स्त्रियोंके क्या लक्षण हैं, और उन दुष्टाओंकी कुचेष्टाओंसे पुरुष अपनी रक्षा कैसे कर सकता है।

(९) अति संभोग प्रभृतिसे बलहीन हुआ शरीर फिरसे

कैसे बलवान हो सकता है, फिरसे नयी जवानी कैसे आ सकती है वगैर: वगैर: ।

(१०) गर्भ धारण करनेके क्या उपाय हैं और सुवैद्य गर्भ न रहनेके कारणोंको कैसे जान सकते हैं इत्यादि ।

जो पुरुष इन अवश्यमेव जाननेयोग्य विषयोंको नहीं जानते, उन्हें स्त्री-संभोगका सुख कैसे मिल सकता है ?

सारे कामशास्त्रका निचोड़ नीचेके दो श्लोकोंमें है और उसी एक बातके लिए "कामशास्त्र" जैसा बड़ा ग्रन्थ रचा गया है :—

यद्यप्यष्ट गुणाधिको निगदितः कामोऽङ्गनानां सदा ।
नो याति द्रवतां तथापि झटिति व्यायामिनां संगमे ॥
प्रागेव पुंसः सुरते न यावन्नारी द्रवेद्भोगफलं न तावत् ।
अतो बुधैः कामकलाप्रवीणैः कार्यः प्रयत्नो वनिताद्रवत्वे ।

अर्थात्—यद्यपि स्त्रीमें पुरुषकी अपेक्षा सदा आठ गुणा काम कहा गया है, तोभी वह पुरुषसङ्गमसे जल्दी स्खलित नहीं होती। संभोग करनेसे अगर स्त्री पहले स्खलित न हो, तो संभोग करना बेकार हुआ, उसका कोई फल न हुआ। इसलिए कामकला जाननेवाले चतुर पुरुषको द्रवित * करनेकी चेष्टामें कोई उपाय उठा न रखना चाहिये ।

---

* द्रवित और स्खलित शब्द ऐसे हैं, जिनके कहने और लिखनेमें आजकल, संस्कृतका अधिक प्रचार न होनेसे, लज्जा नहीं मालूम होती, अश्लीलत्वका उतना दोष नहीं आता। यद्यपि (Etiquette) यानी

दोहा

नार समागम कामफल, दुहुनहि चित इक होय।
जो कहूँ होय विभिन्नता, शव-संगम-सम जोय ॥२९॥

सार—सम्भोग-कालमें स्त्री-पुरुषके एक दिल होनेमें ही आनन्द है।

अदब, आदाब या सौजन्य-शिष्टाचार हमें इतनेसे भी रोकता है, पर हमने अपने अल्प शिक्षित भाइयोंकी ख़ातिरसे २५, २६, २७ और २६वें श्लोकोंकी टीका-टिप्पणीमें एटीकेटका उतना ध्यान नहीं रखा है। जहाँ तक हमसे बना है वहाँतक हरेक बात खोलकर लिखी है और अपने तईं क़ानूनी पेचोंसे भी बचाया है।

कामशास्त्रका विषय बहुत बड़ा है। उस पर बड़े-बड़े ग्रन्थ अंगरेज़ी और संस्कृत प्रभृति भाषाओंमें लिखे हुए हैं। हमने भी काम-शास्त्रकी जानने योग्य सभी बातें अपनी बनाई "स्वास्थ्यरक्षा" बारहवाँ संस्करण और "चिकित्साचन्द्रोदय" चौथे और पाँचवें भागोंमें लिखी हैं। हमने कामशास्त्र पढ़नेकी जररूत यहाँ समझा दी है। जो लोग कामशास्त्र और वैद्यकशास्त्र नहीं पढ़ते, उनका इस दुनियामें आना और मनुष्य-चोला धारण करना वृथा है। कामशास्त्र और वैद्यकशास्त्र में कुछ फ़र्क़ नहीं। सच पूछो तो कामशास्त्र वैद्यकशास्त्रका ही एक अंश है। लोग पहले शिकायत किया करते थे कि, कामशास्त्र और वैद्यकशास्त्र सरल सुबोध हिन्दीमें नहीं—इसलिये पढ़ें तो क्या पढ़ें। उन्हींकी शिकायत रफ़ा करने के लिये हमने समस्त आयुर्वेद ग्रन्थोंका

29. It is only when both the man and the woman are of the same mind that the sexual pleasures are the greatest. If their minds are diverted, then the intercourse is like that of inanimate bodies.

—०—

नवनीत एक ग्रन्थमें इकट्ठा किया है और उस ग्रन्थका नाम रखा है, "चिकित्साचन्द्रोदय"। इस ग्रन्थ के सात भाग हैं। हमारी रायमें वे सातों ही भाग हर मनुष्यको आद्योपान्त पढ़ लेने चाहियें। जिस दिन भारतका प्रत्येक स्त्री-पुरुष उन सातों भागोंको पढ़-पढ़ कर गृहस्थाश्रममें प्रवेश करेगा, उस दिनका भारत और ही भारत होगा।

सरकार किसीको कामशास्त्र पढ़नेसे मना नहीं करती। अगर ऐसा होता, तो Sexual Intercourse विषय पर अंगरेजीमें अनेकों ग्रन्थ न निकल जाते। सरकार चाहती है कि जनता अश्लील और गन्दी पुस्तकें, जिनमें नंगी तस्वीरें हों, पास न रखे। पर अफसोस है कि आजकलके नासमझ नौजवान उन्हींकी खोजमें पागल की तरह अपना धन और समय बर्बाद करते हैं। आजकलके दगा-बाज़ विज्ञापनबाज़ोंकी रंगीन बातोंमें आकर वी० पी० पर वी० पी० मँगाते और पीछे पुस्तकोंको कामकी न पाकर रोते और पछताते हैं। हमारे भोले-भाले पाठक "सचित्र कोकशास्त्र" का विज्ञापन पढ़ते ही आर्डर देते हैं। पर इतना नहीं समझते, कि आसनोंकी तस्वीरें देकर कोकको कौन छापनेकी हिम्मत कर सकता है? जेलसे किसे भय नहीं

प्रणयमधुराः प्रेमोद्गाढा रसादलसास्तथा
भणितिमधुरा मुग्धप्रायाः प्रकाशितसंमदाः ।
प्रकृतिसुभगा विश्रम्भार्हाः स्मरोदयदायिनो
रहसि किमपि स्वैरालापा हरन्ति मृगीदृशाम् ॥३०॥

मृगनयनी कामिनियोंके प्रणय-प्रीतिसे मधुर, प्रेम-रससे पगे, कामकी अधिकतासे मन्दे, सुननेमें आनन्दप्रद, प्रायः अस्पष्ट और समझमें न आने योग्य, सहज-सुन्दर, विश्वासयोग्य और कामोद्दीपन करनेवाले वचन, स्वच्छन्दतापूर्वक एकान्तमें कहे जायँ, तो, निश्चय ही, सुननेवालेके मन को हर लेते हैं ॥३०॥

है ! इसलिये हम फिर कहते हैं कि, आप चालीस रुपये ख़र्च करके "चिकित्साचन्द्रोदय" सात भाग और "स्वास्थ्य रक्षा" देखें —आपको सम्पूर्ण आयुर्वेद और कामशास्त्रका ज्ञान हो जायगा। इस शास्त्रको पढ़ना आपका कर्तव्य है, धर्म है, यही हमारे मुनियोंकी और यही पाश्चात्य विद्वानोंकी राय है। देखिये, डाक्टर गन साहब कहते हैं—

It is, therefore, every iudividual's duty to study the laws of his being, and to conform to them ignorance, or inattention on this subject is sin, and injurious consequences of such a course make out a case of gradual suicide. चिकित्सा-शास्त्र और काम शास्त्र पढ़ना हरेक मनुष्यका धर्म है। जो इन्हें नहीं पढ़ते वे पाप करते हैं और अन्तमें आत्महत्या आदि करके बे-मौत मरते हैं।

खुलासा—कुरङ्गनयनी तरुणियोंकी प्रेम-रससे पगी हुई मधुर-मधुर बातें रसिक पुरुषोंके कानोंमें अमृत-सा ढालती हैं। मुर्झाये हुए पुष्प-रूपी प्राणोंको खिलाती हैं, सारी इन्द्रियोंको प्रसन्न करतीं और मनमें रसायनका काम करती हैं। लेकिन जब वे एकान्त-स्थलमें स्वच्छन्दतापूर्वक कही जाती हैं, तब तो और भी ग़ज़ब करती हैं। जिनसे ये कही जाती हैं, वे बात कहनेवालियोंके क्रीत-दास ही हो जाते हैं।

कोई प्रेमी अपनी प्रेमिकाकी मीठी-मीठी बातें सुनकर महाकवि अकबरके शब्दोंमें कहता है—

बनोगे खुसरवे इक़्लीमें दिल, शीरींज़बाँ होकर।
जहाँगीरी करेगी यह अदा, नूरेजहाँ होकर॥

मीठी-मीठी बातें करनेसे तुम संसारके सभी लोगोंके दिलोंकी रानी हो जाओगी। तुम्हारा यह गुण—मधुर भाषण नूरजहाँकी तरह सारे संसारको फतह करेगा।

दोहा

प्रणय-मधुर आलस भरे, सरस सनेह समेत।
मृगनैनिन के ये वचन, हरत चित्तकों लेत॥३०॥

सार—सुनयनाओंकी मधुर-मधुर बातोंमें जादूकी-सी शक्ति होती है। उनकी अमृतभरी बातों पर कामी पुरुष मुग्ध हो जाते हैं।

30. Ladies with beautiful eyes always attract the mind by their unrestrained conversation which is sweet because of softness, full of love, very pleasing to the ear on account of delicacy, gives rise to joy, is naturally soothing and confiding and which arouses passions.

आवासः क्रियतां गांगे पापहारिणि वारिणि ।
स्तनमध्ये तरुण्या वा मनोहारिणि हारिणि ॥३१॥

या तो पाप-ताप नाशनी गंगाके किनारों पर ही बसना चाहिये, या मनोहर हार पहने हुए तरुणी स्त्रियोंके स्तनोंके मध्यमें ही बसना चाहिये ॥३१॥

खुलासा—दो में से एक काम करना चाहिये—या तो पापहारिणी गङ्गाके किनारे बैठकर शंकरका भजन करना चाहिये या मोतियोंके हार धारण करनेवाली हृदयहारिणी कामिनियोंके कठोर कुच सेवन करने चाहियें।

इस जगतमें, कामी पुरुषोंके लिए नवयुवतियोंके कठोर कुच-युगल और सघन स्थूल जङ्घाओंसे बढ़कर सुखदायी और दूसरा पदार्थ नहीं है ; इसलिए वे उन्हींका सेवन कर अपना मनुष्य-जन्म सफल करें। पर जिन्हें इस संसारकी असारता और चञ्चलताका ज्ञान हो गया है, जिन्हें रूप-यौवनकी अनित्यताका हाल मालूम हो गया है, और इसलिए कामिनियोंसे घृणा हो गई है, उन्हें सब द्विविधा त्याग, कहीं निर्जन और रमणीक स्थानमें,

गङ्गाके तट पर पर्णकुटी बना, शिव-शिव रटना चाहिये। कामिनियों के भोगनेसे यहाँ अपूर्व सुखकी प्राप्ति होगी, पर परलोकमें दुःखों का सामना करना पड़ेगा ; मगर सबको तज, गङ्गा किनारे जा, हर-भजन करने से यहाँ भी सुख-शान्ति मिलेगी और वहाँ भी। पाठकोंके समक्ष दोनों राहें हैं। अब उन्हें जौन-सी राह पसन्द हो, उसे ही चुन लें। त्रिशंकु की तरह बीचमें लटकना और—

इधर के रहे न उधरके रहे।
खुदा ही मिला न विसाले सनम॥

वाली कहावत चरितार्थ करना भला नहीं।

दोहा

वास कीजिये गंग तट, पाप निवारत वारि।
कै कामिनि कुच युगलको, सेवन करहु विचारि ॥३१॥

सार—गङ्गा-तट पर बसना और कामिनियोंके कठोर कुचोंका सेवन करना—ये दो ही काम जगत्में मुख्य हैं। विचारवान विचारकर, इनमेंसे किसी एक को चुन लें।

31. Let one take rest either on the bank of the river Ganges whose water clears away the sin; or between the breasts of a woman which are very attracting and where the breast-chain is lying.

प्रियपुरतो युवतीनां तावत्पदमातनोतु हृदि मानः।
भवति न यावच्चन्दनतरुसुरभिर्मधुसुनिर्मलः पवनः ॥३२॥

मानिनी कामिनियोंके हृदयोंमें अपने प्यारोंके प्रति मान तभीतक ठहरता है, जबतक चन्दनके वृक्षोंकी सुगन्धिसे पूर्ण मलयाचलका वायु नहीं चलता ॥३२॥

खुलासा—मानिनीके मनमें उसी समय तक मान रहता है, और उसी समय तक उसकी भृकुटियाँ टेढ़ी रहती हैं, जब तक कि चन्दनके वृक्षोंकी सुगन्धिसे मिला हुआ वायु उनके कोमल शरीरोंमें नहीं लगता।

आमकी मनोहर मञ्जरियाँ, सुविमल चन्द्रमा, कोकिल, भौंरे और मलय-पवन तथा वसन्त—ये सब कामदेवके साथी और उसके अस्त्र-शस्त्र हैं। वह इन्हींसे त्रिलोकीको वशमें करता है।

मानिनी कैसी ही कठोर क्यों न हो, किसी तरह मनाये न मानती हो; तोभी वह कोयलके कुहुकने, मलयपवनके चलने या घटाओंके छा जानेसे शीघ्र ही मान छोड़, अपने प्रीतमकी गोदमें आ जाती है। जो कामिनी पुरुषकी अनेक तरहकी खुशामदोंसे भी राज़ी न होती हो, वह मलयपवन प्रभृतिकी मददसे सहजमें राज़ी हो जाती है। कविने ठीक कहा है कि, मानिनीका मान तभी तक है, जब तक मलयाचलकी हवा नहीं चलती। उसके चलते ही मानिनी आप खुशामद करने लगती है; क्योंकि वसन्त में मलयाचलकी ओरकी हवा चलती है और वह स्त्रियोंके दिलोंमें बड़ी गुदगुदी पैदा करती है। इससे आयुर्वेद-आचार्यों ने वसन्त में रात-दिन स्त्री-पुरुषोंके अङ्गमें कामदेवका रहना लिखा है। इस

मौसममें मनहूससे मनहूसका भी काम जाग उठता है और रूठी हुई॰ स्त्रियाँ सहजमें मान जाती हैं।

तबही लों मन मान यह, तब ही लों भ्रूभंग।
जौ लौं चन्दनसे मिल्यो, पवन न परसत अंग ॥३२॥

सार—मलयपवनके चलते ही मानिनी स्त्रियां आप ही सीधी हो जाती हैं।

32. The pride of a woman before her lover remains only so long as the pure spring air bearing the sweet smell of sandal does not touch her body.

॰कामशास्त्रमें स्त्रीके नाराज़ या उदासीन रहनेके सम्बन्धमें लिखा है—

कार्पण्यादतिमानरोगविरहोद्योगादि पारुष्यतो,
मालिन्यासममज्ञतादि भयतः शोकाद्दरिद्रादपि।
भर्तॄणां तनुतादिभिश्च वपुषः काठिन्यतःशंकना
दोषाणाञ्च वृथा प्रयाति वनितावैराग्यमुच्चैः सदा ॥

पतिकी अत्यन्त कंजूसी, पतिका ज़ियादा प्यार करके सिर पर चढ़ा लेना, पतिका सदा रोगी बना रहना, पतिका निखट्टू या पुरुषार्थहीन होना; पतिका उम्र, यौवन, विद्या, बुद्धि और कुल-शील आदिमें पत्नी के समान न होना; पतिकी मूर्खता, पति और सास-ससुर आदिका अत्यन्त भय, शोक, दरिद्रता, पतिके शरीर की सख्ती और कठोरता, पतिका अधिक शंकायुत रहना और व्यभिचार या छिनालेकी झूठी तुहमत लगाना—प्रभृति कारणोंसे स्त्रियां अपने पतियोंसे अक्सर विरक्त, उदासीन, नाराज़ या असन्तुष्ट रहती हैं। जिन पुरुषोंको स्त्री-सुखकी ज़रूरत हो, उन्हें उपरोक्त कारण यथासाध्य दूर करनेकी चेष्टा करनी चाहिये। ऐसा करने से ही स्त्री चाहने लगेगी।

ऋतु-वर्णन

वसन्त-महिमा

परिमलभृतो वाताः शाखा नवांकुरकोटयो ।
मधुरविरुतोत्कण्ठा वाचः प्रियाः पिकपक्षिणाम् ॥
विरलसुरतस्वेदोद्गारा वधूवदनेन्दवः ।
प्रसरति मधौ* राज्यां जातो न कस्य गुणोदयः ॥१३॥

जबकि सुगन्धियुक्त पवन चला करता है, वृक्षोंकी शाखाओंमें नये-नये अंकुर निकलते हैं, कोकिला मदमत्त या उत्कण्ठित होकर मधुर कलरव करती है, स्त्रियोंके मुखचन्द्र पर मैथुनके परिश्रमसे

---

* मधौ = चैत्रे ! चैत वसन्तके दो महीनोंमेंसे एकका नाम है, पर यहाँ यह सारे ही वसन्तके मौसमके लिए इस्तेमाल किया गया है ।

निकले हुए पसीनोंकी हलकी-हलकी धारें मज़ा देने लगती हैं, उस वसंतकी रातमें, किसे काम पीड़ित नहीं करता ? ॥३३॥

खुलासा—वसन्त कामदेवका साथी और ऋतुओंका राजा है। इस ऋतुमें सुगन्धि-मिश्रित पवन चलने लगते हैं। शाखा-प्रशाखाओंमें नवीन पत्रांकुर शोभा देने लगते हैं। चारों ओर फूल खिलते हैं। कोकिला मधुर कलरव करती है। साँझ सुहावनी और दिन रमणीय होने लगते हैं। स्त्रियाँ अनुरागिनी होने लगती हैं। बहुत क्या—इस ऋतुमें सभी पदार्थोंमें मनोहरता आ जाती है।

हम अपने पाठकोंके मनोरञ्जनार्थ महाकवि कालिदास-विरचित "ऋतु-संहार" से चन्द सुन्दर-सुन्दर पद्य उद्धृत करते हैं:—

आकम्पितानि हृदयानि मनस्विनीनां
वातैः प्रफुल्ल सहकार कृताधिवासैः।
सम्बाधितप्परभृतस्य मदाकुलस्य
श्रोत्रप्रियैर्मधुकरस्य च गीतनादैः॥

इस ऋतुमें बौरे हुए आमके वृक्षोंकी सुगन्धसे सुगन्धित वायु ने धीरज धरनेवाली कामिनियोंके हृदयोंमें भी खलबली मचा दी है। मदोन्मत्त कोकिलोंकी कुहुक और भौरोंके मधुर गुञ्जारसे चारों दिशायें भर गयी हैं।

और भी :—

पुंस्कोकिलश्चूतरसेन मत्तः
प्रियामुखं चुम्बति सादरोयम्।

गुञ्जद्द्विरेफोऽप्ययमम्बुजस्थः
प्रियं प्रियायाः प्रकरोति चाटुम् ॥

आमके रससे मतवाला हुआ कोकिल, सादर, अपनी प्यारी का मुख चूम रहा है। गूँजता हुआ भौंरा भी कमल पर बैठ कर अपनी प्यारीकी खुशामद कर रहा है।

और भी :—

तनूनि पाण्डूनि मदालसानि
मुहुर्मुहुर्जृम्भणतत्पराणि ।
अंगान्यनंगः प्रमदाजनस्य
करोति लावण्यरसोत्सुकानि ॥

इस ऋतुमें मीनकेतन—कामदेव, स्त्रियोंके नाजुक, गोरे, मतवाले और वारम्वार जम्हाइयाँ लेते हुए अङ्गोंको शृङ्गार-रसमें मग्न कर देता है।

वहुत लिखनेको हमारे पास स्थानका अभाव है, इसलिए इतना ही यथेष्ट होगा। वसन्तमें नामर्द भी मर्द हो जाता है। स्त्रियोंको तो इतना मद छा जाता है कि वे सीना उभारकर और अकड़ कर चलती हैं। रसीले और छैल-छवीले पतियोंके पास रहने पर भी नहीं दबतीं, वल्कि उत्कण्ठित ही रहा करती हैं।

छप्पय

चलें सुगन्धित पवन, फूल चहुँ दिशिमें फूले।
बोलत पिक मृदु वचन, काम-शर उरमें शूले ॥

मुकुलित मञ्जरि आम, करै उत्कराठा भारी ॥
रतिश्रम स्वेदित वदन, चन्द्रसम अद्भुत नारी ॥
यह केहि पदार्थके गुणनको, उदय करत नहिं जगत महँ ।
शुठि ऋतु वसन्तकी है निशा, मंगलदायक सकल कहँ ॥३३॥

सार—वसन्तमें सभीकी उत्कण्ठा और कामवासना बढ़ जाती है ।

33. What objects do not assume their qualities in the dead of night of the spring season when the scented breeze blows, new sprouts of leaves come out on the branches of trees, the sweet sound of cuckoo and other birds appear very pleasing and the stray drops of perspiration shine on the moon-like face of women after the exertion of sexual intercourse.

—※—

मधुरयं मधुरैरपि कोकिला—
कलकलैर्मलयस्य च वायुभिः ॥
विरहिणः प्रणिहन्ति शरीरिणो
विपदि हन्त सुधाऽपि विषायते ॥३४॥

ऋतुराज वसन्त कोकिलके मधुर-मधुर शब्दों और मलय पवनसे

ऋतुराज वसन्त कोकिल के मधुर-मधुर झङ्कार और मलय पवन से विरही स्त्री-पुरुष के प्राण-नाश करता है। इस चित्र में यह दिखलाया गया है कि, कामिनीका पति घरमें नहीं है, विदेश में है। उधर से वसन्तकी अवाई हो गई है, वृक्षों में नये-नये पत्ते आ गये हैं, कोकिल कुहुक रही है; अतः विरह-वेदना से व्याकुल कामिनी मन मलिन लिये बैठी है। [पृष्ठ १३२]

विरही स्त्री-पुरुषोंके प्राण नाश करता है। बड़े ही दुःखका विषय है कि प्राणियोंके लिए विपद्कालमें अमृत भी विष हो जाता है ॥३४॥

खुलासा—कोकिलका मधुर कलरव और मलयाचल की सुगन्धिपूर्ण हवा प्राणिमात्रमें नवजीवन का सञ्चार करते हैं। इनसे शोकार्त्त और मनहूसोंके दिलोंमें भी गुदगुदी होने लगती है। सभीके चेहरों पर प्रसन्नता छा जाती है; पर कर्मोंके फेर या दुर्दिनके कारणसे, यही दोनों विरही स्त्री-पुरुषोंको मछलीकी तरह तड़फाते हैं। सच है, विपत्ति-कालमें सोना मिट्टी हो जाता है और अमृत विष हो जाता है। पण्डितराज जगन्नाथ अपने "भामिनी-विलास" में कहते हैं:—

मलयानिलमनलीयति मणिभवने काननीयति क्षणतः ।
विरहेण विकलहृदया निर्जलमीनायते महिला ॥

विरह-वेदनासे विकल कामिनी मलयाचलके पवनको आग और मणिमय भवनको वन समझकर मछलीका-सा आचरण करती है; यानी जलहीन मछलीकी तरह तड़फती है।

और भी—

पाटीरद्रुभुजंगपुंगवमुखायाताइवातापिनो,
वाता वांति दहन्ति लोचनममी ताम्रा रसालद्रुमाः ।
एते हन्त किरन्ति कूजितमयंहालाहलं कोकिलाः—
बाला बालमृणालकोमलतनुः प्राणान् कथं रक्षतु ॥

चन्दनके वृक्षोंमें वसनेवाले साँपोंके मुखसे निकली हुई हवाके

समान सन्तप्त—गरम हवा चलती है; लाल-लाल पत्तोंवाले आमके वृक्ष नेत्रोंको जलाते हैं; कोयलकी वाणी विष-सा बरसाती है। इस दशामें नवीन कमलकी डण्डीके समान कोमलाङ्गी बाला किस तरह अपनी प्राण-रक्षा करेगी ?

पाठक ! देख लिया, वसन्तमें विरहीजनोंकी कैसी दुर्दशा होती है। विरही स्त्री-पुरुष सभी शीतल और शान्तिमय पदार्थों को अग्निवत् समझते हैं। विरह-व्याकुला बाला काले अगर और चन्दनके रसको हलाहल विष और नील कमलोंकी माला को साँपोंकी क़तार समझने लगती है।

एक विरहिणी वसन्तमें अपने प्रीतमके घर न आने पर स्वपति, कोकिला, कामदेव और चन्द्रमा पर कैसी कुपित हो रही है और उनसे बदला लेनेकी ठान रही है। हम इस मनोहर उक्तिको महाकवि कालिदास-कृत "शृङ्गार-तिलक" से उद्धृत करते हैं। लीजिये पाठक ! इसका भी रसास्वादन कीजिये :—

आयाता मधुयामिनी यदि पुनर्ना—
यात एव प्रभुः प्राण यान्तु विभावसौ
यदि पुनर्जन्मग्रहं प्रार्थये।
व्याधःकोकिलबन्धने हिमकर—
ध्वंसे च राहुग्रहः कन्दर्पे हरनेत्र-
दीधितिरहं प्राणेश्वरे मन्मथः ॥

वसन्तकी रात आगई, पर मेरे स्वामी न आये। इसलिये मेरे प्राण आगमें नष्ट हों। अगर मरनेके बाद फिर जन्म होता

हो, तो मैं परमात्मासे प्रार्थना करती हूँ कि कोकिलके बन्धनके लिये मैं व्याध होऊँ, चन्द्रमाका नाश करनेके लिये राहु होऊँ, कामदेवके संहारके लिये शिवजीके नेत्रकी किरण बनूँ और अपने प्राणप्यारेके लिये कामदेव बनूँ; अर्थात् वसन्तमें, ये सब मुझे जिस तरह सता रहे हैं, परकालमें, मैं भी इन्हें सताऊँ और अपना बदला लूँ।

दोहा

ऋतु वसन्त कोकिल कुहुक, त्योंही पवन अनूप।
विरह विपतके परत ही, सुधा होय विषरूप ॥३४॥

सार—विरही स्त्री पुरुषोंके लिये "वसन्त" कालके समान है।

34. This month of Chaitra kills (as it were) those who are suffering from the pangs of separation, by the sweet sound of cuckoo and by the air of Malyachala mountain. Alas! even nectar becomes poison in adversity. (Sweet sound of the cuckoo and the gentle breeze in the spring season please every one—but those, whose beloved ones are away, feel their absence all the more by these messengers of spring.)

—:—

आवासः किल किञ्चिदेव दयितापार्श्वे विलासालसः
कर्णे कोकिलकाकलीकलरवः स्मेरो लतामण्डपः ॥

गोष्ठी सत्कविभिः समं कतिपयैः सेव्याः सितांशो कराः
केषांचित्सुखयन्ति नेत्रहृदये चैत्रे विचित्राः क्षपाः ॥३५॥

भोगविलाससे शिथिल होकर कुछ समय तक अपनी प्यारीके पास आराम करना, कोकिलाओंके मधुर शब्द सुनना, प्रफुल्लित लतामण्डपके नीचे टहलना, सुन्दर कवियोंसे बातचीत करना और चन्द्रमाकी शीतल चाँदनीकी बहार देखना—ऐसी सामग्रीसे चैत्र मासकी विचित्र रात्रियाँ किसी-किसी ही भाग्यवानके नेत्र और हृदयोंको सुखी करती हैं ॥३५॥

खुलासा—कोयल कुहुकती हो, लताएँ फूल रही हों, चाँदनी छिटक रही हो, श्रेष्ठ कवि अपनी रसीली कविताएँ सुनाते हों और भोग-विलाससे थक कर अपनी प्राणप्यारीके पास आराम कर रहे हों—चैतके महीनेकी रातोंमें, जिन्हें ये सब मयस्सर हों, वे निश्चय ही भाग्यवान हैं। जिन्होंने पूर्वजन्ममें पुण्य सञ्चय किये हैं, उन्हें ही ये स्वर्गीय सुख मिलते हैं; सब किसीको नहीं।

दोहा

कोकिल-रव फूली लता, चैत चाँदनी रैन।
प्रिया सहित निज महलमें, सुकृती करत सुचैन ॥३५॥

सार—चैतकी चांदनी रातमें, विरले पुण्यात्मा ही अपने महलकी छतपर, अपनी प्राणप्यारीके साथ आनन्द करते हैं।

35. The wonderful nights of the month of Chaitra give pleasure to the mind and eyes of man who enjoys the sweet company of his beloved wife being tired with pleasurable copulation, hears the sweet songs of the cuckoo and takes delight in bright moon-light, whose time is passed in company with bards; but to others, whose beloved ones are away, these nights give pain.

—○—

पान्थस्त्रीविरहानलाहुतिकथामातन्वती मञ्जरी
माकन्देषु पिकांगनाभिरधुना सोत्कण्ठमालोक्यते ॥
अप्येते नवपाटलापरिमलप्राग्भारपाटच्चरा
वान्तिक्लान्तिवितानतानवकृताः श्रीखण्डशैलानिलाः*॥२६॥

इस वसन्तमें, जगह-जगह, बटोहियोंकी विरहव्याकुल स्त्रियोंकी विरहाग्निमें आहुतिका काम करनेवाली आमकी मञ्जरियाँ खिल

---

* श्रीखण्डशैल मलयाचल पर्वतका ही दूसरा नाम है। मलयाचल भारतकी सात मुख्य पर्वत-श्रेणियोंमेंसे एक है। संभवतः यह घाटोंका दक्षिणी भाग है, जो मैसूरके दक्खिनसे शुरू होकर त्रावणकोरकी पूर्वी सीमा बनाता है। कीलहार्न साहब कहते हैं, मलयाचल उस पर्वत-श्रेणी का नाम है, जो भारतीय प्रायद्वीपके पश्चिमीय तट पर है, और जहाँ चन्दनके वृक्ष बहुतायतसे लगते हैं।

रही हैं। कोकिला उन्हें बड़ी अभिलाषा या उत्कंठासे देख रही है। नये पलाशके फूलोंकी सुगन्धको चुरानेवाले और राहकी थकानको मिटानेवाले मलय वायु चल रहे हैं ॥२६॥

यहाँ ऋतुराजकी स्वाभाविक महिमाका चित्र खींचा गया है। हम भी अपने मनचले पाठकोंके मनोरञ्जनार्थ महाकवि कालिदास के "ऋतु-संहार" से एक श्लोक नीचे उद्धृत करते हैं:—

समदमधुकराणां कोकिलानाञ्च नादैः
कुसुमितसहकारैः कर्णिकारैश्च रम्यैः ।
इषुभिरिव सुतीक्ष्णैर्मानसं मानिनीनां
तुदति कुसुममासो मन्मथोद्दीपनाय ॥

यह कुसुम मास मतवाले भौंरों, कोकिलके शब्दों, अत्यन्त तेज़ तीरोंके समान बौरे हुए आमके वृक्षों और मनोहर कनेरके वृक्षोंके द्वारा, कामोद्दीपन करनेके लिए, मानिनी स्त्रियोंके मनों को विद्ध कर रहे हैं।

छप्पय

विरहीजन-मन ताप करन, बन अम्बा मौरे।
पिकहू पञ्चम हेर टेर, बिरही किये बौरे॥
भौंर रहे भन्नाय, पुहुप पांडलके महकत।
प्रफुलित भये पलास, दशों दिशि दौसी दहकत॥
मलयागिरिवासी पवनहु, काम अग्नि प्रज्वलित करत।
बिन कन्त वसन्त असन्त ज्यों, घेर रह्यो यह नहिं टरत ॥२६॥

सार—आमकी मंजरियोंका खिलना, कोकिलाका उन्हें उत्कंठासे देखना और मलय पवन का चलना,—ये ऋतुराज—वसन्तकी स्वाभाविक महिमा हैं ।

36. In the spring season, the peahen eagerly looks at the mango blossoms which adds to the flame of separation of a traveller's wife and the air from Malyachala blows stealing the smell of patal flowers and renewing her grief.

—✿—

सहकारकुसुमकेसरनिकरभरा मोदमूर्च्छितदिगन्ते ।
मधुरमधुविधुरमधुपे मधौ भवेत्कस्य नोत्कण्ठा ॥३७॥

आमके बौरोंकी केसरकी गहरी सुगन्धसे दशों दिशाएँ व्याप्त हो रही हैं, मधुर मकरन्दको पी-पीकर भौंरे उन्मत्त हो रहे हैं—ऐसे ऋतु-राज वसंतमें किसके मनमें कामवासनाका उदय नहीं होता ॥३७॥

खुलासा—जिस समय वसन्त में आमोंके फूलोंकी सुगन्धसे दिशाएँ महकने लगती हैं, मधुके लोभी भौंरे मधु पी-पीकर उन्मत्त हो जाते हैं, उस समय प्रायः सभी प्राणियोंकी विषयवासना प्रबल हो उठती है । पुरुष स्त्रियोंसे और स्त्रियाँ पुरुषों से मिलने को तड़फड़ाने लगती हैं । बड़ी-बड़ी मानिनी स्त्रियोंका गर्व खर्व हो जाता है । जो दम्पति एकत्र होते हैं, वे इस ऋतुमें आनन्द करते

हैं; परन्तु जो दूर-दूर होते हैं, वे विरहकी आगमें बुरी तरह जलते हैं।

सोरठा

फूले चहुँ दिशि आम, भई सुगंधित ठौर सब।
मधु मधुपी अलिग्राम, मत्त भये झूमत फिरें ॥३७॥

सार—वसन्तमें प्रायः सभी प्राणियोंको कामदेव सताता है।

37. Who does not feel buoyant in the spring season when all the quarters are filled with smell issuing forth from the bunch of mango-blossoms and when the bees are busy in the collection of sweet honey from flowers ?

—:—

ग्रीष्म-महिमा

अच्छाच्छचन्दनरसार्द्रकरा मृगाक्ष्यो
धारागृहाणि कुसुमानि च कौमुदी च ॥
मन्दो मरुत्सुमनसः शुचि हर्म्यपृष्ठं
ग्रीष्मे मदश्च मदनश्च विवर्द्धयन्ति ॥३८॥

मनोहर सुगन्धित माला, पंखे की हवा, चन्द्रमाकी किरणें, फव्वारेदार घर, महल की छत और मृगनयनी कामिनी—ये सब मौसम गरमी में, मद और मदन दोनों को बढ़ाते हैं। [पृष्ठ १४१]

अत्यन्त सफेद चन्दन जिनके हाथोंमें लग रहा है, ऐसी मृगनयनी सुन्दरियाँ, फव्वारेदार घर, फूल, चाँदनी, मन्दी हवा और महलकी साफ़ छत,—ये सब, गरमीके मौसममें, मद और मदन दोनों हीको बढ़ाते हैं ॥३८॥

खुलासा—मृगनयनीके कमल-समान हाथोंमें अरगजा चन्दन लगा है, फुहारे छूट रहे हैं, फूलों की शय्या बिछी है, चन्द्रमाकी चारु चाँदनी छिटक रही है, वीणा बज रही है, चतुर गवैये गा रहे हैं, महल की स्वच्छ और परिष्कृत छत पर पलंग बिछ रहा है—इन सब सामग्रीसे मद और मदन दोनों की वृद्धि होती है; अर्थात् जिन पुरुषोंके मनमें विषय-वासना नहीं होती, उनके भी मन इन सामानोंके सामने होनेसे उत्कंठित हो जाते हैं; पर ये सब धनी और राजा महाराजाओं को ही मयस्सर हो सकते हैं। हम अपने पाठकोंके मनोरञ्जनार्थ चन्द सुन्दर-सुन्दर श्लोक महाकवि कालिदास कृत "ऋतु-संहार" से उद्धृत करते हैं:—

(१)

सचन्दनाम्बु-व्यजनोद्भवानिलैः
सहारयष्टिस्तनमण्डलार्पणैः ।
सवल्लकी-काकलिगीत निस्वनैः
प्रबुध्यते सुप्त इवाद्य मन्मथः ॥८॥

(२)

निशाः शशांकः क्षतनीरराजयः
क्वचिद् विचित्रं जलयंत्रमन्दिरम्

मणिप्रकाराः　सरसञ्च　चन्दनं
शुचौ प्रिये यान्तिजनस्य सेव्यताम् ॥९॥

(३)

पयोधराश्चन्दनपंकशीतला—
स्तुषारगौरार्पितहारशेखराः ।
नितम्बदेशाश्च सहेम मेखलाः
प्रकुर्व्वते कस्य मनो न सोत्सुकम् ॥१०॥

इस ग्रीष्म ऋतुमें, चन्दनके पानीसे भिगोये हुए पंखे की हवा से, हारयुक्त स्तन-मण्डलोंको छातीसे लगानेसे और वीणाके मधुर स्वरके साथ गाना सुननेसे सोया हुआ कामदेव भी चैतन्य हो जाता है ॥१॥

हे प्यारी ! इस आषाढ़के महीनेमें कहीं रात और चन्द्रमा ; कहीं थोड़े जलवाला तालाव और कहीं फुहारेदार घर; कहीं नाना प्रकारके शीतल रत्न और कहीं सरस चन्दन—मनुष्योंके सेवनीय हो जाते हैं ॥२॥

इस ऋतुमें, वर्फके समान सफेद और उज्ज्वल हार धारण किये चन्दन-चर्चित शीतल पयोधर ❀ और सोने की कौंधनी पड़े हुए नितम्ब ✽ किसके चित्तको उत्कण्ठित नहीं करते ॥३॥

❀ पयोधर = स्तन, चूचियाँ ।

✽ नितम्ब = कमरका पिछला भाग, चूतड़ ।

छप्पय

मृगनैनीके हाथ, अरगजा चन्दन लावत ।
छुटत फुहारे देख, पुष्प-शय्या विरमावत ।।
चारु चाँदनी चन्द, मन्द मारुतको ऐवो ।
वाजत वीन प्रवीण, संग गायनको गैवो ।।
चाँदनी उजरे महलकी, निरखत चितगाति हितढरत ।
पुरुषनको ग्रीष्म विषममें, ये मद-मदनहिं विस्तरत ।।३८।।

38. Ladies having their hands besmeared with purest sandal water, houses having fountains playing therein, sweet smelling flowers, bright moon-light, fragrant creepers, the gentle breeze and the white roof of the palaces—these things in summer season, increase sensual desires.

—✿—

स्रजो हृद्यामोदा व्यजनपवनश्चन्द्रकिरणाः
परागः कासारो मलयजरजः सीधु विशदम् ।।
शुचिः सौधोत्संगः प्रतनु वसनं पंकजदृशो
निदाघे तूर्णम् तत्सुखमुखपलभन्तं सुकृतिनः ।।३८।।

मनोहर सुगन्धित माला, पंखेकी हवा, चन्द्रमाकी किरणें, फूलों का पराग,सरोवर, चन्दनकी रज, उत्तम मदिरा, महलकी उत्तम छत,

महीन वस्त्र और कमलनयनी सुन्दरी—इन सब उत्तमोत्तम पदार्थों का, गरमीकी तेज़ीसे विकल हुए, कोई-कोई भाग्यवान पुरुष ही मज़ा ले सकते हैं ।।३९।।

खुलासा—गरमीकी ऋतुमें—फूलोंकी माला, पंखेकी हवा, चारु चाँदनी और कमल-नेत्री कामिनी प्रभृति शीतल और शान्तिमय पदार्थोंका भोग कोई-कोई पुण्यवान ही कर सकते हैं। सबके लिये ये स्वर्गीय आनन्दके देनेवाले सामान मयस्सर हो नहीं सकते। जिन्होंने पूर्व-जन्ममें पुण्य किया है, जिनके ऊपर विष्णु-प्रिया लक्ष्मीकी कृपा है, वे ही इनका सुख लूट सकते हैं।

दोहा

पुष्पमाल पंखा-पवन, चन्दन चन्द सुनारि ।
बैठ चाँदनी जल लहर, जेठमास पट धारि ।।३९।।

39 In summer season, it is only the fortunate people who derive pleasure by the enjoyment of the following—sweet smelling garlands, air of fans, moon-light, pollens of flowers, tanks, sandal dust, pure wine, white terrace of big palaces, fine clothes and the lotus-eyed beautiful maiden.

—✽—

सुधाशुभ्रं धाम स्फुरदमलरश्मिः शशधरः
प्रियावक्त्राम्भोजं मलयजरजश्चातिसुरभिः ।।

स्रजो हृद्यामोदास्तदिदमखिलं रागिणि जने
करोत्यन्तः क्षोभं त यु विषयसंसर्गविमुखे ॥४०॥

लिपा-पुता साफ महल, निर्मल किरणोंवाला चन्द्रमा, प्यारीका मुखकमल, चन्दनकी रज और मनोहर फूलमाला—ये सब चीज़ें कामी पुरुषोंके मनमें अत्यन्त क्षोभ करती हैं ; किन्तु विषय-वासनासे विमुख पुरुषोंके हृदयोंमें किसी प्रकारका क्षोभ उत्पन्न नहीं करतीं ॥४०॥

खुलासा—जो अनुरागी हैं—कामी हैं, उनके दिलोंमें स्वच्छ महल, निर्मल सुधाकर की रश्मियाँ, पुष्पमाला, खसके पंखेकी हवा, फव्वारोंका चलना, चन्दनकी रज, वीणाका मधुर स्वर, सुरीले कण्ठोंका मनोहर गान प्रभृति शीतल, पर कामोत्तेजक, पदार्थ एक प्रकारकी हलचल-सी मचा देते हैं। इनसे उनकी काम-वासना—भोग-विलास की इच्छा और भी प्रबल हो जाती है ; परन्तु जो संसारसे उदासीन हैं, जिन्हें विरक्ति हो गई है, जिन्हें संसारकी असारता और चञ्चलताका ज्ञान हो गया है, उनके दिलोंमें इन सब कामोत्तेजक पदार्थोंसे कुछ भी हलचल नहीं मचती। उनके लिये तो स्वच्छ महल और श्मशान, चाँदनी रात और घोर अँधेरी रात, पुष्पमाला और सर्पमाला, चन्दनकी रज और श्मशान की राख तथा कामिनियोंकी जुल्फें और भयंकर कालसर्प प्रभृति सब बराबर हैं।

दोहा

शशिबदनी अरु शरद शशि, चन्दन-पुष्प-सुगन्ध ।
ये रसिकनके चित हरत, सन्तनके चित बन्ध ॥४०॥

सार—चारु चांदनी, चन्द्रमुखी प्रिया एवं अन्यान्य कामोत्तेजक पदार्थोंसे कामियोंकी ही कामवासना तेज होती है, विरक्त या उदासीनोंकी नहीं ।

40. Snow-white palaces, clear moon-light, the lotus-like face of the beloved lady, fragrant sandal, the sweet smelling garland of flowers—(these things) disturb the mind of a lover, but those that are averse to the enjoyment of worldly pleasures, are not affected in the least by these objects.

वर्षा की महिमा
(प्रावृट् और वर्षा)

तरुणी चैषा दीपितकामा विकसितजातीपुष्पसुगन्धिः ।
उन्नतपीनपयोधरभारा प्रावृट् कुरुते कस्य न हर्षम् ॥४१॥

कामदेवका उदय करनेवाली, प्रफुल्लित मालतीकी लतावाली,

उत्तम सुगन्धि धारण करनेवाली, उन्नत पीन पयोधरा वर्षा ऋतु, तरुणी स्त्रीकी तरह, किसके मनमें हर्ष उत्पन्न नहीं करती ? ॥४१॥

खुलासा—जिस भाँति सुन्दरी कमलनयनी तरुणी पुरुषके मनमें हर्ष उत्पन्न करती है, उसी तरह वर्षा ऋतु भी पुरुषके मन में हर्ष उत्पन्न करती है; क्योंकि जिस तरह तरुणी स्त्रीके चिकने मनोहर बाल होते हैं, उसी तरह वर्षा-रूपिणी तरुणीके बालोंकी जगह मालती लतायें होती हैं। जिस तरह तरुणीके शरीरसे सुगन्धित तेल और इत्र वगैर: की खुशबू उड़ा करती है, उसी तरह वर्षा-रूपिणी तरुणीके शरीरसे भी नाना प्रकारके फूलोंकी सुगन्धि आया करती। जिस तरह तरुणी स्त्रीके सघन पीन पयोधर होते हैं, उसी तरह वर्षा-रूपिणी तरुणीके भी सघन मेघ पीन पयोधर होते हैं। जिस तरह तरुणी स्त्री पुरुषके मनमें उत्कण्ठा—विषय-वासना उत्पन्न करती, उसी तरह वर्षा भी उत्कण्ठा उत्पन्न करती है। मतलब यह कि तरुणी नारी और वर्षामें कोई भेद नहीं ; दोनों हर तरह समान हैं। कविने ठीक ही कहा है कि, वर्षा-रूपिणी तरुणीके दर्शनोंसे कौन हर्षित नहीं होता, जो पूर्ण विकसित जाती पुष्पोंकी सुगन्ध और सघन मेघोंके उत्थानसे मनुष्यके मनमें काम उत्पन्न करती है ?

"भामिनी विलास" में लिखा है—

प्रादुर्भवति पयोदे कज्जलमलिनं बभूव नभः।
रक्तं च पथिक हृदयं कपोलपाली मृगीदृशः पांडुः ॥

बादलोंके आकाशमें छानेसे आकाश काजलके समान मलिन

हो गया, पथिकका हृदय अनुरागसे भर उठा और मृगनयनीके गालोंपर जर्दी छा गयी।

सारांश यही है कि वर्षाऋतुके आते ही स्त्री-पुरुषोंका चित्त प्रसन्न हो जाता है और उन दोनोंकी ही विषय-भोग भोगने की इच्छा प्रबल हो उठती है। इस ऋतुमें केवल उन्हींका चित्त हर्षित और उत्कण्ठित नहीं हो सकता, जो संसारसे उदासीन या पुंसत्व-विहीन हैं।

दोहा

पीन पयोधरको धरत, प्रगट धरत है काम।
पावस अरु प्यारी निरख, हर्षित होत तमाम ॥४१॥

41. Who does not feel pleasure in the rainy season which has all the qualities of a young woman, gives rise to amorous desires, bears the smell of blossomed jessamine flowers and has swollen heavy clouds over it ?

—o—

वियदुपचितमेघं भूमयः कन्दलिन्यो ।
नवकुटजकदम्बामोदिनो गन्धवाहाः ॥
शिखिकुलकलकेकारावरम्या वनान्ताः
सुखिनमसुखिनं वा सर्वमुत्कण्ठयन्ति ॥४२॥

मेघोंसे आच्छादित आकाश, नवीन-नवीन अंकुरोंसे पूर्ण पृथ्वी, नवीन कुटज और कदम्बके फूलोंसे सुगन्धित वायु और मोरोंके झुण्डकी मनोहर वाणीसे रमणीय वनप्रान्त,—वर्षामें, सुखी और दुखी दोनों तरहके पुरुषोंको उत्कण्ठित करते हैं ॥४३॥

खुलासा—हर शख्सका मन, चाहे वह सुखी हो चाहे दुखी, घनघोर घटाओं, नये-नये अंकुरोंसे छायी पृथ्वी एवं कुटज और कदमके फूलोंकी सुगन्धिसे सुवासित पवन और मोरोंकी मधुर वाणीसे पूर्ण मनोहर वनोंको देखकर उत्कण्ठित होता ही है।

वर्षाकी नेत्रोंको प्रसन्न करनेवाली, मन और आत्माकी तृप्ति करनेवाली, शीतलता और शान्तिका सञ्चार करनेवाली छविपर कोई विरला ही मनहूस न मोहित होता होगा। इस ऋतुमें बड़े बड़े मानी पुरुषों और मानिनी स्त्रियोंके मान मर्दन हो जाते हैं। दोनों ही मान त्याग कर, एक दूसरेकी ख़ुशामद करने लगते हैं। भारी-से-भारी अपराधके अपराधी पतियोंको मृगनयनी स्त्रियाँ सहजमें क्षमा प्रदान कर देती हैं। देखिये महाकवि कालिदास अपने "ऋतु-संहार" में कहते हैं :—

(१)

पयोधरैर्भीमगम्भीरनिस्वनै-
स्तडिद्भिरुद्वेजितचेतसो भृशम्।
कृतापराधानपि योषितः प्रियान्
परिष्वजन्ते शयने निरन्तरम्॥

(२)

कालागुरुप्रचुरचन्दन-चर्चितांगयः

पुष्पावतंससुरभीकृतकेशपाशाः

श्रुत्वा ध्वनिं जलमुचां त्वरितम्प्रदोषे

शय्यागृहं गुरुगृहात्प्रविशन्तिनार्य्यः ॥

वर्षामें, स्त्रियाँ भयंकर और गम्भीर गर्जना करनेवाले मेघों और चमाचम चमकती हुई विजलियोंसे डर-डर कर अपराधी पतियोंको भी, शय्या पर, बारम्बार आलिङ्गन करने लगती हैं; अर्थात् भयभीत होकर पतियोंके शरीरसे चिपटने लगती हैं।

वर्षाकी रातोंमें बादलोंकी घोर गर्जना सुन-सुन कर, स्त्रियाँ अपने शरीरोंमें अगर और चन्दनका लेप कर, फूलोंके गहनोंसे चोटियों को सजा और सुगन्धित कर, घरके काम-धन्धे जल्दी-जल्दी निपटा, सासके घरसे अपने सोनेके कमरों में शीघ्र ही चली जाती हैं।

पण्डितराज जगन्नाथ एक मानिनीके सम्बन्धमें क्या खूब कहते हैं:—

मुञ्चसि नाद्यापि रुषं भामिनि! मुदिरालिरुदियाय।

इतिसुदृशः प्रियवचनैरपायि नयनाब्ज कोणशोण रुचिः॥

हे भामिनी! आकाशमें मेघमाला छा गई है, किन्तु तू अब तक अपना रोष नहीं त्यागती? प्रियतमके इन वचनोंसे कमल-नयनीके नयन-कमलके कोनेमें जो ललाई आ गई थी, वह दूर हो गई; अर्थात् वह अपने प्यारेसे राज़ी हो गई।

दोहा

अम्बर घन अवनी हरित, कुटज कदम्ब सुगन्ध ।
मोर शोर रमणीक वन, सबको सुख सम्बन्ध ॥४२॥

सार—वर्षामें दुखिया और सुखिया सभी के मनमें कामवासना उदय हो आती है ।

42. The sky overcast with clouds, the earth full of new sprouts, the air fargrant with the smell of newly-blossomed Kutaja and Kadamla flowers and the forest pleasant on accnunt of the charming voice of peacocks,—all these give rise to amorous feelings in the hearts of happy and the unhappy men alike.

—:o:—

उपरि घनं घनपटलं तिर्यग्गिरयोपि नर्तितमयूराः ।
वसुधा कंदलधवला तुष्टिं पथिकः क्व यातु संत्रस्तः ॥४३॥

सिरके ऊपर घनघोर घटायें छा रही हैं, दाहिने-बायें दोनों तरफके पहाड़ोंपर मोर नाच रहे हैं; पैरोंके नीचेकी ज़मीन नवीन अंकुरोंसे हरी हो रही है—ऐसे समयमें, जबकि चारों ओर कामोद्दीपन करने वाले सामान नज़र आते हैं, विरह-व्याकुल पथिकको कैसे सन्तोष हो सकता है ? ॥४३॥

खुलासा—सिर पर मेघोंका शामियाना, पैरोंके नीचे हरी-हरी दूबका क़ालीन और अगल-बग़लमें मदमत्त मोरोंका नाचना देखकर, बटोहीके मनमें प्यारीसे मिलनेकी उत्कट अभिलाष हुए

बिन नहीं रहती। वह बहुत-कुछ धीरज धरता है, पर जब चारों ओर कामोद्दीपक पदार्थोंको देखता है, तब फिर अधीर हो जाता है। बहुत लिखनेसे क्या—वर्षामें विरही जनोंको बड़ा क्लेश होता है। देखिये महाकवि कालिदास कहते हैं—

बलाहकाश्चाशनिशब्दमर्द्दलाः
सुरेन्द्रचापं दधतस्तडिद्गुणम्।
सुतीक्ष्णधारा-पतनोग्रसायका—
स्तुदंति चेतः प्रसभं प्रवासिनाम्॥

इन दिनों, वज्रके शब्दरूपी नगाड़ेवाले बिजलीकी डोरीसे युक्त इन्द्रधनु धारण किये, तीव्र धाराके वृष्टि-रूपी भयंकर बाण-वाले (वीर) बादल प्रवासियोंके चित्तको बरबस व्यथित कर देते हैं।

यह तो हुई पुरुषोंकी बात; अब जरा परदेशमें रहनेवालोंकी प्राणप्यारियोंके दुःख और कष्टकी बात भी सुनिये:—

विलोचनेन्दीवर—वारि—विन्दुभि—
र्निषिक्त—बिम्बाधर—चारुपल्लवाः
निरस्त माल्याभरणानुलेपनाः
स्थिता निराशाः प्रमदाः प्रवासिनाम्॥

वर्षामें, विदेशमें रहनेवालोंकी स्त्रियाँ अपने नयन-कमलोंके जलबिन्दुओंसे अपने बिम्बाफलके समान-सुन्दर अधर-पल्लवों—होठोंको भिगोये, हार प्रभृति गहने और चन्दन अगर प्रभतिका अनुलेपन त्यागे, पतिके आनेकी आशा छोड़ (मनमारे) बैठी हुई हैं।

दोहा

घटा घोर चढ़ मोर गिरि, सोह हरित सब भूमि ।
विरही व्याकुल पथिकको, कहाँ तोष लखि धूमि ? ॥४३॥

सार—विरही स्त्री-पुरुषोंको जिस तरह वसन्तमें घोर मनोवेदना और व्यथा होती है, उसी तरह वर्षामें भी उनको विरहाग्निकी तीव्र ज्वालामें जल-जल कर मछलीकी तरह तड़फना पड़ता है ।

43. How can a poor traveller feel pleasure (in the rainy season) when the thick clouds gather above, the peacocks dance on the mountain on both sides and the earth is white with new sprouts sprinkling with rain water ? (He feels his loneliness and the absence of his beloved wife.)

इतो विद्युद्वल्लीविलासितमितः केतकितरोः
स्फुरद्गन्धः प्रोद्यज्जलदनिनदस्फूर्जितमितः ।
इतः केकिक्रीडाकलकलरवः पक्ष्मलदृशां
कथं यास्यन्त्येते विरहदिवसाः संभृतरसाः ॥४४॥

एक ओर चपलाका चमाचम चमकना, दूसरी ओर केतकीके फूलोंकी मनोहर सुगन्ध , एक ओर मेघका गर्ज्जन और दूसरी ओर

मोरोंका शोर,—ये सब जहाँ एकत्र हैं, वहाँ सुनयनी विरह-व्याकुला स्त्रियाँ अपने रस-पूर्ण विरहके दिनोंको कैसे बितायेंगी ? ॥४४॥

खुलासा—आकाशमें घनघोर घटायें घिर आई हैं; बिजली झमाझम कर रही है, बादलोंकी भयंकर गर्जना हो रही है, केतकीके मनोहर फूलोंकी सुगन्ध उड़ रही है, मतवाले मोर शोर कर रहे हैं; हाय! कामकला-प्रवीण सुनयनी तरुणियोंके ये काम-वासनाको बढ़ानेवाले दिन किस तरह कटेंगे ? क्योंकि उनके प्राणवल्लभ घरों पर नहीं हैं। जब वे अँधेरी रातोंमें बादलों की हृदय दहलानेवाली आवाजों और बिजलीकी भयंकर कड़क से भयभीत होंगी, तब कौन उन्हें छातीसे लगाकर उनका भय मिटावेगा ? जब वे चारों ओर कामोद्दीपन करनेवाले सामान देख कर काम-पीड़ित होंगी, तब कौन उनकी काम-शान्ति करेगा ?

दोहा

दमकत दामिनि मेघ इत, केतकि-पुष्प-विकास।
मोर शोर निशि दिन करत, विरहीजन मन त्रास ॥४४॥

सार—वर्षामें प्रवासी पतियोंकी पतिव्रता स्त्रियोंके दिन बड़ी ही मुसीबतमें कटते हैं।

44. How would the women separated from their lovers pass those wet days when there is the flash of lightening here and the pungent smell of Ketki flowers

there, the roaring of clouds on this side and the dancing of peacocks on the other ?

---*---

असूचीसंसारे नमसि नभसि मोढ़जलद-
ध्वनिप्राप्ते तस्मिन् पतति दृषदां नीरनिचये ।।
इदं सौदामिन्याः कनककमनीयं विलसितम् ।
मुदं च म्लानिं च प्रथयति पथिष्वेव सुदृशाम्।। ४ ५।।

सावनकी घोर अँधेरी रातमें—जबकि हाथको हाथ नहीं सूझता—मेघोंकी भयंकर गर्जना, पत्थर सहित जलकी वृष्टि होना और सोनेके समान बिजलीका चमकना—सुन्दरी सुनयनाओंके लिये, राह में ही, सुख और दुःख दोनोंका कारण होता है ।।४५।।

खुलासा—सावनके महीनेमें, वर्षा सब दिनोंसे अधिक होती है। रात ऐसी अँध्यारी होती है कि हाथको हाथ नहीं सुझता। बादल बड़े ज़ोरोंसे गरजते हैं। बिजली झमाझम चमकती है और ऊपरसे पत्थर-मिली जल वृष्टि होती है। उस समय राहकी पगडण्डियाँ दिखाई नहीं देतीं। उस वक्त जो स्त्री अकेली अपने पति या प्यारेके पास जाती है, उसे निश्चय ही भयानक कष्ट और भय होता है। इस घोर कष्टके समय भी जब उसे बिजली की सहायतासे कभी-कभी पगडण्डी दीख जाती है, तब प्रियतम से शीघ्र ही मिलनेकी आशा से वह प्रसन्न भी होती है।

स्त्री-जाति बड़ी ही साहसी होती है। डरती है, तब तो एक चूहे

की खड़खड़से डरकर पतिकी छातिसे चिपट जाती है और जब उसे अपने पति या यारके पास जाना होता है, तब सब विघ्न-बाधाओं और आफ़तोंको तुच्छ समझकर, घोर अन्धेरी रातमें, भयंकर श्मशानमें भी पहुँचती है। किसी पाश्चात्य विद्वानने ठीक ही कहा है—"A woman when she either loves or hates, will dare anything." स्त्री जब प्रेम या घृणा—दो मेंसे एक पर तुल जाती है, तब वह सब कुछ कर सकती है।

महाकवि कालिदास कहते हैं:—

अभीक्ष्णमुच्चैर्ध्वनता पयोमुचा
घनान्धकारीकृतशर्वरीष्वपि।
तडित्प्रभादर्शितमार्गभूमयः
प्रयांति रागादभिसारिकाः स्त्रियः॥

वर्षामें, घोर गर्जन करनेवाले मेघोंसे रातके अत्यन्त अँधेरी होने पर भी, अभिसारिका स्त्रियाँ अपनी राहकी ज़मीनको बिजलीके प्रकाशसे देखती हुई, बड़े चावसे, अपने यारोंके पास जा रही हैं।

दोहा

महा अन्धतम नभ जलद, दामिनि दमक दुरात।
हर्ष-शोक दोऊ करत, तियको पिय-ढिंग जात ॥४५॥

सार—वर्षाकी घोर अँधेरी रातमें, वक़्त मुक़र्रर पर,

सावन भादों की अँधेरी रात मे—मेघों की भयङ्कर गरजना, पत्थर सहित जल की वृष्टि होना और सुवर्णवत बिजली का चमकना—सुन्दरी सुनयनाओं के लिये राह में सुख और दुःख दोनों का कारण होता है। इस चित्र में यह दिखाया है, कि भयङ्कर रात में सुन्दरी अपने यार से मिलने जा रही है। जब वह यार से मिलने का ख़याल करती है, तब सुखी होती है; किन्तु वर्षा और अन्धकार से दुखी होती है

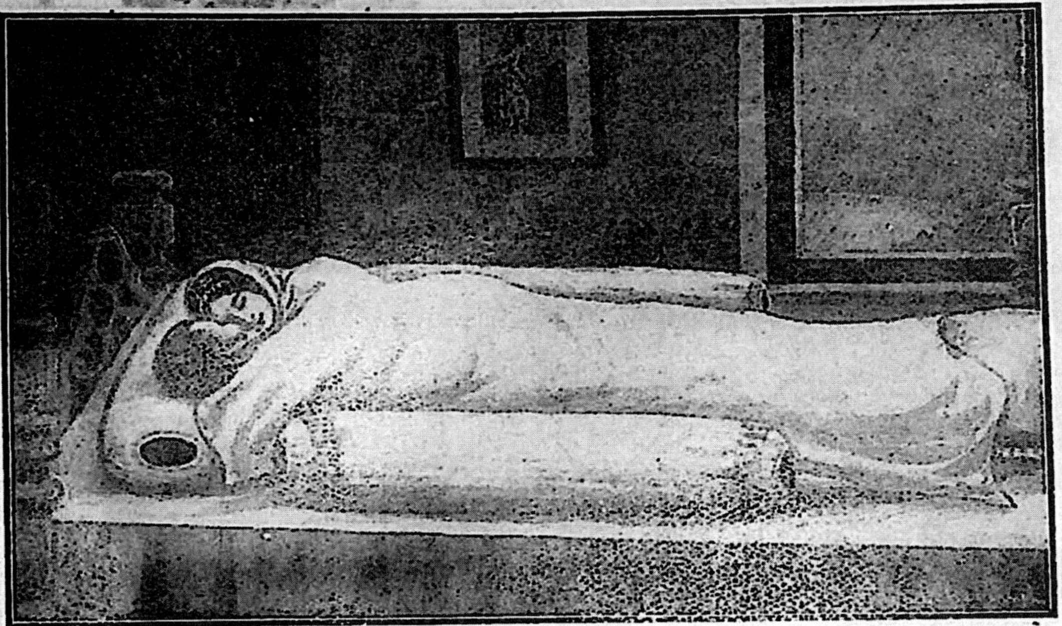

वर्षा की झड़ी में प्रियतम घर से बाहर जा नहीं सकते ; जाड़े के मारे काँपती हुई स्त्रियाँ उन्हें आलिङ्गन करती हैं। इस तरह वर्षाके दुर्दिन भी भाग्यवानों को सुदिन हो जाते हैं। [पृष्ठ १५७]

अपने यारोंके पास जानेवाली अभिसारिका नारियोंको दुःख और सुख दोनों ही होते हैं।

45. In the pitch darkness of the month of Shravana, the loud roaring of the clouds in the sky, falling of rains with hailstones and the golden flash of lightening, give pain and pleasure to a woman thinking of her husband who is travelling on the way.

—:—

असारेण न हर्म्यतः प्रियतमैर्यातुं बहिः शक्यते
शीतोत्कम्पनिमित्तमायतदृशा गाढं समालिंग्यते ॥
जाताः शीतलशीकराश्च मरुतो वानृत्यन्तखेदच्छिदो
धन्यानां वत दुर्दिनं सुदिनतां याति प्रियासंगमे ॥४६॥

वर्षाकी झड़ीमें प्रियतम घरसे बाहर निकल नहीं सकते। जाड़े के मारे काँपती हुई विशाल नेत्रोंवाली प्राणप्यारी स्त्रियाँ उनको आलिङ्गन करती हैं और शीतल जलके कणों सहित वायु मैथुनके अन्तमें होनेवाले श्रमको मिटा देते हैं—इस तरह वर्षाके दुर्दिन भी भाग्यवानोंके लिये सुदिन हो जाते हैं ॥४६॥

खुलासा—वर्षाकालमें बाज़-बाज़ वक़्त ऐसी झड़ी लग जाती है कि हफ़्तों सूर्यके दर्शन नहीं होते। वैसे दिनोंमें, भाग्यवान लोग, दिन निकल आने पर भी, घरसे बाहर नहीं जाते—अपने पलंगों पर ही पड़े रहते हैं। उनकी मृगनयनी स्त्रियाँ, जाड़ेके मारे काँपती हुई, उन्हें अपनी छातियोंसे लगा लेती हैं और मेह की

फ़ुहारोंसे मिली हुइ शीतल हवा उनकी मैथुनकी थकानको मिटा देती है। जिन्होंने पूर्वजन्ममें पुण्य किया है, उनको वर्षाके बुरे दिन भी इस तरह सुखदाई हो जाते हैं। पुण्यवानोंको दुःखमें सुख और जङ्गलमें मङ्गल होता है।

छप्पय

प्राविट् वर्षत मेह, चढ्यौ दिन शीत अधिकतर।
बाहर नहिं कढ़ि सकत, नेह सों परा कोउ नर॥
कम्प होत जब गात, तबहि प्यारी संग सोवत।
उठत अनङ्ग-तरङ्ग, अङ्गमें अङ्ग समोवत।
रत-खेद-स्वेद छेदन करत, जालरन्ध्र आवत पवन।
इहि विधि दुर्दिवस हू मोहप्रद, होवहिं तिय-संग वसि भवन॥

सार—पुण्यवानोंको वर्षाके दुर्दिन भी, अपनी प्राण-प्यारियोंकी सुहबतमें, सुदिन हो जाते हैं।

46. On a rainy day, the lover cannot come out of his house and the long eyed lady shivering with cold embraces fast her husband · the cold wind blows carrying with it small particles of water that takes away the fatigue arising from copulation. Surely, even the evil days of a fortunate man become good in the company of beloved wife.

—:—

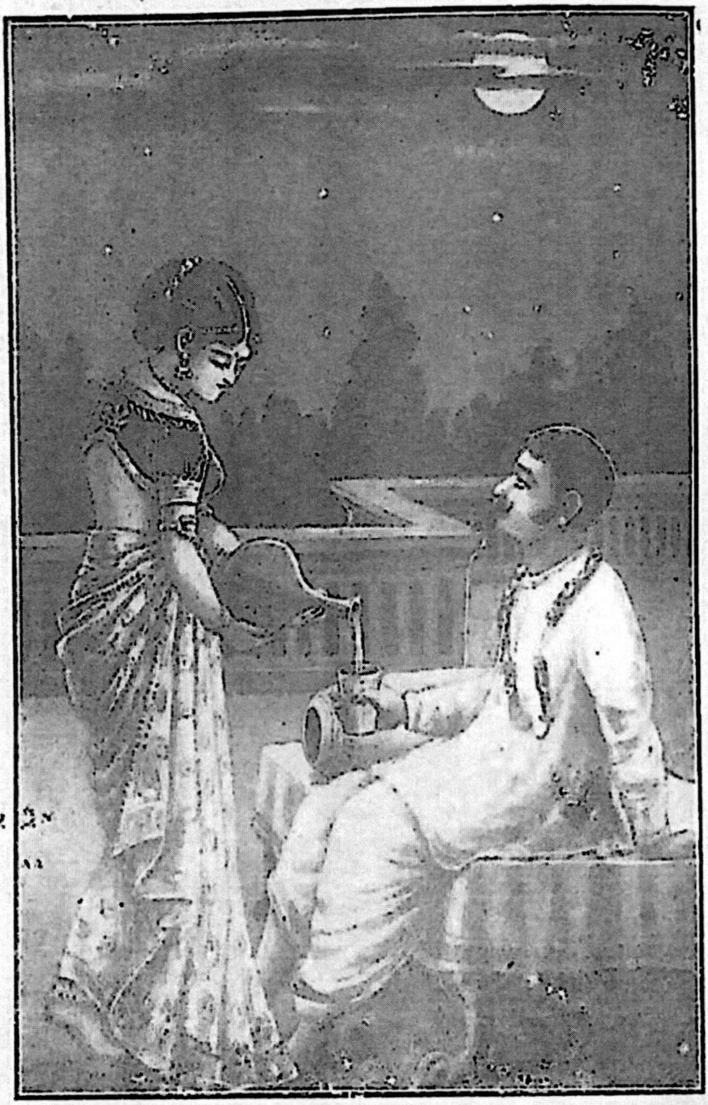

आधी रात बीतने पर, रतिक्रीड़ा से थक जाने पर और उसी वजह[से] असह्य प्यास लगने पर, जो पुरुष रतिश्रमसे थकी हुई भुजाओंवाल[ी] प्यारी के हाथों से लाई हुई झारी का निर्मल जल, शरदकी चाँदनीमें नहीं पीता, वह निश्चय ही अभागा है। [पृष्ठ १५९

शरद्-महिमा

अर्द्धं नीत्वा निशायाः सरभससुरतायासखिन्नश्लथांगः
प्रोद्भूतासह्यतृष्णो मधुमदनिरतो हर्म्यपृष्टे विविक्तं ॥
संभोगक्लान्तकान्ताशिथिलभुजलताऽऽर्जितं कर्करीतो
ज्योत्स्नाभिन्नाच्छधारं पिबतिनसलिलंशारदंमन्दभाग्यः॥४७॥

आधी रात बीतने पर, जल्दी-जल्दी मैथुन करके थक जाने पर और उसीकी वजहसे असह्य प्यास लगने पर, मदिराके नशेकी हालतमें, महलकी स्वच्छ छत पर बैठा हुआ पुरुष, यदि मैथुनके कारण थकी हुई भुजाओंवाली प्यारीके हाथोंसे लाई हुई झारीका निर्मल जल, शरद्की चाँदनीमें नहीं पीता, तो वह निश्चय ही अभागा है। ॥४७॥

छप्पय

छके मदनकी छाक, मुदित मदिराके छाके।
करत सुरत रण रंग, जंग कर कछु-इक थाके॥
पौढ़ रहे लिपटाय, अंग अंगनमें उरझे।
बहुत लगी जब प्यास, तबहिं चित चाहत मुरझे॥
उठ पियत रात आधी गये, शीतल जल या शरद्को।
नर पुण्यवन्त फल लेत हैं, निज सुकृतहिकी फरदको।४८।

सार—शरद्की चांदनी रातमें, मैथुनसे थकी हुई कामिनीके हाथोंका लाया हुआ जल भाग्यवान् ही पीते हैं ।

47. He is surely unfortunate who after the midnight being quite exhausted by speedy copulation, feeling very thirsty and being intoxicated with wine, does not drink the cool and pure autumn water bright as moonlight from the brasen pot on the lonely roof of the palace, brought by the weak hands of his wife, who is also tired on account of copulation.

हेमन्त-महिमा

हेमन्ते दधिदुग्धसर्पिरशना माञ्जिष्ठवासोभृतः
काश्मीरद्रवसान्द्रदिग्धवपुषः खिन्ना विचित्रै रतैः ।
पीनोरःस्थलकामिनीजनकृताश्लेषा गृहाभ्यान्तरं
तांबूलीदलपूगपूरितमुखा धन्याः सुखं शेरते ॥४८॥

हेमन्त ऋतुमें जो दही, दूध और घी खाते हैं ; मँजीठके रंगमें रँगे हुए वस्त्र पहनते हैं; शरीरमें केसर का गाढ़ा-गाढ़ा लेप करते हैं; आसन-भेदसे अनेक प्रकार मैथुन करके सुखी होते हैं; पुष्ट जाँघों और सघन कठोर कुचोंवाली स्त्रियोंका गाढ़ आलिङ्गन करते हैं और

मसालेदार पानका बीड़ा चबाते हुए मकानके भीतरी कमरेमें सुखसे सोते हैं, वे निश्चय ही भाग्यवान् हैं ॥४८॥

महाकवि कालिदास-रचित भी एक श्लोक पढ़िये :—

पुष्पासवामोदसुगन्धवक्त्रो, निःश्वासवातैः सुरभीकृतांगः ।
परस्परांगव्यतिपंगशायी, शेते जनः कामशरानुविद्धः ॥

हे प्यारी ! इस हेमन्त ऋतुमें, कामार्त्त स्त्री-पुरुष फूलोंकी शराबकी गन्धसे मुँहको और अपने श्वासवायुसे अङ्गोंको सुगन्धित किये, परस्पर लिपटे हुए सोते रहते हैं।

सोरठा

दही दूध घृत पान, वसन मजीठहि रंगके।
आलिंगन रति दान, केसर चर्चि हिमन्तमें ॥४९॥

48. Blessed is the man who, in the winter, eats the food rich with milk, curd and ghee, wears clothes coloured in scarlet-red Manjistha, besmears his body thickly with paste of saffron and musk, is embraced by a woman with swollen breasts after being exhausted by various kinds of sexual intercourse and with his mouth full of betels, sleeps happily in his house.

—※—

शिशिर-महिमा

चुम्बन्तो गंडभित्तीरलकवति मुखे सीत्कृतान्यादधाना
वक्षःसूत्कंचुकेषु स्तनभरपुलकोद्भेदमापादयन्तः ॥
ऊरूनाकंपयंतः पृथुजघनतटात्स्रंसयंतोंशुकानि
व्यक्तं कांताजनानां विटचरितकृतः शैशिरा वांति वाताः॥४६।

स्त्रियोंके केशयुक्त गालोंको चूमता हुआ, ज़ोरके जाड़ेके मारे उनके मुँह से "सी-सी" कराता हुआ, आँगी-रहित खुले हुए स्तनोंको रोमाञ्चित करता हुआ, पेडुओंको कँपाता हुआ और पुष्ट जाँघोंसे कपड़ा हटाता हुआ, शिशिरका वायु जार पुरुषोंका-सा आचरण करता हुआ बह रहा है ॥४९॥

खुलासा—पति स्त्रीके साथ जो-जो काम करता है, शिशिर का वायु भी वही सब काम करता है। पति गालोंको चूमता है, शिशिरका वायु भी बालोंको इधर-उधर करता हुआ गालोंको चूमता है। पति मैथुनके आनन्दमें मग्न करके स्त्रीके मुँहसे "सी-सी" कराता है; उसी तरह शिशिरका वायु भी जाड़ेकी अधिकताके मारे उनके मुखोंसे "सी-सी" कराता है। पुरुष स्तनोंको रोमाञ्चित करता है, शिशिर-वायु भी वही करता है।

पुरुष स्त्रीकी जाँघोंसे कपड़ा हटाता है, शिशिर-वायु भी जाँघोंसे वस्त्र हटाता है। बहुत क्या--शिशिरका वायु हर तरह स्त्रियोंके साथ पतियोंका-सा आचरण करता है--पराई स्त्रियोंको दिन-दहाड़े वेखटके भोगता है।

छप्पय

चुम्बन करत कपोल, मुखहि सीत्कार करावत।
हृदय माँहि धसि जात, कुचन पर रोम बरावत॥
जंघनको थहरात, वसन हू दूर करत झुक।
लग्यो रहत संग माँहि, द्वारको रोक रह्यौ ढुक॥
यह शिशिर पवन विटरूप धर, गलिन-गलिन भटकत फिरत।
मिल रहे नारि नर घरनमें, याकी भटभेर न भिरत॥४९॥

सार—शिशिर ऋतुका वायु, पराई स्त्रियोंके साथ, जारोंका-सा काम करता है।

49. The wind in the winter season blows behaving itself like a lustful man at the time of copulation, it causes the hair of the breast, which is without any jacket, to stand on end, it kisses the face with flowing hairs and with shivering sounds in the mouth just as one hears at the time of copulation, shaking the thighs and making the clothes of hips and loins to fly about.

केशानाकलयन्दृशो मुकुलयन्वासो बलादाक्षिप-
न्नातन्वन्पुलकोद्गमं प्रकटयन्नालिंग्य कम्पञ्छनैः ।
वारम्बारमुदारसीत्कृतकृतोदन्तच्छदान्पीडयन्-
प्रायःशैशिर एष संप्रति मरुत्कांतासु कांतायते ॥५०॥

बालोंको बखेरता, आँखोंको कुछ-कुछ मूंदता, साड़ीको ज़ोरसे उड़ाता, देहको रोमाञ्चित करता, शरीरमें सनसनी पैदा करता, काँपते हुए शरीरको आलिंगन करता, बारम्बार सी-सी कराकर होठोंको चूमता हुआ, शिशिरका वायु पतियोंका-सा आचरण करता है ॥५०॥

खुलासा—शिशिर-वायु स्त्रियोंके साथ बेहया, मस्त अथवा शहवतपरस्त पतियोंका-सा काम करता है ।

छप्पय

विलुलित करत सुकेश, नयन हू छिन-छिन मूँदत ।
बसनन ऐंचे लेत, देह रोमाञ्चन रूँदत ॥
करत हृदयको कम्प, कहत मुखहू सों सीसी ।
पीड़ा करतहिं होठ, बयारहु मार सिरीसी ॥
यह शीतकालमें जानिये, अद्भुत गति धारत पवन ।
निशि-द्यौस दुरे दुबके रहो, निज नारी संग निज भवन ॥५०॥

50. The air in the winter season acts like a husband in the case of women by scattering their hairs, shutting their eyes, forcibly removing their upper garments, causing the hair stand on

end, slowly shaking the body by touch and giving pain to the lips by their continuous shivering sounds.

—❀—

असारः सन्त्वेते विरतिविरसायासविषया
जुगुप्सन्तां यद्वा ननु सकलदोषास्पदमिति ॥
तथाप्यन्तस्तत्वे प्रणिहितधियामप्यतिबल—
स्तदीयोऽनाख्येयः स्फुरतिहृदयेकोऽपिमहिमा ॥५१॥

"सांसारिक विषय-भोग असार, विरतिमें विघ्न करनेवाले और सब दोषों की खान हैं"—इत्यादि निन्दा लोग भले ही करें, फिर भी इनकी महिमा अपार है और इनके शक्तिशाली होनेमें कोई सन्देह नहीं, क्योंकि ब्रह्मविचारमें लीन तत्ववेत्ताओंके हृदयमें भी ये प्रकाशित होते हैं ॥५१॥

खुलासा—यद्यपि संसारी विषय-भोग असार और थोथे हैं, हमारे वैराग्य या संसार-त्यागमें बाधक हैं, सभी दोषोंके मूल कारण हैं, जीवका सब तरहसे अनहित करते हैं, मनुष्यको निर्लज्ज और मति-हीन करते एवं ज्ञानको धो बहाते हैं; इतने दोष होने पर भी, कहना पड़ता है कि ये बड़े ही शक्तिशाली और अपार महिमावान् हैं। इनकी शक्ति और सामर्थ्यका वर्णन करना अत्यन्त कठिन है;. क्योंकि जिन्होंने संसार त्याग दिया है, जो दिवारात मूल कारणकी खोजमें लगे रहते हैं, उन

तत्ववेत्ता ब्रह्मज्ञानियोंके हृदयमें भी ये कामाग्नि सन्दीपन कर देते हैं।

छप्पय

यद्यपि भोग निसार, विरतिमें विघ्न करैं नित।
सब दोषनकी खानि, जीवको साधें अनहित॥
करैं निलज मतिहीन, ज्ञानकू धोय वहावैं।
सर्वस देहिं नसाय, बुरो जग नीच कहावैं॥
यदि निन्दा याकी करै कोउ, तद्यपि है महिमा बहुत।
हिय बसत ब्रह्मज्ञानीहुँके, तहँ पामरकी गिनतीहि कुत ?॥५१॥

सार—संसारी विषय-भोग अत्यन्त बलवान हैं। औरोंकी क्या चलाई, ये संसार-त्यागी ब्रह्मज्ञानियोंके हृदयोंमें भी कामाग्नि प्रज्वलित कर देते हैं।

51. If these objects of pleasure be unsubstantial or such as may take us far from abondoning the world and if the people blame them thinking them to be the seat of all vices, yet great and indescribable is their power in as much as they conquer even those who have attained high spiritual knowledge.

—❀—

भवन्तो वेदान्तप्रणिहितधियामाप्तगुरवो
विदग्धालापानांवयमपि कवीनामनुचराः॥

तथाप्येतद्ब्रूमो न हि परहितात्पुण्यमधिकं
नचास्मिन्संसारे कुवलयदृशो रम्यमपरम् ॥५२॥

आप वेदान्तवेत्ताओंके माननीय गुरु हो और हम उत्तम काव्य-रचयिता कवियोंके सेवक हैं; तो भी हमें यह बात कहनी ही पड़त है कि, परोपकारसे बढ़कर पुण्य नहीं है और कमलनयनी सुन्दर स्त्रियोंसे बढ़कर और सुन्दर पदार्थ नहीं है ॥५२॥

खुलासा—आप वेदान्त-पारङ्गत पण्डितोंके मान्य गुरु हैं आपमें अपार विद्या-बुद्धि है। हम कुछ पढ़े-लिखे विद्वान नहीं, केवल काव्यशास्त्र-विनोदी कवीश्वरोंके अनुचर हैं। तो भी हमें अपनी समझके अनुसार कहना पड़ता है कि इस जगतमें "परोपकार" से उत्तम पुण्य नहीं है और "मृगनयनी कामिनियों" से बढ़कर दूसरी सुन्दर वस्तु नहीं है। इसलिए बुद्धिमानोंको, धन उपार्जन करके, तन-मन-धनसे परोपकार-पुण्य सञ्चय करना और सुलोचना कामिनियोंके साथ भोग-विलास करना चाहिये। संसारमें रहनेवालोंके लिए ये दोनों ही परमोत्तम कर्म हैं। हाँ, जिनका दिल इस नापायेदार दुनियासे उदास या खट्टा हो गया है, उनकी बात दूसरी है।

छप्पय

पढ़े वेद-वेदान्त, भये विद्योदधि पारा।
तिनहूँके तुम गुरु, बुद्धिबल पाय अपारा॥
हम कछु जानत नाहिं, पढ़े नहिं विद्या भारी।
रहे कविनके दास, कहैं ये बात विचारी॥

यह जग बिच परउपकार-सम, अपर कछु है पुण्य नहिं।
अरु पकंजनयनी त्रियन सों, वस्तु अधिक नहीं सुखद कहिं ॥५२॥

सार—परोपकारसे बढ़कर पुण्य नहीं है और स्त्री-भोग से बढ़कर सुख नहीं है।

52. If you are the respected preceptor of Vedantists, I am also the follower of poets who take delght in beautiful epic poems. Nevertheless, know it for certain that in this world, there is no higher virtue than doing good to others and nothing more beautiful than a lotus-eyed woman.

—:—

किमिह बहुभिरुक्तैर्युक्तिशून्यैः प्रलापै-
र्द्वयमिहपुरुषाणां सर्वदा सेवनीयम् ॥
अभिनवमदलीलालालसं सुन्दरीणां
स्तनभरपरिखिन्नं यौवनं वा वनं वा ॥५३॥

युक्तिशून्य वृथा प्रलापसे तो क्या प्रयोजन ? इस जगत में दो ही वस्तुएँ सेवन करने योग्य हैं—(१) नवीन मदान्ध लीलाभिलाषिणी और स्तनभारसे खिन्न सुन्दरी स्त्रियोंका यौवन, अथवा (२) वन ॥५३॥

खुलासा—वाहियात और बे-सिर पैर की बकवादसे कोई फ़ायदा नहीं। हमारी समझमें तो इस जगतमें दो ही चीज़ें

पुरुषोंके सेवन करने योग्य हैं:—(१) नवयौवना स्त्रियाँ, अथवा (२) वन ।

यदि मनुष्य संसारत्यागी न होना चाहे, संसारमें ही रहना चाहे, इस दुनियाके विषय-भोग भोगना चाहे, तो कमलनयनी नवयौवनाओंके यौवनकी बहार लूटे। चाहे इनका आनन्द अनित्य और परिणाममें दुःखमूलक ही है; पर संसारियोंके लिये, इस संसारमें, इनसे बढ़कर दूसरी चीज़ ही नहीं।

देखिये, रसिक-शिरोमणि पण्डितेन्द्र जगन्नाथ महाराज कहते हैं :

तया तिलोत्तमीयत्या मृगशावकचक्षुषा ।
ममाऽयं मानुषो लोको नाकलोक इवाभवत् ॥

उस तिलोत्तमा नामक अप्सराके समान आचरण करनेवाली मृगशावकनयनीके कारणसे मेरा यह मृत्युलोक स्वर्गलोकके समान हो गया है।

सच है, जिसके घरमें अप्सरा-समान नवयुवती है, उसे इस पृथ्वी पर ही स्वर्ग है। स्वर्गमें इससे बढ़कर और क्या रक्खा है ? कारलाइल कहते हैं:—"If in youth the universe is majesticlly unveiling and every where heaven revealing itself on earth, nowhere to the young man does this heaven on earth so immediately reveal itself as in the young maiden." यदि यौवनमें विश्व गौरवके साथ अपने तईं प्रकट करता है, यदि स्वर्ग पृथ्वी

पर प्रादुर्भूत होता है, तो युवकके लिये स्वर्गका प्रादुर्भाव युवतीमें ही होता है; अन्यत्र नहीं।

किन्तु इनमें रहकर आगे-पीछे का सभी ख़याल भुला देना भला नहीं। इनको भोगो और अवश्य भोगो, कोई क्षति नहीं; पर अपनी आगेकी यात्राका ध्यान ज़रूर रक्खो; क्योंकि यहाँ का मुक़ाम थोड़े ही दिनोंका है। जो अपनी आगेकी सफ़रके लिये भी पहलेसे ही प्रबन्ध करते हैं, उन्हें जो स्वर्गीय सुख यहाँ मिल रहे हैं, वह आगे भी मिलेंगे। यहाँ स्वर्ग भोगा और मरने पर नरकमें डाले गये; इसमें तो चतुराई नहीं। इसलिये संसारियोंके लिये स्त्री-भोगके साथ पुण्य-सञ्चय भी करते जाना चाहिये। सब तरह के पुण्योंमें परोपकार सर्वश्रेष्ठ पुण्य है, इसलिये यही करना उचित है। जो अपनी ही नवयौवना के साथ भोग-विलास करेंगे और साथ-साथ परोपकार-पुण्य भी सञ्चय करेंगे, उन्हें कोई भय नहीं। वे तपस्वियोंके तपस्वी समझे जायँगे और उन्हें अगले जन्ममें फिर स्वर्ग-सुख-दायिनी कमलनेत्री सुन्दरियाँ मिलेंगी। यदि वे स्वर्गलोकमें जन्म लेंगे तो वहाँ भी हूरें या अप्सरायें मिलेंगी; पर बिना पुण्य सञ्चयके वे यहाँ मिलेंगी, न वहाँ। कहा है:—

क्या वह दुनिया, जिसमें कोशिश हो न दीं के वास्ते।
वास्ते वाँके भी कुछ—या सब यहींके वास्ते॥ ज़ौक़॥

इस संसारमें आकर कुछ परलोक बनानेकी भी फ़िक्र करनी

चाहिये। यह उचित नहीं, कि उधरकी फिक्र बिलकुल ही छोड़ दी जाय।

> नाम मंज़ूर है, तो फ़ैज़के असबाब बना।
>
> पुल बना, चाह बना, मसजिदो तालाब बना ॥ ज़ौक़ ॥

अगर तू चाहता है कि तेरा नाम संसारमें प्रतिष्ठाके साथ लिया जाय, तो तू परोपकार कर; पुल बना, कूएँ बना, मन्दिर और तालाब बना।

अब रही उनकी बात, जो इस संसारकी असारतासे वाकिफ़ हो गये हैं, जिनका मन विषय-भोगोंसे हटा-सा गया है, जिन्हें विषय-विषोंसे घृणा हो गई है। उन्हें सच्चे दिलसे विषयों को त्याग देना चाहिये; मनमें भी—कभी भूलकर भी—विषयोंका ध्यान न करना चाहिये। ऊपरसे संन्यासी बनना और भीतर विषयोंकी चाह रखना, बहुत ही ख़राब है।

मनमें एक बात स्थिर कर लेनी चाहिये। इस जगतमें स्थिर-बुद्धिका ही सदा भला होता है; चञ्चल-बुद्धिका सर्वनाश होता है। बुद्धिको स्थिर करके किसी एक बात पर जम जाना चाहिये चाहे भोग ही भोगे जायँ अथवा योग ही साधा जाय।

रसिक कवि ने खूब कहा है—

दोहा

> रसिक सुनहु तुम कान दे, सब ग्रन्थनको सार।
>
> योग भोगमें इक बिना, यह संसार असार ॥

सुनो और हू बात पै, मुख्य बात ये दोय।
कै तिय-जोबनमें रमै, कै वनवासी होय ॥५३॥

सार—मनुष्योंको या तो नवीनायें भोगनी चाहियें अथवा संसारके झगड़े छोड़, वनमें जा, तप करना चाहिये।

53. What is the use of so much unreasonable wild talk ? There are only two things which a person should always desire enjoyment of,—(i) viz the youth of a beautiful lady who is desirous of new amorous enjoyments and is bent down under the load of her breasts or (ii) the forest.

—०—

सत्यं जना वच्मि न पक्षपाता-
ल्लोकेषु सर्वेषु च तथ्यमेतत्
नान्यन्मनोहारि नितम्बिनीभ्यो
दुःखैक हेतुर्न च कश्चिदन्य ॥५४॥

हे मनुष्यो ! हम पक्षपात त्यागकर सच कहते हैं कि, इस संसारमें स्त्रियोंसे बढ़कर न कोई मनको हरनेवाली वस्तु है और न कोई दुःखदायी वस्तु है ॥५४॥

खुलासा—इस जगतमें, सुख और दुःख दोनों ही का कारण

एकमात्र मनोहर नितम्बोंवाली स्त्री है। और भी स्पष्ट शब्दोंमें यों कह सकते हैं कि स्त्री ही सुख देनेवाली और स्त्री ही दुःख देनेवाली है, यानी सुख और दुःख दोनोंका हेतु एकमात्र स्त्री ही है। पाश्चात्य लोगोंमें एक कहावत है कि स्त्री, सम्पत्ति और सुरा--इन तीनोंमें दुःख और सुख दोनों ही हैं।

निस्सन्देह, इस जगतमें पुरुषके लिये स्त्रीसे बढ़कर सुख-दायी और मनोहर दूसरी वस्तु नहीं। स्त्री अपने मधुर वचनों, सुन्दर हाव-भाव और उत्तम सेवासे पुरुषके शारीरिक और मानसिक क्लेशोंको शीघ्र ही हर लेती है। स्त्री विपद्में सच्चे मित्रकी तरह परामर्श देती और धैर्य्य धारण कराती है। और सब विपद्में पुरुषको त्याग देते हैं, पर वह अपने पतिको नहीं त्यागती। भोजनके समय, जिस हित और प्रेमसे वह खिलाती-पिलाती है, उस तरह, सिवा जननीके, और कोई भी नहीं खिलाता-पिलाता। सम्भोग-कालमें, वह वेश्याकी तरह अपने पतिका सब तरहसे मनोरञ्जन करती है। इतना ही नहीं, उसके वंशकी वृद्धि भी करती है, यानी स्त्रीसे ही पुत्र-पौत्रादि होते हैं। मनुष्य कैसा ही दुःखित क्यों न हो, स्त्री घरमें आते ही उसके सारे खेद और श्रमको हर लेती तथा उसे नरकसे बचाती और स्वर्गमें ले जाती है। स्त्रीसे ही राम, कृष्ण, भगीरथ, ध्रुव, प्रह्लाद, अर्जुन, भीम, बुद्ध, शङ्कराचार्य्य, दयानन्द और गाँधी जैसे महा-पुरुष पैदा हुए और होते हैं; अतः यह स्पष्ट है कि स्त्रीके समान सुखदायी इस जगतमें दूसरी चीज़ नहीं। मनोहर वह इतनी

होती है कि अपनी एक मुसक्यानमें ही पुरुषका मन हर लेती है। पर ये सब सुख तभी मिलते हैं, जब कि स्त्री सतीसाध्वी और सच्ची पतिव्रता होती है। यही स्त्री अगर कुलटा-व्यभिचारिणी अथवा कर्कशा होती है तो पुरुषके लिये यहीं—इसी लोकमें—साक्षात् नरक हो जाता है। पर सच्ची पतिव्रता किसी विरले ही पुण्यात्मा को मिलती है।

जिसे पतिव्रता स्त्री मिलती है, उसे दुःख-दैन्य, आपद्-मुसीबत और शोक-चिन्ता प्रभृति सता नहीं सकते; क्योंकि पतिव्रता नरकको स्वर्गमें, दुःखको सुखमें, विपद्को सम्पद्में और शोकको हर्षमें परिणत कर देनेकी क्षमता रखती है। वह घरके काम-काज करती, पुत्र-कन्याओंको पालती, उन्हें सुशिक्षा देती और कुपथगामी पतिको सुपथगामी बना देती है। पुरुषकी कड़ी कमाई का पैसा बड़ी ही किफ़ायतसे ख़र्च करती और उसे नष्ट होनेसे बचाती तथा पतिका शोक हर लेती है। स्त्रियोंके सम्बन्धमें गोल्डस्मिथ महोदयने, जो इँगलैण्डके एक नामी विद्वान थे, खूब कहा है। हम अपने पाठकोंके ज्ञानवर्द्धनार्थ आपके अनमोल वचन नीचे देते हैं:—"Women, it has been observed, are not naturally formed for great cares themselves, but to soften ours." यह देखा गया है, कि स्त्रियाँ महत् चिन्ताओंको स्वयं सहनेके लिये नहीं, वरन् हमारी चिन्ताओं को घटानेके लिये बनाई गई हैं। आपने एक जगह लिखा है:—"She who makes her husband and her children happy, who reclaims the one from vice and trains up the other to virtue, is a much greater character than ladies described in romance, whose whole occupation is to murder mankind with shaft from their quiver or their eyes," जो अपने पति और बच्चोंको सुखी कर सकती है, जो अपने ख़ाविन्द को कुमार्गसे हटाकर सुमार्ग पर चला सकती है, जो अपने बालकोंको सद्गुणोंकी शिक्षा दे सकती है, वह कल्पित कथाओं या उपन्यासोंमें वर्णित उन स्त्रियोंसे अच्छी है, जो अपने तरकश या नेत्रोंके बाणों द्वारा पुरुषजातिका वध करना ही अपना कर्त्तव्य समझती हैं।

संसारमें रूपका आदर है। रूप प्राणिमात्रको अपनी ओर खींचता है, पर रूपसे गुणकी पूजा अधिक होती है। रूप नेत्रेन्द्रियको प्रसन्न करता है; पर गुण आत्मा पर अधिकार जमाता है। पोप महाशय कहते हैं—"Beauties in vain their pretty eyes may roll, charms strike the sight but merit wins the soul." सुन्दरियाँ वृथाही अपने सुन्दर नेत्रोंको इधर-उधर चलाती हैं। सौन्दर्यका प्रभाव नेत्रों पर पड़ता है, किन्तु गुण आत्माको जीत लेता है। मतलब यह कि रूपवती और गुणवती रमणी कहीं भली होती है; पर जिसे ईश्वरने ऐसी नारी दी है, जिसमें रूपके साथ सुन्दर गुणोंका भी समावेश है, वह निश्चय ही पूर्व जन्मका तपस्वी और पुण्यात्मा है। उसे इसी पृथ्वी पर ही स्वर्ग है। जिसकी स्त्री

फूहर और कर्कशा है, घरको मैला रखती है, बच्चोंको सूगले रखती है, खाना बनाना भी नहीं जानती, मनमें आवे जैसी कच्ची-पक्की जली-अधजली रोटियाँ खिलाती है, हर घड़ी मुँह फुलाये रहती है, घरमें देवासुर-संग्रामका तमाशा दिखाया करती है, उस पुरुषके लिए यहीं नरक है। किसी कविने खूब कहा है–

भातको मांड करै नहिं रांड,
औ सौगुनो साँभर सागमें डारै।
भूल कै खाँड लै डारत दालमें,
हींग फुलायके खीर बघारै।
चाकते रोटी हु मोटी करै,
औ काचीही राखे कि जारही डारै।
भूतसी भौनमें ठाडी रहै,
परमेश्वर ऐसी सों पालो न पारै॥

अर्थात् जो स्त्री भातका माँड़ नहीं पसाती, साग में सौगुना नमक डालती है, भूलकर दालमें चीनी मिला देती है, खीरमें हींगका छौंक देती है, कुम्हारके चाक-जैसी मोटी रोटियाँ करती है, उन्हें कच्ची रखती या जला डालती है, और भूतनी-सी घरमें खड़ी रहती है, परमेश्वर ऐसी स्त्रीसे पाला न पटके। जिनपर ईश्वरका कोप होता है या किसीका शाप होता है, उन्हें ही ऐसी फूहर स्त्री मिलती हैं। कहा है—

जानो दारुण शापफल, मिलहि दुष्ट जिहि नारि।

यद्यपि पतिव्रता नारी सुखोंका भण्डार है, तोभी स्त्री सती

हो चाहे असती, पतिव्रता हो चाहे व्यभिचारिणी, स्त्रीके कारण पुरुषको नाना प्रकारके कष्ट उठाने ही पड़ते हैं। स्त्रीके लिये ही वह स्वास्थ्य और जीवनका ख़याल न रखकर भी, रात-दिन अविरत परिश्रम करता है। स्त्रीके लिये ही पुरुष दुर्जनोंके कुवचन सहता, उनको हाथ जोड़ता, उनके क़दम पकड़ता और न करने योग्य कर्म करता है। बहुत कहाँ तक कहें, स्त्रीके लिये पुरुष नीच-से-नीच कर्म करता, जेल जाता और फाँसी चढ़ता है। अगर इस जगतमें चन्द्रानना कमलनयनी कामिनियाँ न होतीं, तो कौन बुद्धिमान राजाओं और अमीरोंकी सेवामें अनेक प्रकारके कष्ट उठाकर अधीर-चित्त होता?

यह सब तो पुरुष स्त्रीकी मोह-मायामें फँस स्वयं करता और स्वयं दुःख भोगता है। पर यदि दुर्भाग्यसे स्त्री कुलटा होती है, तब तो वह घरमें ही नाना प्रकारके कष्ट और यन्त्रणायें भुगाती है। कुलटा कामिनीका शरीर यदि पुष्पवत् कोमल भी होता है; तो उसका हृदय वज्रवत् कठोर होता है। उसके दिलमें दया-माया और स्नेह नामको भी नहीं होता। वह सच्ची पिशाचिनी होती है। शम्बरासुर और विचित्तिकी माया को समझना सहज है, पर कुलटाकी मायाको समझना कठिन है। वह अबला दीखने पर भी सबला और गौ होने पर भी बाघ होती है। वह निरंकुश होकर पुरुषको नाना प्रकारसे नचाती और सेवककी तरह उससे काम कराती है। वृथा विलास-चिह्न दिखा कर उससे पैर दबवाती और अपनी इच्छा होनेसे उसका

रक्त-मांस चूसती है। ज़रा-सी फरमायश पूरी न होनेसे और घरकी एक चीज़ भी समय पर न आनेसे उसके प्राण ले लेती और उसके कलेजेको वाक्यवाणोंसे विद्ध करके चलनी बना देती है। बहुत कहाँ तक कहें, नरकके दुःख कुलटाके दिये दुःखोंके सामने लजा जाते हैं।

सारांश यही है कि अगर स्त्री नवयौवना, रूपवती और पतिव्रता हो, तो पुरुषको जो कष्ट उठाने पड़ते हैं, उनसे उसे उतना कष्ट या मनोवेदना नहीं होती। वह स्वयं बाहरके कष्टोंको हर लेती है। पर पतिव्रताके होने पर भी पुरुष कष्ट और अपमानसे बच नहीं सकता। इसलिए, इसमें शक नहीं कि, स्त्री सुख और दुःख दोनों ही की हेतु है, यानी स्त्रीसे सुख भी है और दुःख भी है। सुख थोड़ा और नाम मात्रको है और वह भी अज्ञानीके लिए। ज्ञानी और विरागीकी नज़रमें तो दुःख-ही-दुःख है; इसलिए जिन्हें कष्ट और झंझटोंसे बचना हो, जिन्हें आत्माका कल्याण करना हो, वे इस मनोहर विष-बेलसे बचें। फौन्टेनेली महोदय कहते हैं:—"A beautiful woman is the "hell" of the soul, the "purgatory" of the purse and the "paradise" of the eyes." सुन्दरी कामिनी आत्माका नरक, सम्पत्तिका नाश और नेत्रोंका स्वर्ग है। गिरधर कविराय कहते हैं:

तीनों मूल उपाधिकी, ज़र जोरू ज़ामीन।
है उपाधि तिसके कहाँ, जाके नहिं ये तीन॥

जाके नहिं ये तीन, हृदयमें नाहिन इच्छा।
परम सुखी सो साधु, खाय यद्यपि लै भिक्षा॥
कह गिरिधर कविराय, एक आतम रस भीनो।
निर्भय विचरै सन्त, सर्वथा तज कर तीनों॥

दोहा

कहहिं सत्य तज पच्छ हम, लोक-विमोहन नारि।
अरु या सों दुखद अपर, नहिं कछु लेहु विचारि॥५४॥

सार—स्त्रीसे बढ़कर सुखदायी और दुखदायी और कोई नहीं

54. O men, I tell you the truth and without any partiality that, in this world, there is nothing so attractive to the mind as the women and again, nothing so painful also.

तावदेव कृतिनामपि स्फुरत्येप निर्मलविवेकदीपकः।
यावदेव न कुरंगचक्षुपां ताड्यते चपललोचनाञ्चलैः॥५५॥

विवेकियोंके हृदयमें निर्मल विवेकरूपी दीपकका प्रकाश तभीतक रहता है, जब तक कि मृगनयनी स्त्रियोंके चञ्चल नेत्र रूपी आँचलसे वह बुझाया नहीं जाता ॥५५॥

खुलासा—अन्तःकरणमें कामादि मल-रहित निर्मल विवेक का दीपक उसी समय तक जलता है, जब तक कि मृगलोचनीके

चञ्चल नेत्र रूपी आँचलकी फटकार नहीं लगती। और भी स्पष्ट शब्दोंमें यों कह सकते हैं कि स्त्रियोंके कटाक्षसे विवेकी पुरुषोंका भी विवेक ध्वंस हो जाता है। "भामिनी-विलास" में लिखा है:—

तदवधि कुशलीपुराणशास्त्रस्मृति–
शतचारुविचारजो विवेकः।
यदवधि न पदं दधाति चित्ते हरिण–
किशोरदृशो दृशोर्विलासः॥

कुशलता और पुराण-शास्त्र तथा स्मृतियोंके अनेक चारु विचारोंसे उत्पन्न हुआ विवेक भी तब तक है, जब तक मृगके बच्चेकी-सी आँखोंवाली कामिनीके नेत्र-विलास हृदयमें प्रवेश नहीं करते; अर्थात् स्त्रीकी तीखी नज़र पड़ते ही विवेक और चतुराई सब काफ़ूर हो जाते हैं।

उस्ताद ज़ौक़ भी कुछ ऐसी ही बात कहते हैं :—

ऐ ज़ौक़ ! आज सामने उस चश्मे मस्तके।
बातिल सब अपने दाव-ये दानिशवरी हुए॥

ऐ ज़ौक़ ! उसकी मदनमत्त मनोहर आँखके सामने आज हमारी योग्यता और बुद्धिमत्ताका अन्त हो गया।

सच है, जब तक चञ्चल नेत्रोंवाली कामिनीकी नज़रसे नज़र नहीं मिलती, तभी तक विवेक, बुद्धि और विचारोंका अस्तित्व समझिये। उसकी नज़रसे नज़र मिलते ही इनका ख़ात्मा हो जाता है।

दोहा

दीपक जरत विवेकको, तौ लों या चित माहिं।
जौं लों नारि-कटाक्ष-पट, पवनसु परसत नाहिं ॥५५॥

सार—मृगनयनी युवतीसे चार नज़र होते ही विवेक और बुद्धि सब हवा हो जाते हैं।

55. The light of reasoning flickers in the heart of a wise man only so long as it is not put out by the moving eyes of a lotus-eyed woman as if by a scarf.

—❀—

वचसि भवति संगत्यागमुद्दिश्य वार्त्ता
श्रुतिमुखरमुखानां केवलं पण्डितानाम् ॥
जघनमरुणरत्नग्रंथिकाञ्चीकलापं
कुवलयनयनानांको विहातुम् समर्थः ॥५६॥

शास्त्र-वक्ता पण्डितों का स्त्री-त्यागका उपदेश केवल कथनमात्र ही है। लाल रत्न-जटित करधनीवाली कमलनयनी स्त्रियोंकी मनोहर जंघाओंको कौन त्याग सकता है ? ॥५६॥

खुलासा—पण्डित्यका ढकोसला दिखाने वाले पण्डित वास्तव में स्त्री-त्यागका उपदेश नहीं देते, खाली अपना पाण्डित्य दिखाने के लिये ज़बानसे वकते हैं। वे गोस्वामी तुलसीदासकी इस कहावतके अनुसार "पर उपदेश कुशल बहुतेरे, आप चलहिं ऐसे नर न

वनेरे'' लोगोंको उपदेश भर ही देते हैं, आप खुद अमल नहीं कर सकते। वे किसी ललित ललनाके कटाक्षवाणों से विद्ध नहीं हुए हैं, इसीसे बातें बनाते हैं। जब स्वयं उन पर पड़ेगी, तब सब शास्त्रोंको भूल जायँगे।

महाकवि दाग़ ने ऐसों ही के लिये कहा है:—

दिललगी दिल्लगी नहीं नासह !
तेरे दिलको अभी लगी ही नहीं ॥

उपदेशकजी ! दिललगी दिल्लगी नहीं है, उसी समय तक आप इसे दिल्लगी समझते हैं, जब तक कि आपके दिलको लगी नहीं है। अगर किसीसे दिल लगा, तो आपका सारा पाण्डित्य हवा हो जायगा।

सौन्दर्य मामूली चीज नहीं। ऐसा कौन है, जिसे सौन्दर्य अपनी ओर न खींच सके ? मिष्टर क्लेण्डन कहते हैं—"A beautiful object doth attract the sight of all men, that it is no man's power not to be pleased with it." सुन्दर पदार्थमें मनुष्यमात्रकी दृष्टिको आकर्षित करने की इतनी प्रबल शक्ति है कि कोई भी मनुष्य उससे प्रसन्न हुए विना रह नहीं सकता। सुन्दरता मनुष्यके दिमाग़में चढ़ जाती और उसे नशेसे मस्त कर देती है। देखनेवालेका दिल वशमें नहीं रहता। ज़िम्मरमैन महोदयने ठीक ही कहा है—Beauty is worse than wine, it intoxicates both holder and the beholder. सौन्दर्य शराबसे भी बुरा है। यह उसके रखनेवाले और उसके देखनेवाले

दोनोंको मतवाला कर देता है। सुन्दरियोंके सौन्दर्य को देखकर मन और इन्द्रियोंको वशमें रखनेके पूर्ण अभ्यासी भी, अपने मनको वशमें रखनेमें असमर्थ होते हैं। पुराणोंमें लिखा है कि पूर्वकालमें, मरीचि, शृङ्गी, विश्वामित्र और पराशर जैसे महा-मुनि, जो केवल वृक्षोंके पत्ते और हवा भक्षण करके जीते थे, इन मोहिनियोंको सामने पाकर इन्हें त्याग न सके; तब साधारण लोगोंकी क्या गिनती ? शैक्सपियरने कहा है:—"Beauty is a witch against whose charms faith melteth into blood." सुन्दरता ऐसी जादूगरनी है कि उसके जादूसे धर्म-ईमान गल कर खून हो जाते हैं; यानी रूपके सामने धर्म-ईमान नहीं ठहरता, न जाने कहाँ काफूर हो जाता है।

कुण्डलिया

पण्डित-जन जब कहत हैं, तिय तजिवेकी बात।
करत वृथा बकवाद वह, तजी नैक नहिं जात॥
तजी नैक नहिं जात, गात-छवि कनक बरन वर।
कमल-पत्र-सम नैन, बैन बोलत अमृत झर॥
सोहंत मुख मृदु हास, अङ्ग आभूषण मंडित।
ऐसी तियको तजै, कौन सो हैं वह पण्डित ? ॥५६॥

सार—सुन्दरी नवयौवना कामिनी को सामने पाकर त्यागना—खेल नहीं—टेढ़ी खीर है। इसकी निन्दा करनेवाले चाहे अनेक हों, पर त्यागनेवाला एक भी नहीं।

56. It is only in the speeches of the talkative scholars that the abandonment of the company of a woman is advocated but who is strong-minded enough to give up in actual practice the hips of lotus-eyed woman wearing girdle set with red jewels.

—o—

स्वपरप्रतारकोऽसौ निन्दति योलीकपण्डितो युवतीः।
यस्मात्तपसोऽपि फलं स्वर्गस्तस्यापि फलं तथाऽप्सरसः ॥५७॥

जो विद्वान युवतियोंकी निन्दा करता है, वह निश्चय ही झूठा पण्डित है। उसने पहले आप धोखा खाया है और और दूसरोंको धोखा देता है ; क्योंकि अनेक प्रकारकी तपस्याओंका फल स्वर्ग है और स्वर्गका फल अप्सरा-भोग है ॥५७॥

खुलासा—जो विद्वान पण्डित नवयौवना कामिनियोंकी निन्दा करते हैं, उनमें अनेक दोष बताते हैं, वे पागल हैं। वे स्वर्गकी प्राप्तिके लिये अनेक प्रकारकी तपश्चर्या और जप-तप करते हैं। तपःसिद्धि होने पर स्वर्गमें जाना चाहते हैं। वहाँ उनको भोगनेके लिए अप्सरायें मिलेंगी ; तब यहीं उनके भोगने में कौन-सी बुराई है ? यह तो सीधी-सी बात है कि तपस्याका फल स्वर्ग है और स्वर्गका फल अप्सरायें।

"आप पाण्डेजी बैंगन खावें, औरोंको परमोध बतावें" ऐसे परोपदेशक दुनिया में बहुत हैं। आप वही काम करते हैं, पर औरोंको मना करते हैं। ऐसे महापुरुषोंके सम्बन्धमें ही महाकवि

दाग़ कहते हैं :—

हूरके वास्ते ज़ाहिदने इबादतकी है।
सैर तो जब है, कि जन्नतमें न जाने पावे॥

भक्त महाशय ने स्वर्गीय अप्सराओं या हूरोंके भोगनेके लिए ईश्वरकी उपासना की है। बड़ा मजा हो, अगर ये स्वर्गमें जाने ही न पावें।

महाकवि ज़ौक़ कहते हैं :—

कब हक़परस्त है, ज़ाहिदे जन्नतपरस्त है।
हूरों पै मर रहा है, यह शहवतपरस्त है॥

कौन कहता है, भक्तजी ईश्वर-उपासक हैं? ये तो घोर कामी और इन्द्रिय-दास हैं। स्वर्गकी अप्सराओं पर मर रहे हैं। जो स्वर्गकी कामनासे तप करते हैं, उनकी स्त्री-निन्दा ध्यान देने योग्य नहीं; वे वृथा निन्दा करते हैं। आप स्वर्गमें जाकर स्त्री ही भोगेंगे; और करेंगे क्या? स्वर्गीय अप्सरायें या हूरें भी तो आख़िर स्त्रियाँ ही हैं न? ऐसे धोखेबाजोंकी बातोंमें न आना चाहिये।

उस्ताद ज़ौक़ ने भी कहा है :—

रेशे सफ़ेद शैख़में, है ज़ुल्मते फ़रेब।
इस मक्र चाँदनी पर, न करना गुमान ऐ सुबह॥

शैख़जी की सफ़ेद दाढ़ीमें कपटका अन्धकार छिपा हुआ है। इस झूठी चाँदनी पर प्रातःकालकी सफ़ेदीका धोखा मत खाना;

यानी इनकी बात मान, कामिनियोंको भोगना न छोड़ना। ऐसे ऐसे घोंवा-बसन्त अपनी सिद्धाई जमानेको कपट से ऐसी बेतुकी बातें कहते हैं और कुछ ऐसे भी होते हैं, जिनको इन नारी-रत्नोंकी क़द्र ही नहीं मालूम; इससे इनकी निन्दा करते हैं। जिसे जिसकी क़द्र ही नहीं मालूम, वह तो उसकी निन्दा ही करेगा। जङ्गलमें पड़े हुए गजमोतियोंको भीलनी पाकर भी फेंक देती है; पर उनकी क़ीमत जाननेवाला जौहरी उन्हें उठा कर छातीसे लगा लेता है। जिसने शराब नहीं पी, जिसे शराबका मज़ा नहीं मालूम, वह शराबकी निन्दा ही करता है। उसे कोई लाख समझावे, वह नहीं समझता। ऐसे ही मौक़ेका एक शेर महाकवि दाग़ ने कहा है:—

लुत्फ़ मै तुझसे क्या कहूँ ज़ाहिद।
हाय! कम्बख़्त तूने पी ही नहीं॥

हे भक्त! मैं तुझे शराबका मज़ा कैसे बताऊँ? कम्बख़्त तूने उसे पिया ही नहीं। जो मदिरा पीता है और नाज़नियोंको भोगता है, वही जानता है कि उनमें क्या मज़ा है। उस मज़ेका हाल ज़बानसे बताना कठिन ही नहीं, असम्भव है। सच मानिये, पृथ्वी पर अगर स्वर्ग है, तो कमलनयनी उठती जवानीकी सुन्दरियों में ही है।

दोहा

नारिनकी निन्दा करत, ते पण्डित मतिहीन।
स्वर्ग गये तिनको सुनें, सदा अप्सरा लीन॥५७॥

सार—स्त्रियोंकी निन्दा करनेवाला पाखण्डी है। आप उन्हें भोगना चाहता है, पर दूसरों को रोकता है।

57, Those scholars who speak ill of women are liars in as much as they deceive others and also themselves ; for the result of austerity is heaven and the result of attaining heaven is the enjoyment of nymphs.

---*---

मत्तेभकुम्भदलने भुवि सन्ति शूराः
केचित्प्रचण्डमृगराजवधेऽपि दक्षा ॥

किं तु ब्रवीमि बलिनां पुरतः प्रसह्य
कन्दर्पदर्पदलने विरला मनुष्याः ॥५८॥

इस पृथ्वी पर, मतवाले हाथीका मस्तक विदारनेवाले शूर अनेक हैं, प्रचण्ड मृगराज—सिंहके मारनेवाले भी कितने ही मिल सकते हैं, परन्तु बलवानोंके सामने हम हठ करके कहते हैं, कि कामदेवके मदको मर्दन करनेवाले पुरुष कोई विरले ही होंगे ॥५८॥

खुलासा--हाथियों और सिंहोंको पराजित करनेवाले शूरवीर इस पृथ्वीपर अनेक मिल सकते हैं; पर कामदेवको वशमें करनेवाला अथवा कामिनीके कटाक्ष-बाणोंसे पराजित न होनेवाला, कोई एक भी कठिनसे मिलता है। बड़े-बड़े युद्धक्षेत्रोंमें विजयी होनेवाले शूरवीरोंकी भी शूरवीरता इन कामिनियोंके

आगे न जाने कहाँ चली जाती है। बड़े-बड़े बहादुरोंकी ज़बान से यही निकलता है—

मर गये हम इक इशारेमें निगाहे नाज़के।

पर बक़ौल स्वामी शंकराचार्यजीके सच्चा शूरवीर वही है, जो मनोज—कामदेवके बाणोंसे व्यथित न हो अर्थात् कामिनीके दाममें न फँसे। कहा है—

शूरान्महाशूरतमोऽस्ति को वा ?
मनोजबाणैर्व्यथितो न यस्तु ॥
प्राज्ञोथ धीरश्च शमस्तुको वा ?।
प्राप्तो न मोहं ललनाकटाक्षैः ॥

संसारमें सबसे बड़ा शूरवीर कौन है ? सबसे बड़ा शूरवीर वही है, जो कामदेवके बाणोंसे पीड़ित न हो। बुद्धिमान, धीर और समदर्शी कौन हैं ? जो स्त्रीके कटाक्षसे मोहित न हों।

हमें एक "सर्वजीत" नामक राजाकी कथा याद आ गई है। उसे हम अपने पाठकोंके मनोरञ्जनार्थ नीचे लिखते हैं। पाठक उसे कोरे मनोरञ्जनका ही मसाला न समझें, बल्कि सच्चा सर्वजीत बननेकी चेष्टा करें :—

सर्वजीत राजा

—:—

एक राजाने सारी पृथ्वीको जीतकर अपना नाम 'सर्वजीत' रक्खा। सब देशोंकी रैयत और उसके मातहत राजा-महाराजा उसे 'सर्वजीत' कहने लगे, लेकिन स्वयं राजमाता—राजाकी

मतवाले हाथी का मस्तक विदारनेवाले और बलवान सिंहको मारनेवाले बहुत हैं ; परन्तु कामदेव का गर्व खर्व करनेवाले, स्त्री से हार न खानेवाले कोई विरले ही हैं । इस चित्रमें यह दिखाया गया है कि, गजराज और मृगराज को भी मारडालनेवाला शूरवीर कामिनीके सामने हाथ जोड़ रहा है ।

(पृ० १३७)

जननी--उसे 'सर्वजीत' न कह कर, उसे उसके पुराने नामसे ही पुकारती।

एक दिन राजाने अपनी माँ से कहा--"माता जी ! सारा संसार मुझे 'सर्वजीत' कहता है, पर आप मुझे मेरे पुराने नाम से ही क्यों पुकारती हो ?" राजमाताने कहा--"बेटा ! बाहर के देशोंके जीतनेसे कोई "सर्वजीत" नहीं हो सकता। तूने सारा संसार जीत लिया, पर अपना शरीर, मन और इन्द्रियाँ तो जीती ही नहीं। तेरा शरीर दिन-दिन क्षय हो रहा है और तेरी इन्द्रियाँ तुझे विषय-भोगों और कुकर्मोंकी तरफ ले जा रही हैं। पहले तू भीतरी शत्रु--काम, क्रोध, मोह, लोभ प्रभृति और अपने मन तथा इन्द्रियोंको वशमें कर, तब मैं तुझे "सर्वजीत" खुशी से कहूँगी। देख, व्यास भगवानने कहा है :--

> न रणे विजयाच्छूरोऽध्ययनान्न पण्डितः ।
> न वक्ता वाक्पटुत्वेन न दाता चार्थदानतः ॥१॥
> इन्द्रियाणां जये शूरो धर्मं चरति पण्डितः ।
> हितप्रायोक्तिभिर्वक्ता दाता सम्मानदानतः ॥२॥

रण-क्षेत्रमें विजयी होनेसे कोई शूर नहीं हो सकता, शास्त्र पढ़नेसे कोई पण्डित नहीं हो सकता, धड़ाधड़ व्याख्यान देनेसे कोई वक्ता नहीं हो सकता और धन-दान करनेसे कोई दाता नहीं हो सकता।

जो इन्द्रियों पर जय प्राप्त करता है, वह शूरवीर कहलाता है; जो धर्मपर चलता है, वह पण्डित कहलाता है; जो हित-

कारी बातें कहता है, वह वक्ता कहलाता है और जो दूसरोंका आदर-सम्मान करता है, वह दाता कहलाता है।

छप्पय

हाथी मारनहार, होत ऐसेहू शूरे।
मृगपति वध कर सकें, वकें नहिं नेकहु पूरे ॥
वड़े-वड़े बलवन्त वीर, सब तिनके आगे।
महाबली ये काम, जाहि देखत सब भागे ॥
अभिमान भरे या मदनको, 'मान मार मेटे अवधि
नर धरम-धुरन्धर वीर वै, विरले या संसार-मधि ॥५८॥

सार—शूरवीर इस जगतमें बहुत हैं, पर कामिनियोंके कटाक्ष-वाणोंसे घायल न होनेवाला सच्चा शूरवीर शायद ही कोई एक हो।

58. There are many a hero on this earth who can tear the head of a mad elephant and there are also many powerful enough to kill a fearful lion but I can challenge all the strong men and say that there are few who can fully control the excitements of passions.

—:—

सन्मार्गे तावदास्ते प्रभवति स नरस्तावदेवेन्द्रियाणां
लज्जां तावद्विधत्ते विनयमपि समालम्बते तावदेव ॥

भ्रूचापाकृष्टमुक्ताः श्रवणपथगता नीलपक्ष्माण एते
यावल्लीलावतीनां हृदि न धृतिमुषो दृष्टिबाणाः पतन्ति ॥५६॥

पुरुष सन्मार्गमें तभीतक रह सकता है, इन्द्रियोंको तभीतक वशमें रख सकता है, लज्जाको उसी समय तक धारण कर सकता है, नम्रतका अवलम्बन उसी समय तक कर सकता है, जबतक कि लीलावती स्त्रियोंके भौंह रूपी धनुपसे कानोंतक खींचे गये, श्याम बरौनी रूपी पंख धारण किये, धीरजको छुड़ानेवाले नयन-रूपी बाण हृदय में नहीं लगते ॥५९॥

खुलासा—पुरुष उसी समय तक सन्मार्गी, इन्द्रियविजयी, लज्जाशील और विनीत रहता है, जब तक वह कामिनीके कटाक्ष से घायल नहीं होता अथवा उसकी किसी नाज़नीसे आँखें नहीं लड़तीं। आँख लड़ते ही, वह उसकी एक-एक अदा पर पागल हो जाता है और बक़ौल महाकवि ग़ालिब यही कहता है—

बलाये जाँ है ग़ालिब ! उसकी हर बात।
इबारत क्या, इशारत क्या, अदा क्या ॥

उसका देखना-भालना, बोलना सभी ग़जब ढाहनेवाले हैं।

बहुत लिखना व्यर्थ है, चंचल-नयनी कामिनीसे चार नज़र होते ही मनुष्यके शान्ति, सन्तोष, लज्जा और शर्म सब हवा हो जाते हैं। उस्ताद ज़ौक़ ने ठीक ही कहा है:—

छोड़ा न दिलमें सब्र न आराम न शिकेब।
तेरी निगहने साफ़ किया घरके घर पै हाथ ॥

तेरी दृष्टिने सब्र-सन्तोष, शान्ति और सुख सबका पटड़ा कर दिया—(इतना ही नहीं) सारे घर पर ही हाथ साफ़ कर दिया।

कामिनीके कटाक्षका मारा पुरुष कामातुर हो जाता है; उस समय उसमें भय, लज्जा और धीरज नहीं रहता। वह डर-भय और लाज-शर्मको ताक़ पर रखकर, अधीर हुआ, उसे देखने, मिलने और आलिङ्गन करनेके लिये छटपटाता है। उसको एक प्रकारका नशा-सा हो जाता है, इसलिये वह सारे काम मतवालों के-से किया करता है। लोगोंके समझाने-बुझानेका कुछ फल नहीं होता। वेदान्तियोंकी वेदान्त-विद्या, भागवतियों की भागवत और गीतावालोंका गीता, इस मौक़े पर कुछ भी काम नहीं करते; सभी निष्फल हो जाते हैं।

क्षेमेन्द्र महाशयने ठीक ही कहा है—

न श्रुतेन न वित्तेन न वृत्तेन न कर्मणा।
प्रवृत्तं शक्यते रोद्धुं मनोभवपथेमनः॥

कामदेवकी राह पर आया हुआ मन किसी भी उपायसे उस राहसे हटाया नहीं जा सकता।

वक़ौल महाकवि दाग़, नाज़नियोंके तीरे निगाहके घायलोंकी अपनी कही सुनिये:—

नाला निकला तो कभी दिलसे कभी आहोफ़ुग़ाँ।
पर तेरे वस्लका अरमान निकला ही नहीं॥

मेरे दिलसे कभी आह निकलती है, तो कभी दीर्घ निःश्वास; पर तेरे मिलनेकी चिरपालित अभिलाष कभी नहीं निकलती।

हैं तेरी राहे मुहब्बतमें हज़ारों फ़ितने।
देख, मुझको वजुज़ इस राहके चलता ही नहीं॥

तेरे प्रेमकी राहमें हजारों विघ्न-बाधायें हैं; किन्तु मुझे देख, कि उस राह पर चले बिना मेरा मनही नहीं मानता; यानी मैं और राहका पथिक बनना नहीं चाहता।

दोहा

इन्द्री-दम लज्जा विनय, तौ लों सब शुभ कर्म।
जौ लों नारी-नयन-शर, छेदत नाहीं मर्म॥५९॥

सार—स्त्रियोंके नयन-बाण लगते ही पुरुष के लज्जा और नम्रता प्रभृति गुण हवा हो जाते हैं।

59. A man is in right path, has his passions under his control and has modesty and humility in him only so long as the eyes of women with beautiful eye-lids in the form of arrows with wings, stealing the patience, thrown from brows in the form of bows that are strung up to the ears, do not pierce the heart.

उन्मत्तप्रेमसंरम्भादारभन्ते यदंगनाः।
तत्र प्रत्यूहमाधातुम् ब्रह्मापि खलु कातरः॥६०॥

अतिशय प्रेमकी उमंगसे उन्मत्त होकर स्त्रियाँ जिस कामको

आरम्भ कर देती हैं, उस काममें विघ्न-बाधा उपस्थित करते ब्रह्मा भी डरता है ॥६०॥

खुलासा—इश्कके जोश और जल्दीमें स्त्री जो काम कर बैठती है, उससे उसे मनुष्य तो कौन चीज है, स्वयं ब्रह्मा भी नहीं रोक सकता। स्त्री अत्यन्त काम-पीड़ित होने पर जो छल-बल और साहसके काम करती है, उनको देखकर उसके बनाने वाला ब्रह्मा भी दाँतों तले अँगुली देने लगता है। सास-ससुर, पति-पुत्र कोइ भी उसे कुकर्मोंसे विरत कर नहीं सकते।

कामवती स्त्री अत्यन्त कुटिल, क्रूर आचरण वाली और लज्जाहीना हो जाती है। उस समय वह अपने पति, पिता, माता, पुत्र, वन्धु और कुटुम्बी तकसे द्रोह करने और उनका नाश करने में भी नहीं हिचकती। घमासान युद्धक्षेत्रमें भी वह वन्दूककी गोलियों और तोपोंके गोलोंकी परवा न करके, यदि उसे जाना हो, तो पहुँचती है। जिस श्मशान पर अकेला-दुकेला मर्द भी न जा सकता हो, उस पर वह घोर अँधेरी रातमें बादलोंके गरजने, विजलीके कड़कने और ऐसी ही अनेक आपदाओंके होने पर भी—बेधड़क पहुँचती है। स्त्रीके साहस की बात न पूछिये। ऐसा कौन-सा काम है, जिसे वह, इच्छा करने पर, नहीं कर सकती ? किसी पाश्चात्य विद्वानने भी कहा है:—"A woman, when she either loves or hates, will dare anything." स्त्री जब प्रेम या घृणा किसी एक पर तुल जाती है, तब सब कुछ करने का साहस कर सकती है।

किसी कविने कहा है—

कहा न अबला कर सके * ? कहा न सिन्धु समाय ?
कहा न पावकमें जरे ? काहि काल नहिं खाय ?

"रसिक" कविने भी कहा है—

कहा त्रिया नहिं कर सके, कामवती जब होय ?
"रसिक" सास पति पुत्र सब, कर न सकें कछु कोय ॥

दोहा

महामत्त या प्रेमको, जब तिय करत उदोत ।
तब वाके छल बल निरखि, विधिहू कायर होत ॥६०॥

सार—कामोन्मत्त स्त्री जो चाहे सो कर सकती है ।

60. Even Brahma (the creator) has not the power to obstruct the work which a woman undertakes being impassioned with the excitements of love.

तावन्महत्त्वं पाण्डित्यं कुलीनत्वं विवेकिता ।
यावज्ज्वलति नांगेषु हन्त पञ्चपुपावकः ॥६१॥

बड़ाई, पण्डिताई, कुलीनता और विवेक,—मनुष्यके हृदय में तभीतक रह सकते हैं, जबतक शरीरमें कामाग्नि प्रज्वलित नहीं होती ॥६१॥

---

* एक पुत्र छोड़ कर स्त्री सब कुछ कर सकती है । केवल यहीं उसकी नहीं चलती ।

खुलासा--इश्क़में जात-पाँत और नीच-ऊँचका विचार नहीं है। कामी पुरुषोंके विवेक या सत्-असत् की विचारशक्ति को तो स्त्रियाँ अपनी एक नज़रमें ही हर लेती हैं। जब भले और बुरेको विचारनेकी शक्ति नहीं रहती, तब मनुष्यमें कुलीनता प्रभृति गुण कैसे रह सकते हैं? अनेक पुरुष मुसल्मानियोंके प्रेम में फँसकर मुसल्मान हो गये हैं। कितने ही मेमोंके मोहजाल में फँसकर अपने हिन्दुत्व और ब्राह्मणत्वको तिलाञ्जलि देकर काले साहब बन गये हैं। यह तो कुछ नहीं, हमने कितने ही उच्च कुलके हिन्दू मेहतरानियोंके इश्क़में गिरफ्तार होकर मेहतर होते देखे हैं। इसमें ज़रा भी शक नहीं कि, कामाग्निके प्रज्वलित होते ही, बड़प्पन और कुलीनता प्रभृति हवा हो जाते हैं।

जबसे अँगरेज़ी राज इस देशमें हुआ है, अनेकों अमीरोंके लड़के, भारतमें बी० ए०,एम० ए० पास करके, बैरिष्ट्री या सिविल सरविसकी परीक्षा पास करने इंग्लैण्ड जाते हैं। ये विद्वान नवयुवक वहाँकी मिसोंकी लुनाई, सुघड़ाई और रूप-माधुरी देखकर पागल हो जाते हैं। कितने ही उनको व्याह लाते हैं और इस तरह अपने दीनो ईमान या धर्मको खोकर जातिच्युत होते हैं। यहाँके लोग उनकी हँसी उड़ाते और घोर-घोर निन्दा करते हैं। पर इससे होता क्या है? उनके वशकी बात नहीं। नवयौवना मिसोंसे चार नज़र होते ही, वे अपनी विद्या-बुद्धिको भूलकर उन पर पागल हो जाते हैं। महाकवि अकबरने ऐसे ही एक लन्दन प्रवासीका,

जो एक मिसके केश-पाशमें फँस गया था, अच्छा चित्र खींचा है:-

रात उस मिससे कलीसाँमें हुआ मैं दोचार।
हाय वह हुस्न वो शोख़ी वो नज़ाकत वो उभार॥
जुल्फ़-पेचाँ में वो सजधज कि बलायें भी मुरीद।
क़दे-राना में वो चमख़म कि क़यामत भी शहीद॥
दिलकशी चालमें ऐसी कि सितारे रुक जायँ।
सरकशी नाज़में ऐसी कि गवर्नर झुक जायँ॥
आतिशे हुस्न से तक़वा को जलाने वाली।
बिजलियाँ लुत्फ़े-तबस्सुम से गिराने वाली॥
पिस गया लोट गया दिलमें सकत ही न रही।
सुर थे तमकीनके जिस गतमें वो गत ही न रही॥
अर्ज़की मैंने कि ऐ गुलशने-फ़ितरतकी बहार!
दौलतो इज्ज़तो ईमाँ तेरे क़दमों प निसार॥
तू अगर अहदे वफ़ा बाँधके मेरी हो जाय।
सारी दुनियासे मेरे क़ल्बको सेरी हो जाय॥

रातके समय उस मिससे गिरजेमें मेरी मुठभेड़ हो गई। हाय! उसके रूप-लावण्य, उसकी चञ्चलता, उसकी जवानीके उभारका बयान कैसे करूँ? उसकी पेचदार लटोंमें वह बलाकी सजधज थी कि जिसको देखकर बलायें स्वयं उसका लोहा मान लें। उसके नाज़ुक शरीरमें वह चमक-दमक कि, जिसको देखकर प्रलय भी उस पर मरने लगे। उसकी चालमें ऐसी कशिश कि, जिसको देखकर सितारोंकी चाल भी मन्दी पड़ जाय। उसके

हाव-भावोंमें ऐसी ऐंठ कि, जिसको देखकर गवर्नर लोग भी उसके सामने सिर झुका दें। उसकी खूबसूरतीमें ऐसी लपट कि जिससे सदाचारके भाव भस्म हो जायँ। उसकी मन्द मुसक्यानमें ऐसी चकाचौंध कि, जिससे प्रेमीके दिलपर बिजली गिर पड़े। उसके देखते ही मेरा दिल पिस गया और मेरे शरीरकी सारी ताक़त निकल गई। मैं ज़मीनपर बेहोश होकर लोटने लगा। धीरजके स्वर जिस गतमें बज रहे थे, वह गत ही हृदयमें न रही। मैंने कहा—"ऐ प्रकृतिकी फुलवाड़ीकी बहार! मेरा धन-धर्म और मान-मर्य्यादा सब तेरे चरणोंमें अर्पण हैं। यदि सच्ची मुहव्वतकी प्रतिज्ञा करके, तू मेरी हो जाय, तो मेरा जी सारे संसारसे भर जाय।"

दोहा

बुद्धि विवेक कुलीनता, तौ लों ही मन मांहिं।
कामवाण की अग्नि तन, जौ लों धधकत नाहिं ॥६१॥

सार—प्रेम कुलीनता, विवेक और पाण्डित्य प्रभृति सद्गुणोंका शत्रु है।

61. Respectability, wisdom, good sense and family distinction find place in a man only so long as the fire of passion has not begun to burn in him.

शास्त्रज्ञोऽपि प्रथितविनयोऽप्यात्मबोधोऽपि बाढं
संसारेऽस्मिन् भवति विरलो भाजनं सद्गतीनाम् ॥
येनैतस्मिन्निरयनगरद्वारमुद्घाटयन्ती
वामाक्षीणां भवति कुटिलभ्रूलता कुञ्चिकेव ॥६२॥

शास्त्रज्ञ, विनयी और आत्मज्ञानियोंमें कोई विरला ही ऐसा होगा, जो सद्गतिका पात्र हो; क्योंकि यहाँ वामलोचना स्त्रियोंकी बाँकी भ्रू-लता-रूपी कुञ्जी उनके लिए नरकद्वारका ताला खोले रहती है ॥६२॥

खुलासा—शास्त्रज्ञ और ब्रह्मज्ञानियोंकी सद्गति तो तभी हो सकती है, जब कि वे कामिनीकी बाँकी भौंहोंकी झपेटमें आनेसे बचें। उनकी कमान-सी भौंहोंको देखकर बड़े-बड़े वेदान्तियोंकी अक्ल मारी जाती है। वह हज़ार गीता, भागवत और उपनिषदोंका पाठ करें, हज़ार योगवासिष्ठोंका परिशीलन करें, पर उनके चित्त पर चढ़ी कामिनीका उतरना बहुत कठिन है। पण्डितेन्द्र जगन्नाथ अपने "भामिनी-विलास" में लिखते हैं :—

उपनिषदः परिपीता गीतापि च हतं मतिपथं नीता।
तदपि न हा विधुवदना मानससदनाद्बहिर्याति ॥

उपनिषदोंका पान किया और गीता भी भली भाँति पढ़ा-समझा और मनन किया; परन्तु हाय! इतना सब करने पर भी, वह चन्द्रवदनी कामिनी मेरे मनरूपी घरसे बाहर नहीं जाती।

ईश्वरकी राहमें कामिनी और काञ्चन दो घाटियां हैं।

अगर संसारमें कामिनी और काञ्चन न होते, तो इस संसार-सागरसे तरना और मोक्ष-लाभ करना कठिन न होता। मोक्षकी राहमें कामिनी और काञ्चन दो घाटियाँ पड़ती हैं। इन घाटियोंको पार करना अति कठिन है। जो इन घाटियोंको लाँघनेमें समर्थ हो, वही सद्गति या मोक्षका अधिकारी हो सकता है।

महात्मा कबीर कहते हैं :—

चलूँ चलूँ सब कोइ कहै, पहुँचे बिरला कोय।
एक कनक अरु कामिनी, दुर्लभ घाटी दोय ॥१॥
एक कनक अरु कामिनी, ये लाँबी तरवारि।
चाले थे हरि भजनको, बिच ही लीन्हा मारि ॥२॥
नारि पराई आपनी, भुगतै नरकै जाय।
आगि-आगि सब एकसी, देत हाथ जरि जाय ॥३॥
नारी तो हम भी करी, पाया नहीं बिचार।
जब जानी तब परिहरी, नारी बड़ा विकार ॥४॥
नारि नसावे तीन सुख, जेहि नर पासे होय।
भक्ति मुक्ति अरु ज्ञानमें, पैठि सके नहिं कोय ॥५॥
एक कनक अरु कामिनी, दोऊ अग्निकी झाल।
देखे ही तें पर जले, परसि करे पैमाल ॥६॥

जहाँ काम तहाँ राम नहिं, राम तहाँ नहिं काम ।
दोऊ कबहूँ ना रहें, काम राम इक ठाम ॥७॥

(१)

चलूँ चलूँ सब कहते हैं, पर कोई विरला ही पहुँचता है, क्योंकि उस (भगवानकी) राह में कनक और कामिनी दो दुर्लंघ्य घाटियाँ हैं।

(२)

कनक और कामिनी ये दो लम्बी तलवारें हैं। हरिभजनको चले थे, पर इन तलवारोंने बीच राहमें ही मार लिया।

(३)

स्त्री अपनी हो चाहे पराई, भोगनेसे नरकमें जाना ही पड़ता है; क्योंकि अपनी आग और पराई आग—दोनोंमें ही हाथ देने से हाथ जलता है।

(४)

जब हममें विवेक-विचार नहीं था, तब हमने भी स्त्री की थी; लेकिन जब उसका असल तत्व जाना, तब उसे त्याग दिया; क्योंकि स्त्री बड़ी विकारवान है।

(५)

स्त्री तीन सुखोंको नष्ट कर देती है। जिसके स्त्री होती है, उसे ज्ञान नहीं होता; अतः ईश्वर की भक्तिमें भी मन नहीं लगता और भक्ति बिना मुक्ति नहीं मिलती।

(६)

कनक और कामिनी दोनों आगकी लपट हैं। इनके देखनेसे ही पर जलते हैं और छूनेसे तो प्राणी नष्ट ही हो जाता है।

(७)

जहाँ स्त्री है वहाँ राम नहीं और जहाँ राम है वहाँ स्त्री नहीं। भगवानकी भक्ति और स्त्रीकी प्रीति दोनों एक ही पुरुष नहीं कर सकता। जिस तरह दिन और रात एकत्र नहीं हो सकते; उसी तरह राम और काम भी एकत्र नहीं रह सकते।

सारांश यह, मोक्ष लाभ करने या जन्म-मरणसे वचकर परमपद पाने में ये स्त्रियाँ ही वाधक हैं। लोग इनके जालमें फँस जाते हैं, अतः जन्म-जन्मान्तर तक नरक भोगते हैं। उनको सद्गति मिलना कठिन हो जाता है। वक़ौल महाकवि ज़ौक़, कोई समझदार, जहाँदीदा पुरुष ही इस स्त्री-जालमें फँसनेसे वचता है। कहा है:—

दुनिया है वह सैयाद, कि सब दाममें इसके।
आ जाते हैं, लेकिन कोई दाना नहीं आता॥

दुनिया वह जाल है कि इसमें सभी फँस जाते हैं; कोई विचारशील ही इसमें फँसनेसे बचता है। जो इस जालमें नहीं फँसता, वही नरकोंसे बचता और मुक्ति लाभ करता है।

छप्पय

सब ग्रन्थनके ज्ञानवान अरु नीतिवान नर।
तिनमें कोऊ होत मुक्ति-मारगमें तत्पर॥

सबको देत बहाय, बंक-नयनी यह नारी।
जाकी बाँकी भौंह नचत अति ही अनियारी॥
यह कूँजी करम कपाटकी, खेलनको ऊकत फिरत।
जिनके न लगत मन दृगनमें, ते भवसागरको तरत॥६२॥

सार—सुन्दरी स्त्रियां पुरुषोंकी सद्गतिमें बाधक हैं

62. One may be versed in the Shastras, reputedly wise and humble, but there are few who can claim the higher and better life—after death for, there is the oblique brow of women having beautiful eyes moving in it, which like a key, opens the lock of the gate of hell.

—○—

कृशः काणः खंजः श्रवणरहितः पुच्छविकलो
व्रणी पूयक्लिन्नः कृमिकुलशतैरावृततनुः॥
क्षुधाक्षामो जीर्णः पिठरककपालार्पितगलः
शुनीमन्वेति श्वा हतमपि निहन्त्येव मदनः॥६३॥

काना, लँगड़ा, कनकटा और दुमकटा कुत्ता, जिसके शरीरमें अनेक घाव हो रहे हैं, उनसे पीब और राध झरते हैं, दुर्गन्धका ठिकाना नहीं है, घावोंमें हज़ारोंमें कीड़े पड़े हुए हैं, जो भूखसे व्याकुल हो रहा है और जिसके गलेमें हाँड़ीका घेरा पड़ा हुआ है, कामान्ध होकर कुतियाके पीछे-पीछे दौड़ता है। हाय! कामदेव बड़ा ही निर्दयी है, जो मरेको भी मारता है॥६३॥

खुलासा—कुत्ता इतने क्लेशोंसे व्याप्त होने पर भी, शरीरमें दम न होने पर भी और क्षुधासे व्याकुल होने पर भी, कामान्ध होकर, कुतियाके पीछे दौड़ता है। इससे स्पष्ट मालूम होता है कि कामदेव बड़ा ही नीच और निर्दयी है; क्योंकि वह मुसीबत से मरते हुओं पर भी, अपने सत्यानाशी बाण छोड़नेमें आगा-पीछा नहीं करता। जो कामदेव ऐसे दुर्बलोंका यह हाल करता है, वह मावा-मलाई, घी-दूध और रबड़ी-पेड़े खानेवाले सण्ड-मुसण्डोंका तो और भी बुरा हाल करता होगा। धूर्त्त साधु-सन्त और पण्डे महन्त जो नित्य माल पर माल उड़ाते हैं, क्या काम-बाणोंसे रक्षित रहनेमें समर्थ हो सकते होंगे? कदापि नहीं। जो ऐसा कहते हैं, वे महापापी और मिथ्यावादी हैं। वे एक पाप तो जारकर्म का करते हैं और दूसरा मिथ्याभाषण का।

हमारे देशके अनेक तीर्थों में जो कुकर्म होते हैं, उनकी याद आनेसे कलेजा फटने लगता है। हमारी बेवा माँ, बहिनों और बेटियों की आबरू बचना कठिन हो रहा है। सच तो यह है, दुष्टोंने तीर्थों और मन्दिरोंको इन कुलाङ्गनाओं को फँसानेका जाल मुक़र्रर कर रक्खा है। मोटे-ताज़े वैरागी सन्त और महन्त मुफ्त का बढ़िया-से-बढ़िया माल उड़ाते हैं। इसके बाद जब उन्हें कामदेव सताता है, तब भोली-भाली स्त्रियोंको बहकाकर, उन्हें उल्टी पट्टियाँ पढ़ाकर, उनकी लाज लूटते और उनका सतीत्व भङ्ग करते हैं। घोंघा बसन्त भोंदू लोग ऐसे सण्ड-मुसण्डोंको सच्चा महात्मा समझते हैं। मनमें इतना भी नहीं समझते कि हमारे

लड्डू-पेड़े, रबड़ी-मलाई, मोहनभोग और खीर-पूरी प्रभृति उड़ाने वालोंको क्या काम नहीं सताता होगा? ये अपनी कामाग्निको किस तरह शान्त करते होंगे? जब पेड़के पत्ते और हवा खाकर जीवन-निर्वाह करनेवालोंको ही कामदेव सताता है, तब क्या इनको छोड़ देता होगा? महात्मा भर्तृहरि के कुत्तेसे लोगोंको शिक्षा ग्रहण कर, सावधान रहना चाहिये और स्त्रियोंको तीर्थों या मन्दिरोंमें जानेसे सर्वथा रोकना चाहिये। यह हम भी नहीं कहते कि सभी महात्मा और पुजारी कहानेवाले ऐसे कुकर्म करते हैं, पर चूंकि हमने ये दुष्कर्म आँखों से देखे हैं, अत: कहना पड़ता है कि ९९ फी सदी इन कुकर्मों में फँसे रहते हैं। क्या आप इन्हें विश्वामित्र और पराशर प्रभृति महर्षियों से भी अधिक इन्द्रिय-विजयी समझते हैं? स्त्री-पुरुष—अग्नि और घी, आग और फूँस अथवा चुम्बक पत्थर और लोहके समान हैं। घी और आग के पास-पास होते ही घी पिघलने लगता है। फूँस के पास अग्नि के आते ही फूँसमें झटसे आग लग जाती है। चुम्बक के सामने लोहा आते ही, चुम्बक लोहेको अपनी ओर खींचता है। ये नेचरल (Natural) या स्वाभाविक मामले हैं, इनमें मनुष्यका वश नहीं। इसीलिये महात्माओंने कहा है :—

नारी निरखि न देखिये, निरखि न कीजे दौर।
देखत ही तें विष चढे, मन आवे कछु और॥
सब सोनाकी सुन्दरी, आवे बास-सुबास।
जो जननी हो आपनी, तोहू न बैठे पास॥

स्त्री को कभी घूर कर न देखना चाहिये, उससे आँखें न मिलानी चाहियें ; क्योंकि स्त्री के देखने से ही विष चढ़ता है और फिर मन बिगड़ जाता है।

अगर सुन्दरी सोने की भी हो और उससे सुगन्ध आ रही हो ; यदि वह अपने पैदा करनेवाली महतारी हो, तो भी उसके पास न बैठना चाहिये।

आशा है, हमारे देशके सीधे-सादे लोग इन पंक्तियों पर ध्यान दे, अपने घरोंकी इज्जत-आबरू पर पानी न फिरने देंगे।

छप्पय

दुबरो कानौ हीन-श्रवण, बिन पूंछ नवाये।
बूढ़ौ बिकल शरीर, बारबिन छार लगाये॥
झरत शीशतें राध, रुधिर कृमि डारत डोलत।
क्षुधा छीण अति दीन, गले घट कण्ठ कलोलत॥
यह दशा श्वान पाई तऊ, कुतियनसे उरझत गिरत।
देखो अनीत या मदनकी, मृतकनको मारत फिरत॥६३॥

सार—कोई भी प्राणी कामदेवके बाणोंसे अछूता बच नहीं सकता।

63. A dog thin, one-eyed, lame, deaf, without tail, with sores full of puss and worms walking over its body, hungry, old, having the round neck of a broken pot round its shoulder, goes after a bitch for inter course. Alas,Kamadeva

(Cupid) makes senseless even those who are almost dead. (An animal under the influence of Cupid is devoid of all sense.)

—o—

स्त्रीमुद्रां झषकेतनस्य परमां सर्वार्थसम्पत्करीं
ये मूढ़ाः प्रविहाय यान्ति कुधियो मिथ्याफलान्वेषिणः ॥
ते तेनैव निहत्य निर्दयतरं नग्नीकृता मुण्डिताः
केचित्पञ्चशिखीकृताश्च जटिलाः कापालिकाश्चपरे॥६४॥

जो मूर्ख सब अर्थ और सम्पदोंकी देने वालीं, कामदेवकी मुद्रारूपी स्त्रियोंको त्यागकर, स्वर्ग प्रभृतिकी इच्छासे, घर छोड़कर निकल गये हैं, उन्हें विरक्त भेषमें न समझना चाहिए। उन्हें कामदेवने अनेक प्रकारके कठोर दण्ड दिये हैं। इसीसे कोई नंगा फिरता है, कोई सिर मुँड़ाए घूमता है, किसीने पञ्चकेशी रखाई है, किसीने जटा रखाई है और कोई हाथमें ठीकरा लेकर भीख माँगता फिरता है ॥६४॥

खुलासा—स्त्री कामदेव की मुद्रा या मुहर है। जिस तरह राजकी मुद्रा या मुहर का अनादर करनेवाले को राजा अनेक प्रकारके दण्ड देता है, उसी तरह कामदेव भी अपनी स्त्रीरूपी मुद्रा का अनादर करनेवालों को नाना प्रकार के दण्ड देता है। किसीको नङ्गा करके फिराता है, तो किसीसे भीख मँगाता है।

यही भाव नीचे की कवितामें और भी स्पष्ट रूपसे झलकता है :—

कुण्डलिया

कामिनि मुद्रा कामकी, सकल अर्थको देत ।
मूरख याको तजत हैं, झूठे फलके हेत ॥
झूठे फलके हेत, तजत तिनही को डाँड़े ।
गहि-गहि मूँड़े मूँड़, वसन बिन कर-कर छाँड़े ॥
भगवा करि-करि भेष, जटिल ह्वै जागत जामिनि ।
भीख माँगके खात, कहत हम छाँड़ी कामिनि ॥६४॥

सार—स्त्री-त्यागियों को कामदेव नाना प्रकारके दण्ड देता है ।

64. Those fools, that throw aside the token of king Kamadeva, namely the women who are productive of love and all sorts of fortunes, and run after unknown subjects, are cruelly punished by the king Kamadeva, some by being made to roam about naked, some by being made to have their heads shaved, some by being allowed to keep only five bunches of hair on their head and some by being made to beg with a pot in their hand.

——:o:——

विश्वामित्रपराशरप्रभृतयो वाताम्बुपर्णाशना-
स्तेऽपि स्त्रीमुखपंकजं सुललितं दृष्ट्वैव मोहं गताः ॥
शाल्यन्नं सघृतं पयोदधियुतं भुञ्जन्ति ये मानवा-
स्तेषामिन्द्रियनिग्रहो यदि भवेद्विन्ध्यस्तरेत्सागरम् ॥६५॥

विश्वामित्र, पराशर, मरीचि और शृङ्गी प्रभृति बड़े-बड़े विद्वान ऋषि-मुनि, जो वायु जल और पत्ते खाकर गुज़ारा करते थे, स्त्रीके मुखकमलको देखकर मोहित हो गये; तब जो मनुष्य अन्न, घी, दूध, दही प्रभृति नाना प्रकारके व्यंजन खाते और पीते हैं, कैसे अपनी इन्द्रियोंको वशमें रख सकते हैं? यदि वे अपनी इन्द्रियोंको वशमें कर सकें, तो विन्ध्याचल पर्वत भी समुद्रमें तैर सके ॥६५॥

खुलासा—कामदेव बड़ा बली है। उसने जब केवल जल, वायु और पत्ते खानेवाले मुनियोंको न छोड़ा, तब वह घी-दूध खाने वालोंको कब छोड़ सकता है? महामुनि विश्वामित्र जब अपना ज्ञान-ध्यान और विवेक-बुद्धि खोकर स्वर्गीय अप्सरा मेनका की रूपच्छटा पर मुग्ध हो गये, महर्षि पराशर नाव में बैठे-बैठे अनजान नाविककी कन्या पर मोहित होगये और हया-शर्मको तिलाञ्जलि देकर, दिन-दहाड़े अपनी माया से दिनमें अन्धकार करके, अपनी कामाग्निकी शान्तिमें मशगूल हो गये, जब मरीचि और शृङ्गी जैसे ऋषि वेश्याओंके हाव-भावों पर मर मिटे, तब साधारण लोग मोहिनियोंके मोह-पाशसे कैसे बच सकते हैं? कहा है:—

स्त्रीभिः कस्य न खण्डितं भुवि मनः

इस पृथ्वी पर स्त्रियोंने किस का मन खण्डित या आकृष्ट नहीं किया ? अर्थात् स्त्रियोंने प्राय: सभी का मन हरा,—सभीके दिलों पर अपनी छाप जमाई ।

छप्पय

कौशिकादि मुनि भये, वात-पय-पर्णाहारी ।
तेहू तिय-मुख-कमल देख, सब बुद्धि विसारी ।।
दधि घृत ओदन दूध, मधुर पक्वान मलाई ।
नित प्रति सेवन करे, रहे बहु मोद बढ़ाई ।।
बहु विधि ज्ञानी नर जग भए, वे नहिं मन कर सके वस ।
यदि होवहिं तो गिरिविन्ध्य जनु,उदधि मध्य उतराहि तस ।।६५।।

सार—जब विश्वामित्र और पराशर जैसे मुनि स्त्रियोंके माया-जालमें फँस गये, तब और कौन बच सकता है ?

65. Vishwamitra, Parashara and others who lived upon air, water and dry leaves only (they also) became captivated as soon as they saw the charming lotus-like faces of women. Surely then if those who live upon rice mixed with ghee, butter and milk, can be successful in controlling their passions, Vindhya mountains would float on the ocean.

स्त्री-त्यागकी प्रशंसा

संसारेऽस्मिन्नसारे कुनृपतिभुवनद्वारसेवावलम्ब-
व्यासंगध्वस्तधैर्यम् कथममलधियो मानसं सन्निदध्युः
यद्येताः प्रोद्यदिन्दुद्युतिनिचयभृतो न स्युरम्भोजनेत्राः
प्रेङ्खत्कांचीकलापाःस्तनभरविनमन्मध्यभागास्तरुण्यः ॥६६॥

अगर इस असार संसारमें, पूर्ण चन्द्रमाकी-सी कान्तिवाली, कमलकी-सी आँखो वाली, कमरमें लटकती हुई कर्धनी पहनने वाली, स्तनोंके भारसे झुकी हुई कमर वाली युवती स्त्रियाँ न होतीं, तो निर्मल-बुद्धि मनुष्य, दुष्ट राजाओंके द्वारकी सेवाओंमें अनेक कष्ट उठाकर अधीर-चित्त क्यों होते ?॥६६॥

खुलासा—पुरुषों को अपने पेट के लिये, राजा-महाराजाओं और अमीर-उमराओंकी सेवा करके, उनकी टेढ़ी भृकुटियोंसे हर समय काँपते रहने और बारम्बार अपमानित होने एवं अन्यान्य प्रकार की अनेकों मुसीबतें उठानेकी क्या जरूरत थी ? संसारमें पुरुष अपनी प्राणप्यारीके लिये ही नाना प्रकारके कष्ट सहता है, उसीके लिये रणक्षेत्रमें जाकर अपनी गर्दन दे देता है, उसीके लिये तरह-तरहकी जिल्लत और बेइज्जती बर्दाश्त करता है। उसीके सुखकी गरजसे, वह अपने घोर शत्रुओं तक की खुशामदें करके अपने मानको मलीन करता है। बहुत कहना व्यर्थ है, स्त्री ही पुरुषोंके मानमर्दन और दीनता का कारण है।

छप्पय

तौं असार संसार जान, सन्तोष न तजते।
भीर भारके भरे भूपको, भूल न भजते॥
बुद्धि विवेक निधान, मान अपने नहिं देते।
हुकुम विरानो राख, दुःख सम्पद नहिं लेते॥
जो यह नहिं होती शशि-मुखी, मृगनयनी केहरि कटी।
छवि जटी छटा निकसी छरी, रस लपटी छूटी लटी॥६६॥

सार—स्त्रियोंके ही कारणसे पुरुषोंको नाना प्रकारकी तकलीफें उठानी पड़ती हैं।

66. If there would not have been such lotus-eyed young women with face shining like a newly-risen moon, wearing sweet sounding girdle, whose waist is bent under the load of breasts, then persons of pure intellect would not have put up with various insults by serving in the courts of wicked kings.

—❀—

सिद्धाध्यासितकन्दरे हरवृषस्कन्धावगाढद्रुमे
गंगाधौतशिलातले हिमवतः स्थाने स्थिते श्रेयसि॥
कः कुर्वीत शिरःप्रणाममलिनं म्लानं मनस्वी जनो
यद्वित्रस्तकुरंगशावनयना न स्युः स्मरास्त्रं स्त्रियः॥६७॥

यदि जगत में कामिनी न होती, तो महादेव के वाहन नन्दी के कन्धा रगड़ने के वृक्षों और गंगाजल से पवित्र हुई शिलाओंवाले हिमालय के स्थान छोड़ कर, कौन मनस्वी पुरुष लोगोंके सामने जा, उन्हें सिर झुका, अपने मान को मलिन करता ? [पृ० २१२]

यदि त्रस्ता मृगशावकनयनी कामास्वरूपा कामिनी इस जगतमें न होतीं, तो सिद्ध—महात्माओंकी गुफायें, महादेवके वाहन—नन्दीश्वर—बैलके कन्धा रगड़नेके वृक्ष और गंगाजलसे पवित्र हुई शिलाओंवाले हिमालयके स्थान छोड़कर, कौन मनस्वी—बुद्धिमान पुरुष लोगोंके सामने जा, उन्हें माथा झुका, प्रणाम करके, अपने मानको मलीन करता ? ॥६७॥

खुलासा—संसारमें, एकमात्र स्त्री के ही कारणसे, पुरुषोंको अनेक तरहसे नीचा देखना पड़ता है। अगर स्त्री न होती, तो पुरुष हिमालय पर्वतकी गुफाओंमें अथवा गङ्गा-तट पर किसी उत्तम वृक्षकी छाया में बैठकर, शिव-शिव करता हुआ, अपने दिन सच्ची सुख-शान्तिसे व्यतीत करता। उसे अपनी मान-प्रतिष्ठा खोकर, जने-जने की खुशामद करने की कौन-सी आवश्यकता थी ? इसमें जरा भी शक नहीं कि संसारमें एकमात्र स्त्री ही के कारण, पुरुषको तरह-तरह की जिल्लतें उठानी और जगह-जगह बेइज्जती सहनी पड़ती है।

कुण्डलिया

अभय हरिण-शावक-नयन, कांम-बाण-सम नार
जो घरमें होती नहीं, सहजहिं होतौ पार ॥
सहजहिं होतौ पार, बैठ गिरगुहा सिद्ध वन।
जहाँ तरुन सों अङ्ग खुजात फिरैं हरवाहन ॥
स्वच्छ फटिक हिम शैल तले जहँ बहैं गंगपय।
निशिदिन धरि हरि-ध्यान, चित्तकूँ राखिय निर्भय ॥६७॥

सार—स्त्रियोंके कारण ही पुरुषोंको जगह-जगह नीचा देखना पड़ता है, नहीं तो वन-पर्वतोंमें किस चीज़का अभाव है ?

67. If there would not have been women, who are the instruments of Kamdeva and who have eyes like those of the fearless young deer, then what high-minded man would have humiliated himself by bowing his head down before men and women, leaving the blissful region of the Himalayas in whose caves pious men reside and where the bull of God Shiva rubs his shoulder against the trees and where the mountain slabs are washed by the water of the Ganges.

—❀—

संसार तव निस्तारपदवी न दवीयसी ।
अन्तरा दुस्तरा न स्युर्यदि रे मदिरेक्षणाः ॥६८॥

हे संसार ! यदि तुझमें मदसे मतवाले नेत्रोंवाली दुस्तरा स्त्रियाँ न होतीं, तो तेरे परली पार जाना कुछ कठिन न होता ॥६८॥

खुलासा—मनुष्य इस लोकमें, कर्म-बन्धन या जन्म-मरणकी फाँसीसे पीछा छुड़ानेके लिए आता है। मोक्षकी साधना के लिए ही उसे मनुष्य-देहरूपी पारसमणि मिलती है कि वह नियत अवधि के भीतर, उससे मोक्षरूपी सोना बना ले। पर यहाँ

आने पर, उसका वचपन तो खेल-कूद और पढ़ने-लिखनेमें कट जाता है। यौवनावस्था आने पर वह चञ्चलनयनी, उन्नत-नितम्बिनी, पीनपयोधरा कामिनियों के रूप-जालमें फँस जाता है। इनमें वह ऐसा भूलता है कि उसकी सारी उम्र बीत जाती है और उसे अपने कर्त्तव्य-कर्मकी याद तक नहीं आती। इतने में ही उसकी अवधि पूरी हो जाती है और उससे पारसमणि रूपी मनुष्य-देह छिन जाती है; यहाँसे वह मोक्षरूपी सोना वनाये विना ही, फिर कोरा चला जाता है। तात्पर्य यह कि कामिनियोंके कारण मनुष्य इस संसार-सागरसे पार नहीं हो सकता। उसके इस काममें वे वाधा डालती हैं। सच है, संसारमें यदि कामिनी और काञ्चन न होते, तो फिर किसीको भी इस भव-सागरको पार करनेमें कठिनाई न होती। रसिक कविने खूब कहा है :—

दोहा

मदमाती मृगलोचनी जो होती नहिं नार।
गमन न दुर्लभ कछुक था जगके परली पार॥

सोरठा

जो नहिं होती नार, तो तरिबौ जगमें सुगम।
यह लाँबी तरवार, मार लेत अधबीचही॥

सार—संसार-सागरसे पार होनेमें, नेत्रोंसे जादू करने-वाली सुन्दरी स्त्रियां ही बाधा-स्वरूप हैं।

68. O world, it would not have been very difficult to cross you if there were not this great obstacle in the form of woman having beautiful eyes.

—※—

यौवन-प्रशंसा

——०——

राजंस्तृष्णांबुराशेर्न हि जगति गतः कश्चिदेवावसानं
को वाऽर्थोऽर्थैः प्रभूतैः स्ववपुषि गलिते यौवने सानुरागे ॥
गच्छामः सद्म यावद्विकसितनयनेन्दीवरालोकिनीनामा-
क्रम्याक्रम्य रूपं झटिति न जरया लुप्यते प्रेयसीनाम् ॥६९॥

हे महाराज ! इस तृष्णारूपी समुद्रके पार कोई न जा सका। अतीव प्यारी यौवनावस्थाके चले जाने पर, अधिक धन-सञ्चयसे क्या लाभ होगा ? हम शीघ्र ही अपने घर क्यों न चले जायँ, क्योंकि, कहीं ऐसा न हो कि विकसित कुमुद और कमलके समान नेत्रोंवाली हमारी प्यारियोंके रूपको वृद्धावस्था घुला-घुलाकर विगाड़ डाले। ॥६९॥

खुलासा—राजन् ! तृष्णा-पिशाचिनीका अन्त नहीं। यह दिन-दिन वढ़ती ही जाती है। हज़ार होने पर लाख की, लाख होने पर करोड़ की और करोड़ होने पर अरब-खरब की अथवा

साम्राज्यकी इच्छा होती है। मनुष्य बूढ़ा हो जाता है, उसके बाल पक जाते हैं, दाँत गिर जाते हैं; पर तृष्णा न बूढ़ी होती है और न उसका कोई अङ्ग क्षीण होता है। वह तो बढ़ती ही जाती है। किसी ने कहा है:—

निःस्वः वष्टि शतं शती दशशतं लक्षं सहस्राधिपो,
लक्षेशः क्षितिपालतां क्षितिपतिश्चक्रेशतां वाञ्छति।
चक्रेशः पुनरिन्द्रतां सुरपतिर्ब्राह्मम्पदं वाञ्छति,
ब्रह्मा शैवपदं शिवो हरिपदं आशावधिं को गतः ?॥

निर्धन सौ रुपये चाहता है, सौ वाला दस हज़ार चाहता है, और हज़ारपति लाख रुपये चाहता है, लखपति राजा होना चाहता है, राजा सम्राट होना चाहता है, सम्राट इन्द्र होना चाहता है, इन्द्र ब्रह्मा होना चाहता है, ब्रह्मा शिव होना और शिवजी विष्णु होना चाहते हैं। किस की आकांक्षा का शेष हुआ है ? मतलब यह, आज तक कोई भी इस तृष्णा-नदीके पार न जा सका। क्या हम इसके पार पहुँच सकेंगे ? हरगिज़ नहीं। तब हम क्यों इस पिशाचिनीके फेरमें पड़कर, अपनी जवानीको बर्बाद करें; क्योंकि जवानी एक बार जाकर फिर नहीं आती ?

महाकवि दाग़ ने कहा है:—

रहती है कब बहारे जवानी तमाम उम्र।
मानिन्द बूये गुल इधर आई उधर गई॥
जो जाकर न आये वह जवानी देखी।
जो आकर न जाये वह बुढ़ापा देखा॥

जवानी की बहार सारी उम्र कहाँ रहती है ? वह तो फूलकी खुशबूकी तरह इधर आती है और उधर चली जाती है। जवानी तो जाकर फिर नहीं आती और बुढ़ापा आकर फिर नहीं जाता।

और भी किसी हिन्दी-कवि ने कहा है—

सदा न फूले तोरई, सदा न सावन होय।
सदा न जोबन थिर रहे, सदा न जीवे कोय॥

अगर तृष्णाके फेरमें पड़े रहनेसे, इधर हमारी जवानी चली गई और उधर हमारी प्राणप्यारीकी जवानी चली गई, तो हमारे धन जमा करनेसे क्या लाभ होगा ? हमने अपनी आज़ादी इसी लिये खोई है कि हम धन कमाकर, घरमें जा, अपनी नवयुवती का यौवन-सुख भोगें; पर हमारे एक इसी धुनमें लगे रहने से सब चौपट हो जायगा। इसलिये हमें शीघ्र ही घर जाना चाहिये और जवानी के, प्रातःकालीन दीपकके समान, निस्तेज होने से पहले, अपनी प्राणवल्लभाकी उठती जवानीका आनन्द उपभोग करना चाहिये; क्योंकि यदि हम प्रवासमें रहें और प्यारी हमारे पास न रहे—हमसे दूर रहे; तो हमारा धन और हमारी जवानी दोनों ही वृथा हैं। ऐसी जवानी और ऐसी दौलतसे कोई लाभ नहीं। किसी ने कहा है:—

वित्तेन किं ? वितरण यदि नास्ति दीने,
किं सेवया ? यदि परोपकृतौ न यत्नः।
किं संगमेन ? तनयो यदि नेक्षणीयः,
किं यौवनेन ? विरहो यदि वल्लभाया॥

अगर ग़रीब और मुहताजों को धन न दिया जाय, तो धन के होनेसे क्या लाभ? वह धन निष्फल है। यदि पराया उपकार न किया जाय, तो सेवा निष्फल है। जिस स्त्री-संगम से पुत्र न पैदा हो, वह स्त्री-संगम वृथा है। यदि प्यारीके साथ जुदाई हो, तो जवानी वृथा है। ऐसी जवानीसे क्या फ़ायदा? सारांश यह है कि जब स्त्री-पुरुष दोनों ही जवान हों, तभी काम-क्रीड़ाका आनन्द है। बुढ़ापेमें क्या रक्खा है? स्त्री-भोगका आनन्द जवानीमें ही है; क्योंकि जवानीमें ही बदनमें ताक़त रहती है और जवानीमें ही कामदेव का जोश रहता है। अगर स्त्रीका यौवन उतार पर आ जाय, उसके स्तन सिकुड़ जायँ वा थैलेसे लटकने लगें, तब क्या आनन्द है? उस समय स्त्री उल्टी बुरी लगती है। जो मज़ा है, नवीना नारीमें ही है। कहा है:—

नवंवस्त्रं नवच्छत्रं नव्या स्त्री नूतनं गृहम्।
सर्वत्र नूतनं शस्तं सेवकान्ने पुरातने॥

सब देशोंमें नया कपड़ा, नया छाता, नयी स्त्री और नया घर—ये अच्छे समझे जाते हैं। केवल नौकर और अन्न ये पुराने अच्छे समझे जाते हैं। कहा है:—

शशी दिवसधूसरो गलितयौवना कामिनी,
सरो विगतवारिजं मुखमनक्षरं स्वाकृतेः।
प्रभुर्धनपरायणः सततदुर्गतः सज्जनो।
नृपाङ्गणगतःखलो मनसि सप्तशल्यानिमे॥

दिनका मलीन चन्द्रमा, क्षीणयौवन कामिनी, विना कमलों

का तालाब, सुन्दर सूरतवाला निरक्षर—मूर्ख, धनका लोभी स्वामी, दरिद्री सज्जन और राजसभामें दुष्ट--ये सात मेरे हृदयमें काँटेकी तरह खटकते हैं।

सारांश यह है कि सब काम अपने-अपने समय पर अच्छे लगते और अपना फल देते हैं। खेती सूख जाने पर बरसने से क्या लाभ? समय पर चूक कर, पीछे पछताने से क्या फ़ायदा? पानी आ जाने पर मेंड़ बाँधने और बुढ़ापा आ जाने पर शादी करनेसे क्या लाभ? नीति में लिखा है:—

(१)

निर्वाणे दीपे किमु तैलदानं
चौरे गते वा किमु सावधानम्।
वयोगते किं वनिता-विलासः
पयोगते किं खलु सेतुबन्धः॥

(२)

शीतेऽतीते वसनमशनं वासरान्ते निशान्ते
क्रीड़ारम्भः कुवलयदृशां यौवनान्ते विवाहः॥
सेतोर्बन्धः पयसि गलिते प्रस्थिते लग्नचिन्ता
सर्वञ्चैतद्भवति विफलं स्वस्वकाले व्यतीते॥

दीपक बुझ जाने पर तेल डालने से क्या? चोर के माल ले जाने पर सावधानीसे क्या? जवानी चली जानेपर वनिता-विहार से क्या? जल के चले जाने पर पुल बाँधने से क्या? ॥१॥

जाड़ा चला जाने पर कपड़े पहनने से क्या? साँझ हो जाने

पर भोजन करने से क्या ? रात बीत जाने पर नीलकमलोंके समान नेत्रोंवाली स्त्रियोंके साथ प्रसङ्ग करने से क्या ? जवानी चली जाने पर विवाह करने से क्या ? जलके चले जाने पर पुल बाँधनेसे क्या ? प्रस्थान कर देने पर, लग्न-चिन्तासे क्या ? अर्थात ये सब अपना-अपना समय बीतने पर निष्फल हैं ॥२॥

बुढ़ापेमें चौदह-चौदह और सोलह-सोलह बरस की उठती जवानीकी कामिनियोंके साथ जो नासमझ बूढ़े खुर्राट विवाह करते हैं, वे इस श्लोकसे शिक्षा ग्रहण करें। क्या सिरसका फूल हीरेमें छेद कर सकता है ? ऐसे अधर्म्मियोंकी इस लोकमें बदनामी होती और परलोकमें उन्हें भयंकर दण्ड मिलता है। इनकी स्त्रियाँ इनके लात मार कर, या तो कहार और रसोइयोंसे आशनाई करतीं अथवा साईस और कोचवानोंके साथ भाग जाती हैं। हाँ, कोई-कोई कलियुगी पतिव्रता, अपने बूढ़े बालमको, बिना ज़रा-सा भी कष्ट दिये, सेंत-मेंतमें पुत्र-रत्न देकर, उसके कुलका नाम चला देती अथवा वंशको डूबनेसे बचा लेती है। धिक्कार हैं ऐसे विवाह और ऐसी औलादको ! ऐसी वर्णसंकर सन्तानसे वंशका नाम लोप हो जाना कहीं भला।

कुण्डलिया

नरवर ! तृष्णासिन्धुके, पार न कोई जाय।
कहा अर्थ संचय किये, कालसर्प वय खाय॥
कालसर्प वय खाय, नेह अरु प्रेम नसावै।
कहा होय घर गये, तबै कछु हाथ न आवै ?।

तासों तबलों वेग, भाग चलिये द्वारे घर ।
कमलनयन तिय रूप, जरा जबलों नहिं नरवर ॥६९॥

सार—कमलनयनी कामिनियोंके भोगने का समय युवावस्था ही है । जो पुरुष धन-तृष्णामें फँस, अपनी और अपनी पत्नी की जवानीका सुख नहीं भोगते, वे बड़े ही मूर्ख हैं । धन भी तो सुख-भोगोंके लिए ही कमाया जाता है ; जब सुख-भोग न भोगे, तब धन कमाना वृथा ही हुआ ।

69. O Sovereign, no one has been able to cross this ocean of desires; and when this my youg age full of affection is lost in itself, then what is the use of earning much wealth. I should, therefore, go home before old age takes away the beauty of my beloved lady whose eyes are like blossomed lotuses.

—❀—

रागस्यागारमेकं नरकशतमहादुःखसंप्राप्तिहेतु-
र्मोहस्योत्पत्तिबीजं जलधरपटलं ज्ञानताराधिपस्य ॥
कन्दर्पस्यैकमित्रं प्रकटितविविधस्पष्टदोषप्रबन्धं
लोकेऽस्मिन्नह्यनर्थम् निजकुलदहनं यौवनादन्यदस्ति ॥७०॥

अनुरागके घर, नरकके नाना प्रकारके दुःखोंके हेतु, मोहकी उत्पत्तिके बीज, ज्ञानरूपी चन्द्रमाके ढकनेको मेघ-समूह, कामदेवके मुख्य मित्र, नाना दोषोंको स्पष्ट प्रकटानेवाले और अपने कुलको दहन करनेवाले—यौवनके सिवा, इस लोकमें, दूसरा कोई अनर्थ नहीं है ॥७०॥

खुलासा—सारी आफ़तोंका मूल—अनुराग, यौवनावस्थामें ही होता है। इस अवस्थामें ही मनुष्यको प्रेम या इश्क़की बीमारी लगती है। उस्ताद ज़ौक़ कहते हैं:—

इश्क़का जोश है जब तक कि जवानीके हैं दिन।
यह मर्ज़ करता है शिद्दत इन्हीं अय्याम में ख़ास॥

प्रेमरूप व्याधिके उभरनेका खटका जवानी में ही रहता है। ये दिन ही इस बीमारीके लिए ख़ास हैं।

जब मनुष्य पर इश्क़का भूत सवार हो जाता है, तब वह ज्ञानी और पण्डित होने पर भी, अज्ञानी और मूर्ख हो जाता है; उसे बुरे-भलेका विचार नहीं रहता। उसकी आँखोंके सामने उसका माशूक़ ही हरदम फिरता रहता है। वह अपने माशूक़ को प्राप्त करनेके लिये नाना प्रकारके उपाय करता है। यदि मनोकामना पूरी नहीं होती, तो वह कुपित होता है। क्रोधसे उसकी रही-सही बुद्धि भी मारी जाती है। बुद्धि के नष्ट होनेसे मनुष्य विना पतवार की नावकी तरह शीघ्र ही नष्ट हो जाता है। अनेकों नौजवान इस प्रेम या इश्क़ की बीमारीमें गिरफ़्तार होकर जानसे मारे गये। अनेकोंके घर तबाह हो गये और

अनेकों करोड़पति ख़ाकपति हो गये। स्पष्ट है कि अनुराग या मुहब्बत हज़ारों आफ़तोंकी जड़ है। अनुरागी इस जन्ममें स्त्रीका गुलाम होकर रहता है। वह कठपुतलीकी तरह उसे जो नाच नचाती है, वह वही नाच नाचता है। परमात्माको कभी भूल कर भी याद नहीं करता। मौतका ख़याल न रहनेसे, नाना प्रकारके अत्याचार और जुल्म करता है। लेकिन यह अनुराग जवानीमें ही होता है, इसीलिये कविने जवानीकी निन्दा की है। इसमें शक नहीं कि जवानी अनेक प्रकारके अनर्थोंकी जड़ है। कहा है :—

यौवनं धनसम्पत्तिः प्रभुत्वमविवेकता।
एकैकमप्यनर्थाय किमु यत्र चतुष्टयम्?॥

जवानी, धनसम्पत्ति, प्रभुता और अज्ञानता,—इनमें से प्रत्येक अनर्थकारी है। जहाँ ये चारों एकत्र हों, वहाँकी तो बात ही न पूछिये।

छप्पय

इन्द्रिन को हित-धाम, कामको मित्र महावर।
नरक-दुःखको हेतु, मोहको बीज मनोहर।
ज्ञान-सुधाकर-सीस, सजल सावनको बादर।
नाना विधि बकवाद करन कों बड़ो बहादुर।
सब ही अघकों है मूल्य, यह यौवन अकृतहि को कवच।
या बिना और को कर सके, सुन्दर सुख पर श्याम कच ?॥७०॥

सार—जवानी अनर्थोंकी जड़ है। अतः जवानीमें मनुष्यको खूब सावधानीसे चलना चाहिये।

70. In this world there is nothing more harmful than young age, which is the seat of affection, the root cause of the miseries of a hundred hells, the very seed for the growth of delusion, the clouds as it were for covering the moon of reasoning, the only friend of Kamdeva, the doer of many kinds of vices and the destroyer of its own self.

—:—

शृङ्गारद्रुमनीरदे प्रचुरतः क्रीड़ारसस्रोतसि
प्रद्युम्नप्रियबान्धवे चतुरतामुक्ताफलोदन्वति ॥
तन्वीनेत्रचकोरपार्वणविधौ सौभाग्यलक्ष्मीनिधौ
धन्यःकोऽपि न विक्रियां कलयति प्राप्ते नवे यौवने॥७१॥

शृङ्गार रूपी वृक्षोंके सींचनेवाले, क्रीड़ारसको विस्तारसे प्रवाहित करनेवाले, कामदेव के प्यारे मित्र, चातुर्यरूपी मोतियोंके समुद्र, कामिनियोंके नेत्ररूपी चकोरोंको पूर्णचन्द्र, सौभाग्य-लक्ष्मीके ख़ज़ाने—यौवनको पाकर, जो विकारोंके वशीभूत नहीं होते, वे निश्चय ही भाग्यवान हैं ॥७१॥

खुलासा—यौवन विषयवासनाओंको बढ़ाने वाला और भोग-

विलासका ज़बर्दस्त सोता है। यह स्त्रियोंको प्यारा लगनेवाला तथा चतुराई और सुख-सम्पत्तियोंकी खान है। जवानीमें, मनुष्य की भोगविलास की इच्छाएँ बहुत ही तेज़ हो जाती हैं; इस-लिये यह बड़ा ही नाज़ुक समय है। इस अवस्थामें, जो पुरुष अपनी इन्द्रियोंको वशमें रख सकता है, उन्हें कुमार्गमें जानेसे रोक सकता है, वह सचमुच ही भाग्यवान है। धातुओंके क्षीण होने पर, बुढ़ापा आने पर, तो सभी शान्त हो जाते हैं; पर इस जवानी दीवानीमें ही जो शान्त रहे, स्त्रियोंके जालमें न फँसे, वही प्रशंसा-योग्य है। भीष्म पितामहने अपनी सारी उम्र बिना स्त्रीके ही बिता दी, जीवन-भर ब्रह्मचर्य-व्रत पालन किया। यदि वे चाहते तो स्वर्गकी अनेक अप्सरायें उनके चरणोंको धो-धोकर पीतीं। पर यदि वे ऐसा करते, तो महाशक्तिशालियोंमें उनकी गणना न होती और संसार उन्हें धर्मधुरीण शूरशिरोमणि न कहता।

छप्पय

यह यौवन घनरूप, सदा सींचत शृङ्गार तर।
क्रीड़ा-रस को सोत, चतुरता-रत्न देत कर।
नारी-नयन-चकोर, चोप को चन्द विराजत।
कुसुमायुध को बन्धु, सिन्धु शोभा को भ्राजत।
ऐसो यह यौवन पायके, जे नहिं धरत विकार मन।
ते धरम-धुरन्धर धीर-मणि, शूरशिरोमणि सन्तजन॥७१॥

सार—जवानीमें जो विकारोंके वशीभूत नहीं होते, वे निश्चय ही प्रशंसापात्र हैं।

71. He is fortunate who is not beside himself on attaining this young age which is like the raining clouds to the tree of love, the fountain of various enjoyments, the dear friend of Kamdev, the ocean of pearl-like dexterity, the full moon to the partridge-like eye of woman and the storehouse of good fortune.

—:—

कामिनी-गर्हण-प्रशंसा

कान्तेत्युत्पललोचनेति विपुलश्रोणीभरेत्युत्सुकः
पीनोत्तुङ्गपयोधरेति सुमुखाम्भोजेति सुभ्रूरिति ॥
दृष्ट्वा माद्यति मोदतेऽभिरमते प्रस्तौति जानन्नपि
प्रत्यक्षाशुचिपुत्तिकां स्त्रियमहो मोहस्य दुश्चेष्टितम् ॥७२॥

अहो ! मोहकी कैसी विचित्र महिमा है कि बड़े-बड़े विद्वान परिडत भी, प्रत्यक्ष ही अपवित्रताकी पुतली—स्त्रीको देखकर मोहित हो जाते हैं, उसकी स्तुति करते हैं, आनन्दित होते हैं, रमण करते

हैं और उत्कण्ठित होकर हे कमलनयनी ! हे विशाल नितम्बोंवाली ! हे विशालाक्षी ! हे कल्याणि ! हे शुभे ! हे पुष्टपयोधरवाली ! हे सुन्दर भौंहोंवाली प्रभृति नाना प्रकारके सम्बोधनोंसे उसे सम्बोधित करते हैं ॥७२॥

खुलासा—स्त्री हर तरह से अपवित्र और गन्दगी का पिटारा है। उसके स्तन मांसके लौंदे हैं, उसका मुँह कफका आगार है, उसकी जाँघें मूत्रसे अपवित्र रहती हैं और उसके मल-मूत्र त्यागने के स्थानों में दो अंगुलका भी अन्तर नहीं—ऐसी स्त्रीकी, साधारण नहीं, बड़े-बड़े विद्वान और पण्डित खुशामद करते हैं, उसे अच्छे-से-अच्छे नामोंसे सम्बोधित करते हैं, यह क्या मोहकी महिमा नहीं है ? मोह उनकी विद्या-बुद्धि और ज्ञानको नष्ट कर देता है, इसीसे वे अपवित्रता की पुतलीको संसारके सभी पदार्थों से अधिक चाहते हैं और प्यार करते हैं। निश्चय ही, मोहने जगत को अन्धा कर रक्खा है। देखिये, विद्वानोंने स्त्रियोंकी कैसी तारीफें की हैं:—

स्त्रियोंकी तारीफोंके नमूने

संस्कृत कवियोंकी उक्तियाँ

सुविरलमौक्तिकतारे धवलांशुकचन्द्रिकाचमत्कारे ।
वदनपरिपूर्णचन्द्रे सुन्दरि राकाऽसिनात्र सन्देहः ॥

हे सुन्दरि ! तेरे हारके मोती तारोंकी तरह खिल रहे हैं।

तेरे सफेद वस्त्र चाँदनीका चमत्कार दिखा रहे हैं और तेरा मुख पूर्णमासीके चन्द्रमाकी तरह शोभायमान है; अतः तू निश्चय ही पौर्णिमा है।

श्यामलेनांकितं बाले भाले केनापि लक्ष्मणा।
मुखं तवांतरासुप्तभृंङ्गफुल्लांबुजायते ॥ १ ॥

हे बाले! तेरी पेशानी या मस्तकमें जो एक काला-काला चिह्न-सा है, उससे तेरा चेहरा ऐसा मालूम होता है, गोया खिले हुए कमलके बीचमें भौंरा सो रहा हो।

स्मयमाननानां तत्र तां विलोक्य विलासिनीम्।
चकोराश्चंचरीकाश्च मुदं प्ररतरां ययुः ॥ २ ॥

उस मन्द-मन्द मुस्करानेवाली नायिकाको देखकर चकोरों और भौंरोंको खूब आनन्द आया; यानी चकोर उसे चन्द्रमा समझ कर खुश हुए और भौंरे कमल समझ कर।

दिवानिशं वारिणी कण्ठदघ्ने दिवाकराराधनमाचरन्ती।
वक्षोजतायै किमु पक्ष्मलाक्ष्यास्तपश्चरत्यंबुजपंक्तिरपा ॥३॥

जलमें कण्ठ तक रहकर, दिन-रात सूर्य की आराधना करनेवाली, यह कमलों की क़तार क्या सुनयनी नायिकाके कुच बनने के लिये तप कर रही है?

आननं मृगशावाक्ष्या वीक्ष्य लोलालकावृतम्।
भ्रमद्भ्रमरसम्भारं स्मरामि सरोरूहम् ॥४॥

हिरनके बच्चेकी-सी आँखोंवाली सुन्दरीके मुँहको चञ्चल

अलकोंसे ढका हुआ देखनेसे मुझे ऐसा मालूम होता है, गोया कमलके ऊपर भौंरोंका झुण्ड घूम रहा है।

जगदन्तरममृतमयैरंशुभिरामूरयन्नितराम्।
उदयति वदनव्याजात् किमु राजा हरिणशावकनयनायाः ॥५॥

मृगशावकनयनीके चेहरेके बहानेसे संसार को अपनी अमृतमय किरणोंसे भर देनेके लिये, क्या चन्द्रमा उदित हुआ है?

तिमिर शारदचन्दिरंचन्द्रिकाः कमलविद्रुम चम्पककोरकाः।
यदि मिलकति तदापि तदाननं खलु तदा कलया तुलयामहे ॥६॥

घोर अन्धकार, शरद्का चन्द्रमा, चाँदनी, कमल, मूँगा और चम्पाकली,—ये सब अगर किसी समय एकही पदार्थमें इकट्ठे पाये जायें, तो मैं उस नायिकाके चेहरेके एक अंशकी तुलना कर सकूँ; यानी घोर अन्धकारसे उसके काले-स्याह बालोंकी, शरद्के चाँदसे उसके मुखकी, चाँदनीसे लावण्यकी, कमलसे नेत्रोंकी, प्रवालसे होठोंकी और चम्पाकी कलियोंसे दाँतोंकी तुलना करूँ।

उर्दू कवियोंकी मनोहर उक्तियाँ

कोई स्त्रियोंके दाँतोंकी तारीफ़ करता है, तो कोई उसके होठोंकी प्रशंसामें कविता रचता है, और कोई उसके गालके तिल पर ही अपनी शायरीका खातमा करता है। उर्दू-कवियोंकी तारीफ़ोंके

नमूने भी देखिये:—

दाँत यूँ चमके हँसीमें रात उस माहपाराके।
मैंने जाना, माहताबाँ पारा-पारा हो गया ॥१॥
अश्क़के क़तरे, नहीं देखते हैं उस रुख़ पर।
सितारे धूपमें हम दोपहरको देखते हैं ॥२॥

बहरमें मोती पानी पानी, लाल का ख़ूँ पत्थर में।
देखो, लबो दन्दाँसे तुम्हारे लालो गुहरके झगड़े हैं ॥३॥

न क्यों तेरे दाँतोंसे झूठा हो मोती।
कि दावा किया था सफ़ाईका झूठा ॥४॥

वह चन्द्रमुखी रातको जो हँसी, तो उसके दाँतोंकी क़तार की चमकसे मुझे ऐसा मालूम हुआ गोया चन्द्रमाके टुकड़े-टुकड़े हो गये ॥१॥

उसके गाल पर पसीनेकी बूँदें नहीं हैं, वे तो दोपहरके समय धूपमें तारे दिखाई दे रहे हैं ॥२॥

तेरे दाँतोंकी आभाको देखकर, समन्दरमें मोती शर्मके मारे पानी-पानी हो रहा है और तेरे ओठों की सुर्ख़ीको देखकर लाल-का दिल पहाड़ की गुफामें स्पर्द्धाके मारे ख़ून हो गया है। देख तो सही, तेरे दाँत और होटोंके कारण, मोती और लालों की

माहताबाँ = चाँद। माहपारा = चन्द्रवदनी। पारा पारा हो गया = टुकड़े-टुकड़े हो गया। अश्क़ = आँसू। रुख़ = गाल। क़तरा = बूँद। बह्र = समुद्र। लब = होठ।

कैसी बुरी दशा हो रही है ॥३॥

मोतीने तेरे दाँतोंसे सफ़ाईमें बढ़ जानेका दावा किया था; मगर वह तेरे दाँतोंके मुक़ाबले झूठा निकला ॥४॥

एक हिन्दी कविकी भी काव्यकला-कुशलतका नमूना देखिए :—

> गोरे मुख पर तिल लसत, ताहि करूँ प्रणाम ।
> मानो चन्द्र बिछाय कर, पौढ़े शालिग्राम ॥

गोरे मुँह पर जो तिल शोभायमान है, उसे मैं प्रणाम करता हूँ; क्योंकि मुझे ऐसा जान पड़ता है, मानो चन्द्रमाको बिछाकर शालिग्राम सो रहे हों ।

मियाँ नज़ीर अकबराबादीकी तारीफ़ोंके भी चन्द नमूने देखिये :—

> छोटा-सा ख़ाल उस रुख़ खुरशीद ताब में ।
> ज़र्रा समा गया है दिले आफ़ताब में ॥

उस सूर्यकी भाँति चमकनेवाले मुख पर छोटा-सा तिल देखने में ऐसा मालूम होता है, जैसे सूर्यमें एक छोटा सा कण ।

> सहर इस झमकसे आया नज़र एक निगार राना ।
> कि खुद उसके हुस्ने रुख़को लगा तकने ज़र्रा आसा ॥

सवेरे ही मुझे एक सुन्दर प्रतिमा दिखाई दी कि मैं सूर्य-कण की भाँति उसके मुखारविन्द की शोभाको देखने लगा; यानी सूर्य उसके सामने कण की तरह था ।

तुम्हारे गोरे मुख पर जो तिल शोभायमान है, उसे मैं प्रणाम करता हूँ ; क्योंकि मुझे ऐसा जान पड़ता है, मानो चन्द्रमाको बिछाकर शालग्राम सो रहे हों। (पृ० २३२)

बुतोंकी मजलिसमें शबको माहरू,
जो और टुक भी कयाम करता ।
कनिश्त वीराँ, सनमको बन्दा,
बरहमनोंको गुलाम करता ॥

अगर वह चन्द्रमुखी मूर्त्तियोंकी सभामें रातको ज़रा देर और ठहर जाती, तो मन्दिर उजड़ जाते, मूर्त्तियाँ उसकी गुलाम हो जातीं और ब्राह्मण—पुजारी उसके सेवक हो जाते। उसके सौन्दर्य पर देवता और मनुष्य दोनों मोहित हो जाते हैं।

सफाई उसकी झलकती है, गोरे सीनेमें।
चमक कहाँ है, य अलमासके नगीनेमें ॥

उसके गोरे सीनेमें जो सफ़ाई और चमक-दमक झलक रही है, अलमासके नगीनेमें वह चमक कहाँ है ?

नहीं हवामें य बू नाफ़ए खुतनकी-सी।
लटक है य तो, किसी जुल्फे पुरशिकनकी-सी ॥

हवामें जो महक आ रही है, यह खुतन देशकी कस्तूरीकी नहीं। मुझे तो यह उसकी घँघर वाली लटोंकी महक-सी मालूम होती है।

महाकवि ग़ालिबके भी चन्द नमूने देखिए:—

जहाँ तेरा नक्शे क़दम देखते हैं।
ख़याबाँ ख़याबाँ इरम देखते हैं ॥

जहाँ हमें तेरा चरण-चिह्न दिखाई देता है, उसी स्थानको हम स्वर्गसे बढ़कर समझते हैं।

महाकवि दाग़का भी एक नमूना लीजिये :—

बुझ गया गुलरूके आगे शमा और गुलका चिराग़।
बुलबुलोंमें शोर, परवानोंमें मातम हो गया॥

उसके सुन्दर मुखके आगे दीपक और फूल दोनोंकी प्रभा फीकी पड़ गई। तभी तो बुलबुलें शोर कर रही हैं और परवाने (पतङ्ग) शोक मना रहे हैं।

कहाँ तक लिखें, विद्वानोंने स्त्रियोंकी तारीफ़में पोथे-के-पोथे लिख डाले हैं।

उपदेशक की सलाह

अगर कोई ज्ञानी पुरुष इन स्त्री-दासोंको नसीहत देता है, उनको स्त्रियोंकी प्रीतिका नफ़ा-नुक़सान समझाता है, तो ये चिढ़ते और उसे खोटी-खरी सुनाते हैं। अगर कोई कहता है—भैया! यह राह—प्रेमकी राह—बड़ी ख़राब है, इसमें बड़ी तकलीफें हैं, तो बुरा मानते हैं। महाकवि दाग़ने कहा है :—

बुरी है ऐ दाग़ राहे उल्फ़त।
ख़ुदा न ले जाय ऐसे रस्ते।
जो अपनी तुम ख़ैर चाहते हो।
तो भूलकर दिल्लगी न करना॥

ऐ दाग़ ! प्रेमकी राह बुरी है। भगवान इस राहसे किसी को न ले जाय। जो तुम अपना भला चाहते हो, तो भूलकर भी इस राह पर क़दम न रखना।

उस्ताद जौक़ने भी कहा है :—

मालूम जो होता अन्जामे मुहब्बत।
लेते न कभी भूलके हम नामे मुहब्बत॥

अगर मुझे प्रेमका नतीजा मालूम होता, तो मैं कभी भूलके भी प्रेमका नाम न लेता।

भाई ! प्रेमका नाम लेना सहज है, पर प्रेम करना कठिन है। भाँग खाना सहज है, पर उसकी लहरें सहना मुश्किल है। इस राहमें मजनूँ और फ़रहाद की जो दुर्दशा हुई, वह क्या तुम्हें नहीं मालूम ? इसमें जान तकके लाले पड़ जाते हैं। इन बातोंको सुन कर स्त्री-दास फ़रमाते हैं :—

स्त्री-दासका जवाब

——:o:——

मर गये तो मर गये, हम इश्क़में नासह का क्या।
मौत आनेके लिय है, जान जानेके लिये॥
जिसने दिल खोया, उसी को कुछ मिला।
फ़ायदा देखा, इसी नुक़सन में॥

हम इश्क़में मर गये तो मर गये, उपदेशक महाशयकी क्या हानि ? मौत आनेको है और जान जानेको है। जिसने किसी

को दिल दिया, उसे ही कुछ मिला। हमने तो इसी हानिमें लाभ देखा।

उपदेशकजी! प्रेममय जीवन ही जीवन है। जिसमें प्रेम नहीं उसका जीवन सारशून्य—थोथा है। गुलाबमें काँटे हैं, पर क्या काँटोंके भयसे लोग गुलाबको छोड़ सकते हैं? चन्दनके वृक्षोंपर सर्प लिपटे रहते हैं, तो क्या सर्पोंके भयसे कोई चन्दनको ग्रहण नहीं करता? मधुके छत्ते पर विषैली मधु-मक्खियाँ छाई रहती हैं, तो क्या कोई मधुका छत्ता तोड़ कर मधु नहीं लेता? हजार दुःख-कष्ट झेलने पड़ें, मैं झेलूँगा; क्योंकि मुझे अपनी माशूक़ बिना नहीं सर सकता। किसीने कहा है :—

हैं तेरी राहे मुहब्बत में हज़ारों फ़ितने।
देख मुझको, बजुज़ इस राहके चलता ही नहीं॥

देखिये, मिष्टर शिलर महोदय कहते हैं—"I have experienced earthly happiness; I have lived and I have loved," मैंने पार्थिव जीवनका अनुभव किया है। मैंने जीवनोपयोग किया है और प्रेम भी किया है।

होल्टी महोदय कहते हैं—"Love converts the cottage into a palace of gold." प्रेम झोंपड़ेको सुवर्णमय महलमें परिणत कर देता है।

कोरनर महोदय कहते हैं—"Only since I loved is life lovely; only since I loved knew I that I lived."

जबसे मैंने प्रेम किया, तभीसे मैंने अनुभव किया कि मैं जीवित हूँ।

कहिये पाठक ! विद्वानोंके ये जवाब सुनकर आपका दिल भरा या नहीं ? जब विद्वानोंका यह हाल है, तब मूर्खोंका क्या कहना ? उनको दोषी ठहराना अन्याय है। जब शास्त्र-ज्ञाता पण्डित ही इन मोहिनियोंके जालोंमें फँस जाते हैं, तब और इनसे कौन बच सकता है ? कहा है--

मनुष्यं दुर्लभं प्राप्य वेदशास्त्राण्यधीत्य च।
बध्यते यदि संसारे को विमुच्यते मानवः ?

दुर्लभ मनुष्य-शरीरको पाकर और वेदशास्त्र पढ़कर भी यदि मनुष्य संसार-बन्धनमें बँध जावे, तो संसार-बन्धनसे कौन छूटेगा ?

और भी—

पाठकाः पठितारश्च ये चान्ये शास्त्रचिन्तकाः।
सर्वेव्यसनिनो मूर्खा यः क्रियावान् स पण्डितः॥

जो शास्त्र पढ़ने और पढ़ानेवाले केवल शास्त्रोंको विचारते हैं, पर उन पर अमल नहीं करते, वे मूर्ख और व्यसनी हैं। जो उनको पढ़ कर स्त्री-पुत्र और धन-दौलत प्रभृतिसे विरक्त होते हैं, वही पण्डित हैं।

स्त्रियाँ जगतकी जूठन, नरक-कूप, महागन्दी और अपवित्र हैं। इनके भीतर राध, लोहू, पीप, खखार प्रभृतिके पनारे बह रहे

हैं। यह गुम्बदकी क़लईकी तरह ऊपर हीसे सोहनी मालूम होती हैं। देखिये, गिरिधर कविराय क्या कहते हैं :—

कुण्डलिया

नारी श्रोणी नरककी, है प्रसिद्ध नहीं लुकी।
यथा समान परकीया, तथा जान ले स्वकी॥
तथा जान ले स्वकी, तीनको एकै रूपम्।
अस्थि मांस नख चर्म, रोम मैल मूत्रहि कूपम्॥
कह गिरिधर कविराय, पुरुष इन कियो अजारी।
ऐसा दुष्ट न और, जगतमें जैसी नारी॥

कुण्डलिया

कान्ता उत्पल-लोचना, प्रिया कृशोदरि बाल।
घटस्तनी पङ्कजमुखी, कामिनी-अधर प्रवाल॥
कामिनी-अधर प्रवाल, सुभ्रु कहि-कहिके बोलें।
आनँद अधिक उछाह, मत्त बन पण्डित डोलें॥
अशुचि-पूतरी नारि, ताहि मन जाने शान्ता।
महा नरककी खान, मोह-वस मानै क़ान्ता॥७२॥

सार—अपनी और पराई रूपवती और कुरूपा सभी नारियाँ मलमूत्रकी खान और नरकद्वार की कुञ्जी हैं; पर मोहान्ध होनेसे पण्डितों और विचारवानोंको भी यह असली

बात समझ नहीं पड़ती। इसीसे वे इनकी प्रशंसाके पुल बाँधते हैं।

72. How wonderful is the action of delusion because people at the sight of the woman, who is impurity personified, eagerly describe her thus—'How beautiful is she','she is lotus-eyed', 'her hips are very big in size", "her breasts are high and full-grown" "her lotus-like face is very handsome and her brows are very fascinating" at her sight they are charmed, become infatuated, constantly remember her and praise her.

स्मृता भवति तापाय दृष्टा चोन्मादवर्द्धिनी।
स्पृष्टा भवति मोहाय सा नाम दयिता कथम् ॥७३॥

जो स्त्री स्मरणमात्र करने से सन्ताप करती है, देखते ही उन्माद बढ़ाती है और छूते ही मोह उत्पन्न करती है, उसे न जाने क्यों प्राण-प्यारी कहते हैं? ॥७३॥

खुलासा—जिसकी ख़ाली याद आने से ही मनमें वेदना-सी होने लगती है, जिसके देखनेसे मनुष्य मतवाला और पागल-सा हो जाता है और जिसके छूनेसे ही विवेक और ज्ञानका नाश होकर, मोहकी बढ़ती होती है, ऐसी क़दम-क़दम पर दुःख देने-

वाली स्त्रीको लोग प्यारी, प्राणप्यारी, प्रिया, कल्याणी, प्राणाधिका प्रभृति क्यों कहते हैं, यह बात समझमें नहीं आती ?

वास्तवमें स्त्री दुःख और आपदाओंकी खान है, पर लोगोंको यह बात मालूम नहीं होती। वजह यह है कि हिप्नोटाइज़ करने वालोंकी तरह, स्त्री नज़र-से-नज़र मिलते ही, अपनी जादूभरी आँखोंसे, मदिराकी तरह, मोह पैदा कर देती है। उस मोहसे मनुष्यका ज्ञान नष्ट हो जाता है। ज्ञान नष्ट हो जाने से उसे कुछ-का-कुछ दीखने लगता है। जिस तरह मोहान्ध पुरुष अभक्ष्यको भक्ष्य, अकार्यको कार्य और दुर्गमको सुगम समझने लगता है; उसी तरह, साक्षात् विष होने पर भी, मोहान्धको स्त्री विष-सी न दीख कर अमृत-सी दीखती है। अमृत-सी दीखनेकी वजहसे ही कामान्ध पुरुष उसे "प्राणप्यारी" कहते हैं।

दोहा

सुधि आये सुधि-बुधि हरत, दरसन करत अचेत।
परसत मन मोहित करत, यह प्यारी किहि हेत ? ।।७२।।

73, How can we call a woman "beloved" whose recollection even gives pain, whose very sight increases intoxication of mind and whose touch creates a great sensation in us.

—o—

तावदेवामृतमयी यावल्लोचनगोचरा ।
चक्षुः पथादपगता विषादप्यतिरिच्यते ॥७४॥

स्त्री जब तक आँखोंके सामने रहती है, तबतक अमृत-सी मालूम होती है; किन्तु आँखोंकी ओट होते ही, विषसे भी अधिक दुःख-दायिनी हो जाती है ॥७४॥

खुलासा—स्त्री पुरुषके पास होने से निश्चय ही अमृत-सी मालूम होती है; क्योंकि वह अपने हाव-भाव, कटाक्ष और मधुर वचन तथा सेवा प्रभृतिसे पतिके चित्तको हाथमें लिए रहती है; पर अलग होते ही मनमें भारी विरह-वेदना करती है। वियोग-विकल पुरुषका खाना-पीना और नियमित समय पर सोना प्रभृति छूट जाता और साथ ही स्वास्थ्य तक नष्ट हो जाता है। स्त्रीका विरह पुरुषके शरीर पर जहरका काम करता है। उसके मनमें घोर सन्ताप होता है। इसीसे कहा है कि स्त्री आँखोंके सामने से हटते ही विषवत् हो जाती है।

ऐसी ही बात महाकवि कालिदासने "शृङ्गार-तिलक" में कही है ::—

अपूर्वो दृश्यते वह्निः कामिन्याः स्तनमण्डले ।
दूरतो दहते गात्रं हृदि लग्नस्तु शीतलः ॥

कामिनीके स्तन-मण्डलोंमें अपूर्व अग्नि है, जो दूर से तो शरीरको जलाती है और हृदयसे लगाने पर शीतल हो जाती है।

मतलब यह है कि स्त्री स्मरण करनेसे सन्ताप करती, देखने

से चित्तको हर लेती और मनुष्य को अन्धा बना देती, छूनेसे बल नाश करती और नेत्रोंके सामनेसे हटने पर विरहाग्निमें जलाती है। स्त्रीसे किसी तरह भी पुरुषको सुख नहीं। स्मरण करने में सुख, न देखने में सुख; छूने में सुख, न भोगनेमें सुख; पास रहने में सुख, न अलग होनेमें सुख। फिर भी लोग स्त्री पर जान देते हैं, यह क्या कम आश्चर्यकी बात है ?

वियोगियोंके सम्बन्धमें उर्दू कवियोंकी उक्तियाँ

प्राणप्यारी स्त्री अथवा आशानाकी जुदाईमें पुरुष पागल-सा हो जाता है। उसके शरीरमें खून और मांस का नाम नहीं रहता —हाड़ोंका कङ्काल रह जाता है। जिन्दगी भार मालूम होती है। विरही पुरुष हर क्षण मौतको याद करता है; पर मौत भी, उस विपत्ति के समयमें, उससे वैर-सा कर लेती है। यहाँ हम, अपने मनचले पाठकोंके मनोरञ्जनार्थ, उर्दू-कवियोंकी चन्द कवितायें देते हैं। पाठक देखें कि विरही पुरुषोंकी क्या हालत होती है :—

वह मैं कि मुझे आलमे बालाकी ख़बर थी।
ऐ बेख़बरी ! ख़ाक नहीं अपनी ख़बर आज॥

एक दिन था कि, मुझे पृथ्वी ही नहीं—स्वर्ग तक की बात मालूम थी ; पर आज मुझे अपनी भी ख़बर नहीं कि हूँ या नहीं हूँ। बेख़बरी ! तेरा भला हो। प्यारीकी जुदाईकी वजहसे अजब बेख़बरी—बेहोशी छाई हुई है।

स्त्री जब तक आँखोंके सामने रहती है, अमृत-सी मालूम होती है; आँखोंकी ओट होते ही विषसे भी अधिक दुखदायिनी हो जाती है। इस चित्रमें ऊपर पुरुष स्त्रीके सामने बैठा हुआ मुख-सुधा पान कर रहा है, किन्तु नीचे जुदाई से दुखी है, यही भाव दिखाया है। [पृष्ठ २४१]

बेकसी सदमये हिजराँकी मुझे ताब नहीं।
काश दुश्मन ही चले आयें जो अहबाब नहीं ॥

एक तो विरहका दुःख और उस पर विजनता; बताइये, किस तरह कोई दुःख उठाये। मैंने माना कि मेरे मित्र नहीं हैं, जो आकर मुझे धीरज दें; पर दुश्मन तो हैं, वही चले आवें; जिससे विजनता तो किसी तरह कम हो।

सब्र आना तो मुहब्बतमें बहुत मुश्किल है।
मौत भी तो नहीं इसको वह काफ़िर दिल है ॥

प्रेममें धीरज आना तो बहुत कठिन है। इस काफ़िर दिलको मौत भी नहीं आती! यह प्रेमकी आगमें तप कर ऐसा कठोर हो जाता है कि मौत भी इसे शान्ति नहीं दे सकती। बेचारे धैर्यकी तो बात ही क्या?

कौन ग़मख़्वार इलाही शबेग़म होता है।
अब तो पहलूमें मेरे दर्द भी कम होता है ॥

दुःखकी रातमें कोई किसीका साथी नहीं होता। मुझे आज अत्यन्त दुःख है। शायद, इसीलिए, हज़रते दर्द भी मेरे दिलसे आज खिसक गये हैं। उनके होने से तबियत बहलती रहती थी। (शायराना नाज़ुक ख़याली का अन्त हो गया)।

बेकसी=मजबूरी। सदमा=तकलीफ। हिजराँ=वियोग। काश=खुदा करे। अहबाब=मित्र। ग़मख्वार=ग़म खानेवाला दोस्त। शब=रात। शबेग़म=रंजकी रात।

अमीर महोदय कहते हैं—

पुतलियाँ तक भी फिर जाती हैं, देखो दम निज़ा ।
वक़्त पड़ता है, तो सब आँख चुरा जाते हैं ॥

जब बुरा समय आता है, तब पुतलियाँ तक फिर जाती हैं। अपने-बेगाने सब आँख चुरा जाते हैं; कोई काम नहीं आता।

कोई और कवि कहता है :—

होता नहीं है कोई बुरे वक़्तमें शरीक ।
पत्ते भी भागते हैं, ख़िज़ाँमें शजरसे दूर ॥

बुरे समयमें कोई साथी नहीं होता; पतझड़में पत्ते भी वृक्षको छोड़ भागते हैं।

वियोगी कहता है कि मेरा यार मेरे पास नहीं। उसकी जुदाईकी मुसीबतका पहाड़ मुझ पर फट पड़ा है। ऐसे वक्तमें मौत आकर मेरे दुःखोंका अन्त कर दे तो भला हो; पर हाय! वह भी ऐसे कठिन समय में, बुलानेसे भी, नहीं आती!

एक विरही कहता है :—

मैं जाग रहा हूँ हिज्र की शब ।
पर मेरे नसीब सो रहे हैं ॥

इस वियोगकी रातमें मैं जाग रहा हूँ, पर मेरे नसीब सो रहे हैं; यानी मेरा यार मेरे पास नहीं आता।

ख़िज़ाँ = पतझड़ । शजर = वृक्ष ।

हिज्रकी यह रात कैसी रात है।
एक मैं हूँ या ख़ुदा की ज़ात है॥

वियोग—जुदाईकी यह रात कैसी रात है कि, एक मैं हूँ या मेरा ख़ुदा है; दूसरा कोई नहीं।

तारे ही गिनके काटते रात फ़िराक़की मगर।
निकला सितारह भी कहीं कोई तो ख़ाल-ख़ालसा॥

वियोगकी रात को हम तारे गिन-गिन कर ही काट देते, पर हमारा दुर्भाग्य तो देखिये कि उस रातको तारे भी निकले तो बहुत ही कम निकले।

आशिक़को ज़रा सी जुदाई भी कैसी अखरती है, उसका भी नमूना देखिये :—

शबे वस्ल खिली चाँदनी।
वह घबराके बोले सहर हो गई॥

मिलनकी रातको चाँदनी ऐसी खिली कि दिन-सा मालूम होने लगा। वह घबरा कर बोले—"हाय! सवेरा हो गया, अब जुदाई के सदमे उठाने होंगे।"

दी मुअज़्ज़नने शबे-वस्ल अज़ाँ पिछली रात।
हाय कम्बख़्तको किस वक़्त ख़ुदा याद आया॥

हिज्र=वियोग। ख़ाल-ख़ालसा=दूरी पर, बहुत कम। शबेवस्ल=मुलाक़ात की रात। सहर=सवेरा। मुअज़्ज़न=मुल्ला, जो मसजिदमें चार घड़ी रात रहे अज़ाँ देता है। उस समय दीनदार मुसल्मान हाथ मुंह धोकर मसजिदमें नमाज़ पढ़ते हैं। अज़ाँ—बाँग।

मिलनेकी रातको, तड़का होनेसे कुछ पहले, मुल्लाने अज़ाँ दी, तो वह घबराके बोले—"हाय! कम्बख़्तको किस वक्त ख़ुदा याद आया। अब हम अलग-अलग हो जायँगे!"

किसी विरहीसे किसीने उसकी मिज़ाज-पुर्सी की—कुशल-प्रश्न किया ; तो आप कहने लगे :—

न पूछो कि दिल शाद है या हज़ीं है।
ख़बर भी नहीं य कि है या नहीं है॥

क्या पूछते हो, हमारा दिल ख़ुश है या नाख़ुश? हमें तो यह भी ख़बर नहीं कि वह है भी या नहीं।

विरहकी रातका वर्णन उस्ताद ज़ौक़ने खूब किया है। उसका ज़रा-सा नमूना हम देते हैं। जिन्हें सबका आनन्द लेना हो, वे हरिदास एण्ड कम्पनी, मथुरा, से "उस्ताद ज़ौक़" मँगा देखें।

कहूँ क्या ज़क़ौ अहवाले शबे हिज्र।
कि थी एक-एक घड़ी सौ-सौ महीने॥१॥
कहा जी ने मुझे यह हिज्र की रात।
यक़ीं है सुबह तक देगी न जीने॥२॥

ऐ ज़ौक़! वियोग—जुदाईकी रातका हाल क्या कहूँ? एक-एक घड़ी सौ-सौ महीने-सी मालूम होती थी।

दिलने कहा कि यह वियोग की रात है। निश्चय है कि यह सवेरे तक जिन्दा न रहने देगी।

शाद—खुश। हज़ीं—रञ्जीदा। शबे हिज्र—वियोगकी रात।

महाकवि नज़ीर की शायरीकी बानगी भी देख लीजिये—

किया जो यारने हमसे पयाम रुख़सतका।
तो दम निकल गया सुनते ही नाम रुख़सतका॥

यारने जो हमसे विदाई की बात छेड़ी, तो विदाईका नाम सुनते ही हमारा दम निकल गया।

अब ज़रा विरहीकी कमज़ोरीके नमूने भी मुलाहिज़ा फ़रमाइये:—

मुझ ज़ुल्फ़के मारेको न ज़ञ्जीर पिन्हाओ।
काफ़ी है मेरी क़ैदको एक मकड़ीका जाला॥

मुझ ज़ुल्फ़ोंके मारे को ज़ञ्जीर मत पहनाओ। मेरे बदनमें ज़रा भी दम नहीं। मैं जुदाईके कष्ट उठाते-उठाते एकदम दुर्बल हो गया हूँ। मेरे क़ैद करनेके लिये एक मकड़ीका जाला ही काफ़ी है।

पयाम—पैग़ाम। रुख़सत—विदाई, छुट्टी। ज़ुल्फ़—लट।

सूचना—यदि ऐसे-ऐसे शेरों और ग़ज़लोंका आनन्द लूटना चाहते हैं, तो श्रीमान् पण्डित ज्वालादत्तजी शर्म्मा कृत "उस्ताद ज़ौक़", 'महाकवि दाग़' और "महाकवि ग़लिब" हरिदास एण्ड कम्पनी, मथुरा से मंगावें। पण्डितजी उर्दू-कवियों पर आलोचनात्मक लेख लिखनेमें सिद्धहस्त हैं। हमने ये कविताएँ आपही की पुस्तकोंसे उद्धृत की हैं। बाबू रघुराज सिंह बी० ए० के लिखे महाकवि नजीर से भी हमने कुछ शेर लिये हैं। उर्दू कवि-वचन-मालाके ये चारों दाने प्रत्येक हिन्दी

और भी:—

ये नातवा हूँ कि आया जो यार मिलनेको।
तो सूरत उसकी उठाकर पलक न देख सका॥

यार की जुदाईमें ऐसा कमजोर हो गया हूँ कि जब यार मुझसे मिलनेको आया, तो मैं पलक उठाकर उसकी सूरत तक न देख सका।

कहिये पाठक! अब तो आपने देख लिया कि प्यारीकी जुदाई में वियोगी पुरुषोंकी क्या दुर्दशा होती है। जब तक स्त्रियाँ सामने रहती हैं, तभी तक सामने स्वर्ग दीखता है. उनके नजरों

जाननेवालेके देखनेकी चीज़ हैं। इन कवियोंकी एक-एक कविता लाखों रुपयेमें भी सस्ती हैं। लेखक महाशयोंने उर्दू न जाननेवालोंके सुभीते के लिये, प्रत्येक कविताका हिन्दी अनुवाद भी साथ-साथ कर दिया है। इन पुस्तकोंकी पबलिकने अच्छी कद्रकी है। जिन हिन्दी-प्रेमियोंने ये पुस्तकें नहीं देखी हैं, वे इनके लिये ३।) मूल्य और ।||) पोस्टेज—कुल ४) का लोभ न करें। ये सच्चे आवेहयात या सुधारस का आनन्द देने वाली पुस्तकें हैं। वहमी सज्जन वहममें गोते न लगावें, सूचनाको झूठी न समझें। इसीसे नीति, वैराग्य और शृङ्गार—इन तीनों शतकोंमें ही हमने मौके-मौकेसे इनके अधिक नमूने दिये हैं। जिन्होंने किसी मित्रके पास "नीतिशतक" और "वैराग्यशतक" देखे, उन्होंने जी जानसे मुग्ध होकर ये दोनों शतक तो मँगाये ही; पर साथ ही "दाग़" "ग़ालिब" "ज़ौक और "नज़ीर" भी मँगाये बिना न रहे।

की ओट होते ही प्राण निकलने लगते हैं—मृत्यु-कालसे भी अधिक वेदना होती है।

जौलों सन्मुख नयनके, अवला अमृत–रूप।
दूर भये ते सहज ही, होय यही विष–कूप ॥७४॥

सार—स्त्री सामने हो तो अमृत है, पर दूर हो तो विप है।

74. A woman is like nectar so long as she is in front of the eyes. She becomes more painful than poison when removed from before the eyes.

नामृतं न विषं किंचिदेकां मुक्त्वा नितम्बिनीम्।
सैवामृतलता रक्ता विरक्ता विषवल्लरी ॥७५॥

सुन्दरी नितम्बिनी को छोड़कर न और अमृत है न विष। स्त्री अगर अपने प्यारेको चाहें तो अमृतलता है और जब वह उसे न चाहे, तो निश्चय ही विषकी मञ्जरी है ॥७५॥

खुलासा—इस जगतमें स्त्री ही अमृत है और स्त्री ही विष है। जब वह अपने आशिक़को चाहती है, तब तो अमृत-सी दीखती है और वही जब अपने आशिक़ से नाराज़ हो उसे नहीं चाहती, तब विष हो जाती है। इस बातको पुरुषमात्र आसानी से समझ सकते हैं। स्त्री जब अपने प्यारेको प्यार करती है, तब उसका प्यारा उसपर जी-जान निछावर करता है; उसके इशारों पर कठपुतलीकी तरह नाचता है ; पर ज्योंही वह अपने चञ्चल स्वभाव-अनुसार उसे छोड़ दूसरेको चाहने लगती है ; त्योंही

उसका वही प्यारा, उसे विष-सी समझ कर, उसके प्रणनाश पर भी उतारू हो जाता और अपनी भी जान दे देता है।

"पञ्चतन्त्र" में भी लिखा है :—

नामृतं न विषं किञ्चिदेकां मुक्त्वा नितम्बिनीम्।
यस्याः संगेन जीव्येत म्रियेत च वियोगतः॥

स्त्रीके सिवा अमृत और विष दूसरी कोई चीज़ नहीं है; क्योंकि उसके सङ्गसे प्राणी जीता और उसके वियोगसे मरता है।

"भामिनी-विलास" में भी लिखा है :—

श्यामं सितं च सुदृशो न दृशोः स्वरूपं
किं तु स्फुटं गरलमेतदथामृतं च॥
नो चेत्कथं निपतनादनयोस्तदैव
मोहं मुदं च नितरां दधते युवानः॥

सुलोचनी स्त्रीकी आँखोंमें जो श्यामता और शुभ्रता—कलाई और सफ़ेदी दीखती है, वह कलाई और सफ़ेदी नहीं है; किन्तु विष और अमृत है। यदि यह बात न होती, तो युवा पुरुष उसकी नजर-से-नजर मिलते ही मोहित और आनदिन्त न होते।

स्त्रीकी आँखोंमें जो श्यामता या कलाई है, वह विष है और जो शुभ्रता या सफेदी है, वह अमृत है। जिसे वह, खुश होकर, अमृत की नजरसे देखती है, उसे परम आनन्द होता है और जिसे वह नाराज़ होकर विषकी नजर से देखती है, उसे मोह या दुःख होता है। क्या ख़ूब कहा है! वाह पण्डितराज, वाह!

दोहा

नहिं विष नहिं अमृत कहूँ, एक तिया तू जान।
मिलवे में अमृत-नदी, बिछुरे विष की खान ॥७५॥

सार—स्त्रीही अमृत और स्त्री ही विष है। जब वह चाहे तब तो अमृत है और जब न चाहे तब विष है।

75. There is no better nectar than a woman and no worse poison than a woman also. If she is loving, she is a creeper of nectar, but if she forsakes, she is verily a creeper of poison.

आवर्तः संशयानामविनयभवनं पत्तनं साहसानाम्।
दोषाणां सन्निधानं कपटशतमयं क्षेत्रमप्रत्ययानाम्।
स्वर्गद्वारस्य विघ्नो नरकपुरमुखं सर्वमायाकरण्डम्।
स्त्रीयन्त्रं केन सृष्टं विषममृतमयं प्राणिनां मोहपाशः ॥७६॥

सन्देहोंका भँवर, अविनयका घर, साहसोंका नगर, पाप-दोषोंका ख़ज़ाना, सैकड़ों तरहके कपट और अविश्वासका क्षेत्र, स्वर्ग-द्वारका विघ्न, नरक-नगरका द्वार, सारी मायाओंका पिटारा, अमृतके रूपमें विष और पुरुषोंको मोह-जालमें फँसाने वाला स्त्री-यन्त्र न जाने किसने बनाया ?

सुन्दरी स्त्रियाँ ऊपरसे गोरी पर भीतरसे काली होती हैं। इनका शरीर फूलकी तरह कोमल और कमनीय होता है, पर इनका हृदय वज्रवत् कठोर होता है। ये दान, मान, सेवा, अस्त्र और शस्त्र किसीसे भी वशमें नहीं होतीं। न कोई इनको प्यारा है और न कोई कुप्यारा। इनका स्वभाव है कि ये नये-नये पुरुषोंकी अभिलाषा किया करती हैं। लज्जा, नीति, चतुराई और भयके कारणसे ये सती नहीं बनी रहतीं, केवल चाहने वाला न मिलने या मौका हाथ न आनेसे ही ये सती बनी रहती हैं। असत्य, साहस, माया, मत्सरता और लोभ,—इनमें स्वभावसे ही होते हैं। पुरुषोंसे इनमें दूनी क्षुधा, चौगुनी शर्म, छैगुनी हिम्मत या बुद्धि होती है और कामदेव तो अठगुना होता है। जब ये अपनी बराबरवालियोंके साथ एकान्तमें बैठती हैं, तब कहा करती हैं:—'अहो, वेश्याएँ बड़ा आनन्द करती हैं; वे स्वतन्त्रता-पूर्वक नये-नये पुरुषोंको भोगतीं और इच्छानुसार उनका धन खर्च करती हैं।" अथवा कोई-कोई कहती हैं:—"मेरा मर्द तो पशु है। भोग-विलासकी बातें तो जानता ही नहीं। संझा होते ही भैंसकी तरह पड़ जाता है। मैंने इसका हाथ पकड़ कर कुछ भी सुख न पाया। देख ! फलानीका पति कैसा छैल छबीला नट-नागर है इत्यादि।" जो पुरुष इनकी खूब खुशामद करता है, इनकी फ़रमायशोंको ज़बान से निकलते ही पूरी करता है—साथ ही रूपवान, विद्वान, धनवान और गुणवान होता है, उसे छोड़ कर ये महाधूर्त्त, नीच और अधमके साथ चली जाती हैं। कोई पाश्चात्य

विद्वान कहते हैं:—"A woman in love is very poor judge of character." स्त्री जिसे चाहती है या जिससे आशनाई करती है, उसके चरित्र की परख नहीं करती। कहा है—

> गुणाश्रयं कीर्त्तियुतं च कान्तं पतिंरतिज्ञं सधनं युवानम्।
> विहाय शीघ्रं वनिता व्रजन्ति नरान्तरं शीलगुणादिहीनम्॥

गुणाधार, कीर्त्तिमान, सुन्दर, रतिक्रीड़ा-कुशल, धनवान और जवान पुरुष को भी त्यागकर स्त्रियाँ नीच, निर्गुण और कुरूपके साथ चली जाती हैं।

दुष्टा स्त्रियाँ मिथ्या विलास-चिह्न दिखाकर अपने पतिको पागल रखती हैं और उससे पैर तक दबवाती हैं। एकको नेत्र-विकारोंसे रिझाती हैं; दूसरेके साथ वचन-विलास करती हैं, तीसरेको चेष्टाओंसे प्रसन्न करती हैं और चौथेको मोहमें फँसाती हैं। स्त्रियाँ बहुरूपिणी हैं। जब यह कामवती होती हैं और पर-पुरुषसे मिलती हैं, तब ऐसे-ऐसे छलबल और कौशल करती हैं कि चतुर-से-चतुरकी भी अक़्ल काम नहीं करती। उस समय, जरूरत होनेसे, ये अपने पति-पुत्र और पिता-माता तककी हत्या कर सकती हैं*। स्त्रीके मनमें क्या है, वह कब क्या करेगी,

---

*संसारमें ऐसा कौन-सा नीचे-से-नीचा काम है, जो इस प्रेमके कारण नहीं करना पड़ता? प्रेम-पन्थके पथिकों को जात-पाँत तो क्या चीज़ है, अपने प्यारे माता-पिता, बहन-भाई और अपनी औलाद तकसे मुँह मोड़ना और नाता तोड़ना पड़ता है। अभी हाल ही में सुना है कि,

इन बातोंका जानना बड़ा कठिन है ×। लोकमें कहावत भी मशहूर है—"त्रिया चरित्र जाने नहीं कोई, खसम मार कर सत्ती होई।" शास्त्रोंमें भी कहा है :—

नृपस्य चित्तं कृपणस्य वित्तं मनोरथं दुर्जनमानवानाम्।
स्त्रियाश्चरित्रं पुरुषस्य भाग्यं देवो न जानाति कुतो मनुष्यः॥

राजाके चित्त, सूमके धन, दुर्जनके मनोरथ, स्त्रीके चरित्र और पुरुषके भाग्य की बात, देवता भी नहीं जानते; मनुष्य बेचारा कौन चीज़ है ?

स्त्रियोंके संशयोंका भँवर, साहसोंका नगर और नाना प्रकार

हमारे एक परिचितकी वेवा बहन अपने प्यारे, आँखोंके तारे, पाले-पनासे पुत्ररत्नोंको छोड़, एक यवनके साथ भाग गई। किसीने ठीक ही कहा है:—Cruel love ! what is there to which thou dost not drive mortal hearts." ऐ निर्दयी प्रेम ! संसारमें ऐसा क्या है, जिसे करने पर तू मनुष्योंको विवश नहीं करता ?

× थेकरेने कहा है:—"I think, women have an instinct of dissimulation ; they know by nature how to disguise their emotions far better the most than the most consummate male courtiers can do." मेरे विचार में, स्त्रियोंमें कपटाचार स्वाभाविक होता है। नितान्त कार्य्य-कुशल राज-सभासदोंकी अपेक्षा भी वे अपने भावोंको अधिक उत्तमतासे छिपा सकती हैं। स्त्रियां अपनी बातको जितनी अच्छी तरह छिपा सकती हैं, और कोई नहीं छिपा सकता।

की माया और अविश्वासका पिटारा होनेमें ज़रा भी सन्देह नहीं। जो इनका विश्वास करते हैं, वे बुरी तरह मारे जाते हैं। इसलिये चतुर पुरुषोंको स्त्रियोंका विश्वास भूल कर भी न करना चाहिये। इनसे सदा सावधान और सतर्क रहना चाहिये। जितनी विद्या शुक्र और बृहस्पतिमें है, उतनी तो इनमें स्वभावसे ही होती है*।

शास्त्रकारोंने कहा है:—

> नदीनांच नखिनांच श्रृंगिणां शस्त्रपाणिनाम्।
> विश्वासो नैव कर्त्तव्यः स्त्रीपु राजकुलेपु च॥

नदीका, नाख़ूनवाले जानवरोंका, सींग वाले पशुओंका, हथियार बाँधनेवालों का, स्त्री का और राजा का विश्वास कभी न करना चाहिये।

श्रीशङ्कराचार्य्यजी ने अपनी "प्रश्नोत्तर माला" में भी कहा है—'विश्वासपात्रं न किमस्ति? नारी।' अर्थात् कौन विश्वास-योग्य नहीं है? स्त्री। इतने सब औगुणोंके सिवा, यह पुरुषकी मोक्षप्राप्तिमें भी बाधास्वरूप है। इसकी तिरछी नज़रके तले पड़नेसे ही पुरुष इसका दास हो जाता है और ऐसा दास हो जाता है कि फिर पीछा नहीं छूटता। जवानीमें तो इसे छोड़ने को आप ही जी नहीं चाहता। जब कुछ विरक्ति होने

---

*लेसिङ्ग महोदय कहते हैं:—"There are certain things in which a woman's vision is sharper than a hundred eyes of the males." कुछ ऐसी भी बातें हैं, जिनमें स्त्री की नज़र पुरुषोंकी सौ आंखोंसे तेज़ होती है।

लगती है, तब इसकी औलादमें मन फँस जाता है। ज्ञानका उदय होने पर भी, पुरुष विचारने लगता है, अगर मैं स्त्री-बालकोंको छोड़ कर वनमें चला जाऊँगा, तो इनका लालन-पालन कौन करेगा? मेरे न रहनेसे इनको अमुक कष्ट होगा, इन पर अमुक आफ़त आयेगी। अच्छा तो, लड़के-लड़कियोंकी शादी-विवाह करके वनको चला जाऊँगा और तभी भगवानका भजन करूँगा। इस तरह वह विचारही करता रहता है कि मौत आ जाती है और उसके विचार धरे-के-धरे रह जाते हैं। ठीक उस तोतेका-सा हाल होता है, जो मनमें विचार कर रहा था कि आदमी हट जाय, तो मैं पिंजरेसे निकल भागूँ। आदमी हटे, तोता निकलनेकी चेष्टा करने लगा कि एक काल सर्पने आकर उसे अपना भोजन बना लिया। स्त्रीके सम्बन्धमें महात्मा कबीर कहते हैं:—

नारी कहूँ कि नाहरी, नख सिख सौं यह खाय।
जल बूड़ा तो ऊबरै, भग बूड़ा बहि जाय॥
नैनों काजल पायके, गाढ़ा बाँधे केश।
हाथों मेंहदी लायके, बाघिन खाया देश॥

छप्पय

परम भवन को भौंर, भवन है गूढ़ गरब को।
अनुचित कृत को सिन्धु, कोष है दोष अबरको।
प्रगट कपटको कोट, खेत अप्रीति करनको।
सुरपुरको बटमार, नरक पुर द्वार करनको।

यह युवती-यन्त्र कौन रच्यो, महा अमृत-विषको भर्यौ ? ।
थिर चर नर किन्नर सुर असुर, सबके गल-बन्धन कर्यौ ॥७६॥

सार—स्त्री बड़ा ज़बर्दस्त जाल है। फिर भी लोग इसमें जाकर फँसते और बड़े खुश होते हैं, यह आश्चर्य्य की बात है। इसमें एक बार फँसने पर, इससे निकलना कठिन है।

76. Who has created this machine in the form of woman who is the very seat of doubts, the house of insolence, the city of courage, the object of vices, the field of misbelief, full of hypocrisy, the obstructer to the gates of heaven, and the very gate of the city of hell, the basket of delusion, the poison in the garb of nectar and the snare for catching men ?

—o—

सत्यत्वेन शशांक एष वदनीभूतो नवेन्दीवर-
द्वन्द्वे लोचनतां गतं न कनकैरप्यंगयष्टिः कृता ॥
किन्त्वेवंकविभिः प्रतारितमनास्तत्त्वं विजानन्नपि
त्वङ्गमांसास्थिमयं वपुर्मृगदृशां मन्दो जनः सेवते॥७७॥

अगर हमसे पक्षपात-रहित सच्ची बात पूछी जाय, तो हमको कहना होगा कि चन्द्रमा स्त्रीका मुख नहीं, कमल उसके नेत्र नहीं;

उसका भी शरीर और सब प्राणियोंकी तरह हाड़, चाम और मांसका है ! इस वातको जानकर भी, कवियोंकी मिथ्या उक्तियोंके भुलावेमें पड़कर, हमलोग स्त्रियोंपर आसक्त रहते और उन्हें सेवन करते हैं ॥७७॥

खुलासा—जिस तरह संसारके और प्राणियोंके शरीर हाड़, मांस और रक्त प्रभृतिसे वने हैं, उसी तरह स्त्रियोंके शरीर भी इन्हीं पदार्थोंसे वने हैं, इस वातको हम लोग जानते हैं। पर कवियोंके झूठे वढ़ावों में आकर, हम लोग भी उनके मुखको चन्द्रमा, नयनों को कमल और देह को सुवर्ण-निर्म्मित समझ कर उन पर मर मिटते हैं। यह हमारी वड़ी भारी ग़लती है।

वैराग्यपक्ष

भला कहाँ पीयूष-निधि चन्द्रमा और कहाँ स्त्रियोंका कफ, थूक और खखारसे भरा मुँह ? कहाँ भगवानके हाथमें विराजनेवाला सुदर्शनीय कमल और कहाँ गन्दे पदार्थोंसे वने स्त्रियोंके नेत्र ? कहाँ सूर्यकी-सी आभा वाला सुवर्ण और कहाँ हाड़, चाम और मांससे वने स्त्रियोंके शरीर ? सच वात तो यह है कि हम नरक के कीड़ोंका-सा आचरण करते हैं। नरक के कीड़े मल, मूत्र, राध, लोहू प्रभृति गन्दे पदार्थोंमें रमते और सुखी रहते हैं। हम भी उन्हींकी तरह हाड़, चाम, मांस, राध, खून और मलमूत्र प्रभृतिके भण्डारमें रमण करते और अपनेको भाग्यवान समझते

हैं। हममें और नरकके कीड़ोंमें कोई भेद है कि नहीं, यह बात ज़रा विचार करनेसे ही समझमें आ जायगी।

कुण्डलिया

नहिं शशांक-सम वदन तिय, नील जलज-सम नैन।
अंग कनक-सम है नहीं, कोकिल-सम नहिं बैन।
कोकिल-सम नहिं बैन, झूठ कवि उपमा दीन्ही।
जानत हैं सब भेद, तऊ पट आँखिन कीन्ही।
हाड़ चाममय नार, मन्दमति निशिदिन सेवहिं।
करें उपाय अनेक, ग्लानि चित नेक न देवहिं ॥७७॥

सार—सब प्राणियोंकी तरह स्त्रियोंका शरीर भी हाड़, चाम और मांस का है। उन्हें चन्द्रमुखी, कमल-नयनी और सुवर्णकी-सी कान्तिवाली समझना सरासर भूल है।

77. In reality neither the moon has transformed itself into the face of a woman nor the lotus has turned itself into her eyes, nor is her body made up of gold; knowing all these facts however but being deceived by the false analogy of the doets, senseless people indulge in the body of woman which consists of skin, flesh and bones.

—:o:—

लीलावतीनां सहजा विलासा-
स्त एव मूढस्य हृदि स्फुरन्ति ॥

रागो नलिन्या हि निसर्गसिद्ध-
स्तत्र भ्रमत्येव मुधा षडंघ्रिः ॥७८॥

जिस तरह मूर्ख भौंरा कमलिनीकी स्वाभाविक ललाईको देखकर उसपर मुग्ध हो जाता और उसके चारों ओर गूँजता फिरता है; उसी तरह मूढ़ पुरुष लीलावती स्त्रियोंके स्वाभाविक हाव-भाव और नाज़-नखरोंको देखकर उनपर मुग्ध हो जाते हैं ॥७८॥

खुलासा—कमलिनीमें जो एक प्रकारकी सुर्ख़ी होती है, उसे भौंरा प्यारकी निशानी समझता है और इसीलिये उस पर आशिक़ होकर उसके चारों ओर गूँजता हुआ घूमा करता है। कमलिनीकी तरह नवयौवना स्त्रियोंमें भी विलास—हाव-भाव और नाज़-नखरे स्वभावसे ही होते हैं; पर अज्ञानी लोग उनके हाव-भावोंको देखकर मनमें समझते हैं कि ये स्त्रियां हमें चाहती हैं; पर असलमें वे चाहती-वाहती नहीं। हाव-भाव दिखाना तो उनका स्वभाव है। उनके हावभावोंको प्यारके चिह्न समझना महामूर्खता है। स्त्रियोंको पुरुषोंको तड़पते देखनेमें भी एक प्रकार का मजा-सा आया करता है; इसीलिये चञ्चल स्त्रियाँ जहाँ पुरुषोंको देखती हैं, वहाँ नाज़-नखरे किया करती हैं और जब उनका शिकार मछली की तरह तड़पता है, तब मनमें बड़ी खुश होती हैं।

दोहा

कामिनि विलसत सहजमें, मूरख मानत प्यार।
सहज सुगन्धित कुसुमिनि, भौंरा भ्रमत गँवार ॥७८॥

स्त्री का पूर्णमासी के चाँद की छवि को हरनेवाला कमल-मुख, जिसमें अधरामृत रहता है, जवानी में ही अच्छा मालूम होता है ; बुढ़ापा आने पर वही कमल-मुख अनार के पके और सड़े फल की तरह विष-जैसा हो-जाता है । [पृष्ठ २६१]

सार—लीलावती चंचल स्त्रियोंके हाव-भाव और नाज़-नख़रोंको मुहब्बतकी निशानी समझना नादानी है। यह तो उनका स्वभाव है।

78. The amorous plays of sportful women are quite natural to them but they arouse passion in the hearts of foolish men, just as a black bee hovers over a lotus being attracted by its redness which is natural to it.

—※—

यदेतत्पूर्णेन्दु द्युतिहरमुदाराकृतिधरं—
मुखाब्जं तन्वंग्याः किल वसति यत्राधरमधु।
इदं तावत्पाकद्रुम फलमिवातीवविरसं—
व्यतीतेऽस्मिन्काले विषमिव भविष्यत्यसुखदम् ॥७६॥

स्त्रीका पूर्णिमाके चन्द्रमाकी छविको हरनेवाला कमलमुख, जिसमें अधरामृत रहता है, मन्दारके फलकी तरह अज्ञात या यौवनावस्था तक ही अच्छा मालूम होता है; समय बीतने यानी बुढ़ापा आने पर, वही कमल-मुख अनारके पके और सड़े फलकी तरह विष-सा हो जाता है ॥७९॥

खुलासा—जिस तरह अनारका फल अपने समयमें अमृत का मज़ा देता है, पर समय निकल जाने पर बदज़ायका और कड़वा हो जाता है; उसी तरह स्त्रीका पूनोंके चाँदको शर्मानेवाला

कमल-सा मुँह उठती जवानी या भर-जवानीमें ही अमृत-सा रहता है। जवानी दीवानीके जाते ही, वह सड़े हुए अनारके फल की तरह निकम्मा और विष-सा हो जाता है; क्योंकि बुढ़ापा आते ही दाँत गिर जाते हैं, चमड़ेमें झुर्रियाँ पड़ जाती हैं और सुर्खी चली जाती है। वेकन महोदय कहते हैं—Beauty is as summer fruits which are easy to corrupt and can not last. सौन्दर्य्य ग्रीष्म ऋतुके फलोंके समान है, जो जल्दी ही सड़ जाते और अधिक समय तक नहीं ठहर सकते।

दोहा

अधर मधुर मधु सहित मुख, हुतौ सबन शिरमौर।
सो अब बिगरे फलन-सम, भयौ और सों और ॥७९॥

सार—स्त्रीकी सारी शोभा जवानीमें ही है। जवानी गई, फिर कुछ नहीं।

79. The beautiful lotus-like face of a woman that surpasses the beauty of the full moon having honeyed lips in it is very pleasant in young age only but when that time is past, it becomes painful like poison just like the fruit of Mandara.

—❀—

उन्मीलत्त्रिवलीतरङ्गनिलया प्रोत्तुङ्गपीनस्तन-
द्वन्द्वेनोद्यतचक्रवाकमिथुना वक्त्राम्बुजोद्भासिनी ॥

कान्ताकारधरा नदीयमभितः क्रूराशयानेष्यते
संसारार्णवमज्जनंयदिततोदूरेणसंत्यज्यताम् ॥८०॥

खुलासा—स्त्री एक नदी है। उसके पेट पर जो त्रिवलीके समान तीन रेखाएँ-सी हैं, वही उस नदीकी लहर हैं। उसके दोनों कठोर कुच चकवेके जोड़े हैं और उसके जो क्रूर अभिप्राय हैं, वही भँवर हैं। जिस तरह और नदियाँ समुद्रमें जाकर गिरती हैं, उसी तरह स्त्री-नदी भी संसार-सागरमें जाकर गिरती है। जिस तरह और नदियोंमें गिरी हुई चीज़ नदीके प्रवाहके साथ वहती हुई समुद्रमें जा पड़ती है, उसी तरह स्त्री-नदीमें गिरी हुई वस्तु भी संसार-सागरमें जा पड़ती है। जो पुरुष इस स्त्री-नदीमें स्नान या क्रीड़ा प्रभृति करते हैं, वे उसके तेज़ वहावमें वहते हुए संसार-सागरमें जा पड़ते हैं। समुद्रमें गिरे वाद वचना कठिन हो जाता है, इसलिए जो पुरुष संसार-सागरमें डूबनेसे बचना चाहें, वे स्त्री-नदी से दूर रहें। इस भयंकर नदीके पास भी न जायँ। इस स्त्री-नदीका ज़ोर साधारण नदियोंकी अपेक्षा वहुत अधिक है। और नदियोंमें तो वही डूबता है, जो उनके अन्दर घुसता या पैर देता है; पर स्त्री-नदी तो सामने आये हुए पुरुषको अपने बलसे, अजगरकी तरह, भीतर खींच लेती और फिर उसे संसार-सागरमें ले जा पटकती है। "भामिनी विलास"-कर्त्ता पण्डित-वर जगन्नाथ महाराजने और ही तरह रूपक वाँधा है। उसका

आशय कुछ और है, फिर भी उसका रसास्वादन कीजिये :—

> रूपजला चलनयना नाभ्यावर्ताकचावलि भुजङ्गा ।
> मज्जन्ति यत्र सन्तः सेयं तरुणी तरंगिणी विषमा ॥

रूप ही जल है, चंचल नयन मछलियाँ हैं, नाभि भँवर है और सिरके वाल सर्प हैं—यह तरुण स्त्री-रूपी नदी दुस्तर नदी है। इस नदीमें शृङ्गारशास्त्र-प्रवीण सज्जन स्नान करते हैं।

महाकवि कालिदासके एक रूपकका भी रसास्वादन कीजिये। उसमें कुछ और ही मजा है :—

> बाहू द्वौ च मृणालमास्यकमलं लावण्यलीलाजलं,
> श्रोणी तीर्थशिला च नेत्रशफरी धम्मिल शैवालकम् ।
> कान्तायाः स्तन चक्रवाक युगलं कन्दर्पवाणानलै
> र्दग्धानामवगाहनाय विधिना रम्यं सरो निर्मितम् ॥

ब्रह्माने कामदेवके वाणोंकी अग्नि-ज्वालासे जलते हुए पुरुषों के स्नान करने के लिये स्त्री रूपी सुन्दर तालाव बनाया है। इस तालाव में क्या-क्या चीजें हैं? इस तालावमें स्त्रीकी दोनों भुजायें तो कमलकी डंडी हैं, उसका मुँह कमल है, उसके लावण्यका विलास जल है, कमर उतरने की सीढ़ी है, उसके नेत्र मछलियाँ हैं, उसके वँधे हुए केश—वाल सिवार हैं और दोनों स्तन चक्रवाकके जोड़े हैं।

इसमें कोई शक नहीं कि कन्दर्प-तापको स्त्रीके पयोधर—कुच ही शान्त करते हैं। शरीरमें कामवाणोंकी ज्वाला उठने पर, स्त्री

ही उस ज्वाला को शान्त करती है ; पर बीमार होकर दवा खाने और आरोग्य होनेकी अपेक्षा बीमार न होना कहीं अच्छा है।

छप्पय

त्रिबली तरल तरंग, लसत कुच चक्रवाक-सम।
प्रफुलित आनन कञ्ज, नारि यह नदी मनोरम।
महा भयानक चाल, चलत भवसागर-सन्मुख।
हाथ धरत ही ऐंच लेत, जितको अपनो रुख।
संसार-सिन्धु चाहत तर्यो, तौ तू यासों दूर रह।
जाको प्रवाह अतिही प्रबल, नेक न्हात ही जात बह॥८०॥

सार—स्त्री-रूपी दुस्तर नदी से सदा दूर रहो, क्योंकि इसके सामने जानेवाले की भी खैर नहीं।

80. A woman who is compared to a river, having the beautiful linings on the stomach like waves (of the river), having developed breasts like the pair of Chakrabak and the face shining like the lotus, but whose intention is very crooked should be shunned carefully if one does not wish to be drowned in it. (A river may appear very pleasing in sight but anything falling in it is taken to the deep ocean, so also the woman may appear attractive but any one indulging in her is ruined.)

—o—

जल्पन्ति सार्द्धमन्येन पश्यन्त्यन्यं सविभ्रमाः ।
हृदये चिन्तयन्त्यन्यं प्रियः को नाम योषिताम् ? ॥८१॥

स्त्रियाँ बात तो किसीसे करती हैं; देखतीं किसी और को हैं, और दिल में चाहतीं किसी और को हैं। विलासवती स्त्रियोंका प्यारा कौन है ? ॥८१॥

खुलासा—वास्तवमें, स्त्रियोंका प्यारा कोई भी नहीं। जो एक ही समय में बात एक-से करती हैं, देखतीं दूसरे को और दिलमें चाहतीं तीसरे को हैं, उनका प्रेम किससे हो सकता है ?

स्त्री स्वभाव से ही चञ्चल है। इसका चित्त एक जगह स्थिर नहीं रहता। इसके मनमें कुछ, बातोंमें कुछ और आँखोंमें कुछ। इसके चित्तका पता नहीं। यह सदा किसी एक से मुहब्बत नहीं रखती। बेईमानी, धोखेबाजी, छल, कपट, झूठ और बेवफ़ाई तो परमात्माने इसे खूब ही दी है। महाकवि दाग़ने ख़ूब कहा है :—

तुमसे बचकर इक वफ़ा हिस्सेमें अपनी लग गई ।
तुमने ख़ूबी कौन-सी छोड़ी ज़मानेके लिये ।

सच है, सभी अच्छी चीजें तुम्हारे हिस्सेमें आ गईं। एक वफ़ा ज़रूर तुमसे बचकर मेरे हिस्सेमें आ गई है। इस ख़ूबीको छोड़कर और सब ख़ूबियाँ तुम्हारे पास मौजूद हैं।

स्त्री बाहरसे जैसी मनोहर दीखती है, भीतरसे वैसी नहीं होती। उसका शरीर मनोहर होता है, पर हृदय बज्रवत् कठोर

होता है। वह अपने चन्द्रमुखसे मधु-जैसी मीठी-मीठी बातें करती है और तीक्ष्ण चित्तसे चोट मारती है। इसीलिये कहते हैं कि उसकी जीभमें मधु और हृदयमें हलाहल विष रहता है। पर जिन्होंने संसार नहीं देखा है, जिन्हें इस जगतकी टेढ़ी-सीधी बातें नहीं मालूम, वे नातजुर्बेकार नौजवान, इन बातोंको न समझ कर, इन कुटिला कामिनियोंका पूर्ण विश्वास कर बैठते हैं। इनके यह कहने पर, कि आप ही हमारे सूरज, आप ही हमारे चाँद और आप ही हमारे परमेश्वर हो, आप ही से हमें जगतमें उजियाला है,—नवयुवक पागल-से हो जाते हैं और इन्हें सती सीता और सावित्री समझ कर इनके क्रीतदास हो जाते हैं। और जब कामी पुरुष सोलह आने इनके क़ाबूमें हो जाते हैं, तब ये निरंकुश होकर अपनी माया रचने लगती हैं। एक को आँखोंके इशारोंसे, दूसरेको बातोंसे, तीसरेको चेष्टाओंसे प्रसन्न करती और चौथे—अपने पति—को अपनी मायामें पागल बनाये रखती हैं। उसे सूझता होने पर भी अन्धा कर देती हैं। उसके मौजूद रहते कुकर्म करती हैं; पर उस भौंदूको कुछ नहीं सूझता। बुद्धिमानोंको इनके सतीत्व पर हरगिज़ विश्वास न करना चाहिये; क्योंकि किसी एक की होना तो विधाताने इनके भालमें लिखा ही नहीं।

किसीने ठीक ही कहा है:—

यदि स्यात्पावकः शीतः प्रोष्णो वा शशलाञ्छनः
स्त्रीणां तदा सतीत्वं स्याद् यदि स्याद् दुर्जनो हितः ॥

अगर आग शीतल हो जाय, चन्द्रमा गरम हो जाय और दुर्जन हितकारी हो जायँ, तभी स्त्रियोंके सतीत्वका विश्वास किया जा सकता है।

और भी कहा है—

> यो मोहान्मन्यते मूढो रक्तेयं कामिनी।
> स तस्या वशगो नित्यं भवेत् क्रीडाशकुन्तवत् ॥

जो मूढ़ मनुष्य यह समझता है कि यह स्त्री मुझे प्यार करती है, वह उसके वश होकर खेलके पक्षीकी तरह हो जाता है। पर वास्तवमें वह उसे नहीं चाहती। उसको न कोई प्यारा है और न कुप्यारा। जिस पर तबियत आजाय, वह उसीकी है; पर उसकी भी सदा-सर्वदा नहीं। चञ्चल नारी-जातिका चित्त कभी भी स्थिर हो सकता है ?

दोहा

मनमें कछु बातन कछु, नैननमें कछु और।
चितकी गति कछु और ही, यह प्यारी किहि ठौर ? ॥८१॥

सार—स्त्री बेवफ़ा है। उसकी मुहब्बत सर्वदा किसी के साथ रह ही नहीं सकती। जिसकी स्त्री वफ़ादार और सती हो, वह निस्सन्देह पूर्ण पुण्यात्मा है।

81. A woman while talks with one man, looks amorously towards some other and at the same time, she thinks in her mind of a quite different person. Who can be said to be the true lover of a woman ?

—○—

एक भले घरकी कुलटा को सनसनी पैदा करने वाली कहानी

ग़ज़बका त्रियाचरित्र

—:—

यद्यपि दिल्लीके आख़िरी बादशाहके उस्ताद महाकवि ज़ौक़ ने कहा है:—

सोहबते अहले सफ़ासे तीरह दिल कब साफ़ हो।
ज़ङ्गसे आलूदा हो जाता है आहन आबमें ॥

महात्माओंकी संगतिसे कलुषित-हृदय पुरुषोंकी चित्तशुद्धि नहीं होती। लोहा अगर पानीमें डाला जाता है, तो साफ़ होनेके बजाय उसमें ज़ंग ही लग जाती है।

यद्यपि उस्तादके कलाममें शक करनेकी गुञ्जाइश नहीं—अनेक स्थलोंमें ठीक ऐसा ही होता भी है, पर मेरा विश्वास नीचेके श्लोक और कबीरदासके निम्नलिखित दोहों पर

अधिक था:—

सत्संगः केशवे भक्तिर्गंगाम्भसि निमज्जनम् ।
असारे खलु संसारे त्रीणि साराणि भावयेत् ॥

सत्पुरुषोंका संग, कृष्णकी भक्ति और गङ्गाजलका स्नान— इस असार संसारमें ये तीन ही सार समझे जाते हैं।

एक घरी आधी घरी, आधी सों भी आध ।
कबिरा संगति साधुकी, कटै कोटि अपराध ॥
कबिरा संगति साधुकी, नितप्रति कीजै जाय ।
दुर्मति दूर बहावसी, देखी सुमति बताय ॥

एक घड़ी, आधी घड़ी और पाव घड़ी–जितना भी समय मिले, सत्पुरुषोंकी संगति अवश्य करनी चाहिये; क्योंकि उनकी संगतिसे करोड़ों अपराध नष्ट हो जाते हैं।

साधु पुरुषोंकी संगति नित्य ही करनी चाहिये; क्योंकि उससे कुमति दूर होती है और सुमति आती है।

इस संसाररूपी कड़वे वृक्षके दो ही फल हैं:—(१) मीठा बोलना, और (२) सज्जनोंका संग। लेखनीमें सामर्थ्य नहीं, जो सत्संगकी महिमा बखान सके। यद्यपि लोहा पानीमें जाकर साफ़ नहीं होता, उस पर उल्टी जंग चढ़ जाती है; तोभी पारसके साथ मिलनेसे वह सोना हो जाता है। उसी तरह सत्संगसे नीच भी महापुरुष हो जाता है। सप्त ऋषियों की संगतिसे नित्य प्रति हत्या करने वाला व्याधा महामुनियोंकी गणनामें आ गया। बहुत

क्या—सत्संग की महिमा मेरे दिलपर अच्छी तरह जमी हुई थी, इसलिए मुझे बाल्यावस्थासे ही साधु-महात्माओं की संगति ज़ियादा पसन्द थी। मेरे गाँवमें कोई भी महात्मा आता, तो मैं उसके आनेका समाचार पाते ही उसके पास ज़रूर पहुँचता।

एक बार हमारे गाँवके श्मशानमें एक संन्यासी आकर ठहरे। वह जातिके ब्राह्मण, पूर्ण विद्वान, सच्चे त्यागी और वास्तविक महात्मा थे। उनकी उम्र भी ज़ियादा न थी, कोई चालीस बरस के होंगे। उनका शरीर हृष्ट-पुष्ट और गठीला था। उनके चेहरेसे एक प्रकारका अपूर्व तेज टपका पड़ता था। उनको देखते ही हर मनुष्यके दिलमें उनके प्रति श्रद्धा और भक्तिका भाव उदय होता था। उनकी शोहरत सारे गाँवमें फैल गई—इसलिए सैकड़ों स्त्री-पुरुष उनके दर्शनोंके लिए श्मशानमें जाते और उनके दर्शन करके नेत्र सफल करते थे। अधिक क्या कहूँ, मेला-सा लगा रहता था। मैं भी नित्य—बिला नागा उनके दर्शनोंको जाया करता था। वह हर समय वेदान्त-चर्चा किया करते थे। उनकी तर्कशक्ति, विद्वत्ता और प्रबल युक्तियोंको देखकर लोग दंग रह जाते थे। हरेकके मुँहसे वाह-वाह निकलती थी। पर एक बात उनमें विशेष रूपसे देखनेमें आती थी। वह यह कि उन्हें स्त्रियोंका—ख़ासकर जवान स्त्रियोंका वहाँ आना पसन्द नहीं था। उनके ढंग-ढौलसे ऐसा प्रतीत होता था, मानो उन्हें युवतियोंके दर्शनसे घृणा है। वे हमलोगोंको संसारकी असारता और देहकी क्षणभङ्गुरता इस तरह समझाते थे कि हम सभी

श्रोताओंके दिलों पर उनकी बातोंका असर फौरन ही हो जाता था। हमारे दिलोंमें सच्चे वैराग्यका उदय हो आता था। उनके मुँहसे निकली हुई स्त्रियोंकी निन्दा सुनकर तो स्त्रियोंका नाम सुननेसे भी घृणा-सी हो जाती थी। वे अपनी बात-चीतके दौरान में संस्कृतके श्लोक बहुतायतसे कहा करते थे। नीचे लिखा हुआ श्लोक तो वे एक-दो बार नित्य ही कहा करते और शेषमें दर्दभरी आह-सी खींचा करते थे। वह श्लोक यह था :—

> सुचिन्तितमपि शास्त्रं परिचिन्तनीयम्
> आराधितोऽपि नृपतिः परिशंकनीयः।
> क्रोडेस्थितापि युवतीः परिरक्षणीयः
> शास्त्रे नृपे च युवतौ च कुतो वशीत्वम्॥

शास्त्रको अच्छी तरह पढ़ लेने पर भी उसका पाठ हमेशा करते रहना चाहिये। राजाको अपने ऊपर मिहरबान देखकर भी उससे डरते रहना चाहिये। गोदमें बैठी हुई भी जवान स्त्रीकी रक्षा बड़ी होशियारीसे करनी चाहिये। क्योंकि शास्त्र, राजा और जवान स्त्री ये किसीके भी वशीभूत होकर नहीं रहते।

उनके मुखसे यह श्लोक बारम्बार सुननेसे मुझे कुछ शङ्का-सी हुआ करती थी। मैं पूछना चाहता था कि महाराज! आप युवतियोंकी इतनी निन्दा क्यों किया करते हैं; पर उनके तेज-प्रताप या रौबसे पूछनेकी हिम्मत न कर सका। एक बार हिम्मत बाँधकर मैं कह ही तो उठा—"भगवन्! स्त्रियाँ न हों, तो ईश्वरकी

सृष्टि ही लोप हो जाय, यह संसार सूना हो जाय, यहाँ कुछ भी दिखाई ही न दे। पुरुप और प्रकृतिसे ही यह सृष्टि है। अकेला पुरुष सृष्टि-रचना नहीं कर सकता। जगतकी रचनामें प्रकृतिकी सहायताकी परमावश्यकता है। भगवान रामचन्द्र, भगवान श्रीकृष्ण, महाराजा हरिश्चन्द्र, महाराज भरत और प्रह्लाद प्रभृति स्त्रीसे ही पैदा हुए हैं। किसीने कहा है :—

नारी निन्दा मत करो, नारी नरकी खान।
नारी से नर ऊपजे, ध्रू-प्रहलाद-समान॥

नारी-जातिकी निन्दा मत करो, क्योंकि नारी ही नरोंकी खान है। नारीसे ही ध्रुव और प्रह्लाद जैसे महापुरुषोंने जन्म लिया है।

मेरी वात सुनकर वे कहने लगे—"भैया ! तुम्हारी वात सच है। निस्सन्देह, स्त्री-बिना ईश्वरकी सृष्टि नहीं चल सकती। स्त्रीसे ही जगतकी उत्पत्ति है। इस विषयमें मेरा मत-भेद नहीं। मेरा तो कहना है कि स्त्रियोंकी प्रीति निश्चल नहीं होती। उनका दिल बड़ा चञ्चल होता है। क्षण-भरमें वे पराई हो जाती हैं। जिस तरह गाय नई-नई घास चरना चाहती है; उसी तरह स्त्रियाँ नित नये पुरुषोंको भोगना चाहती हैं। बलवान पुरुषोंसे भी उनकी कामाग्नि शान्त नहीं होती। अब मैं तुझे चन्द ऐसी कहानियाँ सुनाता हूँ, जिनसे तुझे मेरी बातोंकी सत्यतामें अणु-मात्र भी सन्देह न रहेगा। ध्यान देकर सुन—

किसी शहरमें एक विद्वान, रूपवान और रतिशास्त्रपारङ्गत

ब्राह्मण रहता था। वह अपनी स्त्रीको प्राणसे भी अधिक प्यार करता था, लेकिन उसकी स्त्री कलहकारिणी थी। वह अपनी सास-ननद और दिवरानी-जिठानियोंसे रोज़ तकरार किया करती थी; इसलिए वह ब्राह्मण नित्यके क्लेश से दुःखी होकर, अपनी प्यारी स्त्रीको लेकर, किसी दूसरे नगरको चल दिया। चलते-चलते वे दोनों एक घोर वनमें पहुँचे। ब्राह्मणकी स्त्रीको बड़े ज़ोरसे प्यास लगी। उसने अपने पतिसे कहा—"मुझे प्यास बहुत ज़ोरसे लगी है, आप कहीं से जल लावें तो मेरी जान बचे।" ब्राह्मण लोटा-डोर लेकर पानीकी खोजमें गया। बड़ी खोजसे उसे एक कुआँ मिला। वह पानी भर कर वापस लौटा। लेकिन आकर क्या देखता है कि उसकी प्राण-प्यारी मरी हुई पड़ी है और पास ही एक काल भुजङ्ग बैठा है। ब्राह्मणको देखते ही साँप जङ्गल में भाग गया। ब्राह्मणने समझ लिया कि मेरी स्त्रीको सर्प ने डसा है।

उसने बहुत देर तक तो विलाप किया; फिर जङ्गलसे लकड़ी लाकर चिता बनाई और उस चितामें स्त्री-सहित जलनेकी तैयारी की। इतनेमें आकाशवाणी हुई—'हे विप्र! अगर तू अपनी आयु में से आधी इसे दे दे, तो यह जी सकती है।' यह वाणी सुनते ही ब्राह्मण ने स्नान-ध्यानसे पवित्र हो, तीन वार संकल्पका मन्त्र कह कर, अपनी स्त्रीको आधी उम्र दे दी। ब्राह्मणी तत्काल जी उठी। ब्राह्मण ने उससे यह बात न कही। जङ्गलसे फल-मूल लाकर उसे खिलाये और आप खाये। फिर वहाँसे दोनों चल दिये।

चन्द रोज़ बाद वे दोनों स्त्री-पुरुष एक बड़े नगरमें पहुँचे। नगरके बाहर एक मनोहर बाग़ था। ब्राह्मण वहीं ठहर गया। स्नान-पूजासे निपटकर उसने ब्राह्मणीसे कहा—'मैं शहरमें जाकर खाने-पीनेका सामान ले आता हूँ, तुम यहीं बैठी रहो। आकर भोजन बनाऊँगा और फिर दोनों खायँगे।' यह कहकर ब्राह्मण तो शहरमें चला गया और ब्राह्मणी अकेली बैठी रही। उस बाग़ के कुएँकी सीढ़ियों पर एक लँगड़ा आदमी बैठा हुआ मनोहर स्वरसे गीत गा रहा था। उसके गानेसे स्त्रीका काम जाग उठा। वह काम-पीड़ित हो, लँगड़ेके पास जाकर बोली—'हे भद्र पुरुष! तू मेरे साथ भोग कर। अगर तू मेरी कामशान्ति न करेगा, तो तुझे मुझ अबलाकी हत्या लगेगी। स्त्री-हत्या बहुत बड़ा पाप है।' लँगड़ा बोला—'हे कल्याणि! मैं रोगी हूँ, अङ्गहीन हूँ, मुझसे तेरी शान्ति न होगी।' स्त्री बोली—'मैं तेरी एक बात नहीं सुनूँगी। अगर तू मेरा कहना न मानेगा, तो मैं अभी हल्ला करके तुझे राजाके सिपाहियोंसे पकड़वा दूँगी।' आखिरकार वह लँगड़ा भयसे या और किसी वजहसे उसकी बात पर राजी हो गया। उसने उससे संगम किया। संगम हो चुकने पर वह बोली—'हे भद्र! तुम बड़े अच्छे पुरुष हो। मेरी आत्मा तुमसे सन्तुष्ट है। अबसे मैं तुम्हारी हो चुकी। मैंने तुम्हें आत्मसमर्पण किया। अब तुम भी हमारे साथ चले चलो।' लँगड़ेने कहा—'मैं न तो चल सकता हूँ और न कमा सकता हूँ, इसलिए मुझे ले चलनेसे तुझे कष्ट होगा।' स्त्रीने कहा—'तुम चुप रहो, मैं सब इन्तज़ाम कर लूँगी।'

इन दोनोंमें ये बातें हो ही रही थीं कि ब्राह्मण शहरसे आटा, दाल, घी और लकड़ी लेकर आया। भोजन बनाकर खानेकी तैयारी करने लगा, तब ब्राह्मणी बोली—'हे स्वामिन्! यह लँगड़ा भी भूखा है। इसे बिना खिलाये खाना उचित नहीं। इसलिए इसे भी परोस दीजिये।' भोले ब्राह्मणने आप खाया, स्त्री और उस लँगड़ेको भी खिलाया। खा-पीकर जब वे आगे चलने लगे, तब स्त्री बोली—'हे पतिदेव! आप और मैं दो ही जने हैं, आप कहीं चले जाओगे तो अकेले में मेरा मन न लगेगा। इसलिए इस लँगड़ेको आप कन्धे पर रखकर ले चलें, तो मुझे बातचीतका सहारा हो जायगा।' ब्राह्मण बोला—'प्यारी! मुझे अपना शरीर ही भारी हो रहा है, मैं इसे न ले चल सकूँगा।' तब स्त्रीने स्वयं उसे गाँठमें बाँधकर अपने सिर पर धर लिया। ब्राह्मण ने उसकी बातोंमें आकर इन्कार नहीं किया। कुछ दिनों बाद वे एक और गाँवके निकट पहुँचे। ब्राह्मण कुएँसे पानी भरने लगा। उसकी स्त्रीने उसे कुएँ में धकेल दिया और अपनी गठड़ी को लेकर आगे चल दी। पुलिसने चोरीका माल समझ कर उसकी गठड़ी खुलवाई, तो उसमें लँगड़ा निकला। सिपाही उसे हाकिमके पास ले गये। हाकिम ने पूछा—'यह क्या मामला है? तू ने मर्दको गठरीमें क्यों बाँध रखा है?'

ब्राह्मणीने जवाब दिया—'यह मेरा पति है। यह चल नहीं सकता, इसलिए मैं इसे गठरीमें धरकर घूमती हूँ। महाराज! पतिव्रताका यही धर्म है।' हाकिम उसकी बातसे खुश होकर

उसे राजाके पास ले गया। राजा उसका पति-स्नेह देख कर बहुत ही प्रसन्न हुआ और उसे आनन्दसे जीवन बितानेके लिए दो गाँव इनाममें दिये।

कुछ रोज बाद वह ब्राह्मण भी किसी तरह कुएँ से निकलकर उसी नगरमें आया। उस स्त्रीने उसे देखते ही राजासे प्रार्थना की, कि महाराज! यह आदमी मेरे पतिका शत्रु है। राजाने सुनते ही बिना विचार किये, ब्राह्मणको शूली पर चढ़ाने की आज्ञा दे दी। तब ब्राह्मण ने राजासे कहा—'आप धर्मात्मा राजा हैं। आपने मुझे दण्ड दिया, सो तो मैं भोगूँगा ही, पर इसके पास मेरी कुछ संक्रान्त वस्तु है, वह मुझे दिला दीजिये। इसके बाद मुझे फाँसी पर चढ़वाइये।' राजाने कहा—'हे पतिव्रते! तूने इसकी कुछ संक्रान्त वस्तु ली है?' ब्राह्मणीने कहा—'मैंने तो इससे कुछ भी नहीं लिया है।' ब्राह्मण बोला—'तू हाथमें पानी लेकर तीन बार यह कह दे, कि इसने मुझे जो कुछ भी दिया हो, वह मैं वापस देती हूँ।' स्त्री राजाके भयसे इस बात पर राजी हो गई और तीन बार वैसा ही कह कर संकल्प छोड़ दिया। संकल्प का जल छोड़ते ही वह मर गई। राजाको बड़ा आश्चर्य्य हुआ। राजाने विप्रसे इस घटनाका रहस्य पूछा। ब्राह्मणने सारा क़िस्सा ज्योंका त्यों सुना दिया। सुनते ही राजाने ख़ुश होकर वह दोनों गाँव ब्राह्मणको दे दिये और अपने दरबारमें एक उच्च पद भी प्रदान किया।

इसीसे मुझे कहना पड़ता है कि जिस ब्राह्मणने अपनी स्त्रीके लिये माँ-बाप और भाई-बन्धु छोड़े, अपना आधा जीवन दिया,

उसी स्त्रीने उसके साथ ऐसे-ऐसे जाल किये, उसके प्राणनाशमें भी कोई बात उठा न रखी। अब कहो, स्त्रियोंकी प्रीतिका क्या विश्वास किया जाय? किसीने ठीक ही कहा है—

एताः स्वार्थपरा नार्यः केवलं स्वसुखे रताः।
ना तासां वल्लभः कोऽपि सुतोऽपि स्वसुखं विना॥

स्वार्थपरायणा स्त्रियाँ केवल अपना सुख ही चाहती हैं। अपने सुखके आगे उन्हें कोई भी प्यारा नहीं—यहाँ तक कि अपने पेटसे पैदा हुआ पुत्र भी प्यारा नहीं।

अच्छा और भी एक कहानी सुन :—

किसी नगरमें एक वैश्य रहता था। वह अपनी स्त्रीको अत्यधिक प्यार करता था। उसके मित्रोंने कहा—'भाई! तुम अपनी स्त्रीका इतना विश्वास मत करो; स्त्रीकी प्रीतिका ज़रा भी भरोसा नहीं। रूखी चीज़में चिकनाई हो, कठोर वस्तुमें नरमी हो और नीरसमें रस हो, तो स्त्रियोंमें प्रेम हो सकता है।

'मित्र! तुम अपनी स्त्रीके झूठे प्रेमके पागल मत बनो। अगर मेरी बात पर विश्वास नहीं है, तो आज उससे विदेश जानेकी बात कहो, पर जाओ कहीं नहीं; दिन भर मेरे घरमें रहो, रात को अपनी स्त्रीके पलंगके नीचे घुस जाओ और तमाशा देखो।' उस वैश्यने अपने मित्रके कहनेके मुताबिक़ ही अपनी स्त्रीसे विदेश जाने की बात कही। वह भी सुनते ही प्रसन्न हो गई और उसके लिए पूरी, मिठाई प्रभृति बनाने में लग गई।

किसीने कहा है—

दुर्दिवसे घनतिमिरे वर्षतिजलदे महाटवीप्रभृतौ ।
पत्युर्विदेशगमने परमसुखं जघन चपलायाः ॥

घटाटोप दिन या बुरे दिनसे, गहरे अँधेरे से, मेह बरसनेसे, महावनसे और पतिके परदेश जानेसे चपल जाँघोंवाली परपुरुष-रता स्त्रियाँ बहुत खुश होती हैं ।

बहुत क्या, वैश्यकी स्त्रीने पूरी-मिठाई बाँधकर पतिको विदा कर दिया । चलते समय कहा—'आप जल्दी आ जाना । मुझे आपके बिना यह मनोहर शय्या काँटोंसे भरी मालूम होगी । रातभर नींद न आवेगी । ख़ैर, काम है, इसलिए जैसे-तैसे दिन काटूँगी ।'

पतिके चले जाने पर शामको उसने साबुनसे मल-मलकर खूब स्नान किया । नये-नये कपड़े और गहने पहने । कसकर पलँग तैयार किया और दूधके समान सफेद चादर बिछाई । रात को उसका यार आया और पलँग पर बैठ गया । उधर वह वैश्य भी चिराग़ जलते ही, दूसरे द्वारसे आकर, पलँगके नीचे छिप गया । ज्योंही वह स्त्री पलँग पर चढ़ने लगी कि, उसका पैर खाट के नीचे छिपे हुए उसके पतिसे छू गया । वह फौरन ताड़ गई कि दुष्ट पति मेरी परीक्षा लेनेके लिए यहीं छिपा है । अब कोई त्रिया-चरित्र करना चाहिये । ज्योंही उसका यार उसे आलिङ्गन करने को तैयार हुआ, वह बोली—'हे महानुभाव ! आप मेरा शरीर न छुएँ । मैं पतिव्रता और महा सती हूँ । अगर छूओगे तो शाप

देकर भस्म कर दूँगी।' ये बातें सुनते ही उसका यार बोला—'फिर तूने मुझे बुलाया ही क्यों है? अगर सती थी तो मुझे न बुलाती।' वह बोली—'सुनो, मैं आज देवीके दर्शन करने गई थी। देवी बोली—पुत्री! तू मेरी भक्त है, पर दुःख है कि तू आगामी छः महीने में विधवा हो जायगी। हाँ, अगर तू आज रातको पर पुरुषको बुलाकर उसे आलिङ्गन करे, तो तेरे पतिकी उम्र बढ़ जाय और उस पुरुषकी उम्र घट जाय। बस इसी मनोरथ-सिद्धि के लिए मैंने आपको बुलाया है।' नीचेसे अपनी स्त्रीकी बातें सुनकर वैश्य बोला—'धन्य पतिव्रते, धन्य! कुलका आनन्द-वर्द्धन करनेवाली धन्य! मैंने दुष्टोंकी बातोंमें आकर तेरी परीक्षा लेनी चाही थी। लेकिन तू तो पतिव्रताओंमें मुख्य है। तूने पतिकी आयु बढ़ानेके लिए ऐसा घोर तप किया, जो परपुरुषके साथ आलिङ्गन करनेको तैयार हो गई! मेरे जैसा भाग्यवान कौन है? आ! मेरे कन्धे पर चढ़ जा।' फिर उस स्त्रीके यारसे कहने लगा—'हे महानुभाव! आप मेरे पूर्वजन्मके पुण्यसे आये हैं। आपकी कृपासे मेरी आयु बढ़ गई। आपको धन्यवाद है। आप भी मेरे कन्धेपर चढ़िये।' वह यार तो चढ़ना नहीं चाहता था, पर उसने उसे ज़बर्दस्ती चढ़ा लिया और दोनोंको कन्धोंपर लिये हुए नाचता फिरा। साथ ही उन दोनोंका गुणानुवाद भी करता रहा।

देखा बच्चा! स्त्रीमें कितनी तेज अक्ल है। सरासर कुकर्म देखकर भी वैश्य शान्त हो गया, उल्टा अपनी स्त्रीकी बड़ाई करने

लगा। यह सब वैश्यकी स्त्रीकी चतुराईका फल था। स्त्रियोंको जितनी जल्दी बात सूझती है, उतनी जल्दी पुरुषोंको नहीं। इसीसे कहा है—

भोजनं द्विगुणं स्त्रीणां बुद्धिः कृत्ये चतुर्गुणा।
निश्चयः षड्गुणः पुंभ्यः कामश्चाष्टगुणः स्मृतः॥
स्त्रीणां द्विगुणाहारो, लज्जा चापि चतुर्गणा।
साहसं षड्गुणश्चैव कामश्चाष्टगुणः स्मृतः॥

स्त्रियाँ मर्दोंकी अपेक्षा दूना खाती हैं। उनमें मर्दोंसे चौगुनी अक्ल, छः गुना निश्चय और अठगुना काम होता है।

स्त्रियोंमें पुरुषोंकी अपेक्षा दूनी भूख, चौगुनी शर्म, छह गुना साहस और अठगुना काम होता है।

उशना वेद यच्छास्त्रं यच्च वेद वृहस्पतिः।
स्त्री बुद्ध्या न विशिष्येत् तस्माद्रक्ष्याः कथं हि ताः॥

शुक्र और वृहस्पति जितने शास्त्रको जानते हैं, उतना स्त्रीकी बुद्धिके सामने कुछ भी नहीं है। फिर स्त्रियोंकी रक्षा की जाय तो कैसे की जाय?

क्यों बच्चा, सन्तोष हुआ या और भी सुनना चाहता है? अच्छा ले, एक बात और भी सुनाता हूँ—

जाटनी और नायनका त्रिया चरित्र

—:०:—

किसी नगरमें एक जाट रहता था। उसकी स्त्री कुलटा थी, पर उस बेचारेको यह बात मालूम नहीं थी। हाँ, उसके

यार-दोस्त उसकी स्त्रीका हाल जानते थे। वह कहते—'यार! स्त्रीकी प्रीति किसी एकसे नहीं होती। स्त्री पर विश्वास करना बड़ी भूल है।' उसके दिलमें अपने मित्रोंकी बात जम गई। वह उसकी फिराकमें रहने लगा। एक दिन उसने एक संन्यासीको अपने घर भोजन कराना चाहा, इसलिये वह उसे अपने घर लिवा लाया। स्त्रीसे कहा—'तू महाराजकी सेवा कर, मैं बाज़ारसे खीर का सामान ले आता हूँ, क्योंकि महात्माजी कहते हैं—

अमृतं शिशिरे वह्निरमृतं प्रियदर्शनम्।
अमृतं राजसम्मानममृतं क्षीरभोजनम्॥

जाड़ेमें आग अमृत है, प्यारेका दर्शन अमृत है, राजसम्मान अमृत है और खीरका भोजन अमृत है। इसलिये आज खीर ही बनेगी। देख, इधर-उधर मत टरख जाना।' वह तो ऐसा कहकर चल दिया। उसके जाते ही स्त्री गहने-कपड़े पहनकर संन्यासी से बोली—'आप बैठिये, मैं अपनी सखीसे मिलकर अभी आती हूँ।' संन्यासीसे ऐसा कहकर वह चल दी। दैवयोग से राहमें उसका पति उसे मिल गया। उसने देखते ही कहा—'राँड़! मैं लोगोंकी बात झूठी समझता था। पर आज मालूम हुआ, कि उनकी बात सच है। चल, तुझे आज सज़ा दूँगा।' ऐसा कहता हुआ वह उसे अपने घर ले आया। घरमें आकर, उसे खूब मारा-पीटा और कसकर एक खम्भेसे बाँध दिया। फिर अपने हाथोंसे ही पकाकर साधुको खीर खिलाई और आपने भी खूब शराब पीकर खीर खाई। फिर वह नशेमें सो गया।

आधी रात बीतने पर, जाटको सोया समझकर, जाटनीकी एक सखी या दूती-नायन उसके पास आकर कहने लगी—'देख, तेरा यार तेरे बिना मर रहा है। तू क्यों नहीं जाती ?' उसने कहा—'देखती नहीं, इस हालतमें कैसे जाऊँ ?' नायन ने कहा—'कठिन स्थानमें जाकर जो स्वादु फल खाते हैं, उन्हींका जन्म मैं, ऊँटोंकी तरह, सार्थक समझती हूँ। परलोकमें सन्देह है, जनापवाद चित्र-विचित्र होता है और दूसरेके साथ रमण करना अपने हाथ की बात है। जवानीके फल भोगनेवाली स्त्री ही धन्य है। दैवयोगसे, एकान्त स्थानमें, दूसरा कुरूप पुरुष भी मिल जाय, तो स्त्रीको चाहिये कि, अपने सुन्दर पतिको त्यागकर उससे रमण करे। मैं तेरी जगह बँध जाती हूँ, तू उसके पास जाकर उसकी इच्छा पूरी कर।' यह कहकर नायन ने उसे खोल दिया। फिर उस स्त्रीने नायनको अपनी जगह बाँधकर यारके घरकी राह ली।

ज्योंही वह स्त्री गई कि जाट जागा और गाली देता हुआ खम्भेसे बँधी हुई स्त्रीके पास आया और उसकी नाक काट ली। नायन कुछ न बोली। जाटने समझा कि मैंने अपनी स्त्रीकी नाक काट ली है। थोड़ी देर बाद वह स्त्री आई। उसने नायनसे पूछा—'कहो सखी ! खैर तो है ?' नायनने कहा—'हाँ बहन ! सब खैर है, केवल नाक नहीं है।' फिर नायन वहाँसे अपने घर चली गई और स्त्रीको वहीं बाँधती गई। तड़काऊ वह जाट फिर जागा और कहने लगा—'राँड़, अभी तो नाक काटी है,

अब कान काटता हूँ।' सुनते ही स्त्री बोली—'अगर मैंने कभी स्वप्नमें भी परपुरुषका ध्यान न किया हो, तो ईश्वर मेरी नाक जोड़ दे और यदि मैं कुलटा हूँ तो मुझे भस्म कर दे।' फिर थोड़ी देर बाद बोली—'अरे दुष्ट! मेरी नाक फिर जुड़ गई; अब भी क्या मैं सती नहीं हूँ?' यह बात सुनते ही उसके पति ने आकर देखा, तो जमीन पर खून पड़ा पाया और नाक ज्यों-की-त्यों पाई। वह हजार जानसे अपनी स्त्रीकी तारीफें करने लगा। उधर वह महात्मा, जो चुपचाप पड़ा हुआ इस अद्भुत लीलाको देख रहा था, मन-ही-मन कहने लगा—

शम्बरस्य च या माया या माया नमुचेरपि।
बलेः कुम्भीनसेश्चैव सर्वास्ता योषितो विदुः॥

शम्बरकी, नमुचिकी, वलि और कुम्भीनसकी जितनी माया है, उस सबको स्त्रियाँ जानती हैं।

अनृतं सत्यमित्याहुः सत्यं चापि तथानृतम्।
इति यास्ताः कथं धीरैः संरक्ष्याः पुरुषैरिह॥

जो झूठको सच और सचको झूठ कहती हैं, धीर पुरुष, इस संसारमें, उनकी रक्षा कैसे कर सकते हैं?

नाति प्रसंगः प्रमदासुकार्यो
नेच्छेद्बलं स्त्रीषु विवर्द्धमानम्।
अति प्रसक्तैः पुरुषैर्यतास्ताः
क्रीडन्ति काकैरिव लूनपक्षैः॥

स्त्रियोंको ज़ियादा मुँह न लगावे और उनका बल न बढ़ने दे, क्योंकि अति आसक्त हुए पुरुषोंसे वह पंखनुचे हुए कव्वेके समान खेलती हैं।

आगे चलकर नाईकी स्त्री अपने घर पहुँची। सवेरे ही नाई ने किसीकी हजामत बनानेके लिये उससे अपना उस्तरा माँगा। नाइन ने उस्तरा दूरसे फेंक मारा। यह देख, नाई ने भी क्रोधमें भर कर उस्तरा उसीकी तरफ फेंक मारा। बस, ऐसा होते ही नाइन चिल्लाने लगी—'अरे कोई मुझे बचाओ, मेरे पतिने मुझ निरापरधिनीकी नाक काट ली है।' लोग इकट्ठे हो गये। पुलिस नाईको पकड़ कर ले गई। राजाने नाईको शूली चढ़ानेकी आज्ञा दी। तब नाईको बेकुसूर मारे जाते देखकर, वह संन्यासी राजसभामें जाकर बोला—'महाराज! नाई बेकुसूर है। यह सब स्त्री-चरित्र है।' फिर संन्यासीने रात की सारी घटना कह सुनाई। राजाने नाईको छोड़ दिया और स्त्री को जेलकी सज़ा दी।

संन्यासीकी कही हुई कहानियाँ सुनकर, मुझे उन पर अत्यन्त श्रद्धा हो गई। हम लोग सन्ध्या हुई देख अपने-अपने घर जाना चाहते थे, कि इतनेमें संन्यासीकी पीठका कपड़ा हवासे उड़ गया। उनकी आदत थी, कि वे अपनी पीठ कभी किसीको न देखने देते थे। पीठ पर हर समय कोई कपड़ा रखते थे। आज पीठका कपड़ा उड़ जानेसे, मैंने उनकी पीठपर घावका एक भारी निशान देखा। मुझे उस चिह्नको देखकर कुछ कौतुहल-

सा हुआ। मैंने हिम्मत करके पूछा—'महाराज! आपकी पीठपर यह कैसा दाग़ है? अगर हर्ज न हो, तो इसका भी वृत्तान्त कृपा करके मुझसे कहिये।' मेरी बात सुनते ही संन्यासी महाराज सिहर उठे। उनका चेहरा पीला पड़ गया। उन्होंने मेरी बात उड़ाकर, पीठ फिर कपड़ेसे ढक ली; पर मेरा मन उस चिह्नका कारण जाननेको अधीर हो उठा। सब आदमी चले गये, पर मैं रातके ग्यारह बज जानेपर भी न उठा, वहाँ बैठा ही रहा। जब एकान्त हो गया, तब मैंने फिर बात छेड़ी। संन्यासीने मेरा हठ देख कर कहा—

कोई दिलसोज़ हो तो कीजे बयाँ
सरसरी दिलकी वारदात नहीं॥ हाली॥

भैया, कोई सहृदय हो तो दिलका हाल सुनावें। यह साधारण घटना नहीं, जो हर किसीको सुना दी जाय।

मुसीबतका इक-इक से अहवाल कहना।
मुसीबत से है वह मुसीबत ज़ियादा॥

जिस-तिससे अपनी मुसीबतकी कहानी कहते फिरना—मुसीबत से भी ज़ियादा मुसीबत है।

मैंने कहा—"महाराज! मैं आपका हूँ। मैं आपके लिए जान देने तकको तैयार हूँ। आपकी कही हुई बात जीवन-भर मेरे ही अन्दर रहेगी। मेरे, आपके और ईश्वरके सिवा उसे और कोई न जानेगा। आप कृपा करके मुझसे सारी बात बेखटके कहिये।"

तब महात्मा जी बोले—अच्छा बच्चा ! सुनोगे ही, बिना सुने न मानोगे ? अच्छा लो सुनो :

संन्यासी की आत्म-कथा

—::—

मैंने एक धनी घरमें जन्म लिया था। छोटी ही उम्रमें मुझे बच्चा छोड़कर मेरे माँ-बाप स्वर्गको सिधार गये, पर मेरे लिए अच्छी खासी सम्पत्ति और आमदनी छोड़ गये। चूँकि मेरा जन्म शुक्ल-घरानेमें हुआ था, इसलिये मेरे जिजमान भी बहुत थे। हमारे यहाँ पुरोहिताई होती थी। जिजमानोंके यहाँ से खूब धनधान्य मिलता था। हर तरह पौ बारह थे। पाँचों उँगली सदा घीमें रहती थीं। मेरे बेहद आमदनी थी, तोभी, मैं धन बढ़ानेकी इच्छा से लेन-देन या बोहरगत करता था। अड़ोस-पड़ोस, मुहल्ले-टोले और दूर-दूरके गाँवोंके आदमियोंको मैं हैण्डनोट, तमस्सुक और हुण्डी लिखा-लिखाकर सूद पर क़र्ज़ देता था। पुरोहिताईकी आमदनी तो थी ही, अब व्याजसे भी खूब रुपया बढ़ने लगा। धनकी वजहसे मेरा रोब-दाब भी खूब था। थोड़े दिनोंमें, मैं म्यूनिसिपैलिटीका चेयरमैन हो गया। सरकारने भी मुझे राय बहादुरकी पदवीसे विभूषित किया। जिन्दगी खूब आरामसे बसर हो रही थी। खुशामदी हर वक्त घेरे रहते थे। कह चुका हूँ कि मेरे माँ-बाप मुझे छोटा ही छोड़कर मर गये थे, इसलिये अबतक मेरा विवाह न हुआ। यार-दोस्त और नाते-रिश्तेदार सभी मुझे

शादी कर लेनेको दबाने लगे। कोई कहता, विना स्त्रीके यह धन-वैभव किसी कामका नहीं। घरवाली बिना घर कैसा? कहा है :—

न गृहं गृहमित्याहुर्गृहिणी गृहमुच्यते।
गृहं हि गृहिणीहीनमरण्यसदृशं मतम्॥

माता यस्य गृहे नास्ति भर्या च प्रियवादिनी।
अरण्ये तेन गन्तव्यं यथारण्यं तथा गृहम्॥

घरका नाम घर नहीं है; किन्तु स्त्रीका नाम घर है। गृहिणी बिना घर वनके समान है।

जिसके घरमें माता नहीं है और मधुरभाषिणी स्त्री भी नहीं है, उस घरको छोड़कर वनमें चला जाना चाहिये; क्योंकि माता और स्त्री-हीन घर वनके ही समान है।

किसीने कहा, वराहमिहिर जी कह गये हैं—

जये धरित्र्याः पुरमेव सारं
पुरे गृहं सद्मनि चैक देशः।
तत्रापि शय्या शयने वरा स्त्री-
रत्नोज्ज्वला राज्यसुखस्य सारः॥

कोई कहने लगा—

अपत्यं धर्मकार्य्याणि शुश्रुषारतिरुत्तमा।
दाराधीनस्तथा स्वर्गं पितृणामात्मवश्चह॥

उत्पादनमपत्यस्य जातस्यपरिपालनम् ।
प्रत्यहं लोकयात्रायाः प्रत्यक्षंस्त्रीनिबन्धनम् ॥

बच्चे जनना, धर्म-कार्य करना, बीमारीमें तीमारदारी करना, उत्तम रतिसुख एवं पुरखोंके और अपने लिए स्वर्गकी प्राप्ति—ये सब काम एकमात्र स्त्री पर ही निर्भर हैं।

स्त्री ही बच्चे जनती है, जनकर वही उन्हें पालती है और घर के तमाम काम भी वही करती है। सभी कामोंमें वही गृहस्थकी एकमात्र सहायता करनेवाली है।

भाई! संसारकी उत्पत्ति ही स्त्री-पुरुषोंसे है। पितरोंका ऋण चुकानेवालेके लिए सन्ततिकी दरकार है। बिना पुत्रके कुलका नाम नहीं चलता और पुत्र बिना स्त्रीके हो नहीं सकता, इसलिए आप को विवाह अवश्य करना चाहिये।" लोगोंके समझाने-बुझानेसे मैं विवाहके लिए राज़ी हो गया। चूँकि मैं धनवान था, रूपवान था और कुलीन था, इसलिये एक उत्तम कुलीन की रूपवती कन्या मुझे मिल गई। यथा-विधि विवाह-कार्य सम्पन्न हो गया।

विवाह होनेसे पहले मेरे घरका काम नौकर-नौकरानियोंसे चलता था; पर स्त्रीने आते ही बरस दिनके भीतर सबको धता बताया। वह कहा करती थी—'मैं भी तो आपकी दासी ही हूँ। ऐसा कौन-सा काम है, जिसे मैं नहीं कर सकती? मैं सब काम कर सकती हूँ, फिर इनको रखकर धन नाश करनेकी क्या दरकार? सिर्फ़ दो मियाँ-बीबियों का खाना ही पकाना

पड़ता है। मैं ब्राह्मणकी पुत्री और ब्राह्मणकी स्त्री हूँ; अगर मुझ से इतना-सा काम भी न होगा, तो क्या होगा? इतनी अमीरी और आराम-तलबी अच्छी नहीं। स्त्रीका दिन भर हाथ-पर-हाथ धरे बैठा रहना अच्छा नहीं। बेकाम बैठे रहनेसे मनमें सौ तरह के बुरे ख़यालात पैदा होते हैं। इसीसे बड़े लोग बहू-बेटियोंको कभी ख़ाली बैठने नहीं देते। घर में कुछ भी काम नहीं होता, तो चरख़ा ही कतवाते हैं।

'मैंने अँग्रेज़ीमें तो नहीं पढ़ी है, पर हिन्दीकी पाँचवीं पुस्तक में पढ़ा है कि बैंजमिन फ्रैंकलिन महोदय कहा करते थे—"काहिली और घमण्डका टैक्स राजाओं और पार्लामेण्टोंके लगाये हुए टैक्सोंसे कहीं बहुत ज़ियादा भारी होता है (1)।" जीन पाल महाशयका कहना है कि, सुस्ती बहुत-सी आपद-विपदोंका एक नाम है (2)। अँग्रेज़ोंमें एक कहावत है कि बेकारी कमज़ोर दिलोंकी पनाह और बेवकूफ़ोंकी तातील है (3)। जर्मनोंमें भी एक कहावत है कि, सुस्ती संसारमें सबसे भारी फिज़ूलख़र्ची है (4)। एनसेम महोदय कहते हैं—"बेकारी ज़िन्दा आदमीकी गोर है (5)।" फ्रैंच कहते हैं—"आलस्य सारी बुराइयोंकी जड़ है (6)।" बर्टन साहब कहते हैं—"काहिली या बेकारी शरीफ़ोंकी पहचान है, शरीर और मनका विष है, शरारत की धाय है, तालीमकी सौतेली माँ है, हानियोंकी मुख्य जन्मदातृ है, सात भयानक पापोंमें से एक है, शैतानके आराम करनेका मुख्य गद्दा है एवं चिन्ता और खेद ही नहीं, इनके सिवा

और-और भी बहुत-से रोगोंका बड़ा कारण है (7)।" स्पेनवाले कहते हैं कि, काहिलीसे दिल पर ज़ङ्ग लगती है (8)। अब आप ही कहिये कि, मुझे आलस्य त्यागना चाहिये या आलसी होना चाहिये। एमील महाशयने ठीक ही कहा है कि स्त्रीके हाथमें ही कुटुम्बकी रक्षा और नाश है। मुझे हर तरह घरका पैसा बचाना चाहिये। इन्सान काम करने के लिए पैदा हुआ है। मौतके बाद आराम-ही-आराम है। देखिये मौलाना हालीने क्या कहा है :—

---

1. Idleness and pride tax with a heavier hand than kings and parliaments. *Ben. Franklin.*

2. Idleness is many gathered miseries in one name. *Jean Paul.*

3. Idleness is only the refuge of weak minds and the holiday of fools. *Pr.*

4. Idleness is the greatest prodigality in the world. *Ger. Pr.*

5. Idleness is the sepulchre of a living man. *Anselm.*

6. Idleness is the root of all evils. *Fr. Pr.*

7. Idleness is the badge of gentry, the bane of body and mind, the nurse of naughtiness, the step-mother of discipline, the chief author of mischief, one of the seven deadly sins, the cushion on which the devil chiefly reposes and a great cause not only of melancholy but of many other diseases. *Burton.*

8. Idleness rusts the mind. *Sp. Pr.*

फ़राग़त से दुनिया 'में दम भर न बैठो।
अगर चाहते हो फ़राग़त ज़ियादा॥
है जानके साथ काम इन्साँके लिये।
बनती नहीं ज़िन्दगीमें बेकाम किये॥
जीते हो तो कुछ कीजिये ज़िन्दों की तरह।
मुर्दों की तरह जिये, तो क्या ख़ाक जिये॥

अगर आप चाहते हैं कि हम आरामसे रहें, तो दम-भर भी ख़ाली मत बैठो—क्षण-भर भी बेकार मत रहो।

आदमीकी जानके साथ काम लगा हुआ है। ज़िन्दगीमें बिना काम किये काम नहीं चलता।

जीते हो तो ज़िन्दोंकी तरह काम भी करो। मुर्दोंकी तरह जीने से क्या फ़ायदा?'

मैं अपनी बीबीकी पाण्डित्य-पूर्ण बातें सुनकर दंग हो गया। आज मुझे मालूम हुआ कि मेरी पत्नी कोरी रूपवती ही नहीं—पूर्ण विदुषी और गुणवती है। ऐसी सुलक्षणा स्त्री पानेसे मैं अपने तईं भाग्यवान समझने लगा। हाँ, इतना ज़रूर हुआ कि पुराने नौकरोंके विदा करते समय, मेरे दिलमें एक तरहकी वेदना हुई, पर धीरे-धीरे इन बातोंको भूल गया। फिर भी; उनमें से यदि किसीको मैं कष्ट पाते देखता, तो अपने यहाँ से खानेको आटा, दाल वगैर: दिलवा दिया करता, क्योंकि मेरे यहाँ इन चीज़ोंकी कमी नहीं थी।

मेरी स्त्री सवेरे ही मुझसे बहुत पहले उठती, घरको साफ़

करती, बर्तन मलती, चीजोंको यथास्थान रखती, समय पर सुन्दर सुस्वादु भोजन बनाती, मुझे बड़े स्नेहसे परोसकर खिलाती, रातको मेरे पाँव दाबती और जब तक मेरी आँख न लगती, पाँव दाबती ही रहती। बहुत क्या, वह मुझे हर तरह से सन्तुष्ट रखती थी। दिन-पर-दिन उसकी श्रद्धा-भक्ति मुझमें बढ़ती ही जाती थी। इसलिए मुझे भी उस पर मुग्ध होना पड़ा। पतिप्राणा और सती-साध्वी स्त्री पाकर कौन प्रसन्न नहीं होता? कौन अपने भाग्यकी सराहना नहीं करता?

यद्यपि स्त्रीके मुँह-सामने स्त्रीकी तारीफ़ करना नीतिकारोंने बुरा कहा है, तो भी जब कभी उसकी सेवासे मेरी अन्तरात्मा बहुत ही प्रसन्न और सन्तुष्ट हो उठती, मैं उसके सामने ही उसकी बड़ाई करने लगता। मेरी प्रशंसापूर्ण बातें सुनकर वह सिर नीचा कर लेती और कहती—"पतिदेव! आप मेरे परमेश्वर हैं। मेरा तन-मन-धन सर्वस्व आप पर निछावर है। हमारे भारतमें ही सीता, सावित्री, द्रौपदी, दमयन्ती और गान्धारी प्रभृति अनेकों प्रातस्समरणीय पतिव्रतायें हो गई हैं, उनके मुक़ाबले में मैं तुच्छ हूँ। मैं आपकी क्या सेवा करती हूँ? स्त्रीका धर्म ही पति-सेवा है। गोस्वामी तुलसीदासजी ने कहा है:—

एकै धर्म एक व्रत नेमा।
काय-बचन-मन पतिपदप्रेमा॥

स्त्रीका एक ही धर्म, एक ही व्रत और एक ही नेम है कि वह काय, वचन और मनसे पतिके चरणोंमें प्रेम रखे।

"पराशर संहिता" में लिखा है—

दरिद्रं व्याधितं मूर्खं भर्त्तारं वावमन्यते।
सा मृता जायते व्याली वैधव्यंच पुनः पुनः॥

जो स्त्री अपने दरिद्री, रोगी और मूर्ख पतिकी भी अवज्ञा करतीं है, वह मरने पर साँपिन होती और कितने ही जन्मों तक उसे विधवा होना पड़ता है।

"मनुसंहिता" में लिखा है—

वैवाहिको विधिः स्त्रीणाम् संस्कारो वैदिकः स्मृतः।
पतिसेवा गुरौवासो गृहार्थोऽग्निपरिष्क्रिया॥

स्त्रियोंके लिए विवाह ही उनका वैदिक संस्कार है, पतिकी सेवा ही उनके लिए गुरु-कुलवास है और घरके धन्धे करना ही अग्निहोत्र है।

और भी :—

भर्त्ता देवो गुरुर्भर्त्ता, धर्म तीर्थं व्रतानि च।
तस्मात्सर्वं परित्यज्य, पतिमेकं समर्चयेत्॥

स्त्री अपने पति ही को देवता, पतिको ही गुरु, पतिको ही धर्म और पतिको ही व्रत समझे—सबको छोड़कर केवल एक पतिको ही पूजे।

नास्ति स्त्रीणां पृथक् यज्ञो न व्रत नाप्युपोपितम्।
पतिं शुश्रूपते येन, तेन स्वर्गे महीयते॥

शास्त्रोंमें स्त्रियोंके लिए यज्ञ, व्रत और पूजा—उपासनाकी

आज्ञा नहीं है। केवल पति-सेवासे ही, उन्हें स्वर्ग मिलता।

"पञ्चतंत्र"[१] में लिखा है—

न सा स्त्रीत्यभि मन्तव्या यस्यां भर्त्ता न तुष्यति।
तुष्टे भर्त्तरिं नारीणां तुष्टा स्युः सर्वदेवताः॥

उसे स्त्री न समझो, जिससे कि उसका स्वामी खुश नहीं रहता। पतिके प्रसन्न होनेसे स्त्रीपर सब देवता प्रसन्न हो जाते हैं।

दावाग्निना विदग्धेव सपुष्पस्तवकालता।
भस्मी भवतु सा नारी यस्यां भर्त्ता न तुष्यति॥

जिस तरह फूल और फलोंके गुच्छेवाली लता दावाग्निसे भस्म हो जाती है, उसी तरह वह स्त्री नष्ट हो जाती है, जिसका पति प्रसन्न नहीं होता।

मितं ददाति हि पिता, मितं भ्राता मितं सुतः।
अमितस्य हि दातारं भर्त्तारं का न पूजयेत्॥

पिता परिमित सुख देता है, भाई परिमित सुख देता है; लेकिन पति अमित सुख देता है, इसलिये अमित सुख देनेवाले भर्त्ताकी पूजा किसे न करनी चाहिये?"

उस दिन मैं अपनी प्यारी बीवीकी तकरीर सुनकर दिलो-जानसे ख़ुश हो ही गया था, आजकी तकरीर सुनकर मैं और भी सन्तुष्ट हुआ। बेसाख्ता मेरे मुँहसे "पञ्चतन्त्र" का यह श्लोक निकला गया :—

पतिव्रता पतिप्राणा पत्युः प्रियहितेरता।
यस्य स्यादीदृशी भार्य्या धन्यः स पुरुषोभुवि॥

जिसकी स्त्री पतिव्रता है, पतिप्राणा है, पतिके प्रिय और हितमें तत्पर है, वह पुरुष पृथ्वी पर धन्य है।

मैं ऐसी पतिव्रता का मिलना अपने पूर्व जन्मके पुण्योंका फल समझता था। मैं मन-ही-मन कहा करता था कि यह स्त्री अवश्य ही मेरी पूर्वजन्मकी स्त्री है, तभी तो मुझे इतना चाहती है। कहा है—

सती च योषित् प्रकृतिश्च निश्चला
पुमांसमभ्येति भवान्तरेष्वपि॥

सती स्त्री और निश्चल प्रकृति जन्म-जन्मान्तरमें भी पुरुषके साथ रहती हैं। यही बात ठीक है। निश्चय ही यह मेरी पहले जन्मकी भार्या है।

यों तो वह जिस दिनसे मेरे घरमें आई थी, उसी दिनसे मैं उसकी खूब खातिर करता था। वह जो कहती थी, सोई करता था; जो माँगती थी, सोई ला देता था। लेकिन अब उसकी श्रद्धा, भक्ति, प्रेम, स्नेह, पाण्डित्य और विद्वत्ता आदि अपूर्व्व गुणोंका परिचय पाकर उसका क्रीतदास ही हो गया। मुझ पर मनु महाराजके निम्नलिखित श्लोकोंका बड़ा प्रभाव था :—

यत्र नार्य्यस्तु पूज्यन्ते रमन्ते तत्र देवताः।
यत्रेतास्तु न पूज्यन्ते सर्वास्तत्राफलाःक्रियाः॥
जामयो यानि गेहानि शपन्त्यप्रतिपूजिताः।
तानिकृत्याहतानीव विनश्यन्ति समन्ततः॥

तस्मादेताः सदा पूज्या भूषणाच्छादनशनैः ।
भूतिकामैर्नरैर्नित्यं सत्कारेषूत्सवेषु च ॥

जिन घरोंमें स्त्रियोंका आदर होता है, उन घरोंपर देवताओं की कृपा रहती है। जहाँ स्त्रियोंका आदर नहीं होता, वहाँ देवताओंके नाराज़ रहनेसे सारी क्रियाएँ निष्फल हो जाती हैं।

जिस घरमें स्त्रियोंका निरादर होता है, उस घरकी स्त्रियाँ दुखित होकर शाप दे देती हैं। उनके शाप या बद्दुआसे वह घर इस तरह नष्ट हो जाता है, मानों किसीने विष देकर सबको मार डाला हो।

इसलिए, जो पुरुष समृद्धि चाहते हों, उन्हें चाहिये कि नित्यप्रति उत्सव प्रभृतिके समय गहने, कपड़े और खाने-पीनेके पदार्थोंसे स्त्रियोंकी पूजा करें—उनका सत्कार करें।

मैं अक्षर-अक्षर मनु महाराजकी आज्ञा पर चलता था। घरमें सोने-चाँदीके जेवर तो पहलेसे ही थे। अब मैंने दीवालीके त्योहार पर, उसे कोई दो लाखके मोतियोंकी माला, हीरे पन्नेका हार और हीरेका काँटा प्रभृति अमूल्य गहने ला दिये। इतना ही नहीं, अपना सारा रुपया-पैसा उसके हाथमें देकर निश्चिन्त हो गया। आजकल मेरे दिन बड़े ही आनन्दमें कट रहे थे।

एक दिन मैं अपने मित्रोंके साथ बैठकर हुक्का पी रहा था। बातों-ही-बातोंमें, मेरे मुंहसे अपनी स्त्री की तारीफ़की बातें निकल गईं। मैंने कहा—"भाइयो, मेरी स्त्री स्वर्गकी देवी और बड़ी ही सती-साध्वी है। आजकल मुझे इस पृथ्वी पर ही

स्वर्ग दीख रहा है। मुझे घरद्वार कहीं की फ़िक्र नहीं—मैं अपने सारे काम तुम्हारी भौजाईके हाथोंमें सौंप कर वेफिक्र हूँ।" एक मित्रने मेरी बात काट कर कहा—"शुक्लजी, घरसे एक-दम लापरवा रहना अक़्लमन्दी नहीं। थोड़ा बहुत ख़याल रखा करो। शास्त्रमें लिखा है—

वृहस्पतेरपि प्राज्ञो न विश्वासे व्रजेन्नरः।
य इच्छेदात्मनो वृद्धिमोयुष्यञ्च सुखानि च॥

जिस बुद्धिमानको अपनी आयु और सुखकी वृद्धिकी इच्छा हो, उसे देवगुरु वृहस्पतिका भी विश्वास न करना चाहिये।

विश्वास तो किसीका भी न करना चाहिये, जिसमें स्त्रीका विश्वास तो किसी हालतमें भी न करना चाहिये। कहा है—

नदीनां च नखिनां च शृंगिणां शस्त्रपाणिनाम्।
विश्वासो नैव कर्त्तव्यः स्त्रीषु राजकुलेषुच॥

नदीका, नाख़ूनवाले पशुओंका, सींगवाले जानवरोंका, हथियार बाँधनेवालोंका, स्त्रीका और राजकुलका विश्वास हरगिज़ न करना चाहिये।

महाराज भर्तृहरिने भी कहा है—

को वा वीचिषु बुद्बुदेषु च तडिल्लेखासु च स्त्रीषु च।
ज्वालाग्रेषु च पन्नगेषु च सरिद्वेगेषु च प्रत्ययः॥

जलकी तरंग, बुलबुले, बिजली, स्त्रीलोग, आगकी शिखा, साँप और नदीके प्रवाहमें विश्वास करना सर्वथा अनुचित है।"

मैंने कहा—"मित्रवर! आपकी बातको मिथ्या और असंगत नहीं कहता, पर पांचो उँगलियाँ समान नहीं होतीं; संसार की सभी औरतें बदकार और व्यभिचारिणी नहीं हैं। इस जगतमें पिंगला-सी कुलटा भी हैं और सीता-सावित्री-सी सती भी हैं। जिस तरह मर्द भले और बुरे दोनों तरहके हैं, उसी तरह स्त्रियाँ भी नेक और बद हैं। मैंने कामशास्त्र पढ़ा है। मुझे सती और असती स्त्रियोंकी पहचान मालूम है। मैंने आपकी भाभीको खूब देख लिया है। वह सौ टञ्चका खरा सोना है।" मेरी बातें सुनकर वह चला गया, कुछ न बोला। साल भर चैनसे कट गया। इस बीचमें किसीने कुछ भी शिकायत न की।

एक दिन गाँवके कई आदमियोंके साथ मैं दो तीन कोस पर मेलेमें गया। हमलोग वहाँसे लौटे आ रहे थे, कि एक और मित्र ने कहा—"भाई, स्त्री जाति बड़ी ही चालाक है। उसकी मायाको समझना बड़ा कठिन काम है। स्त्रीके दिलमें क्या है, इस बातको देवता भी नहीं जानते, पुरुषकी तो ताक़त ही क्या है, जो उसके मनकी जाने। स्त्री कितनी ही भक्ति क्यों न दिखावे, कितना ही प्यार क्यों न करे, उसे सदा सन्देहकी नज़रसे देखना चाहिए। मैं समझता हूँ, मेरी स्त्री जैसी पतिव्रता है, संसारमें और नहीं है। अहा! कैसी अच्छी बातें हैं! कैसा स्वर्गीय प्रेम है! हम दोनों का कैसा मेल है! लेकिन भाई, यह हमेशा याद रखो कि रोशनी के नीचे ही अँधेरा रहता है। जिसके हाथमें चिराग़ है, वह कुछ

नहीं देख सकता; बल्कि दूसरे ही देख सकते हैं कि कहाँ ऊँचा है और कहाँ नीचा है। भाई! साफ़ बात कहनेके लिए क्षमा करना। लोग तुम्हें निरा औरतका ग़ुलाम कहते हैं। सुनते हैं, आपके घरमें कुछ गोलमाल है। परमात्मा करे, यह बात क़तई झूठी हो; लेकिन तुम्हें होशियार अवश्य रहना चाहिये। एक बात और है, अपने तईं जो प्यार करे, उसकी कभी न कभी परीक्षा ज़रूर करनी चाहिये। भगवान सबके दिलोंकी भीतरी बातोंको जानते हैं, तोभी अपने भक्तोंकी परीक्षा लिया करते हैं। बिना परीक्षा तुम कैसे समझ सकते हो कि तुम्हारी स्त्री तुम्हें प्यार करती है या धोखा देती है। अगर तुम्हारा यह ख़याल है, कि मैं हृष्टपुष्ट और बलिष्ठ हूँ, मेरी स्त्री मुझसे अवश्य सन्तुष्ट होगी,—तो यह आपकी भूल है। सुनिये, शास्त्रकारोंने कहा है:—

नाग्निस्तृप्यति काष्ठानां, नापगानां महोदधिः।
नान्तकः सर्वभूतानां, न पुंसां वामलोचना ॥१॥

काकेशौचं द्यूतकारे च सत्यं,
सर्पेक्षान्तिः स्त्रीपुकामोपशान्तिः।
क्लीवे धैर्यं मद्यपे तत्त्वचिन्ता,
राजा मित्रं केन दृष्टं श्रुतं वा २॥ ॥ ?

यद्न्तस्तन्न जिह्वायां यज्जिह्वायां न तद्बहिः।
यद्धितं तन्न कुर्वन्ति विचित्रचरिताः स्त्रियः॥३॥

अन्तर्विषमया ह्येता बहिश्चैव मनोरमाः।
गुञ्जाफलसमाकाराः स्वभावादेवयोषितः ॥४॥

ताडता अपि दण्डेन शस्त्रैरपि विखण्डिताः।
न वशं योषितो यान्ति न दानैर्नचसंस्तवैः ॥५॥

काठोंसे आगकी तृप्ति नहीं होती, नदियोंसे समुद्रकी तृप्ति नहीं होती, सारे ही जीवोंसे कालकी तृप्ति नहीं होती और पुरुषोंसे स्त्रियोंकी तृप्ति नहीं होती।

कव्वेमें पवित्रता, जुआरीमें सच, सर्पमें क्षमा, स्त्रीमें कामकी शान्ति, नपुन्सकमें धीरज, शराबीमें तत्त्वविचार और राजामें मित्रता—ये बातें न किसीने सुनीं, न देखीं।

जो स्त्रीके भीतर है वह उसकी जीभ पर नहीं है; जो जीभ पर है वह बाहर नहीं है। विचित्र चरित्रवाली स्त्रियोंसे भलाई नहीं होती।

स्त्रियाँ स्वभावसे ही चिरमिटीके फलकी तरह भीतरसे ज़हरीली और बाहरसे मनोहर होती हैं।

सोंटेसे मारनेसे, तलवारसे टुकड़े-टुकड़े करनेसे, देनेसे और तारीफ़ करनेसे—किसीसे भी स्त्री वशमें नहीं होती।

मित्रवर! तुम तो कौन चीज़ हो, बड़े-बड़े बलवान भी स्त्रियोंके आगे कायर हो जाते हैं। वह चाहती हैं सो करते हैं और माँगती हैं सो देते हैं। महाराजा भर्तृहरि और पिंगलाकी बात क्या नहीं सुनी? कहा है,—

व्याकीर्णकेशरकरालमुखा मृगेन्द्रा
नागाश्चभूरिमदराजिविराजमानाः।

मेधाविनश्च पुरुषाः समरेषु शूराः
स्त्रीसन्निधौ परमकापुरुषा भवन्ति ॥

न किं दद्यान्न किं कुर्य्यात्स्त्रीभिरभ्यर्थितोनरः ।
अनश्वा यत्र हेषन्ते शिरः पर्वणिमुण्डितम् ॥

बिखरे हुए अयालोंवाला भयंकर-मुखी केशरी सिंह, अत्यन्त मदमत्त हाथी, बुद्धिमान और समरशूर पुरुष भी स्त्रीके सामने परम कायर—डरपोक हो जाते हैं।

स्त्रीके चाहनेसे पुरुष क्या नहीं दे देता और कौन-सा काम नहीं कर बैठता ? स्त्रीकी इच्छासे पुरुष घोड़ा न होने पर भी, घोड़ेकी तरह हींसते और अपनी पीठ पर नारीको चढ़ाकर चलते हैं तथा पर्वके दिन—सिर मुँड़ानेकी समानियत होने पर भी—सिर मुँड़ाकर स्त्रीके चरणोंमें गिरते हैं।

भाई ! स्त्री जब पुरुषको अपने क़ाबूमें कर लेती है, तब उसे मदारीके बन्दरकी तरह इच्छानुसार नचाती है। पुरुष भी, कार्य-अकार्यका ज्ञान गँवाकर, उसकी इच्छा पर चलता है। ख़ैर, बहुत हुआ ; आप एक बार मेरे अनुरोधसे भाभीकी परीक्षा अवश्य करें।" यह कह वह अपने घर चला गया। मैंने भी विचार किया, तो उसकी बातें ठीक जान पड़ीं। भगवान सर्वज्ञ और अन्तर्यामी हैं। वे प्राणिमात्रके घटघटकी जानते हैं। उनसे कुछ भी छिपा नहीं है, इस वास्ते उन्हें अपने भक्तोंकी परीक्षा करनेकी जरूरत नहीं। फिर भी, वे उनकी परीक्षा करते हैं और जो भक्त उनकी परीक्षामें पास या उत्तीर्ण हो जाते हैं, उन्हें वे अपना

दास बनाते और सब तरहसे सुखी करते हैं। फिर, मैं भी भगवानकी तरह अपनी स्त्रीकी परीक्षा क्यों न करूँ? परीक्षा करनेमें हानि ही क्या है? परीक्षाका फल मेरे बड़े काम आयेगा। अगर खरा सोना निकला, तो मैं अपने प्यारकी मात्रा और भी बढ़ा दूँगा। लोग भी फिर इस तरह की दिल बिगाड़नेवाली बातें न बनायेंगे। भगवान रामचन्द्र जानते थे कि, सीता एकदम निर्दोष है, खरा सोना है; चन्द्रमा कलङ्की है, पर सीता निष्कलङ्क है। इतने पर भी, उन्होंने सीताकी अग्नि-परीक्षा की। उसका नतीजा अच्छा ही हुआ। सीताका और उनका—दोनों का ही मुँह संसारके सामने उज्ज्वल हुआ। मैं भी वैसा ही क्यों न करूँ?

इस तरह सोच-विचारकर, एक दिन मैंने अपनी स्त्रीसे कहा—"आज मुझे बड़ा जरूरी काम है। वह काम बिना बाहर जाये हो नहीं सकता।" वह मेरी बात सुनते ही मेरे गले लगकर जार-जार रोने लगी और कहने लगी—"स्वामिन्! आपका एक क्षण भर का वियोग भी मैं सहन नहीं कर सकती। आपके बिना मेरा जीवन खतरेमें समझिये। आप मुझे छोड़कर कहीं न जाइये।" उसका उस समय का रोना-कलपना देखकर मेरा दिल कमजोर होने लगा। मैं मन-ही-मन कहने लगा—'हाय मैं ऐसी सतीको वृथा क्यों दुःख दे रहा हूँ! लोगोंकी ऊल-जलूल बातोंमें आकर, मैं क्यों अपने सुखको मिट्टी कर रहा हूँ? अचल हिमालय चलायमान हो तो हो सकता है, सूर्य पूरबकी जगह पश्चिममें उगे तो

उग सकता है, समुद्र अपनी मर्य्यादा उल्लङ्घन करे तो कर सकता है, अग्नि अपनी दाहक शक्ति त्यागे तो त्याग सकता है; पर मेरी यह प्राणप्यारी असती या कुलटा नहीं हो सकती।' मैं ऐसे ही विचारोंमें ग़ोते खा रहा था कि अन्दरसे मेरी अन्तरात्माने कहा—कदाचित तुम्हारा ख़याल ठीक हो; पर परीक्षा कर लेनेमें कौन-सा हर्ज है? एक बार परीक्षा कर लेनेसे सदाको वहम मिट जायगा। मैंने स्त्रीसे कहा—"काम ज़रूरी न होता, तो मैं तुम्हें इतनी तकलीफ़ न देता। इस वार मुझे जाने दो, भविष्यमें कहीं न जाऊँगा।" उसने कहा—"तुम्हारे विना मैं रातभर अकेली कैसे रहूँगी? मुझे घर खाने को दौड़ेगा। अपने एकमात्र आश्रय तुम्हें छोड़कर मैं कैसे जीऊँगी? तुम्हारे विना मुझे एक पल प्रलयके समान मालूम होता है।" यह कहते-कहते वह फिर फूट-फूट कर रोने लगी। उसकी कमल-सी आँखोंसे गङ्गा-जमुना की-सी धारें बहने लगीं। आँसुओंके मारे उसका आँचल और मेरा कुर्ता तर हो गये। मैंने कहा—"विना जाये काम न चलेगा, वड़ा नुक़सान होगा। अब मेरे दिलको कच्चा न करो। श्यामाकी माँसे कहे जाता हूँ। वह आकर रातको तुम्हारे पास सो रहेगी।" उसने कहा—"नहीं, नहीं, मैं आपका नुक़सान नहीं चाहती, आपका नुक़सान भी तो मेरा ही नुक़सान है। लाचारी है। आप चिन्ता छोड़िये। श्यामाकी माँको मैं ही बुला लूँगी। आप भगवानका नाम लेकर यात्रा कीजिये। देखो, राह-बाटमें सब तरहसे होशियार रहना।"

मैं पेड़ पर बैठा ही था कि इतने में किसी ने आकर खिड़की के किवाड़ खटखटाये और धीरे से कहा—"करुणा ! किवाड़ खोल ।" करुणा मेरी स्त्री का नाम था । करुणा ने आकर दरवाज़ा खोल दिया । [पृ० ३०५]

मैं उसे दम-दिलासा देकर घरसे बाहर निकल गया। उस समय सन्ध्याके पाँच-साढ़े पाँच बजे होंगे। थोड़ा-सा दिन बाक़ी था। कुछ रात होने तक मैं इधर-उधर फिरता रहा। ज्योंही अन्धकारका पूर्ण राज्य हो गया, हाथको हाथ न सूझने लगा, मैं अपनी खिड़कीके सामने खड़े हुए इमलीके पेड़पर चढ़ गया। ध्यान रहे कि मेरे घरके चारों तरफ़ एक चहारदीवारी थी। उस वृक्षसे मेरे घरका क़रीब-क़रीब बहुत-सा हिस्सा दिखाई देता था। मैं पेड़ पर बैठा ही था कि इतनेमें किसीने आकर खिड़की के किवाड़ खटखटाये और धीरेसे कहा—"करुणा! किवाड़ खोल।" आनेवालेकी आवाज़ मेरी जानी हुई-सी मालूम हुई। करुणा मेरी स्त्रीका नाम था। करुणाने आकर दरवाज़ा खोल दिया। तब उस मर्दने कहा—'मैं थोड़ी देरमें नशे-पत्तेसे टिचन होकर आता हूँ। तुम खाने-पीनेका इन्तज़ाम करो।'

यह कहकर वह आदमी चला गया। करुणा खिड़कीके किवाड़ बन्द करके, रसोईकी धुनमें लगी। सड़कपर सामने लालटेन जल रही थी। जब वह लालटेनके नज़दीक पहुँचा, तब मैंने रोशनीमें उसका चेहरा देखकर पहचान लिया। वह और कोई नहीं, हमारे पाड़ेका चौकीदार था। वह कभी-कभी मेरे घर आया-जाया करता था।

'खाने पीनेका इन्तज़ाम करो'—इस फ़िक़रेको सुनते ही मेरे रोंगटे खड़े हो गये। शरीर थर-थर थर-थर काँपने लगा। ज़मीन घूमती हुई मालूम होने लगी। आँखोंके सामने अँधेरा

छा गया। ऐसा मालूम होने लगा, मानो मैं अभी पेड़से नीचे गिर पड़ूँगा। थोड़ी देरमें अपने दिलको मज़बूत करके, मैं सम्हल बैठा और निश्चय किया कि, देखना चाहिये, आगे क्या होता है। कोई दो घण्टे बाद उसी चौकीदारने आकर फिर आवाज़ दी। आवाज़ सुनते ही करुणा दौड़ी आई और दरवाज़ा खोला दिया। दरवाज़ा खुलते ही, उसने करुणाको गोदमें उठा, उसका मुँह चूम लिया। इतना ही नहीं, उसने द्वार पर ही उसे ज़ोरसे छातीसे चिपटा लिया और बोसे-पर-बोसे लेने लगा। फिर वह उसे गोदमें लिये हुए ही घरके भीतर दाख़िल हो गया। मैं अन्दाज़से समझ गया कि दोनों मेरे पलँग पर बैठे हैं। कुछ देरमें उनकी धीरे-धीरे आनेवाली आवाज़से मालूम हुआ कि मज़ेमें गाना गाया जा रहा है। कभी-कभी हँसी-मज़ाक भी होता है। ऐसा मालूम होता था, मानो दोनों बेखटके हैं। उन्हें ज़रा भी डर या ख़ौफ़ नहीं है।

इधर खिड़की तो बन्द कर दी गई, पर जल्दीमें साँकल बन्द नहीं की गई। उस समय मेरी बुरी हालत थी, क्रोधके मारे काँप रहा था। दिलमें इतना जोश आया कि उसी समय उनके सामने जाकर खड़े हो जानेकी इच्छा होने लगी, पर अक्ल कहती थी, ज़रा धीरजसे काम लो। इसलिए मनको रोक कर कहा—'ओह! यह तो परले सिरेकी व्यभिचारिणी है, कुलटा है, नीच है, दग़ाबाज़ है, बेवफ़ा है। इस पर क्रोध करनेसे क्या फ़ायदा? पिसेको पीसनेसे क्या लाभ? जो हो गया है, वह तो अब

उसने द्वार पर ही उसे ज़ोरसे छातीसे चिपटा लिया और बोसे पर बोसे लेने लगा। फिर वह उसे गोदमें लिए हुए ही घरके भीतर दाख़िल हो गया। कुछ देरमें उनकी धीरे-धीरे आनेवाली आवाजसे मालूम हुआ कि मज़ेमें गाना गाया जा रहा है। [पृष्ठ ३०६]

कुछ देर बाद देखा कि, करुणा बाहरकी तिदरीमें आकर खड़ी है, उसके सिरके बाल बिखर रहे हैं, और धोती बिल्कुल खुली हुई है। उसने मेरे हुक्केमें तमाखू चढ़ाई और उसे भीतर दे आई ; फिर वह रसोईमें घुसी। [पृष्ठ ३०७]

मिट नहीं सकता। अगर यह आज पहले-पहल ही कीचमें फँसती, तो इसे न फँसने देता, पर यह तो कबकी भ्रष्ट हो चुकी है। मैं बहुत दिनोंसे धोखा खा रहा था। अब क्या ? इसलिये धीरज धरकर देखना चाहिये कि आगे क्या-क्या होता है।'

इस तरह दिलको समझा-बुझाकर, आगेकी नयी घटना देखनेकी राह देख रहा था। कुछ देर बाद देखा कि करुणा बाहरकी तिदरीमें आकर खड़ी है। उसके सिरके बाल बिखर रहे हैं और धोती बिल्कुल खुली हुई है। यह तमाशा देखकर मेरी तबियत फिर भड़क उठी। लेकिन थोड़ी देरमें फिर सम्हल गई। मुझे खूब याद है, उसने धोती पहन कर, मेरे हुक्केमें तमाखू चढ़ाई और उसे भीतर दे आई। फिर वह रसोईमें घुसी। वहाँ जाकर उसने देखा कि, वह जो कुछ चूल्हे पर चढ़ा गई थी वह जलकर खाक हो गया है। उसने जली हुई चीजको धोकर बर्तन साफ़ किया और उसमें फिर कोई चीज पकनेको रक्खी। इन कामों में उसे एक घण्टेके क़रीब लगा। भोजन तैयार हो जानेपर, उसने आसन बिछा दिया। आसनके सामने चौकी रखकर, बग़लमें जलसे भरा एक चाँदीका लोटा और गिलास रख दिया। फिर वह रसोईमें जाकर थाल सजाने लगी। ये सब—कुछ तो देखकर और कुछ अटकल लगा कर मैंने समझ लिया।

अब ज़ियादा बर्दाश्त न हुई। एकदमसे जोश आ गया। मैं धीरे-धीरे वृक्षसे उतरा और चुपचाप खिड़कीकी राह घरमें घुस गया। जाकर क्या देखता हूँ, कि धूलसे भरे हुए पैरोंसे चौकी-

दार मेरे दूधके समान सफ़ेद और नर्मानर्म पलँग पर बेखबर सो रहा है। भाई, उस समय मेरे दिलकी क्या हालत हुई होगी, इस बातका अन्दाज़ा तुम खुद ही कर सकते हो। मैं तो उसे अपने पलँग पर सोते हुए देखते ही जल कर खाक हो गया। एड़ीसे चोटी तक खून गर्म हो गया। क्रोधकी हद न रही। सच तो यह है कि, मैं गुस्सेसे अन्धा हो गया। मुझे ज़रा भी होश न रहा। सामनेसे देखा कि चौकी पर चाँदीका थाल रख दिया गया है। सामने ही एक गँडासा पड़ा दीखा। मैंने आव देखी न ताव, चटसे गँडासा उठाकर चौकीदारकी गर्दन पर मारा और उसका सिर धड़से जुदा कर दिया। इन बातोंके कहनेमें देर लगी है, पर उसका काम तमाम करनेमें देर न लगी। मैं, फ़ौरन ही उल्टे पैरों बाहर आकर, उसी वृक्ष पर चढ़ गया।

मेरे वृक्षपर चढ़ जानेके बाद, करुणा रसोईसे निकल कर चौकीदारको भोजनके लिए बुलानेको कमरेमें घुसी। वहाँ जाकर उसने देखा कि विस्तर खूनसे लथपथ हो रहा है और चौकीदारका सिर धड़से अलग पड़ा हुआ है। वह वहाँका दृश्य देखकर घबरा गई, क्योंकि उसके सरसे पसीना टपक रहा था और होश-हवास फ़ाख्ता थे। बाहर एक शमादान जल रहा था। वह उसके सामने खड़ी होकर, सिरपर हाथ रखकर, कुछ सोचने लगी और रह-रहकर लम्बी साँस लेने लगी। फिर वह बैठ गई और क़रीब आध घण्टेतक उसी तरह बैठी रही। इसके बाद उसने खानेका सामान चौकीसे उठाकर रसोईमें रख दिया।

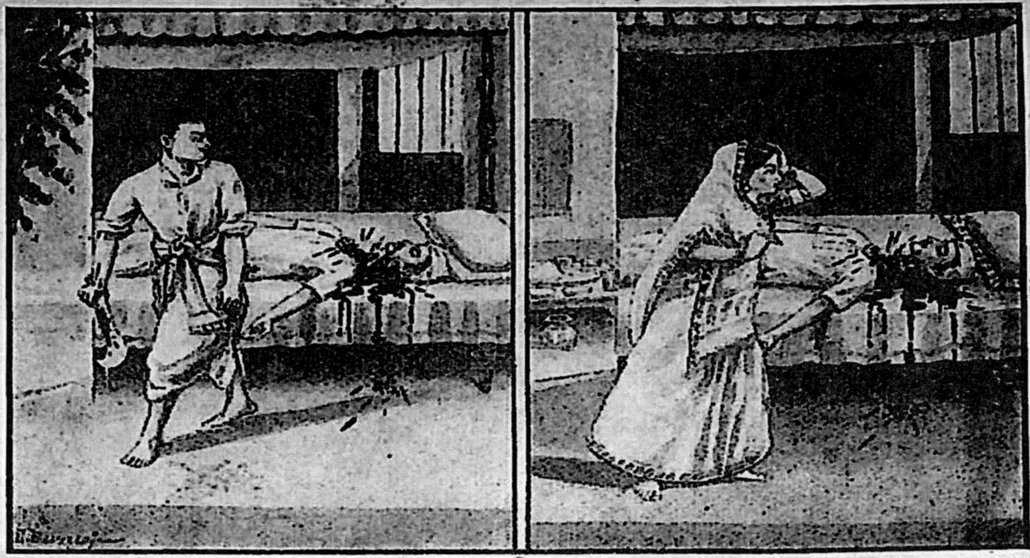

मैंने चौकीदार का सिर धड़से जुदा कर दिया। मैं फौरन ही उलटे पैरों आकर उस वृक्ष पर चढ़ गया। करुणा चौकीदार को भोजन के लिए बुलाने को कमरे में घुसी। वह वहाँ का दृश्य देख कर घबरा गई। वह उसके सामने खड़ी होकर, सिर परहाथ रख कर, कुछ सोचने लगी। (पृ० २०८)

उसने एक टाटकी बोरी लाकर उसमें चौकीदारकी लाश रखी और उसका मुँह अच्छी तरहसे बाँधकर उसे सिर पर उठा लिया और एक कुदाल हाथमें लेकर घरसे बाहर निकली। मैं भी कुछ फासलेसे उसके पीछे हो लिया। वह लाशको सिर पर रखे हुए श्मशान घाट पर पहुँची। लाशको नीचे पटक कर, उसने एक गहरा गढ्ढा खोदा और उसमें लाश दफना दी। [पृष्ठ ३०९]

पीछे उसने एक टाटकी बोरी लाकर, उसमें चौकीदार की लाश रखी और उसका मुँह अच्छी तरह से बाँधकर उसे सर पर उठा लिया और एक कुदाल हाथमें लेकर घरसे बाहर निकली। कहने की जरूरत नहीं कि वह घरसे बाहर जाते समय खिड़कीका ताला बन्द करती गई। उसके कुछ दूर चले जानेपर, मैं भी पेड़से नीचे उतर, कुछ फ़ासिलेसे, उसके पीछे हो लिया। वह उस लाश को सरपर रखे हुए, दो कोस दूरके एक श्मशान-घाट पर पहुँची। लाशको नीचे पटक कर, उसने एक गहरा खड्ढा खोदा और उसमें लाश दफना दी। इसके बाद वह फिर घर लौटी और थोड़ी देरमें घर पहुँच गई। मैं भी उसके पीछे-पीछे आकर उसी पेड़ पर चढ़ गया।

मैं उसी वृक्षसे फिर देखने लगा कि अब वह क्या करती है। घरमें आकर उसने दरवाज़ा बन्द कर दिया और बिस्तर, चादर और लिहाफ़ वगैरः गोबर और पानीसे मलमलकर धोने लगी; लेकिन खून न छूटा। तब उसने उन्हें एक बड़ी बाल्टीमें भिगो दिया। तख्तपोश और ज़मीन पर जो खूनके दाग़ थे, वे सब उसने गोबर और मिट्टीसे साफ़ कर दिये। ये सब काम करके वह दालानमें आकर कुछ सोचने लगी।

इस समय मेरा क्रोध कुछ कम हो गया, लेकिन दिल नफ़रत से भर गया। मैं मन-ही-मन कहने लगा—'जो स्त्री पतिकी गोद में बैठकर रह-रहकर काँप उठती थी, जो घरमें चूहेके खड़का करने से डर जाती थी, वही आज मोटी-ताजी लाशको, जिसे

दो आदमी भी आसानीसे उठा नहीं सकते, सिरपर रखकर अकेली, रातके एक बजे श्मशान पर पहुँची! जो स्त्री अपना मतलब साधनेके लिए ऐसे-ऐसे काम कर सकती है, उसके लिए ऐसा कौन-सा काम है, जिसे वह न कर सकती हो? यह अबला कुल-कामिनी है या आदमीको कच्चा ही चबा डालने वाली सबला राक्षसी है? क्या मेरे आदर और प्यारका यही नतीजा है? कौन कह सकता है कि यह किसी दिन मुझे भी न मार डालेगी? रोशनीके नीचे अँधेरा रहता है, अब यह बात मेरी समझमें अच्छी तरहसे आगई। अब मेरी आँखें खुल गईं। मेरे मित्रोंने मुझे कितनी ही बार सावधान किया, पर उस समय मेरी आँखों पर पर्दा पड़ा हुआ था। मेरी मति मारी गई थी। मेरे हाथमें चिराग़ था, इसलिए मुझे कुछ न दीखता था। अब मोहका पर्दा हटते ही, चिराग़ दूसरेके हाथमें जाते ही—मुझे अपना बुरा-भला दीखने लगा। अब भी मैं सावधान हो सका हूँ, इसके लिए मैं अपने तईं धन्यवाद देता हूँ। अस्तु, सवेरा होनेमें विशेष देरी न देखकर, मैं पेड़से नीचे उतर आया और खिड़कीके पास जाकर आवाज़ लगाई। मैंने इतनी जल्दी दो तीन आवाजें लगाईं कि वह और कुछ सोचनेका मौक़ा न पा सकी। अत: उसने फौरन दरवाज़ा खोल दिया।

मेरे घरमें घुसते ही, उसने झटपट बैठनेके लिए आसन बिछा दिया। इसके बाद उसने हुक्का चढ़ाकर मेरे हाथोंमें दे दिया और कहने लगी—"तुम कह गये थे, पता नहीं मैं कितनी रात रहे

चला आऊँ, इसलिये अभी तक दिया वाले बैठी हूँ। तुम जैसा कठोर कोई न होगा। श्यामाकी माँको बुलाने आदमी भेजा था, मगर मालूम हुआ कि वह घरमें नहीं है। इसीसे चिराग़ जलाये बैठी हुई, तुम्हारी राह देख रही हूँ। मालूम होता है, सवेरा होने में अब देर नहीं है।"

हुक्केका जल ख़राब होनेका वहाना करके, मैंने जेबसे सफ़री हुक्का निकाला और उस पर चिलम रखकर पीने लगा। साथ ही उसकी बातचीत का ढंग और चेहरेका उतार-चढ़ाव देखने लगा। देखा, आज रातको घरमें इतनी गड़बड़ी हो गई है, ऐसी भयङ्कर घटना घटी है, लेकिन उसके चेहरेसे वह बात मालूम नहीं होती। वह पहले जिस तरह प्यार-मुहब्बतसे बातें किया करती थी, आज भी वैसे ही कर रही है। किसी बातमें ज़रा भी फ़र्क़ नहीं। मैंने पूछा—"बिस्तर चौकमें क्यों पड़ा है ?" उसने झट जवाब दिया—"अकस्मात् बिल्लीने आकर पेशाब कर दिया। क्या करती, लाचार होकर कपड़े पानी में भिगो दिये हैं। रातको तालाब पर कैसे जा सकती थी ?" मैंने पूछा—"यह आसन किस लिए बिछा हुआ है ?" उसने कहा—"आपके सिवा और किसके लिये ? आप आयेंगे, इसलिये सब तरहकी तैयारी कर रखी है। भोजन-ओजन सब तैयार है। सिर्फ़ खाने-भरकी देर है। लाऊँ क्या ? आप थके हुए हैं, इसीसे विलम्ब कर रही हूँ।" मैंने कहा—"अभी नहीं खाऊँगा। रातको बहुत खा लिया था, इसलिये पेट भरा हुआ है। ज़रा बड़ी बोरी तो लाओ। "कुछ काम है। उसने

कहा—"उस पर बिल्लीने हग दिया था, इसलिये वह भिगो रखी है।" मैंने कहा—"यहाँ जो कुदाल रखा था, वह कहाँ गया?" उसने कहा—"अमृत बाबूका लड़का ले गया था, पर जब उसने लौटाकर दिया तो वह कीचमें सना हुआ था, इसलिए उसे भी पानीमें भिगो रखा है।" उसके ये सब जवाब सुनकर मैंने झुँझलाते हुए कहा—"इस बड़े थैलेमें कुछ रख और फिर उसे श्मशान-घाट ले जाकर क्या किया था?" मेरी यह बात सुनते ही उसके समझनेमें कुछ शेष न रहा। उसने एकदमसे जल-भुनकर कहा—"ओह! तुही वह कलमुहाँ है?" यह कहते हुए, उसने सामने रखा हुआ गंडासा उठाकर मेरी पीठ पर मारा। मैं उससे कुछ न कह, अपनी पीठपर पट्टी बाँध, चुपचाप घरसे निकल आया। इस समय सूरज खूब ऊँचा चढ़ आया था। लोग अपने-अपने काम-धन्धोंमें लग गये थे। मैंने कहा, शास्त्रमें ठीक ही लिखा है—

आस्तां तावत्किमन्येन दौरात्म्येनेह योषिताम्।
विधृतं स्वोदरेणापि घ्नन्ति पुत्रं स्वकं रुषा॥

स्त्रियोंके दौरात्म्यकी हद नहीं—ये नाराज़ होकर अपने पेट से निकले हुए पुत्रको भी मार डालती हैं।

इस समय यहाँसे निकल भागनेमें ही जीवनकी खैर है। यह हत्यारी मुझे मारे विना न छोड़ेगी। अगर और तरह न मार सकेगी, तो विष खिलाकर या किसी और तरह मार

डालेगी। जीवन रहेगा, तो अपने मोक्ष या अपने उद्धारका उपाय तो कर सकूँगा। ऐसा विचार करके, मैं वहाँ से फ़ौरन ही नौ दो ग्यारह हुआ। गलियोंमें छिपता हुआ, अपने उसी उपदेशक मित्रके पास पहुँचा। मित्रने मेरी हालत देखकर पूछा—"कहो, ख़ैर तो है! यह क्या हाल है? पीठमें से ख़ून क्यों बह रहा है?" मैंने पहले महाकवि अकबरका यह शेर कह सुनाया—

जिसकी उल्फ़त का बड़ा दावा था अकबर! कल तुम्हें।
आज हम जाकर उसे देख आये, हरजाई तो है॥

भाई, जिसकी मुहब्बतका हमें कल बड़ा घमण्ड था, आज उसे हमने देख लिया; वह तो कुछ नहीं, निरी हरजाई है। मित्र! तुमने सच कहा था; पर समय आये बिना काम नहीं होता। बिल्वमंगलको महात्मा नारदने बहुत समझाया, पर उन्होंने वेश्याका संग न छोड़ा। लेकिन समय आने पर फ़ौरन ज्ञानोदय हुआ और उन्होंने उसे त्याग दिया। मैंने आपकी बात मानकर, कल रातको स्त्रीकी परीक्षा की। वह तो अव्वल दर्जेकी कुलटा निकली। वह अपनी गलीमें पहरा देनेवाले नीच चौकीदारसे फँसी थी। इसके बाद मैंने सारी कहानी आदिसे अन्त तक सुना दी। मित्रने पुलिसके भयसे मुझे एक गुप्त स्थानमें छिपा दिया और जब तक मुझे पूरी तरह से आराम न हो गया, मेरी ख़ूब ही सेवा-शुश्रूषा की।

इस घटनासे मेरा दिल ऐसा खट्टा हुआ, कि मैंने अपनी

सारी दौलत उसी कुलटाके पास छोड़कर जङ्गलकी राह ली। मुझे अब संसार अत्यन्त बुरा मालूम होता है। जब कभी मेरे मनमें वेदना होती है, वह श्लोक मेरे मुँहसे निकल जाता है। अब तो मैं सभी को उपदेश देता रहता हूँ कि भाइयो! स्त्री-जातिसे सावधान रहो। इस काली नागिनका विश्वास मत करो। जो इसके फन्देमें फँस कर ईश्वरको भूलता है, अपना मनुष्य-जन्म वृथा गँवाता है। स्वामी शंकराचार्य्यने बहुत ठीक कहा है—

का ते कान्ता कस्ते पुत्रः।
संसारोऽयमतीव विचित्रः॥
कस्य त्वं कः कुत आयातः।
तत्त्वं चिन्तय यदिदं भ्रातः॥
भजगोविन्दं भजगोविन्दं गोविन्दं भज मूढ मते॥

कौन तेरी स्त्री है? कौन तेरा पुत्र है? यह संसार अतीव विचित्र है। हे भाई! इस असल बातको विचार कर कि, तू कहाँ से आया है? कौन तेरा है? अरे मूढ़! सबको तज और गोविन्दको भज।

बक़ौल मौलाना हाली—

रंजिशो इल्तफ़ातो नाज़ो नियाज़।
हमने देखे बहुत नशेबो फ़राज़॥

सुख-दुख, मिलन और विरह प्रभृति संसारके उतार-चढ़ाव हमने ख़ूब देख लिये। अब हमारी तो यह राय है कि इस

संसारमें अपना कोई नहीं है। सभी अपना-अपना मतलब गाँठने को हमारे बने हुए हैं। सच्ची मुहब्बत किसीमें भी नहीं। यद्यपि दुनिया धोखेकी टट्टी है, तोभी सारा संसार इसमें फँसा हुआ है। क्या किया जाय, बिना फँसे काम भी तो नहीं चलता। सब फँसते हैं, पर कोई दाना—विचारवान नहीं फँसता। जो नहीं फँसता, वही इस लोक और परलोकमें सुख पाता है। किसी कविने खूब कहा है—

दुनिया ने किसका राहे फ़नामें दिया है साथ ?
तुम भी चले चलो यूंही जब तक चली चले ॥

संसारने किसीका साथ नहीं दिया। इसलिये जबतक यह चल रहा है तुम भी चले चलो—इससे दिल मत लगाओ। दिल लगाओ, तो, इसके बनानेवालेके साथ लगाओ; क्योंकि अन्त में वही दयामय काम आयेगा। यों तो वह दयामय धर्मात्मा और पापात्मा सभी पर दया करता है, पर धर्मात्मा उसे विशेष प्यारे हैं। इसलिये धर्म संग्रह करना चाहिये। कहा है:—

अनित्यानि शरीराणि विभवो नैव शाश्वतः।
नित्यं सन्निहतो मृत्युः कर्त्तव्यो धर्मसंग्रहः ॥

शरीर अनित्य है—हमेशा नहीं रहेगा, ऐश्वर्य्य भी सदा नहीं रहेगा और मृत्यु सदैव निकट है, इसलिये धर्म संग्रह करो।

यस्य धर्मविहीनानि दिनान्यायान्ति यान्ति च।
स लोहकारभस्त्रेव श्वसन्नपि न जीवति ॥

धर्मके बिना जिसके दिन आते और जाते हैं, वह लुहारकी धौंकनीकी तरह साँस लेता हुआ भी नहीं जीता।

—※—

मधु तिष्ठति वाचि योषितां हृदि हलाहलमेव केवलम्।
अतएव निपीयतेऽधरो हृदयं मुष्टिभिरेव ताड्यते ॥८२॥

स्त्रियोंकी बातोंमें अमृत और हृदयमें हलाहल विष है; इसीलिए पुरुष उनका अधरामृत पान करते और उनकी छातियोंका मर्दन करते हैं।

खुलासा—मनुष्यका स्वभाव है कि वह अमृतको शौक़से पीता और विषसे घृणा करता है, इसलिये पुरुष स्त्रियोंके निचले होठोंको चूसते और उनके कुचोंको मलते (पीटते) हैं; क्योंकि उनके होठोंमें अमृत और कुचोंके नीचे हृदयमें विष रहता है।

महाकवि कालिदास स्त्रियोंके मनमोहन रूपसे खुश और उनके हृदयकी कठोरतासे दुःखित होकर कहते हैं :—

इन्दीवरेण नयनं मुखमंबुजेन कुन्देन दन्तमधरं नवपल्लवेन।
अंगानि चम्पकदलैः स विधायवेधाः कान्ते ! कथं घटितवानुपलेन चेतः ॥

हे प्यारी ! उस ब्रह्माने, नील कमलासे नेत्र, कमल-सा मुख, कुन्द-से दाँत, नये पत्तों जैसे होंठ और चम्पाके पत्तोंके समान अन्यान्य अङ्ग बनाकर, स्त्रीका हृदय पत्थरसे क्यों बनाया ?

स्त्रियोंका हृदय पत्थरके समान होता है, इसमें शक नहीं। इस हृदयके कठोर होनेके कारणसे ही उनमें दया, वफ़ा और

मुहब्बत नहीं होती। जो उनके ऊपर जान देता है, जो उनकी इच्छा पूरी करनेके लिए दिन-को-दिन और रात-को-रात नहीं समझता, जो उनके लिए घोर परिश्रम करता और तरह-तरहकी जिल्लतें सहता है, उनको धन और गहने देता, उनका मान रखता और खुशामद करता एवं रतिक्रीड़ासे उनको अच्छी तरह सन्तुष्ट करता है, उसको भी वे निर्दयतापूर्वक, जरा-सी देरमें, त्याग कर चली जाती हैं। ऐसी स्त्रियोंका हृदय यदि पत्थरका नहीं, तो किसका है ?

दोहा

अधरन में अमृत वसत, कुच कठोरता वास।
यातें इनको लेत रस, उनको मर्दन त्रास ॥८२॥

सार—स्त्रीका दिल पत्थरसे बना है और उसमें विष भरा है; इसीसे उसमें वफ़ादारी नहीं, किन्तु निर्दयता, छल, कपट, दगाबाज़ी और फरेब प्रभृति दुर्गुण भरे हैं।

82. There is sweetness in the speech of a woman and poison in her heart ; therefore, the lips are tasted and the breasts are pressed by the fist.

एक स्त्रीकी परले सिरेकी बेवफ़ाई

अपूर्व त्रियाचरित्र

प्राचीन कालमें, अमरावती नामकी एक नगरी बहुत ही उन्नत दशामें थी। चारों दिशाओंसे व्यापारी देश-देशोंका माल लेकर वहाँ आते थे और उस प्रान्तका माल दूर देशोंमें ले जाते थे। व्यापारकी वजहसे उस नगरकी समृद्धि दिन-रात बढ़ती थी। उस नगरमें सैकड़ों करोड़पति थे। लखपतियोंकी तो गिनती ही न थी। शहरके सारे साहूकारोंमें रतनसेन नामका एक साहूकार सबसे अधिक धनी था। उसे कोई अरबपति और कोई खरबपति कहता था। उसका धन-वैभव देखकर, धनेश कुबेर लाजके मारे मुंह छिपाकर, हिमाचलके एक अञ्चलमें जा छिपा था। आजकलके अमेरिकन धन-कुबेर राकफेलर, कारनेगी और फोर्ड भी उसके सामने तुच्छ थे। भारतमें तो आजकल वैसा धनी मशाल लेकर ढूँढ़नेसे भी न मिलेगा। उसके धनका अन्दाज़ा इसीसे लगा लीजिये, कि वह नित्यप्रति नौ लाखका एक रत्न-जटित कम्बल ओढ़ता और सवेरा होते ही उस कम्बलकी रक़म ग़रीबोंको बाँट दी जाती थी।

संसारमें सर्वसुखी कोई नहीं रहता। भगवानने सुखिया-से-सुखियाके पीछे एक न एक दुःख लगा रखा है। यद्यपि रतनसेन सारे भारतमें अद्वितीय धनशाली था, उसके सुख-वैभवको देख

कर स्वर्गके देवताओंको भी ईर्ष्या होती थी; पर वह अटूट धन-सम्पत्ति होने पर भी, सन्तानके लिए दुखी रहता था; क्योंकि इस अपार सम्पत्तिको भोगनेवाला कोई न था। उसने सन्तानके लिए तन्त्रमन्त्रके जाननेवाले पण्डितोंसे अनेकों यज्ञ, हवन और अनुष्ठान कराये। इन सब कर्मकाण्डोंके फलस्वरूप या पूर्व-जन्मके पुण्योंका समय आनेसे, उसके एक अपूर्व रूप-लावण्यवती परम सुन्दरी कन्याने जन्म लिया। सेठके महलों में नौबत बजने लगी। ग़रीब और मुहताजोंको इतना धन लुटाया गया कि उस नगरमें एक भी कंगाल न रहा। कितने ही जन्म-दरिद्री तो लखपती बन गये।

रतनसेनने उस कन्याका नाम कन्दर्पकला रखा। जन्मभरमें एक कन्या पानेसे, सेठ उसका लालन-पालन राजकुमार और राजकन्याओंसे भी अच्छा करने लगा। कन्या भी चन्द्रकलाकी तरह बढ़ने लगी। समय बीतते क्या देर लगती है? कन्दर्पकला पाँच वर्ष की हो गई। सेठने कन्या की शिक्षा प्रभृतिके सम्बन्धमें पण्डितोंसे राय ली। पण्डितोंने कहा—"सेठ साहब! कन्याको पहले अच्छी शिक्षा दिलाइये। जिस तरह पुत्रको विद्याभ्यास कराना चाहिये, उसी तरह कन्याको भी विद्या पढ़ानी चाहिये। अशिक्षिता कन्या गृहस्थी रूपी गाड़ीको उचित रूपसे चला नहीं सकती। "हेमाद्री-धर्मशास्त्र" में लिखा है :—

कुमारीं शिक्षयेद्विद्यां, धर्मनीतौ निवेशयेत्।
द्वयोः कल्याणदा प्रोक्ता, या विद्यामधिगच्छति॥

ततो वराय विदुषे, कन्या देया मनीषिभिः ।
एषः सनातनः पन्था, ऋषिभिः परिगीयते ॥

अज्ञातपतिमर्य्यादाम्, अज्ञातपतिसेवनाम् ।
नोद्वाहयेत् पिता बालाम्, अज्ञानधर्मशासनाम् ॥

कुँवारी कन्याको विद्या पढ़ानी चाहिये और धर्मनीति सिखानी चाहिये, क्योंकि जो कन्या विदुषी होती है, वह माँ और बाप—दोनोंके कुलोंका कल्याण करती है ।

जब कन्या विद्या और धर्मनीतिमें दक्ष हो जाय, तब किसी विद्वान वरके साथ उसका विवाह कर देना चाहिए। ऋषियोंने यही सनातन रीति बतलाई है ।

जब तक कन्या पति की मर्य्यादा और पति-सेवा की विधि न जान ले और धर्मशासनसे अनजान रहे, तब तक उसकी शादी न करनी चाहिए ।

पण्डितोंकी व्यवस्था लेकर सेठने कहा—महाराज ! विद्या पढ़ानेकी बात तो मुझे स्वीकार है, पर जितनी विद्या, धर्मनीति और समाजनीति पढ़ाने की बात शास्त्रमें लिखी है, उतना पढ़ने-सीखनेके लिये कम-से-कम दस बरस तो चाहिएँ। अगर कन्दर्प-कलाको इतनी ही शिक्षा देनी होगी, तो वह कम-से-कम पन्द्रह-सोलह बरसकी हो जायगी । उतनी उम्रमें विवाह करनेसे तो हम लोगोंको नरकमें जाना होगा; क्योंकि शास्त्रमें लिखा है:—

असम्प्राप्तरजा गौरी, प्राप्ते रजसि रोहिणी।
अव्यञ्जना भवेत्कन्या, कुचहीना च नग्निका॥

व्यञ्जनैस्तुसमुत्पन्नैः सोमोभुंक्तेहिकन्यकाम्।
पयोधराभ्यां गन्धर्वा, रजस्यग्निः प्रतिष्ठितः॥

तस्माद्विवाहयेत्कन्यां, यावन्नर्तुमती भवेत्।
विवाहश्चाष्टवर्षायाः कन्यायास्तुप्रशस्यते॥

व्यञ्जनं हन्ति वै पूर्वं, परं चैव पयोधरौ।
रतिरिष्टांस्तथा लोकाहन्याच्चपितरं रजः॥

ऋतुमत्यां तु तिष्ठन्त्यां स्वेच्छा दानं विधीयते।
तस्मादुद्वाहयेन्नग्नां मनुः स्वायम्भुवोऽब्रवीत्॥

पितृवेश्मनि या कन्या रजः पश्यत्यसंस्कृता।
अविवाह्या तु सा कन्यां, जघन्यावृषलीस्मृता॥

जबतक लड़की रजोवती नहीं होती, उसे "गौरी" कहते हैं और रजोवती होने पर "रोहिणी" कहते हैं। जब तक यौवनके चिह्न प्रकट नहीं होते, उसे "कन्या" कहते हैं और कुच या स्तन न आने तक "नग्निका" कहते हैं।

जवानीके चिह्न प्रकट हो जाने पर कन्याको चन्द्रमा भोगता है; स्तन आ जाने पर गन्धर्व और रजोवती हो जाने पर अग्नि भोगता है।

इसलिए कन्याको रजोवती या ऋतुमती होनेसे पहले ही—आठ वरसकी उम्रमें—विवाह देना चाहिये।

स्तनादि स्त्री-चिह्न प्रकट हो जाने पर शादी न कर देनेसे पहलेके पुण्य-कर्म नष्ट हो जाते हैं ; स्तन आ जाने पर विवाह न करनेसे परत्र लभ्य पुण्योंका नाश होता है। सुरत या मैथुन-योग्य होने पर शादी न करने से स्वर्ग आदि लोक नहीं मिलते और रजोवती होने पर भी विवाह न कर देने से पितर या पुरखे नरकमें जाते हैं, इसलिये स्त्री-चिह्न आनेसे पहले ही कन्या का विवाह कर देना चाहिये।

अगर कन्या शादीसे पहले ही ऋतुमती हो जाय, तो उसका विवाह उसकी अनुमतिसे करना चाहिये। स्वायम्भुव मनुने कहा है कि इसलिये कन्याका विवाह उसके नग्निका या रजोरहित होने की हालतमें ही कर देना उचित है।

जो कन्या बापके घरमें, बिना विवाह हुए, रजोदर्शन करती है—रजस्वला होती है, वह विवाहके अयोग्य और शूद्राके समान होती है।"

पण्डितोंने कहा—"सेठजी ! ये श्लोक स्वार्थियोंने पीछेसे धर्म-शास्त्रोंमें घुसेड़ दिये हैं। अगर ऐसा होता, तो "हेमाद्री" वाला यह कभी न लिखता कि जब तक कन्या विद्या न पढ़ ले, धर्म-नीति न जान ले, पति-मर्यादासे अनजान रहे, शादी न करनी चाहिये। सीता, सावित्री, द्रौपदी और दमयन्ती प्रभृतिकी शादी पूर्ण यौवना होने पर ही—स्वयम्बर-प्रथाके अनुसार हुई थी। आठ-दस सालकी कन्या धर्मनीति और पति-मर्यादा आदि नहीं जान सकती। अगर पहलेके समयमें आठ सालकी कन्याकी

शादी होती तो महर्षि सुश्रुत सोलह सालकी स्त्री और पच्चीस सालके पुरुषको गर्भाधानके लिए मैथुनकी राय न देते। उन्होंने स्पष्ट कहा है—

पंचविंशे ततोवर्षेपुमान्नारी तु षोडशे।
समत्वागतवीर्य्यौ तौ जानीयात्कुशलोभिषक्॥

—सुश्रुत-सूत्रस्थान, अध्याय ३५

ऊनषोडषवर्षायामप्राप्तः पंचविंशतिम्।
यदाधत्ते पुमान् गर्भं कुक्षिस्थः स विपद्यते॥
जातो वा न चिरञ्जीवेत् जीवेद्वादुर्बलेन्द्रियः
तस्मादत्यन्त बालायां गर्भाधानं न कारयेत्॥

—सुश्रुत-शारीरस्थान, अध्याय १०

"गर्भाधानके समय पुरुषकी उम्र २५ सालकी और कन्याकी १६ सालकी होनी चाहिये, क्योंकि इन अवस्थाओंमें पुरुष और स्त्रीमें समान बलवीर्य हो जाता है।

"सोलह बरससे कम उम्रकी स्त्री में अगर पच्चीस बरससे कम उम्रका पुरुष गर्भाधान करता है, तो गर्भ कोखमें ही बिगड़ जाता है—बालक पैदा नहीं होता; अगर पैदा भी होता है, तो बहुत दिन जीता नहीं; अगर किसी तरह जी भी जाता है, तो कमज़ोर और रोगी होता है; इसलिए अत्यन्त छोटी उम्र यानी १६ साल से कम उम्रकी स्त्री में गर्भाधान हरगिज़ न करना चाहिये।

"अब आप ही सोचिये, जब सोलह सालसे कम अवस्थाकी

कन्यामें गर्भाधान करने की ही मनाही है, तब पहले शादी करने से क्या लाभ? जब तक वर और वधू 'विवाह' किस चिड़ियाका नाम है, इस बातको न समझें, तब तक विवाहमें क्या आनन्द है? अत: आप बाईकी शादी सोलह बरसकी उम्रमें ही करें।" सेठने ब्राह्मणोंकी बात ठीक समझी, अत: स्वीकार कर ली।

समय जाते देर नहीं लगती। कन्दर्पकलाने सोलहवें बरसमें क़दम रखा। माता-पिताको वर खोजने की फ़िक्र पड़ी। नगर-नगर और गाँव-गाँवमें नाई और ब्राह्मण भेजे गये। ईश्वरकी दया से कुल-शील-धन-वैभव प्रभृतिमें समान घर और सुन्दर रूपवान, विद्वान, बलवान और वीर्यवान वर मिल गया। वरका नाम गुणनिधि था। गुणनिधि वास्तवमें ही गुणोंका भाण्डार था। जिस तरह कन्दर्पकला अपने बापकी इकलौती और लाड़ली बेटी थी, उसी तरह गुणनिधि भी अपने पिताका इकलौता और लाड़ला पुत्र था। लड़की और लड़केने एक दूसरेके चित्र देखकर एक दूसरेको पसन्द कर लिया। सेठने सेठानीसे कहा कि शास्त्रमें भले और बुरे जमाईके लक्षण इस प्रकार लिखे हैं—

जमाईके गुण

विद्याशौर्य्यधनाश्रयो गुणनिधिः ख्याता युवा सुन्दरः।
सच्चारः सुकुलोद्भवो मधुरवाग् दाता दयासागरः॥
भोगी भूरिकुटुम्बवान् स्थिरमतिः पापार्तिहीनो बली।
जामाता परिवर्णितः कविवरैरेवंविधः सत्तमः॥

"विद्वान, वहादुर, धनवान, गुणवान, सच्चरित्र, अच्छे कुलमें पैदा हुआ, मीठा बोलनेवाला, दातार-फ़ैयाज़, दयाका समुद्र, भोगी, वहुतसे कुटुम्बियोंवाला, स्थिर वुद्धि, धर्मात्मा और वलवान जमाई अच्छा होता है।

जमाईके दोष

वृद्धो दुर्व्यसनी दयाविरहितो रोगी महापापवान् ।
पण्ढो दुष्कुलकोद्भवश्च पिशुनो धूर्त्तोऽतिवद्धस्पृहः ॥
निर्वित्तः कृपणोऽतिचंचलमतिर्नित्यप्रवासी ऋणी ।
भिक्षुः स्नेहविवर्जितः सुमतिभिः कार्योवरोनेदृशः ॥

"वूढ़े, वुरे-वुरे व्यसनोंमें फँसे हुए, निर्दयी, रोगी, घोर पापी, नामर्द, नीच कुलमें पैदा हुए, चुग़लखोर, धूर्त्त, इच्छाओंको वहुत ही रोकनेवाले, निर्धन, कंजूस, वहुत ही चञ्चल-वुद्धि, हमेशा परदेशमें रहनेवाले, क़र्ज़दार, भिखारी और स्नेह-हीन पुरुषको जमाई न वनाना चाहिये।

"कन्दर्पकी मा ! अपने गुणनिधिमें सभी उत्तम गुण हैं, दूषणों का नाम भी नहीं। सच पूछो तो जमाई यथा नाम तथा गुण है, इसलिए गुणनिधिको ही कन्या देना ठीक है।"

शुभ लग्नमें विवाहकी तैयारी शुरू की गई। दोनों ओरसे विराट आयोजन हुआ। नियत समय पर गुणनिधिकी वारात आई। शुभ मुहूर्त्तमें गुणनिधिने कन्दर्पकलाका पाणिग्रहण किया। कन्याके पिताने अपनी इकलौती वेटीके दहेजमें करोड़ोंकी सम्पत्ति,

हाथी, घोड़े, दास-दासी, रथ और पालकी वग़ैरः दिये। बाराती और गुणनिधिके पिता अपने नगरको चले गये। दहेजका सामान उनके साथ भेज दिया गया, पर गुणनिधिको कन्दर्पकलाके पिताने अपने घर ही रख लिया। गुणनिधिका बाप सज्जन पुरुष था। उसने अपने समधीकी बात, बिना किसी विशेष आपत्तिके, मान ली। गुणनिधि ससुरालमें घर-जमाईकी तरह रहकर, स्वर्गीय सुख भोगने लगा। कन्दर्पकला भी उससे सब तरहसे प्रसन्न और सन्तुष्ट थी। माता-पिता भी अपनी पुत्री और जामाताको प्रेमपूर्वक रहते हुए देखकर फूले नहीं समाते थे।

कुछ समय बीतने पर, रतनसेनकी आढ़तमें सुमात्रा, जावा, बोनियो, चीन, लंका, फ़ारस और रूम देशके व्यौपारी तरह-तरह के मसाले, रेशम, रेशमी कपड़े, मोती और शीशी प्रभृति नाना प्रकारका माल लाये। उन व्यौपारियोंको मालकी बिक्रीसे प्रचुर धन-लाभ हुआ। अब वे लोग अमरावतीसे यहाँका माल ख़रीद कर, फिर उन देशोंको जानेकी तैयारी करने लगे। उन लोगोंको ख़ूब धन कमाते देखकर, गुणनिधिका दिल भी यहाँसे माल भर कर उन देशोंमें जानेको हुआ। उसने सास-ससुरसे आज्ञा माँगी। सास-ससुरने इन्कार किया। कहा—"बेटा! अपने धनकी कमी नहीं, अटूट धन-भाण्डार है। तुम्हीं भोगनेवाले हो, विदेश जाकर क्या करोगे?" गुणनिधिने कहा—'पिता जी! वैश्यका धर्म ही धन-वृद्धि करना है। अक्षय धनराशि होने पर भी, वैश्यको सन्तोष न करना चाहिये। देखिये, शास्त्रमें लिखा है—

कोऽतिभारः समर्थानां, किं दूरं व्यवसायिनाम्।
को विदेशः सुविद्यानां, कः परः प्रियवादिनाम्॥

सामर्थ्यवानोंके लिए बहुत भारी क्या है? व्यापारियोंके लिए दूर क्या है? विद्वानोंको परदेश क्या है? मधुरभाषियोंको ग़ैर या पराया कौन है?

क्लेशस्यांगमदत्वा सुखमेव सुखानिनेहलभ्यन्ते।
मधुभिन्मथनायस्तैराश्लिष्यति वाहुभिर्लक्ष्मीम्॥
दुरधिगमः परभागो यावत् पुरुषेण साहसं न कृतम्।
जयतितुलामधिरूढो भास्वानिह जलदपटलानि॥

इस संसारमें, शरीरको दुःख दिये विना सुख नहीं मिलता। मधुसूदन भगवानने समुद्र मथनेसे थकी हुई भुजाओं द्वारा ही लक्ष्मी पाई।

जब तक पुरुष साहस न करे, तब तक उसे पराया भाग मिलना कठिन है। तुला राशिको प्राप्त होकर ही सूर्य वादलोंको जीतता है।"

गुणनिधिकी वातें सुनकर रतनसेन राज़ी हो गया। दस-बीस लाखका माल देकर उसे विदा कर दिया। कन्दर्पकला पतिके विदेश जानेसे दुखी ज़रूर हुई, पर उसने भी रो-धोकर अपनी ओरसे विदाई दे दी। सब व्यौपारियोंके साथ गुणनिधि विदेश-यात्राको चल दिया।

अपने प्रिय पतिके विदेश चले जाने पर, कन्दर्पकला अपनी

सखियोंके साथ चौसर-शतरञ्ज प्रभृति खेल खेल कर दिन काटने लगी। कन्दर्पकला इन दिनों काम-मदसे मतवाली हो रही थी। एक दिन, सन्ध्याके समय, वह अपनी सखियोंके साथ, महलकी छत पर बैठकर, शतरञ्ज खेल रही थी। महल ठीक लबे-सड़क था। उसके सामने होकर हज़ारों आदमी और गाड़ी-घोड़े प्रभृति निकल रहे थे। खेलते-खेलते उस मृगशावकनयनीकी दृष्टि एक सुन्दर, रूपवान, बलवान, यौवनमदोन्मत्त गठीले जवान पर पड़ी। क्षण-भरमें उसकी मति बदल गई। वह पातिव्रत्य धर्मका माहात्म्य भूल कर, व्यभिचार-कर्म करने पर आमादा हो गई। प्रबल कामदेवके वशमें होकर, उसे इस नीच कर्मके परिणाम का कुछ भी ध्यान न हुआ। उसने अपने वैभवशाली पिता की इज्जत धूलमें मिलनेका भी विचार न किया। कहा है—

कुलपतनं जनगर्हां बन्धनमपि जीवितव्यसन्देहम्।
अंगीकरोति कुलटा सततं परपुरुपसंसक्ता॥

कुलमें दाग़ लगना, लोकनिन्दा, बन्धन और जीवनमें सन्देह—इन सबको परपुरुषरता कुलटा स्वीकार कर लेती है।

बहुत लिखनेसे क्या—वह चञ्चलनयनी अपने कामविकारको न रोक सकी। उसका शरीर कामतापसे जलने लगा, होठ सूखने लगे, दिल धड़कने लगा और कामज्वर चढ़ आया। उसने कामशान्तिके लिए, उस नौजवानको अपने पास बुलानेका विचार स्थिर कर लिया। उसकी अन्तरात्मा—कानशैन्स

(conscience) ने उससे कहा—"अयि चपले ! आज तू अपने जीवनको भ्रष्ट करने पर क्यों उतारू हुई है ? अपना शीलव्रत क्यों भङ्ग करती है ? देख, नदी अपनी कछार रूपी मर्य्यादाका नाश नहीं करती, उसी तरह तुझे भी अपने कुलकी मर्य्यादा नष्ट न करनी चाहिये। सतीत्व रत्न अनमोल है। स्त्रीमें यही सबसे क़ीमती चीज़ है। इसके बिना स्त्री वैसी ही है, जैसा कि बिना आबका मोती। इस क्षणभरके मिथ्या सुखके लिए क्यों अपने लोक-परलोक बिगाड़ती है ?" अन्तरात्माने उसे बहुत कुछ समझाया, डराया-धमकाया, पर वह अपने निश्चयसे न डिगी—अन्तरात्माकी बातपर ज़रा भी ध्यान न दिया। ध्यान तो तब देती, जबकि वह होश-हवासमें होती। कामदेवने तो पुष्पबाण मार-मारकर उसे बेहोश कर दिया था।

कन्दर्पकला कन्दर्पके बाणोंसे जर्जरित होकर मन-ही-मन विचारने लगी—"इस समय कौन मेरे काम आ सकती है ? कौन प्राणप्यारेको बुलाकर यहाँ ला सकती है ? कामशास्त्रमें मालिन, धोबन, नाइन, सखी और दासी प्रभृति स्त्रियाँ स्त्री-पुरुषोंका सन्देशा लाने-ले जाने या दूत-कर्म*के लिए उत्तम लिखी हैं, तब

---

* दासी वारवधूर्नटी च विधवा बाला च धात्री तथा।
कन्या प्रव्रजिता च भिक्षुवनिता सम्बन्धिनी शिल्पिनी॥
मालाकार नितम्बिनी प्रतिसखी दौत्ये स्मृता योषितः।
आलाप्यः कविभिः सदैव मदनव्यापार लीलाविधौ॥

मैं अपनी सखियोंमें से किसी एकसे यह काम क्यों न लूँ ?" यह विचार स्थिर करके, उसने अपनी एक बहुत ही मुँह-लगी सखीको पास बुलाकर, उँगलीसे उस नौजवानको दिखाते हुए कहा—"प्यारी सखी ! तू उस छैल-छबीले-रसीले युवकको मेरे पास बुला ला। मेरी कामाग्नि इस समय बड़े जोरोंसे प्रज्ज्वलित हो रही है। अगर वह बाँका छैला न आयेगा, तो मैं प्रचण्ड विरहानलमें भस्म हो जाऊँगी।" कामविकार हलाहल विषकी तरह प्रचण्ड होता है। उसे कोई विरली ही कामिनी रोकनेमें समर्थ होती है। उस नीच सखीने, अपनी सखीकी ऐसी भयानक पापपूर्ण बात सुनकर, उसे जघन्य कर्मसे रोका तो नहीं—फौरन ही नीचे उतरी और उसे बुलाकर महलमें ले आई।

और भी—

> मालाकारवधूः सखी च विधवा धात्री नटीशिल्पिनी।
> सैरन्ध्री प्रतिगेहिकाथ रजकी दासी च सम्बन्धिनी॥
> बाला प्रव्रजिता च भिक्षुवनिता तक्रस्य विक्रेयिका।
> मालाकार वधूर्विदग्धपुरुषैः प्रेष्या इमा दूतिकाः॥

दासी, रण्डी, नटनी, विधवा, लड़की, दाई, कन्या, संन्यासिनी, भिखारिन, सम्बन्धिनि, कारीगरनी, मालिन, सखी, पड़ोसन, नाइन, धोबन, और दहीछाछ बेचने वाली गूजरी वगैरः स्त्रियाँ—स्त्रियोंको बिगाड़ने और लानेका काम करती हैं। ये पुरुषोंका सन्देशा औरतोंके पास और औरतोंका मर्दोंके पास पहुँचाती हैं। इनके द्वारा अच्छे-अच्छे घरों की स्त्रियाँ खराब हो जाती हैं।

उँगली से उस नौजवानको दिखाते हुए कहा—"प्यारी सखी ! तू उस छैल-छबीले-रसीले युवकको मेरे पास बुला ला ।" [पृ० २३०]

उस नीच सखी ने अपनी सखी की ऐसी भयानक पापपूर्ण बात सुनकर उसे जघन्य कर्म से रोका तो नहीं ; फौरन ही नीचे उतरी और उसे बुलाकर महल में ले आई। उस पुरुष ने कन्दर्पकला की बातें सुन, उसकी शान्ति की। [पृ० ३३१]

उस पुरुषने कन्दर्पकलाकी बातें सुन कर, उसकी कामशान्ति की ; पर चलते समय कहता गया, "प्यारी, इसमें शक नहीं कि तू अप्सराओंको भी लजानेवाली अनिन्द्य सुन्दरी है। तेरे एक दिन भी न मिलने से मेरा जीवन न रहेगा ; लेकिन मैं तेरे इस महलमें आजके बाद कभी न आऊँगा। मैं नगरसे बाहर अमुक बाग़में रहता हूँ। वह स्थान भोग-विलासके लिए अत्युत्तम है। ऐश-आरामके सारे ही सामान वहाँ भी मौजूद हैं। तुझे हर दिन, रातके समय, वहीं आना होगा ; क्योंकि कामशास्त्रमें, पराये घर रहकर, सुरत करनेकी मनाही लिखी है। कहा है :—

वह्नि ब्राह्मणपूज्यवर्गनिकटे नद्यां च देवालये।
दुर्गादौ च चतुष्पथे परगृहेऽरण्येश्मशानेदिवा।
संक्रान्तौ शशि संक्षयेऽथ शरदि ग्रीष्मे ज्वरार्तैर्व्रते।
सन्ध्यायाञ्च परिश्रमेषु सुरतंकुर्यान्न विद्वान् क्वचित्॥
विस्तीर्णेललिते सुधाधवलिते चित्रादिनालंकृते
रम्ये प्रोन्नत चत्वरेऽगुरु महाधूपादिपुष्पान्विते।
संगीतांगविराजिते स्वभवने दीपप्रभाभासुरे।
निःशंक सुरतं यथाभिलषितं कुर्य्यात्समंकान्तया॥

"अग्नि, ब्राह्मण, माँ-बाप, गुरु और बड़े भाई प्रभृति गुरु-जनोंके पास, नदी किनारे, मन्दिरमें, क़िले वग़ैर: में, चौराहे पर, पराये घरमें, जंगलमें, श्मशान भूमिमें, दिनमें, संक्रान्तमें, चन्द्रमाके क्षय कालमें, शरद् ऋतुमें, ग्रीष्म ऋतुमें, ज्वर चढ़ा होने पर,

व्रत रखने पर, सन्ध्या समय और मिहनत करके—विद्वानको सुरत या स्त्री-प्रसंग न करना चाहिये।

"जो मकान मनोहर हो, लम्बा-चौड़ा हो, जिसमें सुन्दर सफ़ेदी हो रही हो, तरह-तरहके चित्रादिसे सजा हो, जहाँ धूप वग़ैरः सुगन्धित पदार्थ खेये गये हों, फूलोंकी ख़ुशबू आती हो, गाने-बजानेके सितार तबला आदि बाजे रक्खे हों—ऐसे अपने मनोहर और ऊँचे मकानकी छत या आँगनमें, जो दीपकोंकी रोशनीसे देदीप्यमान हो, अपने समान स्त्रीसे, निःशंक होकर, इच्छानुसार, भोग करना चाहिये।

"प्यारी! कामशास्त्रके रचयिताओंने जो कुछ भी लिखा है, वह बड़े अनुभवके बाद लिखा है। मैं रतिशास्त्रके विरुद्ध काम नहीं करता; इसलिए आज रातको तुम मेरे बाग़में आना। मैं तुम्हारी इन्तज़ारी करूँगा।" यह कहकर वह युवक चला गया।

उस युवकको कन्दर्पकला एक क्षणको भी छोड़ना नहीं चाहती थी। पहली मुलाक़ातमें ही उस नौजवानने उसके दिलमें गहरी जगह कर ली। एक तो वह रूपवान, बलवान, वीर्यवान और शौक़ीन छैला था ही; दूसरे उसने उसे, कामशास्त्र-विशारद होने से, भोग-विलास द्वारा सन्तुष्ट कर दिया, इसीसे वह उस पर जी जानसे फ़िदा हो गई। ऐसी प्रीतिको "अभ्यासिकी प्रीति" कहते हैं। ❀

❀ "निसर्गजा या नैसर्गकी, विषयजा और अभ्यासिकी" इस तरह मुख्य तीन तरहकी प्रीति होती हैं। नैसर्गकी प्रीति अभ्यास से या माला,

वह व्यभिचारी नवयुवक सदा कन्दर्पकलाको अपने क़ाबूमें रखनेकी अनेक चेष्टायें किया करता था। उसने सबसे पहले इस बातका पता लगाया कि यह मुझ पर क्यों आसक्त हुई है; क्योंकि इसके यहाँ धनकी कमी नहीं, धनके सिवा और भी किसी

अतर, मिठाई और कपड़े-गहने देनेसे नहीं होती, वह पूर्वजन्मके सम्बन्ध से होती है। वह बड़ी मज़बूत मुहब्बत है। वह किसीके हजार चेष्टा करनेसे भी नहीं छूट सकती। वैसी प्रीति छोटी उम्रके दूलह-दुलहनोंमें नहीं हो सकती—१४–१५–१६ साल की कन्या और २०–२५ सालके लड़के की शादी होनेसे ही हो सकती है।

जो प्रीति इत्र, फुलेल, फूलमाला, गुलदस्ते, चन्दन केसर और कस्तूरी के लेप, उत्तमोत्तम कपड़े, नाना प्रकारके गहने, लज़ीज़ और ज़ायके-दार मिठाइयाँ लेने-देनेसे होती है, उसे "विषयजा प्रीति" कहते हैं।

जो प्रीति शिकार खेलने जानेसे जंगल में हो जाती है, जो मन्दिरोंमें देवदर्शनोंको जानेसे हो जाती है, जो सजधजकर एक दूसरेको रिझानेसे हो जाती है, जो मनोहर गाना सुननेसे हो जाती है और जो आनन्द-दायी सुरतसे हो जाती है, उसे "अभ्यासिकी प्रीति" कहते हैं।

यशोधरा और सिद्धार्थ (महात्मा बुद्ध) की प्रीति "नैसर्गकी" थी। शकुन्तला और दुष्यन्तकी प्रीति शिकारके समय हुई थी; अतः "अभ्या-सिकी" थी। बहुत से मर्द औरतोंके गाने पर और औरतें मर्दोंके गाने पर रीझकर प्रीति कर लेते हैं, , वह भी "अभ्यासिकी प्रीति" कहाती है। कन्दर्पकला इस पुरुष की रूप-छटा और सुरतकी कारीगरी पर रीझी थी, इसलिये हमने इसे "अभ्यासिकी" प्रीति कहा है।

वस्तुका अभाव नहीं। यह हमारे शहरके सबसे बड़े सेठकी पुत्री है। इसका पति यहाँ नहीं है। उसे गये बहुत दिन हो गये और आजकल वसन्तका मौसम है—जान पड़ता है, इन्हीं कारणोंसे इसने मुझे अपनाया है। कहा है—

मार्गार्द्रि श्रान्तदेहा चिरविरहवती मासमात्रप्रसूता ।
गर्भालस्या च नव्याज्वरकृततनुता त्यक्तमानप्रसन्ना ॥
स्नाता पुष्पावसाने नवरतिसमये मेघकाले वसन्ते ।
प्रायः सम्पन्नरागा मृगशिशुनयना स्वल्पसाध्या रते स्यात् ॥

मार्ग चलनेसे थकी हुई या राह भूली हुई, बहुत दिनोंसे पति-समागम न होने वाली, महीना-भरकी बच्चा जननेवाली, पाँच-छै महीनेकी गर्भवती, आलस्यवाली, नये बुखारवाली, मान-हीना, बहुत ही खुश रहने या हँसनेवाली, मासिक धर्मके बाद नहा कर उठी हुई, पहले-पहल जवानीकी तरङ्ग आनेवाली, वर्षा-काल और वसन्त ऋतुमें—रूपवान, धनवान और विलासी पुरुषोंके हाथ, ऊपर लिखे लक्षणों वाली स्त्रियाँ, स्वयं कोशिश करने या दूतियाँ लगानेसे बड़ी आसानीसे आ जाती हैं। खैर, अब मैं तरह-तरहके वाजीकरण और स्तम्भन योगोंकी सहायतासे इसे अपनी क्रीतदासी बनाऊँगा।

कई बरस तक हमारा गुणनिधि विदेशसे नहीं लौटा। इधर कन्दर्पकला अपने धर्मसे पतित हो गई, पतिव्रतासे कुलटा हो गई। उसे रात-दिन अपने यार का ही ध्यान रहता था। दिन उसे एक युगके समान बीतता था। साँझ होते ही वह नहा-धोकर तैयार

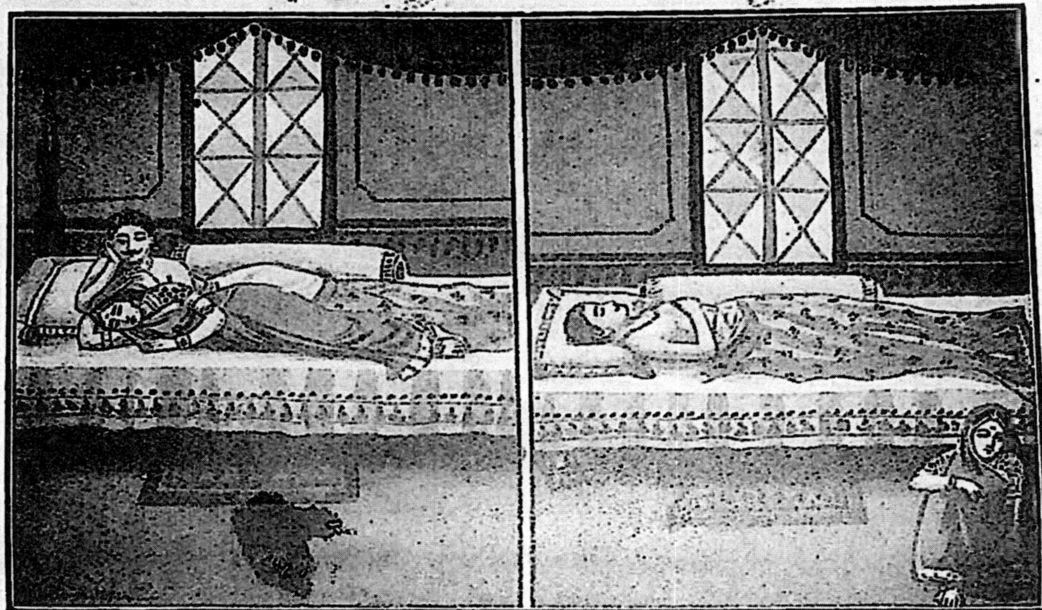

गुणनिधि अपनी परम प्रियाको आलिंगन करके लेट रहा, पर कन्दर्पकलाका दिल तो यारकी यादमें लगा हुआ था, अतः वह करवट बदलकर सो गई। जब उसके पतिने उसकी साड़ी खींच ली, तब वह पलंगसे उतर एक कोने में जा बैठी। [पृष्ठ २१७]

हो जाती और रातको सारे कुटुम्बके सो जाने पर, चोरद्वारसे निकल कर, अपने प्यारे के पास, विला नागा पहुँचती थी। अगर घरका कोई आदमी भूलसे भी गुणनिधि का नाम ले लेता, तो उसके दिलमें काँटा-सा खटकता था। वह रात-दिन यही मनाती थी कि गुणनिधि विदेशमें ही मर जावे या कभी न आवे। शास्त्र-कारोंने कहा है कि अच्छे कुलों की स्त्रियाँ भी सदा बापके घरमें रहने और पतिके अधिक समय तक विदेश में रहनेसे विगड़ जाती हैं। ऐसी कुलटा नारियोंको पतिका परदेशमें रहना अच्छा मालूम होता है। कहा है :—

पितृसदननिवासः संगतिः पुंश्चलीभिः
प्रवसनमथ रोगो वार्द्धकं चापि पत्युः
वसतिरपरपुंभिः दुष्टशीलैरवश्यं,
क्षतिरपि निजवृत्तेर्योपितां नाशहेतुः ॥

दुर्दिवसे वनतिमिरे दुःसञ्चरासु घनवीथीसु
पत्युर्विदेशगमने परमसुखं जघन चपलायाः ॥

सदा पीहरमें रहनेसे, व्यभिचारिणी स्त्रियोंकी सुहबतसे, पतिके परदेशमें रहनेसे, पतिके सदा रोगी रहनेसे, पतिके बूढ़े होनेसे, दुश्चरित्र ऐयाश-तबियत लोगोंके वशमें रहनेसे और अपनी आजीविकाके मारे जानेसे स्त्रियाँ खराब हो जाती हैं।

आकाशमें बादलोंके छाये रहनेसे, घोर अँधेरेसे, सुनसान जनहीन गलियोंसे और पतिके विदेशमें रहनेसे परपुरुष-रता स्त्रियोंको परम सुख होता है।

अब ज़रा गुणनिधिकी भी ख़बर लेनी चाहिये। जिस दिनसे वह अपनी स्त्री कन्दर्पकलाको छोड़कर विदेश गया, उस दिनसे उसे एक दिन भी सुखकी नींद न आई। जब कभी उसे कामसे फ़ुर्सत मिलती, वह अपनी प्यारीको याद करता। रातें तो उसे करवटें बदलते और तारे गिनते ही बीतती थीं। ख़ैर, बरस-डेढ़-बरस चलकर, वह रोम नगरमें पहुँचा। भगवानकी दयासे उसका सारा माल गहरे मुनाफ़ेसे बिक गया। अब उसे अपनी प्यारीसे मिलनेकी उत्कण्ठा और भी बढ़ गई। एक दिन शरद्की चाँदनी रातमें, सोते-सोते उसे अपनी प्राणप्यारीसे मिलनेकी इच्छा इस ज़ोरसे हुई, कि उसने उसी समय नौकरोंको असबाब बाँधकर जहाज़ पर रखने और तत्क्षण वहाँसे चल देनेका हुक्म दिया। हुक्म पाते ही नौकरोंने सारा सामान जहाज़ पर लाद दिया। सब लोग सवार हो गये और जहाज़ने भारतकी ओर रुख़ किया। कुछ दिनोंमें, समुद्र-यात्राकी तकलीफ़ें उठाता हुआ, वह अपनी ससुरालमें आ पहुँचा।

जिस दिन गुणनिधि अपनी ससुरालमें आया, उस दिन उसकी ससुरालमें कोई महोत्सव मनाया जा रहा था। कुटुम्बके सब लोग उसीमें लगे हुए थे। यह भी उनमें शामिल हो गया। उसके सास-ससुर और साली-सरहज वग़ैरः उसके आनेसे परमानन्दित हुए, पर कन्दर्पकलाका चेहरा उल्टा उतर गया। वह मन-ही-मन बहुत दुःखी हुई, पर प्रकटमें कुछ न कह सकी। उसके मन-मन्दिरमें तो उसका यार हँस-खेल रहा था। इसके

आ जाने से उसका सारा मज़ा किरकिरा हो गया। इसका आना उसे अच्छा न लगा।

रातके समय, बहुत दिनोंका बिछुड़ा हुआ गुणनिधि, देव-मन्दिरके समान सजे हुए महलमें, बड़ी उमंगके साथ, अपनी प्राणप्यारीसे मिलने गया। वहाँ अति सुन्दर कमनीय धवल शय्या बिछी हुई थी। चारों ओर काफ़ूरी बत्तियाँ जल रही थीं। सुगन्धित धूप हर ओर महक रही थी। गुलाब, खस, हिने और मोतियेके इत्रोंकी खुशबू उड़ रही थी। चन्दनके छिड़कावके कारण मलय मारुतका आनन्द आ रहा था। कमरेके खम्भोंमें जड़े हुए मणि-माणिक रोशनीमें जगमगा रहे थे। उस समय वह कमरा इन्द्रभवनको लजा रहा था। गुणनिधि अपनी परम-प्रियाको आलिङ्गन कर लेट रहा, पर कन्दर्पकलाका दिल तो अपने प्यारे यारकी यादमें लगा हुआ था। उसे अपना व्याहता पति कालसर्पके उगले हुए विषके समान मालूम होता था। वह बारम्बार अपनी कमल-सी आँखोंको बन्द करके, योगिनकी तरह, अपने यारका ध्यान करती थी। वह हर क्षण निःश्वास फेंक-फेंककर, अपनी आतुरता और शोक प्रकट करती थी, परन्तु सरलचित्त गुणनिधि इस भेदको न जानता था; इसलिये वह चुम्बन कर, शृङ्गारके हाव-भाव बता, अपने सरल और सप्रेम हृदयसे मीठे-मीठे शब्दोंमें रतिकेलिकी प्रार्थना करने लगा, पर वह वज्रहृदया कुलटा कामिनी ज़रा भी न पसीजी। उसने पति के प्रेमरससे पूर्ण शब्दोंका कुछ भी उत्तर न दिया, तब कामातुर

पतिने उसकी साड़ी खींच ली। वह अपने अंगोंको ढककर और सुकड़ कर एवं पलंगसे नीचे उतर कर एक कोनेमें जा बैठी, क्योंकि उसे तो अपने यारका ध्यान था। वह पतिके साथ भोग-विलास करना पसन्द न करती थी। भोले-भाले गुणनिधिने समझा कि, यह प्रणय-कुपिता है। मैं बहुत दिनोंमें आया हूँ, इससे नाराजी दिखाती और नखरे करती है। वह उसे बारम्बार प्रणाम करके और अत्यन्त मीठी बातें कह-कह कर समझाने लगा—"प्यारी! पहले तो तू ऐसी नहीं थी, यह तुझे क्या हुआ? तू तो मेरी जीवन-डोरी है। तेरे बिना मैं क्षण-भर भी जी नहीं सकता। अगर तू मुझसे न बोलेगी, मेरी ओर न देखेगी, तो मैं अपनी जान खो दूँगा। अरी मधुर मल्लिका! एक बार तो मेरी तरफ़ नज़र भरके देख। देख, तेरा यह दास तेरे प्रेमकी आशासे तेरी सेवा करनेके लिए तड़फ रहा है। मुझ जैसे आज्ञाकारी सेवकको इस तरह निराश करना क्या उचित है? मेरी समझमें, मैं निरपराध हूँ। अगर मुझसे कोई अपराध हो गया है, तो मुझे क्षमा कर। देख, ईश्वर भी भयङ्कर-से भयङ्कर अपराधीको क्षमा कर देता है। क्या तू अपने सेवकको क्षमादान न देगी?"

गुणनिधिने इस तरह सैकड़ों दीनता की बातें कहीं, हाथ जोड़े, प्रणाम किया, तरह-तरहसे मुहब्बत जताई; पर वह ज़रा भी न पसीजी। उस वज्रहृदयाके कठोरतम हृदयमें लेशमात्र भी प्रेमका सञ्चार न हुआ। प्रेमका सञ्चार हो कहाँ से? वह तो

दूसरे पर मरती थी और उसीको चाहती थी। उसे अपना पति तो हलाहल विषसे भी बुरा और वह यार अमृतसे भी उत्तम मालूम होता था। गुणनिधि सब तरहसे बुद्धिमान और चतुर होनेपर भी, स्त्रियोंके छल-कपट जाननेमें निरा अबोध था। कामने उसकी बुद्धि और भी हर ली। कन्दर्पकलाकी तरह अनेकों स्त्रियाँ, अपने व्याहता पतियोंको धोखा देकर, पर-पुरुषोंके साथ रमण करती हैं। उनके पति उनका भीतरी हाल न जानकर, उनकी बारम्बार खुशामद करते और प्रेमकी भिक्षा माँगते हुए, लम्पटपन दर्शाते हैं। ऐसे लोगोंका जीवन किरकरा हो जाता है। अगर स्त्री अपने साथ प्रेम करे, अपने ऊपर ही आसक्त रहे, तब तो इस संसारमें ही स्वर्ग है, अन्यथा नरक है। जो स्त्री पराये मर्दको प्यार करती है, अपने पतिको धोखा देती है, उसके जीने को धिक्कार है। और जो भोला-भाला पुरुष अपनी स्त्रीके दुश्चरित्र का हाल न जानकर, उससे प्रेम करता, उसकी खुशामद करता, उसका भी जीवन भ्रष्ट है।

कामशास्त्रमें लिखा है :—

> नाभिपश्यन्ति भर्तारं नोत्तरं संप्रतीच्छति।
> वियोगेसुखमाप्नोति संयोगे चाति सीदति।
> शय्यासुपगताशेते वदनमार्ष्टिचुम्बिता।
> तन्मित्रैर्द्वेष्टिमानञ्च विरक्ता नाभिवांछति॥

जो स्त्री अपने पतिको नहीं चाहती, वह उसकी तरफ़ नहीं

देखती; हँसकर बोलना तो दूर की बात है, पूछी हुई बातका भी जवाब नहीं देती; जब तक पति घरमें रहता है, दुखी रहती है और उसके घरसे चले जाने पर सुखी होती है; उसके साथ एक पलंग पर नहीं सोती; अगर लेट भी जाती है, तो या तो नींदमें सो जाती है या मुँह फेर लेती है; अगर पति मुख चूमता है, तो गालको पोंछ डालती है; पतिके मित्रसे द्वेष रखती है; पति उसे कितना ही चाहे, पर वह राजी नहीं होती, मुँह फुलाये रहती है।

"पंचतन्त्र" में लिखा है—

> पर्य्यंङ्केष्वास्तरणं पतिमनुकूलं मनोहरं शयनम्।
> तृणमिव लघु मन्यन्ते कामिन्यश्चौर्य्यरतलुब्धाः॥

पलँग पर सोना, पतिकी अनुकूलता और मनोहर शयनको चोरीसे रत करनेकी इच्छा रखनेवाली स्त्रियाँ तिनकेके समान समझती हैं।

अगर गुणनिधि इन बातोंको जानता होता, तो उस हरजाई की इतनी खुशामद न करता।

बहुत देर तक कन्दर्पकलाकी खुशामद करता-करता गुणनिधि थक गया। उस बेवफ़ा औरतको ज़रा भी रहम न आया। उसका दिल गुणनिधिकी ओर ज़रा भी न झुका और अपने यार से मिलने का उत्साह कम न हुआ। अन्तमें थका-माँदा गुणनिधि रतकी आशा छोड़कर सो गया; मगर उसे अच्छी तरह नींद न

आई। इन्हीं बातोंमें आधी रात बीत गई। घड़ियाली ने टन टन करके बारह बजाये। सारे शहरमें सन्नाटा छा गया। सड़कों पर आदमियों का चलना-फिरना बन्द हो गया। कोई इक्का-दुक्का आदमी इधर-से-उधर जाता नजर आता था। सारा संसार निद्रा-देवीकी गोदमें चला गया। ऐसे समयमें कन्दर्पकला को अपने यारकी फिर याद आई। वह मन-ही-मन कहने लगी—"मेरा प्राणप्यारा उस उपवनकी लताकुञ्जोंमें मेरी बाट जोह रहा होगा, मुझसे मिलनेके लिए घबरा रहा होगा। हाय, मेरे बिना आज उसका कैसा हाल होगा! आज इस दुष्टके यकायक आ जानेसे मैं उसके पास नियत समय पर न पहुँच सकी। प्यारे! मुझे क्षमा करना; आज मैं मजबूर हूँ, मेरा दोष नहीं। आज मेरे-तुम्हारे सुखमें बाधा पहुँचाने वाला आ गया है।" ये शब्द मन-ही-मन कहती हुई, वह बेहोश होकर ज़मीन पर गिर पड़ी। गुणनिधि इस समय भी पूरी तरह न सोया था। वह धमाका सुनते ही अच्छी तरह जाग पड़ा। उस प्रेमान्धने कन्दर्पकलाको जमीन परसे उठाया और छातीसे लगाकर पंखा करने लगा। ज्योंही उसे होश हुआ, वह अपने तई पतिकी गोदमें देखकर लम्बी-लम्बी साँस लेने लगी और गोदसे उतरकर फिर अलग जा बैठी। पतिने पत्नीको मनानेके फिरभी बहुत यत्न किये, पर सब व्यर्थ। इस विघ्नकारीके विनय-वचन उस परपुरुषरता कामिनीके वियोगाग्नि से दग्ध हुए हृदयको कैसे शान्त कर सकते थे?

जब गुणनिधि सो गया, घोर नींद में निमग्न हो जानेसे

खुर्राटे लेने लगा, तब कन्दर्पकलाने उसे नींदके वशीभूत जान यारसे मिलनेकी ठानी। उसने उठकर सोलह शृङ्गार किये और सज-धज कर यारसे मिलने चली। आज घरमें महोत्सव था, सब लोग दिनभर काम-काजमें लगे रहे थे। आनन्दका दिन था, इसलिऐ सभीने विजयाका नशा किया और नशे में खूब खाया। रातको थक जाने और नशेमें ग़र्क़ हो जानेसे सभी बेख़बर होकर सो रहे। घरमें जाने-आनेकी रोक नहीं थी; इसलिये मौक़ा पाकर एक चोर घरमें घुस आया। वह अपनी घात लगा रहा था, इतनेमें उसने अपने यारसे मिलनेको जानेवाली कन्दर्पकलाके पैरोंकी पायजेबोंकी झनकार सुनी। वह फ़ौरन ही एक कोनेमें दुबक गया। आधीरातका समय होनेके कारण, पूरब दिशा रूपी प्रमदाका आलिंगन करके बैठा हुआ चन्द्रमा अपने पूर्ण प्रकाशको आम प्रभृति वृक्षोंके पत्तों पर फैला चुका था। चारों ओर चाँदनी की चादर बिछी हुई थी। कुमुदनी खिल चुकी थी। दिनमे सूरजके तापसे सन्तप्त हुआ आकाश सुधाकरकी शीतल चाँदनी छिटकनेसे सुशीतल हो गया था। मनुष्य और पशु-पक्षी सभी निद्रादेवीकी गोदमें अचेत पड़े हुए थे। चारों ओर निस्तब्धताका अखण्ड साम्राज्य था। ऐसे समयमें कन्दर्पकला छम-छम करती हुई घरसे निकली और लताकुञ्जमें अपने उपपतिसे मिलने चली। उस चोरने, जो एक कोनेमें छिपा हुआ था, इस रमणीको अकेले जाते देख, एकान्त स्थलमें इसके गहने उतार लेने का अच्छा मौक़ा समझा और इसके पीछे हो लिया।

कन्दर्पकला ने, उसे नींद के वशीभूत जान, यार से मिलने की ठानी। उसने उठकर सोलह श्रृङ्गार किये और सजधज कर यारसे मिलने चली। घरमें चोरी करने की ग़रज़से आया हुआ चोर भी राहमें उसके क़ीमती ज़ेवरात छीन लेने की इच्छा से उसके पीछे लग लिया। [पृ० ३४२]

अब ज़रा कन्दर्पकलाके यारका हाल सुनिये। रात बहुत बीत गई; यहाँतक कि आधी भी ढल गई, पर उस प्रेमीकी प्रिया न आई; इसलिये वह अपनी प्रियतमाके न मिलनेसे अत्यन्त दुःखी हुआ। बारम्बार पागलकी तरह वृक्षोंसे बातें करने लगा। अगर हवाके चलनेसे पत्ता भी खड़खड़ाता, तो वह धुन बाँधकर देखने लगता और चौंककर कहने लगता,—"अबके मेरी प्यारी—हृदयहारिणी सुन्दरी आई।" पर जब कोई न आता, तो निराश होकर पछताने लगता। चूँकि शुक्लपक्ष—उजेला पाख था, चद्रमा की चाँदनी अपनी अपूर्व छटा दिखा रही थी। मन्द-मन्द हवा चल रही थी, स्थान भी अतीव रमणीय था, चारों ओर सुहावने वृक्ष-ही-वृक्ष थे। चम्पा, चमेली, केतकी और गन्धराजकी सुगन्धसे वन-का-वन महक रहा था। कामोत्तेजक सारे सामान मौजूद थे। इसलिये ज्यों-ज्यों रात बीतती थी, उसका हृदय कामाग्नि और वियोगाग्निसे जला जाता था। निदान वह अधीर हो गया। कामके तापको सह न सका। अगर उसकी प्यारीका मुखचन्द्र उसे दीख जाता, तो उसकी अग्नि शान्त हो जाती। पर उस रात को वह न आई, इसलिये घोर दुःखसे दुःखी होकर, एक झाड़से लिपटी हुई लतासे फाँसी खाकर और अपने अमूल्य प्राण त्याग कर यमसदनका राही हुआ। उस प्रेमीके प्राणत्याग कर चुकनेके थोड़ी देर बाद ही, कन्दर्पकला उस उपवनमें पहुँची। उसने अपने हृदयके हार, प्राणप्यारेको मोतियोंकी मालाओं और रत्नजटित आभूषणोंसे अलंकृत देखा। चन्द्रमाकी चाँदनीमें सारे जेवर चमा-

चम चमक रहे थे। उसका सुन्दर शरीर रंगविरंगे वहुमूल्य वस्त्रोंसे सुशोभित था, परन्तु वह अपूर्व पदार्थ—शरीरका रत्न, समस्त सुखोंको भोगनेवाला—चैतन्य-चन्द्र उसकी देहसे सदाके लिए अलग हो चुका था। हंसा उड़ गया था, खाली देह लटक रही थी। घरमें रहनेवाला ग़ायव हो चुका था, ख़ाली घर पड़ा था। प्राणविहीन देह लटक रही थी। उस लाशके आस-पास कुछ पशुपक्षी उड़ रहे थे। फाँसी लगाते समयकी आवाज़ सुनकर पक्षी जाग पड़े थे और उस लाशके इर्द-गिर्द जमा हो गये थे। इन पशुपक्षियोंको देखकर वह नाना प्रकारकी आशंका करने लगी। उसके चित्तमें एक-पर-एक संकल्प-विकल्प उठने लगे। वह अत्यन्त भयभीत हुई। ख़ैर, अन्तमें वह उसके पास पहुँची और उसके गले लगनेकी आशासे झुकी, तो उसे मरा हुआ पाया। वस, वह कुलटा तत्क्षण ज़मीन पर गिर कर मूर्च्छित हो गई। थोड़ी देर पड़ी रहनेके वाद, उसे स्वत: ही होश हुआ। वह उठकर उस लाशके पास बैठ गई और विलाप करने लगी। जिस तरह गूँजते हुए भौंरोंके बैठनेसे कोमल लता नीचे झुक जाती है, उसी तरह आह कहते ही वह फिर पृथ्वी पर गिरकर वेहोश हो गई। इस बार वहुत देरके बाद उसे होश हुआ। होश होते ही वह ज़ार-ज़ार रोने और कूकने लगी। उस लाश पर नज़र पड़ते ही वह अचम्भित और दु:खित हो कहने लगी—"हाय! मेरे प्राणाधार! हा! मेरे नयनानन्द! प्यारे! आप कहाँ सिधारे? नाथ! इस दासीका साथ क्यों छोड़ दिया? मेरे जीवन-सर्वस्व! आपका

उदार चित्त ऐसा अनुदार क्यों हो गया ? महाराज ! इस दासी का अपराध क्षमा करते। प्राणेश ! कुछ तो धीरज धरते। हा ! बिना कुछ कहे, बिना बोले, बिना मिले, इस दासीको सदाके लिए अनाथ करके, चले जाना उचित न था। प्यारे ! अब यह अभागिन आपका मुखचन्द्र कहाँ देखेगी ? हाय, यह क्या हुआ ! मेरे प्यारे ! प्रीतम ! प्राणवल्लभ ! हृदयके हार ! सुनो, यह दासी कबकी पुकार रही है ? हा ! आप ऐसे कठोर कबसे हो गये ? हा ! प्राणेश ! मुझ मन्दभागिनीको रोते-कलपते और तड़फते देख आपको ज़रा भी दया न आती ! हाय ! हाय ! कुछ तो मुहब्बत निबाही होती। चित्तचोर ! एकबार तो दौड़कर गले लगो। प्यारे, एकबार तो मीठी और रसीली बात और सुना दो। यह दासी भी आपके पास ही आती है।" यह कहती हुई वह बेहोश होकर गिर पड़ी। इसके कुछ देर बाद धीरज धरकर अपने प्रेमीका मुँह चूमने लगी—मानो उस मुर्दे में जान आ गई हो। इसके बाद उसने अपने मुँहका पान भी उसके मुँहमें रख दिया और बारम्बार उसके ख़ूबसूरत चेहरे को देखने लगी। फिर कभी रोने लगती और कभी धीरज धरके कहती—"प्यारेको आँखों-भर देख तो लूँ, जो होना था सो तो हो ही गया।"

अब एक नई बात सुनिये :—ईश्वरकी गति बड़ी ही विचित्र है। उस लीलामयकी लीलाका पार नहीं। वह बड़ा विलक्षण है। उसकी रचनाका भेद पाना असम्भव है। कोई नहीं कह सकता कि थोड़ी ही देरमें क्या होनेवाला है। उस मुर्देके शरीर पर

चन्दन-अरगजा चर्चित था। इत्र प्रभृति खुशबूदार चीज़ोंसे उसके कपड़े महक रहे थे। उसके बदन पर के सुगन्धित पदार्थों से वह वन-का-वन सुगन्धिमय हो रहा था। कोसों तक सुगन्धि फैल रही थी। उस वनमें एक प्रेत भी रहता था। उसने सुगन्ध पर मोहित होकर, उसके शरीरमें अपना घर बना लिया; यानी वह मुर्दे के भीतर घुस गया। ज्योंही कन्दर्पकलाने अपने यारकी लाशसे आलिङ्गन किया, उसका होठ अपने मुँहमें रखकर चूसने लगी, त्योंही उस मुर्दे में घुसे हुए प्रेतने उस दुष्टाकी नाक काट खाई। इस तरह दुराचारिणी स्त्रीने अपने कुकर्मका फल पाया *। संसारमें जगदीशकी इच्छा बिना एक पत्ता भी नहीं

---

* बहुतसे नई रोशनीवाले बाबू इस घटनाको कल्पित और मन-गढ़न्त समझेंगे। उनके लिए हम ऐसी ही अकचकाने वाली नई घटना, जो ता० २०।२५ जुलाई सन् १९२५ के हिन्दी अखबारोंमें छपी थी, सुनाते हैं। उससे मालूम हो जायगा कि ईश्वरकी लीला कैसी विचित्र है। वह पापियोंको किस तरह दण्ड देता है। भागलपुरमें रहनेवाला एक नाई अपनी पुत्रीको ज़िवा लानेके लिए उसकी सुसरालमें गया। लड़कीको लेकर वह पैदल किसी जङ्गलमें होकर आ रहा था। उसकी पुत्री गर्भवती थी और उसका रूप-लावण्य अपूर्व था। चेहरेसे नूर टपका पड़ता था। पिताकी नीयत पुत्री पर बिगड़ी। उसने पुत्रीकी राजी से या बेराजीसे—पता नहीं—उससे भोग किया। उसकी लिंगेन्द्रिय उसकी पुत्रीकी योनिमें अटक गई। उसने इन्द्रिय निकालनेकी हजारों कोशिशें कीं, मगर वह कामयाब न हुआ। वह दोनों अस्पताल ले

हंसा उड़ गया था, ख़ाली देह लटक रही थी । वह नाना प्रकारकी आशंका करने लगी । वह उसके गले लगनेकी आशासे झुकी, तो उसे मरा हुआ पाया । ज्योंही कन्दर्पकला अपने यारका होठ मुँह में लेकर चूसने लगी, उस मुर्देमें घुसे हुए प्रेतने उस दुष्टाकी नाक काट खाई । [पृष्ठ २४६]

हिलता, इससे मालूम होता है कि जगदीशकी ऐसी ही इच्छा थी कि, उस भ्रष्टा कुलटाको दण्ड मिले, और वह जीवनभर ऐसे कुकर्म करने योग्य न रहे। आगे देखिये क्या-क्या गुल खिलते हैं।

चेहरेकी सुन्दरता नष्ट होने या नाक काटे जाने पर, कन्दर्प-कला उस लाशको वहीं छोड़कर, वहाँसे नौ दो ग्यारह हुई और घर पहुँच कर चुपचाप अपने पतिके पास सो रही। कुछ देर लेटी रहनेके बाद, उसने त्रिया-चरित्र रचना शुरू किया। सोते-सोते मानो अचानक चौंक उठी हो—इस तरहका भाव बनाकर चिल्लाने लगी—"हायरे हाय! इसने मेरी नाक काट ली, कोई दौड़ो, मुझे बचाओ।" इस तरहकी भयानक चीख़ सुनकर घरके लोग दौड़े आये। इस आवाज़को सुनकर बेचारा अनजान गुणनिधि भी जाग उठा। वह आंखें खोल कर क्या देखता है कि, लोग उसे चारों ओरसे घेरे हुए खड़े हैं और क्या हुआ! क्या हुआ! का शोर कर रहे हैं। उसकी अपनी विवाहिता स्त्री कन्दर्प-कला कह रही है—"आप लोग नहीं देखते, इसने मेरी नाक

जाये गये। डाक्टरोंने उन्हें अलग किया। गर्भका बच्चा मर गया, वह भी निकाला गया। क्या किसीने आज तक सुना है कि, पुरुषकी लिंगेन्द्रिय स्त्रीकी योनिमें कभी अटकी हो? ईश्वरको इस महा अधम नाईको सज़ा देनी थी, उसे मुंह दिखाने योग्य न रखना था; इसीसे ऐसी अपूर्व—देखी न सुनी—घटना घटी। ईश्वर पापियों को इसी तरह दण्ड देता है।

काट ली है ? मुझे बचाइये, नहीं तो अब मेरी जान भी नहीं बचेगी, यह मुझे मार डालेगा।" ये बातें सुनकर गुणनिधिके ससुर और दूसरे-दूसरे लोग कहने लगे—"तुमने यह क्या किया ? अफ़सोस ! तुमने इस निरपराधिनीकी नाक वृथा ही काट ली ! इसका क्या अपराध था ?" ये बातें सुनते ही गुणनिधिका चेहरा पीला पड़ गया। वह हक्का-बक्का हो गया। होश-हवास जाते रहे। उसके मुँहसे एक अक्षर भी न निकला। इधर कन्दर्पकला फूट-फूटकर रो रही थी। उसके पिता और चाचा वग़ैरः गुणनिधिसे नाक काटने की वजह पूछ रहे थे। इतनेमें सवेरा हो गया। गुणनिधिके ससुरालवाले कोतवालीमें दौड़े गये; रिपोर्ट लिखाई। पुलिसने आकर गुणनिधिको गिरफ्तार कर लिया। फिर वह राजाके सामने पेश किया गया। राजाने सब तरहसे पूछ-ताछ और गवाही वग़ैरः लेकर गुणनिधिको १ साल की क़ैद और दस हज़ार रुपया जुर्माना किया। गुणनिधिने एक शब्द भी अपनी ज़बानसे नहीं कहा।

यह बात सारे शहरमें फैल गई। हर आदमीके मुँहपर यही चर्चा थी कि नगरसेठके जमाईने अपनी स्त्रीकी नाक काट ली। वह कल ही परदेशसे आया था। न्यायके समय वह चोर, जो रातको कन्दर्पकलाके पीछे लगा था, अदालतमें मौजूद था। उसने देखा कि निरपराध गुणनिधि वृथा मारा जाता है—बेचारेको वृथा इतनी कड़ी सज़ा दी जाती है। उसके दिलमें जोश आया और उसने सारी घटना राजाको कह सुनाई। राजा अपने

इसने मुझ निरपराधिनी की नाक काट ली है। मुझे बचाइये, नहीं तो यह मुझे जान से मार डालेगा। [पृ० ३४८]

राजाने गुणनिधिको दण्ड-मुक्त किया, कन्दर्पकलाको जेलख़ाने भेजा, चोरको कई लाख रुपये इनाम दिये और गुणनिधिको अपना दीवान बनाकर, उसे अपनी कन्या भी ब्याह दी। बुरे को बुरा और भले को भला फल मिला। [पृष्ठ ३४९]

आदमियोंके साथ स्वयं उपवनमें गया। चोरने कन्दर्पकलाके पदचिह्न, अपने छिपनेका स्थान और कन्दर्पके यारकी लाश—ये सब दिखा दिये। साथ ही उस मुर्देके मुँहमेंसे कन्दर्पकलाकी नाक निकालकर दिखा दी और उस लाशपर पड़ी हुई खूनकी बूँदोंपर भी ध्यान दिलाया। सारी घटना राजाकी समझमें आगई। राजाने गुणनिधिको दण्ड-मुक्त किया, कन्दर्पकलाको जेलखाने भेजा, चोरको कई लाख रुपये इनाम दिये और गुणनिधिको अपना दीवान बनाकर, उसे अपनी कन्या ब्याह दी। बुरेको बुरा और भलेको भला फल मिला।

नतीजा इस कहानीका यही है कि, अधिकांश स्त्रियाँ अत्यन्त कुटिल, क्रूरकर्म करनेवाली, लज्जाहीना और चञ्चल मति होती हैं। ये लोग अपने पति, पिता-माता, भाई-बन्धु और अपनी पेटकी औलाद तकसे द्रोह करने और उनका सर्वनाश करनेमें नहीं चूकतीं।

जिस पतिने कन्दर्पकलाकी मुहब्बतमें, उसे खुश करनेमें, कोई बात उठा न रखी; जिस पिताने उसे पालने-पोसने और पढ़ाने-लिखानेमें कोई त्रुटि न की, उसकी शादीमें करोड़ों खर्च कर दिये—उन पिता और पतिकी इज्जतका उसने कुछ भी खयाल न किया। इससे बढ़कर और दौरात्म्य क्या हो सकता है? कुलटा नारी कुलगौरव-हानि, लोकनिन्दा, जेल और फाँसी किसीकी भी परवा नहीं करती। ऐसी नारीसे जगदीश बचावे! कहा है:—

आवर्त्तः संशयानामविनयभवनं पत्तनं साहसानां
दोषाणां सन्निधानं कपटशतगृहं क्षेत्रमप्रत्ययानाम्।

दुर्ग्राह्यम् यन्महद्भिर्नरवरवृषभैः सर्वमायाकरण्डं
स्त्रीयंत्रं केन लोके विषममृतयुतं धर्मनाशाय सृष्टम् ?॥

सन्देहोंका भँवर, अविनयका घर, साहसका नगर, दोषोंका खज़ाना, कपटका शतगृह, अविश्वासका क्षेत्र, बड़े-बड़े नरश्रेष्ठोंके भी क़ाबूमें न आनेवाला, सारी मायाका पोटला—स्त्री-रूपी यन्त्र, जिसमें विष और अमृत दोनों ही हैं, धर्मनाशार्थ, किसने बनाया ?

—❀—

अपसर सखे दूरादस्मात्कटाक्षविषानला—
त्प्रकृतिविषमाद्योषित्सर्पाद्विलासफणाभृतः ॥
इतरफणिना दष्टः शक्यश्चिकित्सितुमौषधै—
श्चतुरवनिताभोगिग्रस्तं त्यजन्तिहि मन्त्रिणः ॥८३॥

हे मित्र ! सहज ही क्रूर, विलास रूपी फणवाले और कटाक्ष-रूपी विषाग्नि धारण करनेवाले स्त्री-रूपी सर्पसे दूर भाग; क्योंकि और सर्पोंका काटा हुआ तो मन्त्र तथा औषधियोंसे अच्छा हो सकता है; पर चतुर स्त्री-रूपी सर्पके डसे हुए को झाड़-फूँक वाले गारुड़ी भी छोड़ भागते हैं ॥८३॥

खुलासा—स्त्री सर्पके समान है। इसका विलास इसका फण और कटाक्ष विषाग्नि है तथा यह स्वभावसे ही सर्पके समान क्रूर या विषैली है। यह स्त्री-सर्प और सर्पों से अधिक भयङ्कर है;

क्योंकि और सर्पोंका खाया हुआ मनुष्य मन्त्र या दवा अथवा झाड़फूँकसे कदाचित अच्छा हो भी जाता है; पर इस सर्पके खाये का तो इलाज ही नहीं। इसका काटा हुआ भी, कालसर्पके काटे हुए की तरह, न खेलता है और न वकरता है।

उस्ताद ज़ौक़ फ़रमाते हैं:—

डसा हो कालेने जिसको काफ़िर
तो वह फ़िसूँके असरसे खेले।
दहानो गेसूका तेरा मारा,
न मुँहसे बोले न सरसे खेले॥

मसल मशहूर है, कालेका काटा हुआ नहीं खेलता—नहीं अच्छा होता। फिर तेरे मुँह और ज़ुल्फ़ोंका काटा हुआ आदमी यदि मुँहसे नहीं बोलता और सरसे नहीं खेलता, तो क्या आश्चर्य है?

महात्मा कबीर भी कहते हैं:—

नागिनके तो दोय फ़न, नारीके फन बीस।
जाकौ डस्यो न फिर जिये, मरिहै बिश्वा बीस॥

कामिनि काली नागिनी, तीन लोक मंझार।
नाम-सनेही ऊबरा, विषिया खाये झार॥

नारी निरखि न देखिये, निरखि न कीजै दौर।
देखत ही तें विष चढ़ै, मन आवे कछु और॥

स्त्री-मात्र नागिन-स्वरूपिणी है। जैसी ही अपनी स्त्री,

वैसी ही पराई। विप तो सभीमें होता है। विषका अपना और पराया क्या ? मनुष्य अपने विषसे भी मरता है और पराये विषसे भी। अपने कुएँमें गिरनेसे भी डूब जाता है और पराये कुएँ में गिरनेसे भी। स्त्रियोंसे सुखकी आशा करना, मृगमरीचिकामें जल पानेकी आशा करनेके समान है। "भामिनी-विलास"-रचयिता पण्डितेन्द्र जगन्नाथ महाराज कहते हैं और सच कहते हैं:—

अलकाः फणिशावतुल्यशीला
नयनान्ता परिपुंखितेपुलीलाः।
चपलोपमिता खलु स्वयं यावत्
लोके सुखसाधनं कथं सा ?

जिसकी अलकावलि साँपके बच्चेके-से स्वभाव वाली है और जिसकी आँखोंके कटाक्ष सपुंख वाणोंकी तरह लीला करनेवाले हैं और जिसकी स्वयं विद्युल्लतासे उपमा दी जाती है, हा ! वह स्त्री इस लोकमें किस तरह सुखदायी हो सकती है ?

सारांश यही है कि, स्त्रियाँ नागिनोंसे भी अधिक भयङ्कर हैं, अत: अपना भला चाहने वालोंको इनसे दूर रहना चाहिये। इनमें सुख नहीं, घोर दु:ख है; अमृत नहीं, हलाहल विष है। सर्पके काटेकी दवा है, पर इनके काटेकी दवा नहीं।

दोहा

मन्त्र-यन्त्र—औषधनते, तजत सर्प विष लाग।
यह क्यों हूँ उतरत नहीं, नारि-नयनको नाग ॥८३॥

सार—स्त्री-रूपी सर्पसे दूर रहो, क्योंकि उसके काटेका इलाज नहीं है।

83. O my friend, keep yourself aloof from a woman who is like a serpent. Both are crooked and cruel by nature and the oblique glances of the woman are like the flames of an arrow and whose gay activities are her hood. Serpent-bite may be cured by medicine, but even the charmers give them up who are bitten by this serpent-like clever woman.

—:—

विस्तारितं मकरकेतनधीवरेण
स्त्रीसंज्ञितं बडिशमत्र भवाम्बुराशौ ॥
तेनाचिरात्तदधरामिषलोलमर्त्य-
मत्स्यान्विकृष्य स पचत्यनुरागवह्नौ ॥८४॥

इस संसार-रूपी समुद्रमें कामदेव-रूपी धीमरने स्त्री-रूपी जाल फैला रक्खा है। इस जालमें वह अधरामिष-लोभी पुरुष-रूपी मछलियोंको, शीघ्रतासे, खींच-खींच कर, अनुराग-रूपी अग्निमें पकाता है ॥८४॥

खुलासा—क्या अच्छा रूपक है? इसमें सागर "संसार-सागर" है। मछली पकड़नेवाला मछुआ या धीमर स्वयं "कामदेव" है। मछली पकड़नेका जाल "स्त्री" है। मछलियाँ "पुरुष"

हैं। उनका चारा, जिसके लोभसे पुरुष-रूपी मछलियाँ जालमें फँसती हैं, "अधरामिष" है। मछलियोंको, भाग जानेके डरसे, शीघ्र ही पका डालने की अग्नि "अनुराग" है।

अजब मज़ेदार मामला है। कामदेव-धीमर वड़ा ही चालाक है। वह पुरुष–रूपी मछलियोंके फँसानेके लिए जाल और चारा प्रभृति सभी सामान लैस रखता है। एक बार फँसकर मछलियाँ निकल न भागें, इसलिये वह आग भी तैयार रखता है। इधर मछली जाल में फँसी और उधर आग पर रखी। ऐसे चालाक धीमरके जालमें फँसकर कौन वच सकता है? तात्पर्य्य यह कि एक बार इश्क़ या प्रेममें फँसने पर, पुरुष निकल नहीं सकता। जब तक जालमें न फँसे, तभी तक ख़ैर है। अतः जो पुरुष कामदेवके जालमें फँसकर प्राण न गँवाना चाहें, वे कामदेवके "स्त्री-जाल" से दूर रहें।

महाकवि कालीदासने स्वयं स्त्रीको व्याध बनाकर और ही तरह रूपक बाँधा है। उनकी उक्तिका भी मज़ा चख लीजिये :—

इयं व्याधायते बाला भूरस्याः कार्मुकायते ।
कटाक्षाश्च शरायन्ते मनो मे हरिणायते ॥

यह नवयौवना बाला मेरे फँसाने या मारनेके लिए व्याध—शिकारी-सी हो रही है। इसकी भौंहें धनुषके समान हैं; यानी यह वाला अपने भौंह रूपी धनुषसे मेरे मनको व्याकुल करती है—अपनी तिरछी नजरोंसे मुझे घायल करे देती है।

बात एक ही है, स्त्रीके सामने जाने, उसे घूरकर देखने और उसकी नज़र-से-नज़र मिलानेसे ही पुरुष मारा जाता है। जो स्त्रीसे दूर रहें अथवा उसे देखकर नीची नज़र कर लें, उससे आँखें न मिलावें, वे बेशक उसके जाल या बाणोंसे बच सकते हैं। जिन्हें अपने कल्याणकी इच्छा हो, वे स्त्रियोंकी छायाके भी पास न जायँ। उनसे दूर रहने से पुरुषको इस लोकमें सुख-सम्पत्ति और मरने पर सद्गति मिलेगी।

दोहा

काम-भील भव-सिन्धुमें, वंसी-नारी डार।
मीन-नरनको गहि पचत, प्रेम-अग्निको वार ॥८४॥

84. The world is like the ocean and Kamdev the fisherman. He has spread the net in the form of woman and catches and burns, in the fire of love, those who are greedy enough to taste the bait in the form of her lips.

—❀—

कामिनीकायकान्तारे कुचपर्वतदुर्गमे।
मा सञ्चर मनः पान्थ तत्रास्ते स्मरतस्करः ॥८५॥

हे मन-रूपी पथिक! कुच-रूपी पर्वतोंमें होकर, दुर्गम कामिनी के शरीर रूपी वनमें न जाना, क्योंकि वहाँ कामदेव-रूपी तस्कर रहता है ॥८५॥

खुलासा—बन और पर्वतों में अक्सर तस्कर या चोर बैठे

रहते हैं, इसलिये बुद्धिमान लोग वैसे बन-पर्वतोंमें नहीं जाते; क्योंकि वहाँ जानेसे धन और प्राणोंके नाशका खटका रहता है। स्त्री-रूपी वनमें भी कुच-रूपी पहाड़ हैं और उनके बीचमें कामदेव-तस्कर छिपा रहता है। जो मूढ़ भूलकर भी स्त्री-रूपी वनमें जाता है, उसके धन और प्राण ख़तरेमें पड़ जाते हैं। सारांश यह कि स्त्रीसे प्रेम करनेवालेकी धन-दौलत, इज्जत-आबरू और प्राण सभी ख़तरेमें रहते हैं। इसलिये धीमानोंको स्त्रीसे सदा दूर रहना चाहिये।

कुण्डलिया

एरे मन मेरे पथिक ! तू न जाहु इहि ओर।
तरुणी तन-वन सघनमें, कुच पर्वत वर जोर।
कुच-पर्वत वर जोर, चोर एक तहाँ वसत है।
करमें लिये कमान, बाण पाँचों वरसत है।
लूट लेत सब साज, पकर कर राखत चेरे।
मूँद नयन अरु कान, भुलान्यौ तू कित एरे ॥८५॥

सार—अपनी कुशल चाहो, तो स्त्रियोंसे दूर रहो।

85. O my traveller-like mind, do not venture to enjoy the body of woman which is like a dense forest, very difficult to pass through, on account of big breasts which are like mountains and where dwells the thief Kamdev (Cupid).

व्यादीर्घेण चलेन वक्रगतिना तेजस्विना भोगिना
नीलाब्जद्युतिनाऽहिना वरमहो दष्टो न तच्चक्षुषा ॥
दष्टे सन्ति चिकित्सका दिशिदिशि प्रायेण धर्मार्थिनो
मुग्धाक्षी क्षणवीक्षितस्य न हि मे वैद्यो न चाप्यौषधम् ॥८६॥

बड़े लम्बे, तेज़ चलनेवाले, टेढ़ी चालवाले, भयंकर फणधारी काले से काटा जाना भला ; पर अत्यन्त विशाल, चञ्चल, टेढ़ी चालवाले, तेजस्वी और नीलकमलकी कान्तिवाले कामिनी के नेत्रोंसे डसा जाना भला नहीं ; क्योंकि सर्पके काटे हुए को बचानेवाले धर्मार्थी मनुष्य सर्वत्र मिलते हैं, पर सुनयना की दृष्टिसे काटे हुए की न कोई दवा है न वैद्य ॥८६॥

खुलासा—साँपके काटेको आराम करने वाले प्राय: सर्वत्र मिलते हैं। वे लोग विना कुछ लिये साँपके काटे आदमीका इलाज करते और खबर सुनते ही नंगे पैरों दौड़े चले आते हैं। उनके सिवा साँपके काटेकी दवा भी जहाँ-तहाँ विकती है। जङ्गलोंमें जड़ी-बूटियाँ भी पाई जाती हैं। इसलिये साँपके काटे हुए आदमी के बचनेकी उम्मीद रहती है; पर स्त्रीके नेत्रों द्वारा काटे हुए आदमीका इलाज करनेवाले और उसकी दवा—दोनों ही नहीं मिलते; इसलिये स्त्रीके काटे हुएका बचना कठिन हो जाता है। अत: प्राणरक्षा चाहनेवालोंको स्त्रीके नेत्रोंसे सदा दूर रहना चाहिये, जिससे कि वे काट न सकें।

छप्पय

महा भयंकर चपल वक्रगति, अरु फणधारी।
डसे कालिया नाग, नहीं कछु विपता भारी।
करें चिकित्सा वैद्य, धर्म-हित देयँ जिवाई।
पै नहिं कोऊ वैद्य, चिकित्सा और उपाई।
जेहि डसत भुजंगिनि-त्रिय चपल, करि कटाक्ष सो नहिं जियत।
यह जानि विदुषजन जगतमें, विषय रूप विष किमि पियत? ॥८६॥

सार—स्त्री-सर्पके काटेका इलाज नहीं है।

86. It is better to be bitten by a snake long, restless, crooked, bright fanged and coloured like blue lotus than to be pierced by the oblique glances of a woman, for there are many virtuous men in every country to cure those that are bitten by snakes but there is neither a physician nor any medicine to cure those who have been glanced for a short while through the eyes of a good-looking woman.

—:—

इह हि मधुरगीतं नृत्यमेतद्रसोऽयं
स्फुरति परिमलोऽसौ स्पर्श एष स्तनानाम्॥
इति हतपरमार्थैरिन्द्रियैर्भ्राम्यमाणो
ह्यहितकरणदक्षैः पञ्चभिर्वञ्चतोऽसि ॥८७॥

यह कैसा मधुर गाना है, यह कैसा उत्तम नाच है, इस पदार्थ का स्वाद कैसा अच्छा है, यह सुगन्ध कैसी मनोहर है, इन स्तनों को छूनेसे कैसा मज़ा आता है! हे मनुष्य! तू इन पाँच विषयोंमें भ्रमता हुआ—परमार्थ-नाशिनी नरकादिकी साधनभूत पाँचों इन्द्रियों से—ठगा गया है ॥८७॥

खुलासा—कान निरन्तर गाना सुनना चाहते हैं, आँखें हमेशा ख़ूबसूरत चीज़ें देखना पसन्द करती हैं, नाक अतर, फुलेल और फूल प्रभृति चाहती है, चमड़ा सुन्दरी षोड़शी बाला के कठोर कुचोंका मर्दन करना चाहता है और रसना—जीभ खट्टे-मीठे पदार्थों का स्वाद लेना चाहती है। कान, नेत्र, नाक, त्वचा और जीभ—इन पाँचों इन्द्रियोंका स्वभाव अपने-अपने विषय—शब्द, रूप, गन्ध, स्पर्श और रसकी ओर जानेका है। बस, ये पाँचों इन्द्रियाँ पुरुषको अपने-अपने विषयोंमें फँसाकर बेकाम कर देती हैं। इनमेंसे एक-एक विषय भी मनुष्यका सर्वनाश कर सकता है। अगर ये पाँचों हों, तब तो कहना ही क्या? सर्वनाशको पञ्जाब मेलकी तरह अत्यन्त शीघ्रतासे पास आया समझिये। सुनिये, एक-एक विषयसे ही प्राणोंका सर्वनाश किस तरह हो जाता है:—

घास और दूब खानेवाला हिरन, बहुत दूर होने पर भी, शिकारीके गीत पर मोहित होकर, प्राण गँवा देता है; यानी एक "कान" नामक इन्द्रियके वश होकर मारा जाता है। अगर हिरनकी श्रवण-इन्द्रिय—कानको शब्द या गान सुनने का चसक

न हो; तो वह क्यों शिकारीके जालमें फँसकर प्राणनाश करावे ?

पर्वतके शिखरके समान आकारवाला और खेलमें ही वृक्षों को उखाड़ फेंकनेवाला महाबलवान हाथी, केवल हथनीकी भोग-लालसासे, शिकारियों के घेरेमें आकर बँध जाता है; यानी एक लिङ्गेन्द्रियके वशीभूत होनेसे, अपनी आज़ादी खोकर, क़ैद हो जाता है।

पतङ्ग दीपक की रमणीय शिखाके रूप पर मुग्ध होकर, उसे आलिङ्गन करनेको, उसके ऊपर बारम्बार गिरता और अन्त में जलबल कर ख़ाक हो जाता है। पतङ्ग केवल एक नेत्र-इन्द्रियके वशीभूत होकर अपने प्राण गँवाता है ।

अगाध जलमें डूबी हुई मछली, चारेके लोभसे, कँटियामें मुँह देकर अपने प्राण गँवाती है; यानी एक जिह्वा—जीभ, इन्द्रियके वशीभूत होकर, मछली अपने प्राण गँवाती है।

भौंरा कमलको कतर सकता है और अपने पङ्खोंसे उड़ भी सकता है; किन्तु वह सुन्दर मनभावन गन्धके लोभसे, कमलमें बन्द होकर, अपने प्राण गँवा बैठता है; यानी अपनी नाक-इन्द्रियके वश होकर, भौंरा अपने प्राण गँवा देता है ।

कहा है :—

> कुरंगमातंगपतङ्गभृङ्गमीनाः हताः पञ्चभिरेव पञ्च ।
> एकः प्रमादी स कथं न हन्यते यः सेवते पञ्चभिरेव पञ्च ॥

जबकि हिरन, हाथी, पतङ्ग, भौंरा और मछली—ये पांचों एक-एक विषयके प्राणी होते हुए, विषयोंमें फँस कर, मौतके

निराले होते हैं; तब मनुष्य, जोकि रूप, रस, गन्ध, शब्द और स्पर्श—पाँचो विषयोंके फेरमें फँसा रहता है, कैसे बेमौत न मरता होगा ? संसारमें बन्धन भी बहुत होते हैं, पर प्रेम-रूपी रस्सीका बन्धन सबसे बुरा है। कड़ी-से-कड़ी बाँसकी गाँठको काट सकनेवाला भौंरा, कमलके फूलमें बन्द होकर, उसकी नर्म पाशको नहीं काट सकता और उसके भीतर बैठा हुआ अपने मनमें यह विचारता है—

> रात्रिर्गमिष्यति भविष्यति सुप्रभातं
> भास्वानुदेष्यति हसिष्यतिपद्मजालं ।
> इत्थं विचिन्तयति कोशगते द्विरेफे
> हा हन्त-हन्त नलिनींगज उज्जहार ॥

जब रातका अन्त होगा और सवेरा होगा, तब सूर्य भगवान उदय होंगे और कमल खिलेगा, उस समय मैं इस कमलके बन्धन से निकल कर इधर-उधर घूमूँगा और दूसरे फूलोंका रस पान करूँगा—भौंरेके ऐसा विचार करते-करते ही, अचानक एक जङ्गली हाथी तालाबके किनारे आता है और तालाबमें घुस भौंरे-समेत कमलके पौधेको खा जाता है। बेचारे भौंरेके विचार उसके मनमें ही रह जाते हैं।

अब पाठक अच्छी तरह समझ गये होंगे कि, एक-एक इन्द्रियके वश होकर ही प्राणी किस तरह मारे जाते हैं; पर जो प्राणी अपनी पाँचों इन्द्रियोंके वशीभूत रहते होंगे, उनकी क्या गति होती होगी। जो मनुष्य मधुर गान सुनते होंगे, सुन्दरी

वाराङ्गनाओंका नाच देखते होंगे, तरह-तरहके स्वादिष्ट भोजन करते होंगे, उत्तमोत्तम इत्र, फुलेल, सेण्ट, ओडीकलन प्रभृति सूँघते होंगे और कठोर कुचोंवाली सुन्दरी तरुणी स्त्रियोंको छाती से लगाते होंगे—वे क्या सर्वनाशसे बच सकेंगे ?

यह जीवात्मा रूपी भौंरा भी, कमलके भौंरेकी तरह, संसार रूपी तालाब और शरीर रूपी कमलमें बैठा हुआ, पंचेन्द्रियोंका सुख लूटता हुआ, उत्तमोत्तम ग्रन्थ पढ़ और महात्माओंके उपदेश सुनकर विचार किया करता है कि, कलसे मैं ईश्वर-भजन करूँगा, परसों या अमुक दिनसे मैं अमुक दान-पुण्य करूँगा। जीवात्मा यह विचार करता ही रहता है और काल-रूपी हाथी अचानक आकर इसे अपने मुखमें धर कर खा जाता है। इस तरह इसके सारे विचार धरे-के-धरे ही रह जाते हैं। इसलिये मनुष्यको अपनी इन्द्रियाँ अपने वशमें करनी चाहियें।

आँख-नाक प्रभृति पाँचो ज्ञानेन्द्रियों और हाथ, पाँव, गुदा, लिङ्ग और मुख—पाँचो कर्मेन्द्रियोंको चलानेवाला एक 'मन' है। 'मन' जिधर चाहता है, ये पाँचो इन्द्रियाँ उधर ही जाती हैं, इसलिये 'मन' दसो इन्द्रियोंका सञ्चालनकर्त्ता है। अब जो प्राणी दुःख और क्लेशोंसे बचना चाहें, जो जगतको अपने वशमें करना चाहें, जो परमात्मा से मिलना चाहें अथवा जो परमपद या मोक्ष चाहें, उनका पहला काम—अपने 'मन और इन्द्रियों' को पूर्णरूपसे अपने वशमें करना है। पर मन बड़ा चञ्चल और तेज चलनेवाला है। इसकी चाल हवा और बिजलीकी चमकसे

भी तेज़ है। इसको वश करना सहज नहीं, क्योंकि इसका स्वभाव ही इन्द्रियोंको विषयोंकी ओर झुकाना है और विषयोंमें फँसे हुए मनुष्यका कहीं ठिकाना नहीं। मनको वश करना कठिन होने पर भी, अभ्याससे वह सहजमें वश हो जाता है। अँगरेज़ीमें एक कहावत है—"Where is a will, there is a way." जहाँ इच्छा होती है, वहाँ राह भी हो जाती है। यदि मनुष्य इस वात पर कटिवद्ध हो जाय, मनको वशमें करनेके लिए कमर कस ले, तो मन अवश्य वशमें हो जायगा। मन वशमें हुआ और मनुष्य देवता हुआ। फिर उसे दुःख क्या ?

मनके सम्बन्धमें गिरिधर कविकी कुण्डलियाँ पाठकोंको सुनाते हैं:—

कुण्डलिया

हे मन ! शब्द स्पर्श जो, रूप पुनः रस गन्ध।
सर्व दुखोंका बीज यह, तू नहिं समझत अन्ध॥
तू नहिं समझत अन्ध, सदा इन्हीं को चाहे।
अपनी हत्थी आप, आपने तन को दाहे॥
कह गिरधर कविराय, जो प्रत्यक आनन्द घन रे।
तिसहि मांहिं रह लीन, सुखी तब होवे मन रे॥

और भी :—

कुण्डलिया

रे मन ! भौतिक वर्ग में, तू महन्त परधान।
तेरे पाछे हैं सबै, देह बुद्धि इन्द्रिय प्रान।

देह बुद्धि इन्द्रिय प्रान, इन्हींमें तू है नायक।
क्रिया तेरे आधीन, मानसी-वाचिक-कायिक॥
कह गिरधर कविराय, होवे तब हीं धनधन रे।
जब निर्विकार हो रहे, सर्वथा इक रस मन रे॥

छप्पय

कान निरन्तर गान-तान, सुनिवोही चाहत।
लोचन चाहत रूप, रैन-दिन रहत सराहत।
नासा अतर सुगन्ध, चहत फूलन की माला।
त्वचा चहत सुख-सेज, संग कोमल-तन बाला।
रसनाहू चाहत रहत, नित खाटे मीठे चरपरे।
इन पंचन या प्रपञ्चसों, भूपनको भिक्षुक करे॥८७॥

सार—अगर मनुष्य नित्य सुख चाहे, तो इन्द्रियोंको विषयोंकी ओर न जाने दे, उन्हें अपने वशमें करे।

87. O men, you have been made to run about cheated by these five senses, which obstruct the way for the other world and are skilful in doing evils. (Ear) :—How sweet is this song; (Eye) How beautiful is this dance; (Taste) How tasteful is this; (Smell) How sweet is this scent; and (Touch) How very pleasing are these breasts to touch.

—❀—

न गम्यो मन्त्राणां न च भवति भैषज्यविषयो
न चापि प्रध्वंसं व्रजति विविधैः शान्तिकशतैः ॥
भ्रमावेशादंगे किमपि विदधद्भंगमसमं
स्मरोऽपस्मारोऽयं भ्रमयति दृशं घूर्णयति च ॥८८॥

जब कामदेव रूपी अपस्मार—मृगी—रोगका, भ्रमके आवेश से, दौरा होता है, तब शरीरमें असह्य वेदना होती है, शरीर दुखता है, मन घूमता है और आँखें चक्कर खाती हैं। यह रोग मन्त्र, औषधि, नाना प्रकारके शान्ति-कर्म और पूजा-पाठ किसी से भी नाश नहीं होता।

खुलासा—अपस्मार या मृगी रोग शोक-चिन्ता प्रभृतिसे होता है। उसके दौरे के समय मनुष्यका ज्ञान नष्ट हो जाता है, नेत्र टेढ़े-तिरछे घूमने लगते हैं, हाथ-पाँवोंका सत्व निकल जाता है और स्मरण-शक्ति नष्ट हो जाती है। कामदेव-रूपी अपस्मार रोग में भी प्रायः ऐसे ही लक्षण होते हैं। कामार्त्त रोगीका मन और नेत्र घूमने लगते हैं। होश-हवाश हवा हो जाते हैं। मुँहसे कहना कुछ चाहता है और निकलता कुछ है। साधारण अपस्मार और कामदेवके अपस्मारमें एक बड़ा भेद है। वह यह कि अपस्मार तो घृत, ब्राह्मी घृत, कूष्माण्ड घृत, स्वल्प पञ्चगव्य घृत और महापञ्चगव्य घृत तथा त्रिफला तैल एवं भूतोंके रोगमें जो झाड़-फूँक मन्त्र-जन्त्र किये जाते हैं, उनसे आराम हो जाता है; पर कामदेव रूपी अपस्मारकी कोई भी औषधि, आज तक किसी ने

नहीं निकाली ; इसलिए भगवान न करे जो किसी को यह रोग हो। जिन्हें इस भयङ्कर प्राणनाशक और परमार्थ-नाशक रोगसे बचना हो, वे कामिनियोंके चञ्चल नेत्रोंसे दूर रहें, क्योंकि स्त्रियों की तेज़ नज़रोंसे बचनेवालोंको यह रोग नहीं होता। यदि कोई उनकी चपेट में आ जाय, उनका विष उस पर चढ़ जाय, तो विषस्य विषमौषधम् अर्थात् विषकी औषधि विष है। उनका विष वे ही उतार सकती हैं। महाकवि कालिदासने अपने "शृङ्गार-तिलक" में कहा भी है :—

दृष्टिं देहि पुनर्बाले ! कमलायतलोचने !
श्रूयते हि पुरालोके विषस्य विषमौषधम् ॥

हे बाले ! हे कमलनयनी ! मेरी ओर फिर अपनी दृष्टि फेंक, क्योंकि सुनते हैं कि विषकी दवा विष है। मुझ पर तेरा ज़हर चढ़ा है, अगर तू ही उतारे तो वह उतर सकता है।

किसीने किसी इश्क़के मरीज़के इलाजके लिये किसी हकीम को बुलाया। हकीम साहब नब्ज़ टटोलने लगे, तो किसी बुद्धि-मान ने कहा :—

जूँ पञ्जशाखा तू न जला उँगलियाँ तबीब।
रख-रखके नब्ज़ आशिक़के तफ़्ता जिगर पै हाथ ॥ ज़ौक़ ॥

हकीम साहब ! क्यों अपने हाथको पञ्ज शाखेकी तरह दिल-जले आशिक़की नब्ज़ पर रख कर वृथा जलाते हो ? इश्क़ का मरीज़ आपकी दवासे आराम न होगा।

दोहा

मन्त्र दवा अरु आपसों, वेदन मिटै न वैद ।
कामवान सों भ्रमत मन, कैसे मिटिहै कैद ? ॥८८॥

सार—साधारण अपस्मार या मृगीरोग का इलाज है; पर कामके अपस्मारका इलाज नहीं है ।

88. This Kamdev (Cupid) like Epilepsy gives much pain due to senselessness, overcasts the mind and rolls the eyes. Neither any charm nor any medicine has any effect on those attacked by it, nor is it cured by various pacifying worships.

—❀—

जात्यन्धाय च दुर्मुखाय च जराजीर्णाखिलांगाय च
ग्रामीणाय च दुष्कुलाय च गलत्कुष्ठाभिभूताय च ॥
यच्छन्तीपु मनोहरं निजवपुर्लक्ष्मीलवश्रद्धया
पण्यस्त्रीपु विवेककल्पलतिकाशस्त्रीपु रज्येत कः ॥८६॥

कुरूप, बुढ़ापे से शिथिल, गँवार, नीच और गलित कुष्ठीको, थोड़ेसे धनकी आशासे, जो अपना सुन्दर शरीर सौंप देती है और जो विवेक रूपी कल्पलता के लिये छुरीके समान है, उस वेश्यासे कौन विद्वान रमण करना चाहेगा ?

वेश्या एकमात्र धनकी दासी है।

वेश्या पैसों को प्यार करती हैं, पुरुषको नहीं। उसे जो पैसा देता, वह उसीकी हो जाती है; चाहे वह भङ्गी, चमार या चाण्डाल ही क्यों न हो। जातिहीन, कुलहीन, जन्मान्ध, कुरूप, बूढ़ा, दुर्बल, काना और गलित कुष्टी भी अगर धनी हो और उसे धन दे, तो वेश्या—बिना किसी तरह के विचार और पशोपेशके—उसके नीचे अपना सोने-सा शरीर बिछा देती है। वेश्या को जवान और बूढ़े, खूबसूरत और बदसूरत, काने और अन्धे, लूले और लँगड़े, निर्बल और सबल; चोर और ठग, जुआरी और शराबी, सदाचारी और कदाचारी, हिन्दू और मुसलमान सब समान हैं। उसको न किसी से मुहब्बत है और न किसीसे परहेज। वह धन देने वाले को चाहती है और न देने वाले से परहेज करती है।

किसी कविने कहा है और बिल्कुल ठीक कहा है:—

> वित्तेन वेत्ति वेश्या स्मरसदृशं कुष्ठिनं जराजीर्णम्।
> वित्तं विनापि वेत्ति स्मरसदृशं कुष्ठिनं जराजीर्णम्॥

पैसेवाले कोढ़ी और जराजीर्ण पुरुष को वेश्या कामदेवके समान सुन्दर समझती है; और बिना पैसे वाले धनहीन को, चाहे वह कामदेव के समान सुन्दर ही क्यों न हो, कोढ़ी और बुढ़ापेसे जीर्ण समझती है।

वेश्या जगत की जूठन, गन्दगी का पिटारा और नरक-कूप है। कौन बुद्धिमान ऐसी वेश्या के नर्म-नर्म ओठों को चूमना और उसे आलिङ्गन करना पसन्द करेगा ?

वेश्यामें और स्त्रियोंसे अधिक मोहन-शक्ति है

यों तो संसार में जितनी स्त्रियां हैं, सभी पुरुषके चित्तको हरने वाली हैं; पर साधारण स्त्रियोंकी अपेक्षा वेश्यामें चञ्चलता बहुत जियादा होती है, इसीसे उसमें पुरुष को मोहित कर लेने की शक्ति भी उनसे हजार गुणी जियादा होती है। वेश्यायें अपने गाने-बजाने का जाल बिछाकर और रूपका चुगा दिखाकर नौजवान पक्षियोंको, सहजमें अपने फन्देमें, फँसा लेती हैं। वेश्याओंकी लपक-झपक, चटक-मटक, नाज़ो-अदा और हाव-भाव तथा नखरों पर उठती जवानीके नातजुरबेकार नौ-जवान फ़िदा होकर, शीघ्र ही फँस जाते और इनके गुलाम हो जाते हैं। जो इनके दास या शिष्य हो जाते हैं, वे फिर किसी के नहीं रहते। उन्हें अपनी घर-गृहस्थी, अपने पूज्यपाद माता-पिता और अर्द्धाङ्गी कहलानेवाली स्त्री तक विषवत् बुरे लगते हैं।

साधारण नवयुवकोंको पागल बनाना तो वेश्याओंके बाँए हाथका खेल है। जब इन्होंने एकान्त वनमें रहनेवाले, वृक्षोंके पत्तों और जल पर गुजारा करनेवाले महान तपस्वी शृङ्गी और

मरीचि तक को अपना चेला बना कर छोड़ा, उनको अपने रूप-जालमें फँसाकर, उनके कठिन परिश्रमसे किये हुए तपको क्षणभर में नष्ट कर दिया ; तब इनके लिये नादान नौजवानोंको फन्देमें फाँसना कितनी बड़ी बात है ? ऐसा शिकार मारनेमें तो इन्हें ज़रा भी कठिनाई नहीं होती।

ये, दिव्य मणिधारी सर्पकी तरह, देखनेमें बड़ी मनोहर होती हैं। ये अपनी रूपच्छटासे पुरुषोंके मनोंको मोह लेतीं, मधुर-मधुर बातोंसे चित्तोंको चुरा लेतीं तथा हाव-भाव और नाजो-अदासे हियेको हर लेती हैं। योद्धाओंके अग्निबाणोंसे चाहे रक्षा हो जाय, पर इनके नयनबाणोंसे किसी का निस्तार नहीं। इनके चञ्चल नेत्र प्रायः सभीके हृदयोंमें चोभ करते हैं। किसी विरली ही सती का सपूत इनके नेत्र-बाणोंसे बचे तो बच सकता है।

वेश्या सच्ची राक्षसी है

वेश्यायें पुरुषका रक्त-मांस खा जानेवाली सच्ची डायन हैं, क्योंकि जो काम डायनोंके सुने जाते हैं, वे ही काम ये करती हैं। डायनें जिसे नज़र-भरकर देख लेती हैं, वह गल-गलकर मरता है और वे उसका कलेजा निकाल कर खा जाती हैं। वेश्यायें भी जिस पर अपने कटाक्षबाण चला देती हैं, वह पगला हो जाता है और फिर वे उसका कलेजा निकाल खाती हैं। वेश्यायें लड़के और नौजवान सबको खा जाती हैं; खासकर धनियोंकी तो

चटनी ही कर जाती हैं। इनसे न राजाकी रक्षा है और न प्रजा की। इनकी झपेटमें जो आ जाता है, ये उसीका करम-कल्याण कर देती हैं। ये देखते ही पुरुषोंको घायल कर देती हैं और पीछे अपनी नजरसे उनके प्राण खींच लेती हैं। सर्पका डसा हुआ आदमी बच भी सकता है, पर इन डायनोंका डसा हुआ नहीं बचता। साँपोंके तो मुँहमें विष रहता है, पर इनके समस्त शरीर में विष रहता है। सर्प मनुष्यके पास आकर डसता है, पर इनका विष तो दूर से ही, इनके देखनेमात्र से ही, चढ़ जाता है। इनके अङ्ग-प्रत्यङ्ग और एक-एक बाल तक में जहर भरा रहता है, इसीसे इनका कोई अङ्ग भी, यदि पुरुषकी नजरोंमें आ जाता है, तो उस पर बुरी तरहसे जहर चढ़ने लगता है। जहर चढ़ने से फिर पुरुषकी खैर नहीं। किसीने कहा है :—

धर्म-कर्म-धन-भक्षिणी, सन्तति-खावनहार।
वेश्या है अति राक्षसी, बुधजन कहत पुकार॥

और भी :—

दर्शनात् हरते चित्तं, स्पर्शनात् हरते बलम्।
मैथुनात् हरते वीर्य्यं, वेश्या प्रत्यक्ष-राक्षसी॥

वेश्या साक्षात राक्षसी है, क्योंकि वह देखनेसे चित्तको, छूने से बलको और मैथुनसे वीर्यको हरती है।

—:—

वेश्याओंके कारण कुल-वधुएँ भ्रष्ट होती हैं

वेश्याओंकी वजहसे श्रेष्ठ कुलवती और पतिपरायणा अवलायें नाना प्रकारके कष्ट भोगती हैं। वेश्याभक्त न अपनी गृहधर्म्मिणियों के पास आते, न उनसे बोलते और न उनका आदर-सम्मान करते हैं। पतिव्रता स्त्रियोंको खानेको अन्न और तन ढाँकनेको कपड़ा भी नसीब नहीं होता ; पर वेश्याओंको, जो अपने पतियों को तज, ससुरकुल एवं पितृकुलको बदनाम कर, वेश्यावृत्ति करती हैं, सब तरहके सुख मिलते हैं। पतिपरायणा नारियोंको मरनेके लिये जहर तक नहीं मिलता, पर वेश्याओंको हजारों-लाखोंके जेवर मिलते हैं। वेश्याभक्तोंकी सती स्त्रियाँ मिहनत-मजदूरी कर के पेट भरती हैं। अनेक कुलाङ्गनायें चरखे कात-कात कर और आटा पीस-पीस कर अपनी शिशु-सन्तानों को पालती हैं। इस तरह नासमझ लोग बड़ा अन्याय करते हैं। उनके अन्याय्य आचरणके फल-स्वरूप इन दुष्टा वेश्याओंकी संख्या दिनों-दिन बढ़ती है; क्योंकि जब धर्म-मार्ग पर चलनेसे भी कुल-वधुओंको अन्न-वस्त्र तक नहीं मिलते, पतिका सुख नसीब नहीं होता, तब वे अन्तसकी अग्नि शान्त न होने और नाना प्रकारके दुःख पाने से दुःखित हो, अपना धर्म त्याग, अधर्म-मार्गका अवलम्बन करतीं और वेश्या हो जाती हैं। इसमें उनका अपराध नहीं; क्योंकि जैसी इन्द्रियाँ मर्दों के होती हैं, वैसी ही इन्द्रियाँ स्त्रियोंके भी होती

हैं। काम मर्दोंको सताता है, तो स्त्रियोंको भी सताता है। जिस चीज़की ख़्वाहिश पुरुषोंको होती है, उसीकी स्त्रियोंको भी होती है। जो पुरुष आप खाते, रण्डियोंको खिलाते, आप मौज करते, वेश्याओंको मौज कराते; किन्तु घरकी स्त्रियोंकी सुध भी नहीं लेते, उनकी स्त्रियाँ उनका मुँह काला करतीं और—उनके जीते जी ही, उनकी बदनामी कराती हैं। वह जैसा करते हैं, वैसा फल भोगते हैं; अतः अपना सुख चाहनेवाले समझदारोंको आगा-पीछा सोच कर, वेश्याओंसे सदा दूर रहना चाहिये।

वेश्या-भक्तोंकी दुर्दशा

नासमझ नादान लोग जब वेश्याओंके कटाक्ष-बाणोंसे घायल होते हैं, तब रात-दिन अष्ट पहर चौंसठ घड़ी उन्हें वही वह दीखती है। वे उन्हें स्वर्गीय देवी समझ, उनकी हर तरह से स्तुति, पूजा और उपासना करते हैं। कोई कहता है—

दिलसे मिटना तेरी अंगुश्त हिनाईका ख़याल।
हो गया गोश्तसे नाखुनका जुदा हो जाना॥

कोई कहता है—

दिल वह क्या, जिसको नहीं तेरी तमन्नाये विसाल।
चश्म वह क्या, जिसको तेरे दीदकी हसरत नहीं॥

इस तरह उनके उपासक और भक्त उनकी स्तुति किया करते हैं। उनकी ज़बानसे बात निकली नहीं कि उनके भक्त उसे फौरन ही पूरी करते हैं। उनकी फ़रमायशें पूरी करने के लिए, उनके सेवक अपनी ज़मीन-जायदाद गिरवी रख देते हैं, अपनी घरकी स्त्रीका जेवर तक उतार कर उनके हवाले कर देते हैं। इतने पर भी, यदि कोई त्रुटि या ग़लती हो जाती है, तो वेश्यायें सख्त नाराज़ी ज़ाहिर करती हैं। उनकी नाराज़ी, वेश्याभक्तोंके लिए, रुद्रके तीसरे नेत्र खुलने या महाप्रलय होनेके समान होती है। वे घबराकर उनके चरणोंमें लोटते और क़दमोंमें नाक रगड़-रगड़ कर माफ़ी माँगते हैं।

जब वेश्यायें देखती हैं कि हमारे उपासकोंके पास धन नहीं रहा, घर-घूरा सब बिक चुका ; तब वे उन्हें जूतियोंसे पिटवाकर अपने घरोंसे निकलवा देती हैं। पर वे बेहया, इतनी बेइज़्ज़ती और ज़िल्लतें उठाने पर भी, उनको छोड़ना नहीं चाहते ; पैरोंमें गिरते हैं, अनेक तरहकी खुशामदें करते हैं, तब उन्हें ये अपने नीचे दर्जेके सेवकोंमें रहने देती हैं। अच्छे-अच्छे ख़ानदानी अमीरोंके लड़कोंसे घरमें झाड़ू लगवातीं, खाना पकवातीं, पीक-दान साफ करवातीं और हुक्के भरवाती हैं। कहाँ तक लिखें, वेश्या-दासोंकी अन्तमें बड़ी मिट्टी ख़राब होती है। भगवान दुश्मनको भी वेश्याके फन्देमें न फँसावें। वेश्या बुरी बला है। यदि वेश्याओंकी पूरी तारीफ़ लिखी जाय, तो एक पोथा हो जाय, इसलिए हम इस विषयको यहीं ख़त्म करते हैं।

वेश्या है अवगुण भरी, सब दोषोंका सिन्धु ।
अल्प दोष वर्णन किये, लखो सिन्धुमें बिन्दु ॥

ऐसी अवगुणोंकी खान, धन-धर्म नसानेवाली, अबलाओं पर अन्याय करनेवाली, कुल-वधुओंको दुष्कर्मोंका पाठ पढ़ानेवाली, बाल-हत्या, पुत्री-हत्या और गोहत्या तक करानेवाली वेश्याको जो देखते, छूते और उससे रमण करते हैं, उनको धिक्कार है! नाचते समय वेश्या स्वयं कहती है :—

जब पूरण पाप के भाण्डे तें,
भगवन्त-कथा न रुचे जिनको ॥
एक गणिका नारी बुलाय लेइँ,
नचवावत हैं दिनको-रनको ॥
मृदंग कहे—'धिक् है ! धिक् है !!'
मंजीर कहें—'किनको किनको ?'
तब हाथ उठायके नारि कहे,
'इनको इनको इनको इनको ॥'

वेश्याकी चालें

वेश्यायें अपने यारोंको रिझाने और नये-नये शिकार फसानेके लिए मन्दिरों, मेलों-तमाशों और तीर्थ-स्थानों तथा बाग़-बग़ीचोंमें जातीं और नाना प्रकारके मनोमोहक वस्त्राभूषण पहनती हैं।

कितनी ही अपने यारोंके इच्छानुसार शृङ्गार करतीं और कहती हैं—"प्यारे! तुम्हारे बिना हमें क्षणभर भी कल नहीं पड़ती। माँ के मारे हमारी नहीं चलती। माँ के नाराज़ होनेके भयसे आपसे रुपया-पैसा लेना पड़ता है; वरना हमारी इच्छा नहीं कि आपसे कुछ लें। आप हमारे सूरज और चाँद हो, आप ही हमारे पानका चूना, बिछौनेकी चादर, हुक्केकी चिलम और थूकने की पीकदानी हो।" नादान लोग इनकी झूठी और मक्कारीकी बातों पर लट्टू होकर, इनको अपनी सच्ची प्रेमिका समझ लेते हैं; पर जहाँदीदा लोग जानते हैं कि वेश्याओंमें प्रीतिका नाम भी नहीं। अगर सूर्य्यमण्डलमें शीतलता हो, चन्द्रमा अग्नि उगलने लगे, विन्ध्याचल समुद्रमें तैरने लगे, तो वेश्यामें प्रीति हो सकती है। आज तक जूए में सत्य, कव्वेमें पवित्रता, सर्प में सहनशीलता, स्त्रियोंमें काम-शान्ति, नपुंसकोंमें धैर्य्य, शराबीमें तत्त्वचिन्ता, राजामें मैत्री और वेश्यामें सतीत्व न किसीने देखा और न सुना। वेश्यागामी कामकन्दलाका नाम पेश करते हैं; पर कामकन्दला वेश्या नहीं, गणिका थी। वेश्या और गणिका में बड़ा भारी भेद है। गणिका वेश्यासे बहुत अच्छी होती है। वेश्या धनके लिये प्रेम प्रकट करके विषयी पुरुषोंको तृप्त करती है। गणिका अनेक प्रकार की विद्याएँ जानती और प्रेम-प्रतीतिको समझती है। वेश्या नीच उपायोंसे कामियोंको ठगती है; पर गणिका उच्च प्रीति-रीति बाँध कर धन हरती है। वेश्या केवल धनकी साथिन होती है; पर गणिका गुण, रूप और विद्वत्ताकी भी ग्राहिणी होती है। लेकिन

आजकल गणिका कहाँ ? जिधर देखो, वेश्या-ही-वेश्या नज़र आती है। सच पूछो तो न गणिका भली और न वेश्या। दोनों से ही पुरुषके रूप, धन और यौवनकी क्षति है; अतः बुद्धिमानों को दोनों से ही बचना चाहिये। भूल कर भी, इनका नाम न लेना चाहिये।

एक राजा और वेश्याकी कहानी

किसी पुराने ज़माने में रणधीर सिंह नामका एक राजा राज्य करता था। वह राजा था तो बड़ा प्रतापी और बलवान, पर कई राजाओंने मिलकर उसे हरा दिया। पराजय होते ही, वह राजधानीसे भाग गया। उसका प्रधान मन्त्री गुणसिन्धु भी उसके साथ हो लिया। दोनों घूमते-घूमते एक और नगरमें पहुँचे। उस नगरमें कामिनी नामकी एक परम सुन्दरी वेश्या रहती थी। उस वेश्याके धन-भाण्डारको देखकर कुबेर भी लजाता था। अपार धन होनेकी वजहसे, वह वेश्या किसी भी अमीरका आदर न करती थी। यद्यपि वह, वेश्या होनेसे, धनाकांक्षिणी और निर्धन-अपमान-कारिणी थी; तथापि उसने दरिद्री रणधीर सिंह का बड़े आदरसे आगत-स्वागत किया। अपने धन-भाण्डार राजा के लिए खोल दिये और भव्य भवन टिकनेके लिये बता दिये। उसकी सेवाके लिए अनेक दास-दासी नियुक्त कर दिये। अपने

ख़ज़ानेकी चावियाँ राजाके हाथोंमें दे दीं और कह दिया कि, यह धन आपहीका है। अपने इच्छानुसार ख़र्च कीजिये; दिलमें ज़रा भी संकोच न कीजिये। राजा रणधीर राज्य-रहित होने पर भी, उस वेश्याका इतना सहज प्रेम देख, मन-ही-मन अत्यन्त प्रसन्न हुआ। उसे प्राणोंसे भी अधिक प्रिय, विश्वासपात्री और सती समझ कर, एक दिन एकान्तमें अपने मन्त्रीसे कहने लगा— "हे प्रधान! यह वेश्या बिना किसी स्वार्थके मेरे साथ इतना प्रेम रखती है। इसने अपना सर्वस्व मुझे सौंप दिया है और व्याहता स्त्री से भी अधिक आज्ञाकारिणी है। यह सब देखकर मुझे बड़ा आश्चर्य होता है। समझमें नहीं आता, इसकी क्या वजह है। सभी जानते हैं कि वेश्याएँ किसीके साथ प्रीति नहीं करतीं। इनका प्रेम एकमात्र धनके साथ होता है और ख़ूब धन पाने पर भी ये किसी की नहीं होतीं; परन्तु यहाँ तो सब उल्टा ही दीखता है। यह सती और अविचल प्रेमवती है, इसमें मुझे ज़रा भी शक नहीं होता।" गुणसिन्धु अपने मालिककी आज़ादी को रण्डीकी बातों की धारामें बहती देख, दिल्लगी करता हुआ, कहने लगा— 'राजन! वेश्याका विश्वास विश्वमें कौन करता है? कागा जती नहीं होता और वेश्या सती नहीं होती। यह बात विश्वास-योग्य नहीं। यह किसीको प्यार नहीं करती। इसका एकमात्र प्यारा रुपया है। यह अपने वचनको कभी पूरा नहीं करती। यह कभी किसीसे नेह-निर्वाह नहीं करती। झूठ बोलना इसका नियमऔर व्रत है। इसके मनकी बात, इसके संकल्प और इसकी महत

कामनाको सहजमें ही कोई जान नहीं सकता। यह आपका अत्यन्त आदर करती है। आपके साथ अटल प्रेम प्रकट करती है; पर यह सुख क्षणिक है। मतिहीन लोग वेश्याके बुरे विचारों को न जानकर, उसकी ऊपरी बातों पर मर-मिटते हैं। वह ऊपर से अमृत है, पर भीतरसे हलाहल विष है। वेश्या—आशाकी तरह, आरम्भमें अतिशय आनन्ददायिनी होती है, परन्तु अन्तमें अमित दुःखसे पददलित कर छोड़ती है। हरि और हर प्रभृति देवता भी वेश्या और मायाके सच्चे स्वरूपको नहीं जानते; तब आदमी बेचारा किस खेतकी मूली है?"

राजा पर मन्त्रीकी उपरोक्त बातोंका बड़ा असर हुआ। उनके दिलमें तरह-तरहके विचार उठने लगे। उन्होंने वेश्याकी प्रीतिकी परीक्षा लेनेकी ठानी। वह एक दिन साँस चढ़ा कर मुर्दा हो गये। राजाकी अन्त्येष्टि क्रिया करनेके लिये लोग उन्हें श्मशान पर ले गये। वेश्या भी सफेद कपड़े पहन कर, सती होनेके लिए, चिता के पास पहुँची। वह ज्योंही चितामें गिरने लगी, त्योंही राजाने चितासे उठकर उसका हाथ पकड़ लिया और कहा—"प्यारी! सच्ची सती! ठहर! ठहर! मैं जिन्दा हूँ।"

उस दिनसे राजा रणधीर सिंह उस वेश्याके एकदम गुलाम हो गये। उन्हें मन्त्री पर बड़ा क्रोध आया। वे उसे मूर्ख समझने लगे। अब राजाके दिन फिरने और मन्त्रीकी बात सच्ची होनेका समय आया। राजाने वेश्याकी अपार सम्पत्ति खर्च करके, कई लाख पैदल, पचास हजार सवार और दस हजार हाथी वगैर:

अपने हाथमें कर लिये। उस सेनाको लेकर उन्होंने अपने शत्रु पर चढ़ाई की और उसे पराजित कर अपना राज्य ले लिया। वेश्या पटरानी बनाई गई। सब रानियोंसे अधिक उसका मान होने लगा।

एक रोज राजाको बहुत ही प्रसन्न देखकर वेश्याने कहा—"महाराज ! मैंने आपके साथ जो भलाई की है, उसे आप यावज्जीवन नहीं भूलेंगे। क्या आप, उसके बदलेमें, मेरी भी एक मनोकामना पूरी करेंगे?" राजाने कहा—"प्यारी ! तू जो कहे मैं वही करनेको तैयार हूँ।" वेश्याने कहा—"महाराज ! मेरा एक प्राणाधार, परम प्यारा, नयनोंका तारा है। वह निरपराध, चोर समझा जाकर, विदर्भ नगरमें पकड़ा गया और आज तक जेलमें बन्द है। आप उसे कठिन कारागारसे छुड़ाकर, दासीको कृतार्थ कीजिये।"

वेश्याकी उपरोक्त बात सुनते ही राजाके होश-हवास जाते रहे। अक्ल हवा हो गई, सन्नाटा छा गया, वे ठगे-से हो गये। वे इकटक वेश्याके मुँहकी तरफ़ देखने लगे। कुम्हलाये हुए कमलके फूलकी तरह, उनका सिर नीचेको झुक गया। इस समय उन्हें मन्त्रीकी बातें याद आईं। उनके दिलमें, समुद्रकी लहरोंकी तरह, एक-पर-एक संकल्प उठने लगे। बड़ी देरके बाद वह बोले:—

"प्यारी ! सुख-दुःखकी साथन ! तुझे आज क्या हो गया है? क्या तूने आज शराब पी ली है? तू आज ऐसी बेहूदी बातें क्यों कर रही है?" राजाने बहुत तरहसे समझाया, पर वह अपनी

बातसे ज़रा भी न डिगी। उसने कहा—"महाराज ! आप बहुत भोले हैं। जगत में बिना स्वार्थके कोई भी मुहब्बत नहीं करता, जिसमें हमारा तो स्वार्थपरायण व्यवहार जगतमें प्रसिद्ध है। अगर आपको मेरे उपकारका लेशमात्र भी ध्यान है और आपके चित्तपर कृतज्ञताका ज़रा भी संस्कार है, तो आप मेरी इस प्रार्थना को स्वीकार कीजिये।" लाचार, राजाने सेना भेजकर विदर्भ नगरको फ़तह किया और उस वेश्याके यारको जेलसे छुड़ाकर उसके हवाले किया।

बुद्धिमानो ! वेश्यासे सदा सावधान रहो। वह तुमसे प्रेम रखती है, तुम्हें चाहती है, ऐसा कभी मत समझो। अगर ऐसा समझोगे, तो धोखा खाओगे। वेश्या यारसे बातें करती है; पर उसका मन और जगह रहता है। वेश्या अपना तन हर किसीको सौंप देती है, पर मन किसीको नहीं सौंपती। वह क्षण-क्षणमें नई-नई बातें कहती है। एक शब्द दूसरेके प्रतिकूल कहना तो उसका कर्त्तव्य है। बातोंका लौटफेर और फ़रेबका ढेर सदा उसके पास मौजूद रहता है। वेश्या झूठकी पुतली है। उसे यथार्थ रूपसे कोई भी जान नहीं सकता। वेश्या पाँच तरहके यार रखती है—(१) एककी तो वह तारीफ़ ही किया करती है, (२) दूसरेका धन लूटती है, (३) तीसरेसे सेवा कराती है, (४) चौथेको अपनी रक्षाके लिये रखती है, और (५) पाँचवेंकी सदा मसखरी किया करती है। वेश्या किसीसे भी प्रीति नहीं करती। जो नर वेश्याके बन्धनमें फँस जाता है, उसकी मुक्ति त्रिकालमें भी नहीं होती।

उसका सत्यानाश हो जाता है। सुख-शान्ति उससे किनारा कर जाते हैं। कुटुम्ब-परिवार वाले उसे धिक्कारते हैं। वेश्यागामी इस लोक और परलोकमें अनेक तरहके कष्ट और क्लेश भोगता हुआ, चौरासी लक्ष योनियोंमें भ्रमता रहता है। जिस तरह साँप अपनी पुरानी कैंचलीको त्याग देता है; उसी तरह वेश्या अपने करोड़-पति यारको भी निर्धन होते ही, जूते मारकर निकाल देती है। इसलिये जिन्हें संसारमें सुख भोगना हो, वे वेश्याके नज़दीक न जावें।

किसीने क्या खूब कहा है:—

गाना न० १

रण्डी नहीं किसी की यार, ओ घर-बार लुटाने वाले।
तीखे नयन चलाने वाले, रण्डी नहीं किसी की यार॥
इनका झूठा है जंजाल, इनका खोटा है व्यवहार।
इसमें नफा नहीं है यार, ओ घर-बार लुटाने वाले॥
इनके नख़रे इनकी चाल, इनके चिकने-चिकने गाल।
इनके लम्बे-लम्बे बाल, आफ़त करने वाले॥
रण्डी नहीं किसी की यार, ओ घर-बार लुटाने वाले।
इनकी सुहबत, इनकी बातोंमें मत आना॥
इनपर दिलको मत ललचाना, इनकी सुहबतसे घबराना।
आफ़त आ जाय जाने वाले।
रण्डी नहीं किसी की यार।
ओ घर-बार लुटाने वाले॥

जब तब पैसा तबतक रण्डी।

जबतक बिलसे तबतक मण्डी।

वह तो खा खा हुई मुष्टण्डी।

तुम पर आने लगे तमाले।

जब से रुक गई घरकी मोरी।

माँगो भीख करो या चोरी।

अब तो हवा जेल की खा ले।

रण्डी नहीं किसी की यार।

ओ घर-बार लुटाने वाले॥

गाना न० २

पहले तो घरमें दाम बिछाती हैं रण्डियाँ।

बे-दाने मुर्ग़-दिलको, फँसाती हैं रण्डियाँ॥

करके सिंगार शामको, आ बैठीं बाम पर।

करती हैं फिर इशारा, वह मक्कार बेख़तर।

देखा कि मालदार कोई आता है इधर।

फौरन किया सलाम; फिर उसने झुकाके सर॥

किस ढबसे तुम्हें चालमें, लाती हैं रण्डियाँ।

बे-दाने मुर्ग़-दिलको, फँसाती हैं रण्डियाँ॥

दाम = जाल। बाम = छत; अटारी। बे दाने = बिना चारेके। मुर्ग-दिल = यहाँ दिलको मुर्ग पक्षी कहा है।

लेकर सलाम हो गये, गैंडासे फूलकर ।
कोठे पै उसके चढ़ गये, सोचा न कुछ मगर ॥
तकिया लगाके बैठ गये, सीना तानकर ।
रण्डीने देखते ही, करी माल पर नज़र ॥
हँस-हँसके नाज़-नख़रे, दिखाती हैं रण्डियाँ ।
बे-दाने मुर्ग़-दिलको, फँसाती हैं रण्डियाँ ॥

गर्दनमें हाथ डाल, बोली वह सीमबर—
"पहलूमें लेके सोइये, मुझे कलको रातभर ॥
दोनों मज़े उड़ायेंगे, वल्लाह ता-सहर ।"
फिर नायकाजी बोलीं, कि जल्दी शिकार कर ॥
बातें बना-बनाके, लुभाती हैं रण्डियाँ ।
बे-दाने मुर्ग़-दिलको, फँसाती हैं रण्डियाँ ॥

मक्कार नायकाकी, तो सुन लीजिये दास्तान ।
जल्दीसे जाके अपना, उठा लाई पानदान ॥
बोली—"तम्बाकू, छालियाँ, मँगा दीजियेगा पान ।"
रण्डी बोली—"हाँ, अभी आता है मेरी जान !"
पहला सवाल तुमको, सुनाती हैं रण्डियाँ ।
बे-दाने मुर्ग़-दिलको, फँसाती हैं रण्डियाँ ॥

गैंडा = एक भयंकर मोटा जङ्गली जानवर । सीना = छाती । सीमबर = चन्द्रवदनी; चाँदी जैसी गोरी । पहलू = बगल । ता = तक । सहर = सवेरा । दास्तान = कहानी । छालियाँ = सुपारी ।

जेबोंमें लगी देखने, वह हाथ डालकर।
मुट्ठीमें भरके लाई, कुछ थोड़ा-सा मालोज़र॥
उस्तादजी से बोली—"ज़रा आइयो इधर।
कत्था तम्बाकू छालियाँ, इन्हें लादे जल्दतर॥"
फौरन ही फिर तो, पान खिलाती हैं रण्डियाँ।
बे-दाने मुर्ग़-दिलको, फँसाती हैं रण्डियाँ॥

चिल्लाके बोली नायका—"यहाँ होते जाइये।
रवड़ी और दूध थोड़ा-सा, हलवा भी लाइये॥
दो पैसेकी अफयून भी, तुम खाते आइयो।
सदका गई उस्ताद, ज़रा जल्दी आइयो॥"
थोड़ा-ही-थोड़ा करके, मँगाती हैं रण्डियाँ।
बे-दाने मुर्ग़-दिलको, फँसाती हैं रण्डियाँ॥

जब सेठजीका हो गया थोड़ा-सा ख़र्च माल।
रण्डी ने फिर दी उन्हें, फौरन ही एक चाल॥
गद्दी बनाके रख लिया, एक म्यानीमें रूमाल।
बोली कि छोड़ दो मुझे, इस वक्त है ग़ैर हाल॥
अय्यामका बहाना बनाती हैं रण्डियाँ।
बे-दाने मुर्ग़-दिलको फँसाती हैं रण्डियाँ॥

अफयून = अफीम। सदका गई = बलायें लूँ; कुर्बान हूँ। मालोज़र = रुपया-पैसा। म्यानी = गुप्त अङ्ग। औरतें रजस्वला होनेके समय उस अङ्गमें कपड़ा रख लेती हैं, ताकि खून-हैज़से धोती ख़राब न हो।

फिर नायकाजी बोलीं—"अजी सेठजी जनाब !
बनियेका और सुनारका देना है कुछ हिसाब ॥"
रण्डी ठसक्के बोली—"नहीं देते हो जवाब ?"
घबराके बोले सेठजी—"बुलवाइये शिताब ॥"
अब घरमें उनके आग लगाती हैं रण्डियाँ।
बे-दाने मुर्ग़-दिल को फँसाती हैं रण्डियाँ ॥

बनियेका और सुनारका जब दे चुके हिसाब।
फिर सेठजी पै और हुआ, एक नया इताब ॥
"जोड़ा बनाके लाइये, जल्दीसे लाजवाब।
फिर कौन है तुम्हारे सिवा, लूटे जो शबाब ?"
हर रोज़ ताज़ा फ़िक़रा, बनाती हैं रण्डियाँ।
बे-दाने मुर्ग़-दिलको फँसाती हैं रण्डियाँ ॥

जोड़ेका नाम सुनते ही, बाज़ारमें जाकर।
कपड़ा लिया और लाये वह दरज़ीको बुलाकर ॥
कहने लगे—"सो दो इसे, जल्दी सज.कर।"
रण्डीसे कहा—"पहन लो, ऐ जान ! पहले नहाकर ॥"
इस शब फिर उसे, पास सुलाती हैं रण्डियाँ।
बे-दाने मुर्ग़ दिलको फँसाती हैं रण्डियाँ ॥

शिताब = जल्दी । इताब = हुक्म । लाजवाब = बेजोड़, अद्वितीय।
शबाब = जवानी का मज़ा । शब = रात ।

शब-भर तो मज़ा सेठजी ने खूब उड़ाया।
रण्डीने सेहर होते ही एक फ़िक़रा बनाया॥
ऐसा कोई मर्द नहीं आज तक आया।
रग-रगमें मेरे दर्द था तुमने मिटाया॥
बे-परकी देखो कैसी उड़ाती हैं रण्डियाँ।
बे-दाने मुर्ग़-दिलको फँसाती हैं रण्डियाँ॥

ये सुनते ही फिर सेठजी फूले न समाये।
घरमें था जो कुछ मालोज़र सारा ही ले आये॥
गुलछर्रे कई रोज़ तक खूब उड़ाये।
जब कुछ न रहा पास तो फिर फ़ाक़ोंपर आये॥
अब लुच्चा बेईमान बताती हैं रण्डियाँ।
बे-दाने मुर्ग़-दिलको फँसाती हैं रण्डियाँ॥

रण्डीने मूँड़-मोँड़के जब घरसे निकाला।
आँखें जो खुलीं फिर, तो नज़र आया उजाला॥
जो कहता था बहनोई वह कहता नहीं साला।
जब कुछ न रहा पास तो जपने लगे माला॥
लो इस तरह हज़ामत बनाती हैं रण्डियाँ।
बे-दाने मुर्ग़-दिलको फँसाती हैं रण्डियाँ॥

शबभर = रात भर। सेहर होते ही = सवेरा होते ही। रग-रग = नस-नस। बेपर = बिना सिर पैर की। फ़ाक़ों पर आये = उपवास करने लगे, भूखों मरने लगे।

इकतरफ़ा और ग़ज़ब, फ़लक़-पीरने डाला।
गरमी जो हुई, फिरते हैं पकड़े हुए आला॥
जुज़ बहुत नहीं और कोई पूछनेवाला।
फिर नीमकी टहनी से पड़ा उनके पाला॥
दोज़ख़का मज़ा अब तो चखाती हैं रण्डियाँ।
बे-दाने मुर्ग़-दिलको फँसाती हैं रण्डियाँ

जिस कमरे पै होती थी बहुत आपकी इज़्ज़त।
अब कोई नहीं पूछता यह हो गई हालत।
बेज़ार हैं सूरत से ग़ज़ब हो गई नफ़रत।
भड़वोंका इशारा है, कहाँकी है ये मिल्लत॥
किस ज़िल्लतो ख़्वारीसे उठाती हैं रण्डियाँ।
बे-दाने मुर्ग़-दिलको फँसाती हैं रण्डियाँ॥

अब भी तुम्हें कुछ शर्म मियाँ सेठजी! आई।
जब घरमें गये जूतों से मारे है लुगाई॥
लो मुफ़्तमें रुसवा हुई, ज़िल्लत भी उठाई।
न माँ है वफादार, न फ़रज़न्द न भाई॥
जूतों पै जो बैठें तो उठाती हैं रण्डियाँ।
बे-दाने मुर्ग़ दिलको फँसाती हैं रण्डियाँ॥

ग़ज़ब = आफ़त। फलक = आसमान। पीर = देवता। गरमी = आतशक, उपदंश। आला = शिश्न, लिंगेन्द्रिय। दोजख = नरक। रुसवा = बदनामी। फरजन्द = बेटा।

तरह हुए इश्क़ने फिर आके सताया।
जा करके लबे बाम यह रो-रोके सुनाया॥
जो माल कि था पास मेरे, मैंने लुटाया।
अब रख लो मुलाज़िम, तो रहे आपका साया॥
क्या रंग ज़मानेका दिखाती हैं रण्डियाँ।
वे-दाने मुर्ग़-दिलको फँसाती हैं रण्डियाँ॥

"शहबाज़" क़लम रोक अब आगे न बढ़ाना।
इतना ये बहुत है जो तेरे कहनेको माना॥
रण्डीसे वफ़ा कब है? यह जानता है ज़माना।
इस शब वह होती हामिला, लिख उसका ज़माना॥
इसको नवाँ महीना, बनाती हैं रण्डियाँ।
वे-दाने मुर्ग़-दिलको फँसाती हैं रण्डियाँ॥

लो और सुनो सेठकी क़िस्मतकी बुराई।
रण्डीके जो लड़की हुई वह किसकी कहलाई॥
हरेक ने फिर उनकी तरफ़, उँगली उठाई।
रण्डीकी जो लड़की है इन्हीं की तो है जाई॥
अब रिश्तेदार तुमको बनाती हैं रण्डियाँ।
वे-दाने मुर्ग़-दिलको फँसाती हैं रण्डियाँ॥

तरह हुए = दूर हुए। इश्क़ = प्रेम। मुलाज़िम = नौकर। साया = छाया। शहबाज़ = कविका नाम है, जिसने यह कविता बनाई है। वफा = भलाई। हामिला = गर्भवती। ज़माना = दुनिया।

रण्डीने छठी नहाके लो फिर रात जगाई।
हर भड़वा हरेक रण्डी हरेक नायका आई॥
बोली कि मुबारक हो यह दौलत तूने पाई।
सदक़े तेरी बच्ची, यह खिलायेगी कमाई॥

लो नुत्फ़ा नातहक़ीक़, कहाती हैं रंडियाँ।
बे-दाने मुर्ग़-दिलको फँसाती हैं रंडियाँ॥

इन सेठके लड़केने उधर होश सँभाला।
लड़कीने जवान होते ही जोबनको निकाला॥
शैतानने इन दोनोंको फिर बोखला डाला।
लड़केने सेठकी उसी लड़कीको सँभाला॥

भाई-बहनको पास सुलाती हैं रंडियाँ।
बे-दाने मुर्ग़-दिलको फँसाती हैं रंडियाँ॥

शैतानकी शागिर्द हैं ज़रियते शैतान।
लाहौल नहीं पढ़ते किधर है तुम्हारा ध्यान?

रात जगाई = रतजगा किया। मुबारक हो = फलो फूलो; बधाई है। सदके = बलैया लूँ; कुर्बान होऊँ। नुत्फा नातहक़ीक़ = जिसके बीजका पता न हो। बोखला डाला = पागल बनाया; गुमराह किया। शैतान = खुदाका मुख़ालिफ़, जो लोगोंको बुरी राह पर चलनेको बहकाता है। ज़रियते शैतान = शैतानकी औलाद। लाहौल = नफ़रतका कलमा।

दौलत भी गई मुफ़्तमें खोया गया ईमान।
गर लाख रुपये दीजिये तो क्या इनपर है ऐहसान !
और अपना ही ऐहसान जताती हैं रंडियाँ।
वे-दाने मुर्ग़-दिलको फँसाती हैं रंडियाँ॥

छप्पय

जातिहीन, कुलहीन, अन्ध, कुत्सित कुरूप नर।
जरा-ग्रसित कृशगात, गलितकुष्ठी अरु पांडर॥
ऐसेहू धनवान होय, तो आदर वाकौ।
अपनो गात बिकाय, लेत रस सर्वस ताको॥
गनिका विवेक-बेलकों, कदन करनवारी।
निरखि बच रहे कुलवन्त नर, रचत पचत मूरख हरषि॥८९॥

89. What sensible man would like to have sexual intercourse with those prostitutes who give away their beautiful bodies for the sake of a little wealth even to those who are born blind, are ugly, are inactive due to old age, are foolish, are of low caste and are suffering from leprosy. These prostitutes are like knives to cut the creeper of reasoning.

वेश्याऽसौ मदनज्वाला रूपेन्धनसमेधिता ।
कामिभिर्यत्र हूयन्ते यौवनानि धनानि च ॥९०॥

यह वेश्या सुन्दरता रूपी ईंधनसे जलती हुई प्रचण्ड कामाग्नि है। कामी पुरुष इस अग्नि में अपने यौवन और धनकी आहुति देते हैं ॥९०॥

खुलासा—वेश्या तेज़ आगके समान है। जिस तरह आग लकड़ियोंसे जलती है, उसी तरह वेश्या-रूपी अग्नि वेश्याके रूप-रूपी ईंधनसे जलती है। जिस तरह होमकी अग्निमें घृत, चावल और तिल प्रभृतिकी आहुति दी जाती है; उसी तरह वेश्याग्निमें कामी लोग अपनी जवानी और धन की आहुति देते हैं। होमकी अग्निमें घृत, चावल प्रभृति जिस तरह जल कर राख हो जाते हैं; उसी तरह वेश्या-रूपी अग्निमें, कामियोंके रूप, यौवन और धनकी राख हो जाती है। सारांश यह कि वेश्यासे प्रीति करनेवालोंके रूप, यौवन और धन क़तई नाश हो जाते हैं। रण्डीबाज़ी करने वाले अनेकों करोड़पति ख़ाकपति और दर-दरके भिखारी हो गये। अतः बुद्धिमानोंको इस वेश्या-रूपी भयङ्कर अग्नि से सदा दूर रहना चाहिये; क्योंकि जिस तरह अग्निमें गिरनेवाला सर्वथा भस्म हो जाता है, उसी तरह वेश्या-रूपी अग्निमें गिरने वाला भी सर्वथा भस्म हो जाता है; क्योकि रूप-यौवन तो चन्द रोज़में ही स्वाहा हो जाते हैं। जब तक धन रहता है, वेश्या प्यार (झूठा दिखावटी प्यार) करती है। कामी धनहीन हुआ कि वेश्या

ने उसे घरसे धक्के देकर या जूतियाँ लगवा कर निकाला। जब कामी इस दुर्गतिको पहुँच जाता है, तब वह या तो विष प्रभृति खाकर या गलेमें फाँसी लगा कर मर जाता है अथवा चोरी वग़ैर: करनेसे पकड़ा जाकर जेलमें ठूँस दिया जाता है। वहाँ वह दु:ख पाकर मर जाता है। अगर जेलकी अवधि पूरी करके चला भी आता है, तो फिर वेश्याके लिये धन देनेको चोरी प्रभृति करता है या किसीकी हत्या करके, उसका धन हथियाने की चेष्टामें पकड़ा जाकर, फाँसी पर लटका दिया जाता है।

दोहा

गनिका कनिका अगिन की, रूप समिध मज़बूत।
होम करत कामी पुरुष, धन यौवन आहूत ॥९०॥

सार—वेश्या धन और प्राणोंके नाश करनेवाली भयङ्कर अग्नि है।

90. The prostitutes are the flames of passion burning with the fuel of beauty. Lustful men throw into that fire their wealth and health.

—o—

कश्चुम्बति कुलपुरुषो वेश्याधरपल्लवं मनोज्ञमपि।
चारभटचौरचेटकनटविटनिष्ठीवनशरावम् ॥९१॥

वेश्याका अधर-पल्लव (ओठ) यद्यपि अतीव मनोहर है; किन्तु वह जासूस, सिपाही, चोर, नट, दास, नीच और जारोंके थूकनेका ठीकरा है। इसलिये कौन कुलीन पुरुष उसे चूमना चाहेगा? ॥९१॥

खुलासा—सुन्दरी वेश्याके होठ निश्चय ही बड़े मनोहर होते हैं, परन्तु उसके सुन्दर होठोंको चोर, बदमाश, गुण्डे, गुलाम, डाकू और साँड़ प्रभृति महानीच चूमते और चूसते हैं, इसलिये वह महाअपवित्र और गन्दे हो जाते हैं। ऐसे गन्दे और नापाक ओठोंको कौन प्रतिष्ठित और ऊँचे कुल का पुरुष चूमना चाहता है? अर्थात् उसे नीच लोग ही चूमना चाहते हैं; कुलीन पुरुष उस नीचोंके थूकनेके ठीकरेसे अपनी जीभ लगा कर उसे गन्दी नहीं करते।

पहले लिख आये हैं कि वेश्या पैसेकी गुलाम है, उसे पैसे से प्रेम है। वह रूप, यौवन, गुण, विद्या और उत्तम वंश प्रभृति को नहीं देखती। उसे यदि भङ्गी और चमार धन दें, तो वह उन्हींकी हो जाती है। उसके सुन्दर ओठोंको वही चूमते-चाटते और उसके शरीरको गन्दा करते हैं। जिसे कुछ भी पवित्रता-अपवित्रताका ध्यान है, जिसने उच्च कुल और उत्तम वर्णमें जन्म लिया है, वह वैसी गन्दगीकी खानसे नेह लगाकर, क्यों अपनी आत्माको कलुषित करेगा? वेश्या नीच पापियोंके योग्य है, अतः नीच लोग ही उसके पास जायँगे। भङ्गी और चमारोंका काम भङ्गी-चमार ही करेंगे; ब्राह्मण, क्षत्रिय और वैश्य उनके कामोंको हरगिज न करेंगे।

सोरठा

गनिकाके मृदु ओठ, को कुलीन चुम्बन करै ?
नट, भट, विट, ठग, गोठ, पीकपात्र है सबनको ॥९१॥

सार—वेश्याएँ महा अधम और पापियोंके द्वारा भोगी जाती हैं, अतः वे श्रेष्ठ कुलोत्पन्न पुरुषोंके योग्य नहीं।

91. Though the leaf-like lips of a prostitute are beautiful, yet what respectable person would kiss that which is the pot where cheats, rogues, rusties, thieves and knaves throw their saliva.

—०—

धन्यास्त एव चपलायतलोचनानां
तारुण्यदर्पघनपीनपयोधराणाम् ॥
क्षामोदरोपरिलसत्त्रिवलीलतानां
दृष्ट्वाऽऽकृतिं विकृतिमेति मनो न येषाम् ॥९२॥

चञ्चल और बड़ी-बड़ी आँखों वाली, यौवनके अभिमानसे पूर्ण, दृढ़ और पुष्ट स्तनों वाली एवं क्षीण उदर-भाग पर त्रिवलीसे सुशोभित युवती स्त्रियोंकी सूरत देखकर, जिन पुरुषोंके मनमें विकार उत्पन्न नहीं होता, वे पुरुष धन्य हैं।

खुलासा—बड़ी-बड़ी चञ्चल आँखों वाली, नारङ्गियोंके समान गोल और कठोर स्तनों वाली तथा पेटके अधोभाग पर तीन

रेखाओं वाली जवान स्त्री को देखकर किसी विरले ही माईके लाल के मनमें अनुराग उत्पन्न नहीं होता। जिसके मनमें ऐसी सुन्दरी को देखकर उथल-पुथल नहीं मचती, जिसका मन ऐसी नारीको देखकर विचलित नहीं होता, वह पुरुष निश्चय ही क़ाबिल-तारीफ़ है। उसने संसारको जीत लिया है। उससे बढ़कर और शूरवीर नहीं। वह चेष्टा करनेसे सहजमें परमपद पा सकता है। जिसका मन ऐसी सुन्दरी पर नहीं चलता, उसका मन और किसी भी संसारी पदार्थ पर चल नहीं सकता। जिसे ऐसी तरुणीसे विराग है, उसे संसारसे विराग है। जिसे ऐसी नारीसे विरक्ति है, वह निश्चय ही महात्मा है। किसीने ठीक ही कहा है:—

सानुरागां स्त्रियं दृष्ट्वा, मृत्युम् वा समुपस्थितम्।
अविकलमनाः स्वस्थो, मुक्त एव महाशयः॥

अनुराग-पूर्ण स्त्री और मौतको सामने देखकर भी, जिसका मन व्याकुल नहीं होता, वह महाशय मुक्त-रूप है।

दोहा

छीण लंक अरु पीन कुच, लखि तियके दृगतीर।
जे अधीर नहिं करत मन, धन्य-धन्य ते धीर॥९२॥

सार—परम रूपवती नवीना नारी पर जिसका मन नहीं चलता, वह मनुष्य नहीं देवता है।

92. Blessed are those whose minds are not disturbed on looking at the woman who has restless big eyes, is young and handsome, has full grown and high breasts and on whose thin belly are the elegant lines.

—❀—

वाले लीलामुकुलितममी सुन्दरा दृष्टिपाताः
किं क्षिप्यन्ते विरम विरम व्यर्थ एष श्रमस्ते ॥
सम्प्रत्यन्ये वयमुपरतं बाल्यमास्था वनान्ते
क्षीणो मोहस्तृणमिव जगज्जालमालोकयामः ॥९३॥

हे वाले ! लीलासे ज़रा-ज़रा खुले हुए नेत्रोंसे सुन्दर कटाक्ष हम पर क्यों फेंकती है ? विश्राम ले ! विश्राम ले ! हमारे लिये तेरा यह श्रम व्यर्थ है ; क्योंकि अब हम पहले जैसे नहीं रहे । अब हमारा छोकरपन चला गया, अज्ञान दूर हो गया । हम वनमें रहते हैं और जगज्जालको तिनकेके समान समझते हैं ।

93. Maiden ! why are you casting your sweet and sportful glances at me ? Pray, stop there. Your efforts in this connection are useless. I am a changed man now. My illusion is gone. I consider the worldly bondage as that of straw.

—❀—

इयं बाला मां प्रत्यनवरतमिन्दीवरदल—
प्रभाचोरं चक्षुः क्षिपति किमभिप्रेतमनया ॥
गतो मोहोऽस्माकं स्मरशबरबाणव्यतिकर—
ज्वलज्ज्वालाः शान्तास्तदपि न वराकी विरमति ॥९४॥

इस बालाका क्या मतलब है, जो यह अपने कमल-दलकी शोभाको तिरस्कार करनेवाले नेत्रोंको मेरी ओर चलाती है? मेरा अज्ञान नष्ट हो गया और कामदेव रूपी भीलके बाणोंसे उत्पन्न हुई अग्नि भी शान्त हो गई, तथापि यह मूर्खा बाला विश्राम नहीं लेती! ॥९४॥

94. What does this young woman mean by casting her eyes, which surpass the beauty of the lotuses, constantly on me? I am no longer under the charm of illusions. The fire of passion, kindled by the arrows of Cupid, have subsided in me and yet this foolish girl would not desist.

—✿—

शुभ्रं सद्म सविभ्रमा युवतयः श्वेतातपत्रोज्ज्वला
लक्ष्मीरित्यनुभूयते स्थिरमिवस्फीते शुभे कर्मणि ॥
विच्छिन्ने नितरामनङ्गकलहक्रीडात्रुटत्तन्तुकं
मुक्ताजालमिव प्रयाति झटिति भ्रश्यद्दिशो दृश्यता ॥९५॥

जब तक मनुष्यके पूर्वजन्मके शुभकर्मोंका प्रभाव रहता है, तबतक उज्ज्वल भवन, हाव-भाव-युक्त सुन्दरी नारियाँ और सफेद छत्र चँवर प्रभृतिसे शोभायमान लक्ष्मी—ये सब स्थिर भावसे भोगने में आते हैं; किन्तु पूर्व्वजन्मके पुण्योंका क्षय होते ही, ये सब सुखैश्वर्य्यके सामान —कामदेवकी क्रीड़ाके कलहमें टूटे हुए हारके मोतियोंके समान— शीघ्र ही जहाँ-तहाँ लुप्त हो जाते हैं ॥९५॥

खुलासा—जब तक मनुष्यके पहले जन्ममें किये हुए शुभ कर्म अथवा पुण्य कर्मोंका ओर-छोर नहीं आता, तभी तक सुन्दर-सुन्दर आलीशान महल, अपने हाव-भावों—नाजो-अदाओं से पुरुष का मन हरनेवाली सुन्दरी ललनायें तथा छत्र, चँवर, रथ, घोड़े, हाथी, पालकी, जोड़ी, बग्घी प्रभृति सुख-ऐश्वर्य्यके सामान बने रहते हैं और पुरुष उन्हें स्थिरताके साथ भोगता है; किन्तु ज्योंही उसके पूर्व-जन्मके पुण्य-कर्मोंका अन्त हो जाता है, ईश्वरीय खातेमें पुण्य-कर्म नहीं रहते; त्योंही उपरोक्त महल-मकान, ज़मीन-जायदाद, बाग़-बग़ीचे, मनमोहिनी चन्द्रवदनी स्त्रियाँ और लक्ष्मी एवं क्षमता प्रभृति इस तरह विलाय जाते हैं, जिस तरह रत-केलिके समय—स्त्री-पुरुषोंमें खींचातानी और झगड़ा-झगड़ी होनेसे—हारके मोती टूट-टूट कर चारों ओर लुप्त हो जाते हैं।

दोहा

शुभ कर्मनके उदयमें, गृह तिय वित सब ठोर।
अस्त भये तीनों नहीं, ज्यों मुक्ता बिन-डोर ॥९५॥

सार—जब तक मनुष्यके पूर्वजन्मके पुण्यों का क्षय नहीं होता, तब तक सारे संसारी सुखैश्वर्य्य बने रहते हैं। पुण्य क्षय होने पर, वे क्षण भर भी नहीं रहते।

95. A white palace, a good and loving young woman and the wealth with the (royal) symbol of white umbrella, are enjoyed only so long as there is the growth of good virtuous acts, but when they (virtuous acts) diminish then all the enjoyments run away from the man to different directions like the pearls of a garland broken in the quarrel of amorous plays.

—:—

सदा योगाभ्यासव्यसनवशयोरात्ममनसो
रविच्छिन्ना मैत्री स्फुरति यमिनस्तस्यकिमु तैः ॥
प्रियाणामालापैरधरमधुभिर्वक्त्रविधुभिः
सनिश्वासामोदैः सकुचकलशाश्लेपसुरतैः ॥९६॥

जो अपने मनको वशमें करके, आत्माको सदा योगाभ्यास-साधन में लगाये रहना ही पसन्द करते हैं—उन्हें प्यारी-प्यारी स्त्रियोंकी बात-चीत, अधरामृत, श्वासोंकी सुगन्धि सहित मुखचन्द्र और कुच-कलशोंको हृदयसे लगाकर काम-क्रीड़ासे क्या मतलब ? ॥९६॥

खुलासा—जिनको अपनी इन्द्रियाँ और मनको वशमें रखने तथा योग-साधनका अभ्यास करनेके लाभ नहीं मालूम, वह विषय-भोग भोगना ही अच्छा समझते हैं और सदा भोग भोगने में ही मस्त रहते हैं। ऐसे कामियोंको एकान्तमें स्त्रियोंसे बातचीत या गुफ्तगू करना, उनके ओठ चूसना, उनके श्वाससे निकली मृगमद-कस्तूरीको लजानेवाली सुगन्धि सूँघना, चन्द्रमाके समान मुखको चूमना और सोने के दो कलशों या नारङ्गियों अथवा कच्चे-कच्चे सेवोंके समान कुचोंको छातीसे लगाकर उनसे संगम करना ही अच्छा लगता है; किन्तु जिन्हें मन और इन्द्रियोंको क़ाबूमें करके सदा योगाभ्यासका व्यसन रखना ही अच्छा लगता है, उन्हें सुन्दरियोंकी मीठी-मीठी बातें सुनना, उनके निचले होठको चूसना, उनके मुखकी सुगन्धिका आस्वादन करना, उनके चन्द्राननको देखना, उनके गुलाबी गाल चूमना और दो कलशोंके समान ऊँचे उठे हुए कठोर कुचोंको हृदयसे लगाकर, उनके साथ संगम करना अच्छा नहीं लगता। वे इन सबको वृथा समझते हैं। उन्हें इनमें ज़रा भी आनन्द नहीं मालूम होता।

सार—विषयासक्त कामियोंको स्त्रियाँ अच्छी लगती हैं; पर इन्द्रिय-विजयी ज्ञानियों को निरन्तर योगाभ्यासमें लगे रहना ही अच्छा मालूम होता है ।

96. Of what use are the sweet conversation with a lovely woman, the nectar of her moon-like face with scented breath and the sweet enjoyment of sexual intercourse while pressing her pot-like breasts to the bosom, to those whose mind and soul are constant friends and take delight in the practice of concentration,

—o—

अजितात्मसु सम्बद्धः समाधिकृतचापलः ।
भुजंगकुटिलः स्तब्धो भ्रूविक्षेपः खलायते ॥९७॥

अजितेन्द्रिय मनुष्योंसे सम्बन्ध रखनेवाला, चित्तकी एकाग्रता या समाधिमें अतीव चञ्चलता करनेवाला, सर्पके समान कुटिल और स्तब्ध स्त्रियोंका भ्रूक्षेप या कटाक्ष खलके समान आचरण करता है ॥९७॥

खुलासा—स्त्रियोंका कटाक्ष (चतुराई से भौंह चलाना) अजितेन्द्रियोंसे सम्बन्ध रखता है, चित्तको एकाग्र रहने नहीं देता और समाधिको भङ्ग करता है; अतएव वह साँपके समान कुटिल और दुष्टोंका-सा काम करने वाला है। पर ध्यान रहे कि, वही कटाक्ष जितेन्द्रियों से सम्बन्ध नहीं रखता। वह उनका कुछ भी नहीं कर सकता। न वह उनके चित्तकी एकाग्रतामें खल-बली डाल सकता है और न उनकी समाधि ही भंग कर सकता है।

दोहा

तिय-कटाक्ष खल-सरिस है, करत समाधिहि भंग।
प्राकृत जन संसर्ग रत, शठ-इव कुटिल भुजङ्ग ॥९७॥

सार—खलोंके समान आचरण करनेवाले स्त्रियोंके कटाक्षका ज़ोर केवल कामियों पर ही चलता है; जितेन्द्रियोंका वह कुछ भी नहीं कर सकता।

97-Sorry for inconvenience, English translation is missing.

—०—

मत्तेभकुम्भपरिणाहिनि कुंकुमार्द्रे
कान्तापयोधरतटे रसखेदखिन्नः।
वक्षोनिधाय भुजपंजरमध्यवर्ती
धन्यः क्षपां क्षपयति क्षणलब्धनिद्रः ॥९८॥

जो पुरुष मैथुनके श्रमसे थककर, मतवाले हाथीके कुम्भोंके समान विस्तीर्ण और केशरसे भींगे हुए स्त्रीके स्तनों पर अपनी छाती रखकर, उसके भुजा रूपी पञ्जरके बीचमें पड़ा हुआ, एक क्षण भी सोकर रात विताता है, वह धन्य है ॥९८॥

खुलासा—मैथुनके बाद पुरुषका बल क्षीण हो जाता है, मिनट दो मिनटके लिये उसमें उठनेकी भी सामर्थ्य नहीं रहती; तब वह स्त्री की छातियों पर अपनी छाती रक्खे हुए, उसके दोनों हाथोंके बीचमें पड़ा हुआ, शान्ति की नींद-सी लेता या अपनी

थकान दूर करता है। कवि महोदय कहते हैं, कि जो पुरुष क्षण-भरके लिये भी, यह आनन्द उपभोग करता है वह भाग्यवान है—उसने पूर्वजन्ममें पुण्य किये हैं।

छप्पय

कुंकुम-कर्दम-युक्त, मत्तगज कुम्भ बने मनु।
कान्ता कुचतट माहिं सने, रस-खेद खिन्न जनु।
तेहि भुज-पंजर मध्य, रहें सुख सों लिपटाने।
क्षण इक निद्रा लहें, क्षपा बीतत नहिं जानें।
इमि निज वक्षस्थल ताहि सों, जोरि रहे जे शुभग नर।
हैं तेई यहि संसारमें. धन्यवाद के योग्य वर ॥९८॥

98. Fortunate is the man who being exhausted by sexual intercourse rests, even for a short while at night, between the arms of a woman setting his bosom on her breasts big like the heads of elephants and besmeared with wet saffron paste

—o—

सुधामयोऽपि क्षयरोगशान्त्यै नासाग्रमुक्ताफलकच्छलेन।
अनंगसञ्जीवनदृष्टिशक्तिर्मुखामृतं ते पिबतीव चन्द्रः ॥९९॥

हे प्यारी! यह चन्द्रमा अमृतमय, अतएव काम चैतन्य करने वाला होने पर भी, अपने क्षय रोगकी शान्ति के लिये, नाकके अगले हिस्सेमें लटकते हुए मोतीके मिससे, तेरे अधरामृतको पी रहा है ॥९९॥

कवि महोदय स्त्री की नाकके अग्रभागमें लटकते हुए मोती को पूर्ण चन्द्रमा मानकर कहते हैं, कि हे सुन्दरी! यद्यपि चन्द्रमा स्वयं अमृतमय है और वह पुरुषोंके हृदयोंमें कामोद्दीपन करनेकी शक्ति और सामर्थ्य रखता है, तथापि वह अपने राजरोग या

सुधामय चन्द्रमा अपने क्षय रोग की शान्ति के लिये, मोती का रूप धारण कर, कामिनी के होठों का अमृत पी रहा है। मतलब यह है कि स्त्री के होठों में ऐसा उत्तम अमृत है कि उसे पीने के लिए सुधाकर—चन्द्रमा ने भी मोती का रूप धारण किया है। [पृष्ठ ७०५-८४]

क्षयके आराम करनेके लिये बड़े-से मोतीका रूप धरके, तेरी नाककी बुलाक या नथमें लटका हुआ, तेरे होठोंके अमृतको पान कर रहा है। रसिक कवि कहते हैं :—

दोहा

प्रिये ! सुधाकर रोग निज क्षयी–निवृत्ति–उपाय ।
चन्द पिवत मधु अधरको नथ–मोती–मिस आय ॥

दोहा

मनसिज-वर्द्धक अमृतमय, क्षयी-हरण शशि जान ।
नासा-मोती मिस किये, करे अधरामृत पान ॥९९॥

सार—स्त्री का अधरामृत सुधाकर के अमृत से भी अच्छा है ।

99. O lady ! although the moon is full of nectar and the sight of moon gives rise to sexual desires, yet she is unable to cure her own disease of pthisis and in order to cure herself of that disease, the moon has, as it were, transformed herself into a pearl pendant of your nose and is constantly tasting the nectar of your lips.

—❀—

दिश वनहरिणीभ्यो वंशकाण्डच्छवीनां
कवलमुपलकोटिच्छिन्नमूलं कुशानाम् ।

शुकयुवतिकपोलोपाण्डुतांबूलवल्ली-
यलमरुणनखाग्रैः पाटितं वा वधूभ्यः॥१००॥

हे पुरुषो ! या तो तुम वन-मृगियोंके लिये बाँसके दण्डेकी समान छविवाली, पत्थरकी नोकसे कटी हुई मूलवाली, कुश नामक घासके ग्रास दो अथवा सुन्दरी बहुओं के लिये लाल-लाल नाखुनोंसे तोड़े हुए सूई—तोतीके कपोलके समान, ज़रा-ज़रा पीले रंगके पान दो ॥१००॥

खुलासा—मनुष्यो ! दो में से एक काम करो :—(१) या तो घर-गृहस्थीकी मोह-ममता तोड़, वनमें जा, ईश्वराराधनामें मन लगाओ और पत्थरकी नोकसे कुश-घासकी जड़ें काट-काट कर जङ्गली हिरनियोंको चुगाओ ; अथवा घरमें रह कर सुन्दरी नव-युवतियोंको पके हुए पीले-पीले पानोंके बीड़े दो ।

दोहा

वन-मृगिन के देन को, हरे-हरे तृण लेहु ।
अथवा पीरे पान को, बीरा बहुअन देहु ॥१००॥

सार—दोमें से एक काम करो : (१) या तो वनमें जा ईश्वर-भजन करो, अथवा (२) घरमें रह नव-वधुओं को भोगो ।

100. O people, you are either to feed the wild deer with Kush grass cut by the sharp edges of

stone resembling bamboo sticks or to offer betel of slight yellow color torn by red nails to beautiful wives.

—❀—

यदासीदज्ञानं स्मरतिमिरसंचारजनितं
तदा सर्वं नारीमयमिदमशेषं जगदभूत्।
इदानीमस्माकं पटुतरविवेकाञ्जनदृशां
समीभूता दृष्टिस्त्रिभुवनमपि ब्रह्म मनुते ॥१०१॥

जब तक मुझमें कामका अज्ञान-अन्धकार था, तब तक मुझे सारा संसार स्त्रीमय दीखता था ; लेकिन अब मैंने आँखोंमें विवेक-अञ्जन लगाया है, इसलिये मेरी समदृष्टि हो गई है , मुझे त्रिलोकी ब्रह्ममय दीखती है ॥१०१॥

खुलासा—जब तक मेरे ऊपर कामदेवका प्रभाव था, जब तक मेरे हृदयमें अज्ञानका अँधेरा था, जब तक मुझे सत्-असत् का ज्ञान नहीं था, जब तक मुझे स्त्रियों की असलियत मालूम नहीं थी, तब तक मुझे सारे जगतमें स्त्रियाँ-ही-स्त्रियाँ दीखती थीं, मेरा मन हर समय उन्हींमें लगा रहता था और उनके साथ रमण करना ही मुझे अच्छा लगता था। मैं समझता था कि इस जगत में जन्म लेकर कामिनियोंको भोगना ही—पुरुष का परम कर्त्तव्य है। इसीसे उन दिनों स्त्रियोंके सिवा मुझे और किसी भी काममें आनन्द नहीं आता था : लेकिन ज्योंही मैंने

आँखोंमें विवेक-विचारका अञ्जन आँजा, मेरी आँखों का अँधेरा दूर हो गया, मुझे मालूम हो गया कि जगत सारहीन है, संसार असार और मिथ्या तथा नाशवान है, स्त्रियोंका रूप-यौवन और उनकी प्रीति अनित्य एवं सदा रहनेवाली नहीं है, इस जगतमें कोई किसीका नहीं है ; सभी स्वार्थकी जञ्जीरोंमें बँधे हुए हैं, स्वार्थ बिना कोई किसीसे बात भी नहीं करता ; जिसमें स्त्रियोंकी प्रीति तो बिल्कुल ही झूठी है। वे किसी काल और किसी दशामें भी विश्वास-योग्य नहीं। एकमात्र ब्रह्म—अपना आत्मा ही सच्चा है। उसीकी चिन्तामें कल्याण है। उस ब्रह्मके सुखके सामने त्रिलोकी के सभी सुख-भोग तुच्छ हैं। सब जगतमें, जगतके प्राणिमात्रमें, एक पूर्ण ब्रह्म व्यापक है। इस ज्ञानके कारण, अब मुझे न कहीं स्त्री दीखती है, न पुरुष, न और ही कुछ ; सर्वत्र एक ब्रह्म ही दीखता है। अतः अब मैं उसीके ध्यानमें लौलीन रहता हूँ ; क्योंकि वैराग्यकी अग्निने संसारी भोग-विषयोंके ख़यालात जड़से ही भस्म कर दिये हैं।

101. So long as I was laboring under ignorance due to the darkness caused by Cupid, I could see nothing but woman in this whole word. Now, by applying the collyrium of better reasoning, my eye-sight has become normal and I find Brahma pervading the three worlds.

—o—

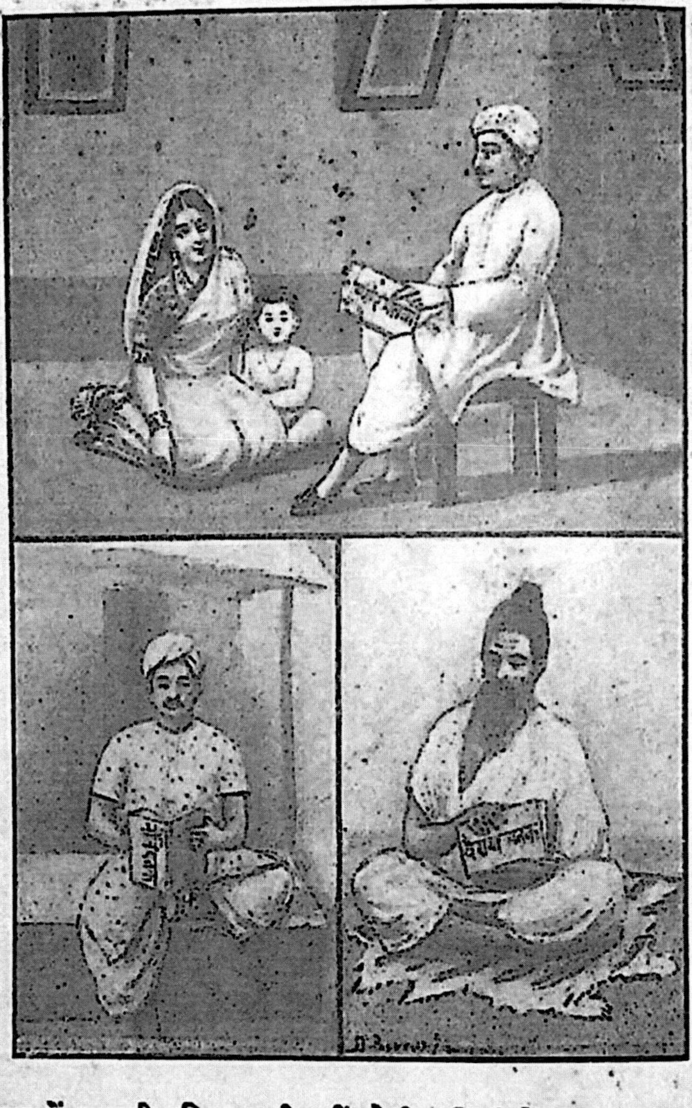

संसार में सब की रुचि एक-सी नहीं होती। किसीको शृङ्गार पसन्द है, तो किसी को वैराग्य; और किसी को नीति का अध्ययन पसन्द है। इसीसे महाराज भर्तृहरि ने तीन तरह के मनुष्यों के लिए शृंगार, वैराग्य और नीति पर तीन शतक लिखे हैं। [पृ० ४०९]

वैराग्ये सञ्चरत्येको नीतौभ्रमति चापरः ।
शृङ्गारे रमते कश्चिद् भुवि भेदः परस्परम् ॥१०२॥

कोई वैराग्यको पसन्द करता है, कोई नीतिमें मस्त रहता है और कोई शृङ्गारमें मग्न रहता है । इस भूतल पर, मनुष्योंमें परस्पर इच्छाओं का भेदाभेद है ॥१०२

इस दुनियामें सबकी रुचि एक नहीं । किसीको एक चीज़ अच्छी लगती है, तो दूसरे को दूसरी और तीसरे को तीसरी । सबके मन और रुचि एक नहीं । किसीको यह संसार बुरा लगता है ; अतः वह इसे मिथ्या और असार समझ, सबको त्याग, परम परमात्माको भजता है । किसीको नीतिशास्त्रों का अध्ययन ही अच्छा लगता है; अतः वह रात-दिन नीति-ग्रन्थोंका ही कीड़ा बना रहता है । किसीको न वैराग्य पसन्द है और न नीति, उसे एकमात्र विषयों का भोगना ही अच्छा लगता है ; अतः वह इन्हीं में आनन्द समझता है , दिन-रात विषय-सुखों में ही मतवाला रहता है, स्त्रियोंको ही अपनी आराध्य देवी समझता है और उनकी तारीफ़ोंसे भरे हुए शृङ्गार रसके ग्रन्थ देखने में ही लगा रहता है । सबकी रुचि भिन्न-भिन्न है, इसीसे भर्तृहरि महाराजने "वैराग्य शतक", "शृङ्गार-शतक" और "नीति शतक" तीन शतक, तीनों प्रकारके लोगों के लिये, लिखे हैं । जिसका दिल वैराग्यमें हो, वह "वैराग्य शतक" पढ़े ; जिसे नीतिसे प्रेम

हो, वह "नीति शतक" पढ़े और जिसे शृङ्गार से प्रेम हो, वह "शृङ्गार शतक" पढ़े ।

दोहा

काहू के वैराग्य-रुचि, काहू के रुचि नीति ।
काहू के शृङ्गार रुचि, जुदी-जुदी परतीति ॥१०२॥

102. Some one feels pleasure in renunciation, some study morality and some take delight in love. So there is diversity of desires in this world.

यद्यस्य नास्ति रुचिरं तस्मिंस्तस्यास्पृहा मनोज्ञेऽपि
रमणीयेऽपि सुधांशौ न मनः कामः सरोजिन्याः ॥१०३॥

जिस चीज़ में जिसकी रुचि नहीं होती, वह चाहे जैसी सुन्दर क्यों न हो, उसे वह अच्छी नहीं लगती । चन्द्रमा सुन्दर है; पर कमलिनी उसे नहीं चाहती ।

दोहा

जो जाके मन भावतौ, ताको तासों काम ।
कमल न चाहत चाँदनी, बिकसत परसंत घाम ॥१०३॥

103. A man has no inclination for the thing which he does not like, though it may be a very good one. The moon is beautiful yet she is not liked by the lotus

समाप्त ।